21世纪全国高等院校旅游管理系列实用规划教材

旅游市场营销学

程道品　伍　进　主编

内容提要

本书分原理篇和实务篇2篇共13章，内容包括：导论；旅游市场营销环境；旅游消费行为分析及市场调研；旅游市场细分与定位；旅游产品策略；旅游产品定价策略；旅游产品分销渠道策略；旅游产品促销策略；现代旅游营销的发展与创新；旅游饭店营销；旅行社营销；旅游景区营销；旅游目的地营销。

图书在版编目（CIP）数据

旅游市场营销学/程道品，伍进主编. —北京：中国林业出版社；北京大学出版社，2009.5（2013.2重印）

（21世纪全国高等院校旅游管理系列实用规划教材）

ISBN 978-7-5038-5443-9

Ⅰ. 旅…　Ⅱ. ①程…②伍…　Ⅲ. 旅游市场-市场营销学-高等学校-教材　Ⅳ. F590.8

中国版本图书馆CIP数据核字（2009）第064201号

书　　名：旅游市场营销学
著作责任人：程道品　伍　进　主编
总　策　划：牛玉莲　林章波
策 划 编 辑：郑铁志
责 任 编 辑：郑铁志　翟　源

出　版　者：中国林业出版社（地址：北京市西城区德内大街刘海胡同7号　邮编：100009）
网址：http：//www.cfph.com.cn　E-mail：jiaocaipublic@163.com
电话：编辑部83220109　营销中心83227711
北京大学出版社（地址：北京市海淀区成府路205号　邮编：100871）
网址：http：//www.pup.cn　http：//www.pup6.com　E-mail：pup_6@163.com
电话：邮购部62752015　发行部62750672　编辑部62750667　出版部62754962
印　刷　者：北京市昌平百善印刷厂
发　行　者：中国林业出版社　北京大学出版社
经　销　者：新华书店
版 次 印 次：2009年5月第1版　2013年2月第2次印刷
开　　　本：850mm×1168mm　16开本　17.5印张　407千字
定　　　价：30.00元

21世纪全国高等院校旅游管理系列实用规划教材

编写指导委员会

编写人员名单

主　编：程道品　伍　进

副主编：黄燕玲　张　婷

编　委：（按姓氏笔画排序）

王志文　伍　进

张　婷　罗盛锋

唐晓云　黄月玲

黄燕玲

序

1845年，托马斯·库克成立世界上第一家旅行社，标志着世界旅游业的出现。但是作为真正意义上的现代旅游业，则始于20世纪50年代的欧美。从那时至今，旅游从为少数上层阶层所能享受的活动发展到现今大众旅游和社会旅游时代，仅经历了50多年的时间。在这短短50多年的历程中，世界旅游业发展大大超出世界经济总体发展速度，成为世界上最大的产业之一。世界旅游组织的统计数字显示，2005年国际旅游人数首次突破8亿人次，全球平均增长率高达5.5%；2006年国际旅游人数达到8.42亿万人次，同比增长4.5%，超出了旅游业的发展预期。世界旅游组织预测，到2010年，全世界每年将有10亿多人出国旅游。旅游不仅对世界各国的经济发展产生积极而深远的影响，同时它已成为人们生活中的一部分，还是影响人们生活方式和生活观念的一个重要因子。

中国是一个旅游资源大国，有着得天独厚的自然旅游资源和人文景观优势。上下几千年的文明积淀，方圆960万km^2的国土，使中国的旅游资源在世界上无与伦比。尽管我国旅游业起步于20世纪80年代初，但经过30余年的发展，中国正从一个旅游资源大国走向旅游接待大国，旅游业在国民经济中的地位和作用日益凸显，其强劲的发展势头为世界所关注。2006年，我国国内旅游人数13.94亿人次，入境旅游人数12 494万人次，全国旅游外汇收入339.49亿美元，出境旅游总人数为3452.36万人次。世界旅游组织预测，到2015年，中国将成为世界上第一大入境旅游接待国和第四大出境旅游客源国。届时中国入境旅游人数可达2亿人次，国内旅游人数可达26亿人次以上，出境旅游人数可达1亿人次左右，游客市场总量可达30亿人次左右，居民人均出游可达2次，旅游业总收入可达2万亿元人民币左右。“十一五”期间，中国旅游业将每年新增直接就业70万人、带动间接就业350万人。到2015年，中国旅游直接拉动和间接就业总量将达1亿人左右。

蓬勃发展、无限生机的旅游业，给旅游教育，尤其是高等旅游教育带来了巨大的机遇和挑战。旅游管理是工商管理下面的一个小学科，却面向的是大产业，如何使旅游学科做大做强，更好地为旅游产业服务，为21世纪旅游业发展培养所需各类人才，是每一个旅游教育工作者所要思考的问题。做大做强旅游学科，使旅游教育与旅游产业的发展同步，就必须加大旅游学科建设的力度，其中之一就是要搞好旅游教材的建设。因为，教材是体现教学内容和教学方法的知识载体，是进行教学的基本工具，也是深化教育教学改革，全面推进素质教育，培养创新人才的重要保证。中国林业出版社、北京大学出版社组织全国部分高校编写“21世纪全国高等院校旅游管理系列实用规划教材”就是推动旅游教学改革与教材建设的一项重要举措。

在本套教材的编写过程中，我们力求系统地、科学地介绍旅游管理专业的基本理论、基本知识和基本技能(“三基”)，同时也力求将以下理念融入教材的编写中：一是教育创新理念。即把培养创新意识、创新精神、创新思维、创造力或创新人格等创新素质以及创新人才为目的的教育活动融入其中。二是现代教材观理念。传统的教材观以师、生对教材的“服从”为特征，由此而生成的对教学矛盾的解决方式表现为“灌输式”的教学关系。现代教材观是以教材“服务”师生，即将教材定义为“文本”和“材料”，提供了编者、教师、学生与知识、技能之间的跨越时空的对话，为师生创新提供了舞台。三是培养大学生“四种能力”的理念。教材的编写充分体现强化学生的实践能力、创造能力和就业能力、创业能力的需要，以适应旅游业的快速发展对旅游人才的新要求。四是教材建设服从于精品课程建设的理念。精品课程是具有一流教师队伍、一流教学内容、一流教学方法、一流教材、一流教学管理等特点的示范性课程。精品课程建设是高等学校教学质量与教学改革工程的重要组成部分。本套教材的编写力求为精品课程建设服务，能够催生出一批旅游精品课程。

本套教材不仅是全国高等院校旅游管理专业教育教学的专业教材，而且也可作为旅游管理部门、旅游企业专业人员培训及参考用书。我们希望本套教材能够为培养21世纪旅游创新人才做出贡献。

最后，借此机会感谢北京大学吴必虎教授、青岛大学旅游学院马波教授对本套教材的指导，感谢中国林业出版社和北京大学出版社对本套教材所付出的辛勤劳动以及各位参与编写的专家和学者对本套教材所付出的心血！

编委会

2007年10月

前　言

中国改革开放已经走过了30年的历程。30年里，旅游从一个政治性的接待事业，发展成为一个拉动国家经济发展的新型产业；30年里，中国从一个旅游资源大国，成长为一个世界旅游接待大国，并向世界旅游强国挺进；30年里，我国的高等旅游教育经历了从无到有、从小到大、从弱到强的发展过程，目前我国已有近600个高等院校开办旅游专业。当前，我国正以科学发展观为主导，全面推进旅游业转型与升级，建设世界旅游强国，其核心在旅游人才，人才的关键在旅游教育。正是在这样的背景下，我们编写了《旅游市场营销学》教材。

旅游市场营销学作为一门旅游管理本科专业的核心主干课程，是在市场营销学的基础上发展而来的。市场营销学于20世纪初发源于美国，是一门研究企业营销活动和行为及其基本规律，集系统性、操作性、哲理性、艺术性于一体的新兴学科。而旅游市场营销学则根据旅游业运行的基本规律，将市场营销学基本原理与研究成果应用于旅游业及其相关企业，并用以指导旅游经销活动。

本教材立足我国旅游业的特点，面向培养国际性的旅游管理专业应用型人才，在编写体例上进行创新，既包括理论基础知识学习的原理篇，也包括强调实践操作训练和练习的实务篇，多方位与本科学生的思维特点和学习方法对接，力求形象化、生活化，以便更好地满足高等教育教学互动的要求。由此形成了本书的特色。

1. 内容先进性：注意用新观点、新思想来审视、阐述旅游市场学的经典内容，适应经济社会发展和科技进步的需要，及时更新教学内容，与社会发展同步，具有鲜明的时代特色。

2. 知识实用性：体现知识转化为能力的教学目标，在理论基础知识学习的基础上，紧密联系旅游市场运作的实际，选取旅游饭店、旅行社、旅游景区等主要的旅游企业的实际市场运作进行阐述，理论与实践合理地融合，更有利于知识的传授与读者的自我学习。

3. 案例针对性：每一章都引用了数个国内外与旅游市场营销知识相关的案例，案例的题材和范围广泛，案例写作规范，具有较强的实践性和针对性。

本教材的编写凝聚着一个项目团队的心血。桂林理工大学（原桂林工学院）旅游学院院长程道品任主编，负责设计教材编写大纲和全书的修订与统稿工作。各章执笔情况如下：第1章、第2章，张婷；第3章、第4章，唐晓云；第5章、第9章，伍进；第6章、第7章，黄月玲；第8章、第10章，黄燕玲；第11章、第12章，王志文；第13章，罗盛锋。

本教材在编写过程中得到了中国林业出版社和北京大学出版社相关编辑的大力支持，以及桂林理工大学教材基金的赞助，在这里特向他们表示诚挚的谢意；并借本书面世之际，对书中所参考和引用的图书、文献、案例的国内外作者表示衷心的感谢。

由于时间紧迫和编者能力所限，本教材在创新的过程中难免有偏颇的观点和值得进一步推敲的地方，衷心地期待读者及同仁的批评指正。

编　者

2009年1月

目　录

实 务 篇

原理篇

第 1 章 导论

【本章概要】

本章以介绍市场和市场营销的基本原理开篇，在此基础上，引入旅游市场及旅游市场营销的概念和内涵，阐述了旅游市场营销观念的发展历程，并介绍了旅游市场营销组合及其发展演变进程。本章的难点和重点是旅游市场营销观念，它是旅游市场营销学的精要，是指导旅游企业营销的核心思想。

【学习目标】

- 掌握市场、旅游市场、市场营销、旅游市场营销的基本概念；
- 熟悉市场营销观念的演变及发展过程；
- 理解并熟悉旅游市场营销对旅游企业的促进作用及应用情况。

【关键性术语】

旅游市场、旅游市场营销、生产观念、产品观念、推销观念、营销观念、社会营销观念。

【案例导读】

四季饭店的门童

当客人乘坐的出租车离去之后，四季饭店（Four Seasons）门童劳艾·戴蒙特发现这位客人的手提箱遗忘在饭店的门口。劳艾·戴蒙特给这位已经在华盛顿的客人打了电话，得知这个箱子中有关于这天上午将要召开的一次重要会议的文件。劳艾·戴蒙特意识到现在最保险的方法是在会议召开之前自己亲自把这个手提箱送到华盛顿。于是，他这样做了。他的初衷是为客人着想，而没有顾虑经理是否批准。当他返回的时候，等待他的不是批评或解雇，而是成为饭店的正式员工。

四季饭店是世界上实践着营销理念的几个大型饭店联号之一。它的首席执行官艾沙道尔·夏普（Isadore Sharp）称该联号的最高宗旨是创造满意的客人。在包括最高管理层在内的整个饭店的工作流程中，“为客人着想”的理念无处不在。四季饭店的企业文化鼓励员工竭尽全力去满足客人的需要。员工从来不会因为努力为客人服务而受到惩罚。

根据皮特·马威克·麦林淘克（Peat Marwick McClintock）的研究，与其他很多饭店把盈利增长视为自己的首要目标相比，四季饭店是一个特例。这就部分说明了为什么这家饭店能够以其对客人的优质服务而闻名于世。四季饭店的对客服务范例在几本书中也有集中体现，如《追求卓越》（*In Search of Excellence*）、《服务优势》（*The Service Edge*）、《服务创新》（*Service Breakthroughs*），以及《总体客人服务》（*Total Customer Service*）等。四季饭店的实践表明，把客人放在第一位能够给饭店带来较高的财务收益和其他饭店可望而不可及的利润率。

1.1 旅游市场营销概述

1.1.1 市场与市场营销

1.1.1.1 市场的概念

市场（market）是商品经济高度发展的产物，也是社会分工进一步深化的产物。在我国古代，北方有“赶集”或“集市”，南方有“赶场”或“赶墟”，这就是早期的市场，后来发展成交易会、贸易货栈、超级市场（supermarket）和连锁商店（chain－store）等。由此可见，市场属于商品经济的范畴，它是一种以商品交换为主要内容的经济联系形式，同时也是买卖双方发生交易活动的场所。

旅游市场（tourism market）隶属于服务市场学范畴，它与消费品市场、生产资料市场等一起共同构成了市场经济条件下的商品市场体系。

旅游市场可从狭义和广义2个方面来理解。狭义的旅游市场是指旅游产品交换的场所。广义的旅游市场是指一定时间、地点、条件下旅游产品交换关系的总和。

旅游市场有3个最重要的要素，即旅游市场主体、旅游市场客体、旅游市场媒介。

(1) 旅游市场主体

旅游市场主体就是旅游者。没有旅游者，旅游市场就失去了存在的基础。旅游者是指为了满足自身心理、精神等方面的享受而暂时离开常驻地，进行旅游、观光、休闲等方式的消费的个人和团体。因此，旅游者包括个体旅游者和团体旅游者2类。个体旅游者是指旅游者个人、小组成员和家庭成员；团体旅游者是指各类社会组织，如工商企业、政府机构、群众团体等。

(2) 旅游市场客体

旅游市场客体就是旅游资源。旅游资源是指一切对旅游者构成吸引力的自然景观和人文景观等因素的总和。旅游资源按其属性可分为自然旅游资源、人文旅游资源或自然与人文相结合的旅游资源。旅游资源所应具备的条件是：对旅游者要有足够的吸引力和游览价值；对旅游业能创造出经济效益和社会效益。

(3) 旅游市场媒介

旅游市场媒介即为旅游业。旅游业是指向旅游者提供直接或间接旅游服务的行业，它是旅游者与旅游资源发生联系的桥梁。旅游资源开发为旅游者的需求提供了市场条件，而旅游者的旅游愿望与动机为旅游市场扩展提供了可能性，只有两者有机结合起来，才能实现旅游消费需求，构成旅游市场。旅游业正是为了满足旅游者的消费需求，利用和发挥旅游资源的作用使两者有机结合起来的媒介。因此，旅游业是一个以旅游消费需求为依托、旅游资源为条件、旅游服务为特点，连接旅游消费需求与旅游资源的服务性行业，是为旅游者提供旅游接待、旅游交通、旅游食宿以及开展导游、宣传、咨询、组织等综合服务的旅游行业。

1.1.1.2 市场营销的含义

对于什么是市场营销，曾经有过多种口径不一、重点有别的表述。一种有代表性的认识是把营销等同于销售或促销，认为市场营销就是把生产的商品卖出去，实现其使用价值和价值的过程。这种认识显得有失偏颇。实际上，市场营销活动是一种复杂的综合性过程，包括市场调查与预测、选定目标市场、产品开发、定价、促销、分销和售后服务等一系列活动。如果企业不能生产出适销对路的产品，无论怎样推销，即或能够得益于一时，也决不能收效于长久。

从整个市场营销活动看，销售仅仅是整个市场营销活动的一部分，但不是市场营销的最重要部分；销售是企业市场营销人员的职能之一，但不是最重要的职能。市场营销与推销的关系可以从图 1－1 中反映出来。

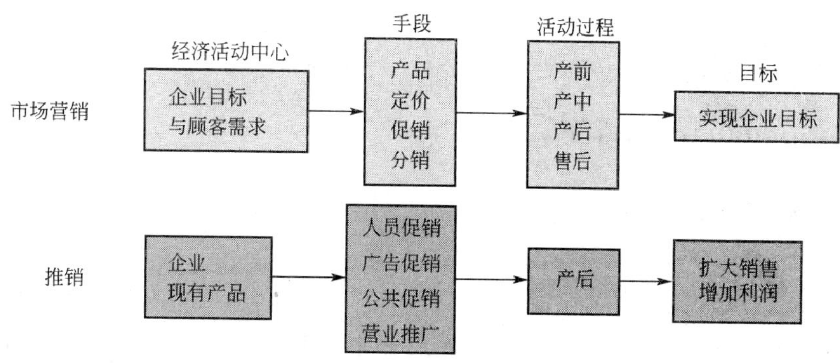

图 1－1　市场营销与推销的比较

美国市场营销协会（AMA）定义委员会 1960 年给市场营销下过这样一个定义："市场营销（marketing）是引导货物和劳务从生产者流向消费者和用户的企业商务活动过程。"这一解释尽管较之"营销＝销售（推销）"的认识进了一步，但仍然有失偏颇，并不能全面概括和准确表述现代企业营销活动的全过程。事实上，为了占领市场，扩大销售，实现企业的预期目标，企业不只是要进行引导产品流向消费者这一段的经济活动，还要进行"产前活动"（例如，市场调研、产品开发）和"售后活动"（例如，售后服务、收集反馈）。市场营销活动不仅以顾客为全过程的终点，更重要的是以顾客为全过程的起点，如图 1－2 所示。

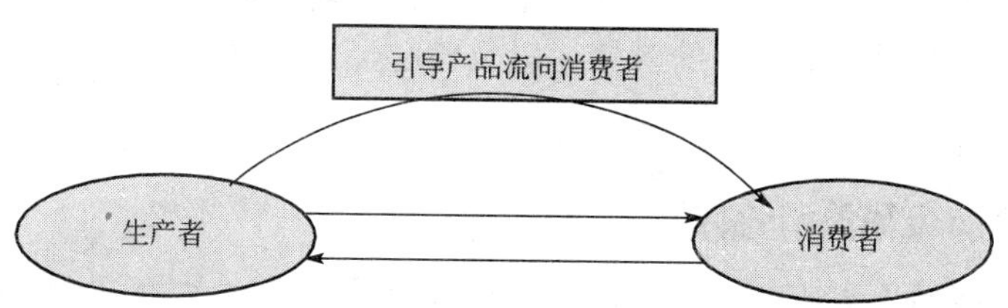

图 1－2　市场营销活动示意图

1960 年，杰罗姆·麦卡锡提出了著名的"4P"组合，即产品（product）、价格（price）、渠道（place）和促销（promotion）的营销组合。这里提到的"4P"组合主要是针对有形产品，其实，广义的旅游产品包括有形产品和无形服务 2 个方面。由于服务的无形性、所有权不能转移性以及不可分割性，"服务"这种产品营销更富于竞争性，对于产品营销的"4P"要素，服务营销就应该再加上 3 个 P，即人员（people）、过程（process）和公共关系（public relations）。

服务营销不仅包括对现实顾客的服务，而且也包括对潜在顾客的服务；不仅要提高顾客现实的（售后的）满意程度，还要提高预期的（售前的）满意程度。这进一步体现了市场营销的核心思想，即以消费者为中心。

综上所述，所谓市场营销是指企业利用自身的资源优势，在变化的市场环境中，通过市场交易满足目标市场现实或潜在需求的综合性商务活动的过程，它以市场需求为起点，也以市场需求为终点，适应市场环境的变化，实现商品价值的交换。

【小知识】

营销、经营与推销的区别

推销以销售为导向，强调产品销售，是一种市场被动行为；经营比推销前进了一步，包含了买与卖的2种活动——为了卖而卖，但同样以销售为导向，是一种市场被动行为。营销则比经营更复杂，它以需求为导向，不是单纯的买与卖，而是注重企业的长远目标，引导市场行为。

1.1.2 旅游市场营销

1.1.2.1 旅游市场营销的内涵

旅游市场营销是市场营销理论在旅游业中的具体应用，它是旅游经济个体（个人和组织）对思想、产品和服务的构思、定价、促销和分销的计划和执行过程，以创造达到经济个体（个人和组织）目标的交换。

从上述概念中可知，旅游市场营销具有以下3层含义。

第一，以交换为中心，以旅游者为导向，以此来协调各种旅游经济活动，力求通过提供有形产品和无形劳务使旅游者满意来实现旅游企业的经济和社会目标。

第二，旅游市场营销是一个动态过程，包括分析、计划、执行、反馈和控制，而更多地体现在旅游经济个体的管理功能上，旅游市场营销是对营销资源（诸如旅游市场营销中的人、财、物、时间、空间、信息等资源）的管理。

第三，旅游市场营销适用范围较广。一方面体现在旅游市场营销的主体广，包括所有旅游经济个体；另一方面旅游市场营销的客体也多，不仅包括对有形实物的营销，还包括对无形劳务的营销，以及旅游经济个体由此所发生的一系列经济行为。

1.1.2.2 旅游市场营销的特征

旅游市场营销作为旅游企业在市场中生存发展的有效途径，它对旅游企业的影响十分巨大。总体而言，旅游市场营销具有如下特征。

（1）营销导向

旅游企业的一切经营活动都必须以市场需求作为出发点和归宿。不同的产业有不同的经营导向，诸如生产导向、推销导向和市场营销导向。而旅游产业由于其服务对象是人，因而，如何针对人们的不同需求设计和开发旅游产品，成为旅游企业生存和发展的根本。旅游企业以旅游者为核心，通过满足游客的需求而获得利润，从而使其有别于生产导向和推销导向，而市场导向正是20世纪50年代后兴起的具有革命性意义的全新经营观念。

（2）管理导向

旅游企业的营销环境由诸多因素（人口、政治、文化、经济、社会、技术等）

构成，这些因素随着时间和空间不断变化，而旅游市场营销的实质在于旅游企业对动态环境的创造性地适应——运用一切可利用的资源，通过产品、渠道、价格和促销等实现对环境的适应。环境变化，则促使旅游企业要做出相应的变化。管理导向作为现代旅游市场营销的特征之一，正日益受到旅游企业的重视和运用。

（3）信息导向

旅游市场营销的最终目的是满足游客的需求，这必须借助信息的传导。现代旅游消费特征越来越个性化，因而，对复杂、多样的游客需求需做深入、细致的调查。与此同时，旅游企业的内外部环境复杂多变，加之其产品缺乏专利保障，因而，旅游企业之间的竞争日益侧重于旅游产品的质量、服务及旅游企业形象，无形中加大了旅游企业的经营风险，所有这些决定了信息在旅游企业市场营销中的重要地位。

（4）战略导向

旅游市场营销对旅游企业的长远发展有着十分重要的影响，要求旅游企业对市场环境具有长期适应性。因而，现代旅游企业中有战略眼光的旅游企业纷纷推出“绿色旅游”“永续旅游”“生态旅游”等，使人们回归大自然，同时，加强环境保护意识。在21世纪，旅游企业若要持续的发展，则必须依赖于对环境的适应，依赖于现代市场营销中的战略导向。

1.1.3 旅游市场营销的研究体系

1.1.3.1 旅游市场营销的研究对象

关于旅游市场营销学的研究对象，中外学者各有不同的表述。概括地说，旅游市场营销学的研究对象是旅游企业怎样摸透市场变化的规律以及如何有效地从事和管理市场营销活动。具体就是研究旅游企业如何识别、分析评价、选择和利用市场机会，从满足目标市场顾客需求出发，有计划地组织企业的整体活动，通过交换，将产品从生产者手中转到消费者手中，以提高企业的经济效益，求得生存和发展，实现企业营销目标。因此，旅游市场营销学的全部研究都是围绕“以消费者为中心”，如何让产品适销对路、扩大市场销售而展开的，并为此提供理论、思路和方法。

1.1.3.2 旅游市场营销的研究内容

旅游市场营销学是一门研究旅游企业如何应付旅游市场竞争提高旅游企业市场竞争能力，以实现旅游企业目标的应用性学科。它研究的基本内容包括如下几个部分。

（1）第一部分——导论

简单介绍市场学产生、发展的历史过程，重点阐述旅游企业所奉行的经营理念的演进，分析旅游市场经营面临全球化、知识化问题，界定旅游市场营销的定义，阐述旅游市场营销研究的内容和方法。

（2）第二部分——营销战略

阐述旅游市场营销战略和营销策略制定前的准备工作，主要是研究旅游市场营销的战略性、前瞻性内容，包括对旅游市场环境的分析与运筹，旅游购买行为分析，在市场调研的基础上进行旅游市场细分，目标市场选择，搞好旅游企业和旅游产品的市场定位，制定科学的旅游市场营销战略，正确认识战略和策略的关系，把旅游市场营销战略与策略整合使用。

（3）第三部分——营销策略

逐一阐述旅游市场营销的具体策略，重点阐述“4P”理论。

旅游产品策略 现代旅游市场营销强调一切经济活动都应从旅游者的需求出发。根据旅游市场的需求制定旅游产品规划，开发旅游新产品。产品策略主要指旅游企业如何根据自己的优势和特点，在激烈的市场竞争中适时地推出自己的旅游产品和服务。同时，根据产品的生命周期积极研制和开发新的旅游产品和服务，真正做到“人无我有，人有我优，人优我新”，从而在市场竞争中永远处于主动地位。

旅游产品定价策略 建立合理的价格体系，充分发挥经济杠杆的作用，是旅游企业市场经营的重要一环。本部分研究旅游价值链下的游客成本、游客价值，制定旅游产品价格应考虑的影响因素，制定旅游产品价格的目标，研究旅游价格策略、价格的执行以及适应旅游市场变化的价格调整问题。

旅游营销渠道策略 以方便游客购买的便捷性为基本出发点，研究旅游中间商的作用；研究旅游企业如何以最低的成本、适当的途径、在适当的时间把旅游产品提供给适当的旅游者；研究渠道策略；研究包括网络渠道在内的渠道构建问题。

旅游促销策略 以沟通为主轴，将旅游企业信息有效地传播给旅游者，激发旅游者需求欲望，树立旅游企业和产品的良好形象，介绍旅游企业四大沟通与促销方式——广告、公共关系、营业推广和人员推销。

（4）第四部分——营销实务

第四部分选取了旅游饭店、旅游景区、旅行社和旅游目的地作为营销实务的分析对象，重点围绕营销机构设置、营销战略确定、营销计划制定、营销实施和营销评估五大部分进行阐述。

1.1.3.3 旅游市场营销的研究方法

（1）宏观分析与微观分析相结合

旅游市场营销学的研究，要注重旅游宏观环境和旅游微观环境的因素。从宏观的角度，需要研究世界局势、旅游客源国与目的地国的政治环境、经济环境、社会文化环境。从微观的角度，需要研究分析旅游者的特征、年龄、特点、职业、经济收入、购买习惯、旅游兴趣与偏好，以及个体旅游者现实与潜在的需求。而且，还要从微观的角度研究旅游企业产品的开发、旅游价格的制定、旅游产品的分销、旅游产品的渠道管理等内容，以制定出相应的策略指导旅游企业的经营决策活动。

（2）定性分析与定量分析相结合

定性分析是建立在经验和逻辑思维的基础上，运用历史分析法、描述法、交叉影响分析法对事物进行分析的一种方法。旅游市场营销中的许多问题，如旅游者的态度、行为、动机，以及旅游市场趋势等，无法量化，只能对其进行定性分析。定量分析是建立在数学、统计学、运筹学、系统论、控制论、信息论、计算机学等学科的基础上，运用方程、图表、数学、模型和计算机等进行的数量分析。定量分析能够揭示事物发展与变化的程度。旅游市场营销中关于旅游市场规模、旅游环境容量、旅游企业市场占有率、客房出租率等问题都需要通过定量分析获得较为准确的结果，以方便旅游营销决策的制定。

（3）借鉴吸收与创新相结合

旅游市场营销理论发源于西方，并在西方发达国家得到广泛运用和不断发展。20 世纪 80 年代旅游市场营销才开始被导入我国大陆，至今仅有 20 多年的时间。我们在研究这门学科时，对西方的旅游市场营销理论应本着“以我为主，博采众长，融合提炼，自成一家”的精神，在吸收借鉴国外最新研究成果的前提下，结合中国实际，致力创新，力图解决“本土化”“适用性”与“特色”问题。

（4）理论研究与实务分析相结合

旅游市场营销研究既要注重理论，以科学的营销理论武装、指导旅游企业营销活动，又要注重实务分析，在实务分析中检验理论的正确性，在实务分析中使旅游市场营销理论得到丰富与升华。理论研究和实务分析相结合，有利于提高旅游市场营销理论的实际指导价值和应用价值。

（5）动态分析的方法

动态分析的方法是相对静态分析而言的。在旅游市场营销的研究中，采用动态分析方法的主要原因在于：首先，影响旅游市场营销的外在因素，即旅游市场环境因素，如政治、经济、社会、文化、法律、技术等市场环境不是固定不变的，而是经常变动的。旅游市场营销学必须研究国内外市场环境的变化，以便制定出正确的战略和策略来与发展变化了的外部环境相适应。其次，旅游企业竞争对手的战略、策略、市场占有份额等情况，客观上是经常变动的，因此，对竞争对手的研究就不能采用静止的分析方法。尤其是研究潜在竞争对手，更需要采用动态分析的方法。再次，影响旅游市场营销的内在因素，如旅游企业的市场营销组合、产品策略、促销策略、价格策略、渠道策略等因素，旅游企业可以主动进行调整。然而，旅游企业的主动调整绝不能主观地进行，必须符合客观要求，也就是必须与客观变化的情况相适应。这就要求对这些内容内在因素的研究及其策略的制定，必须主要采用动态分析的方法。

1.2 市场营销观念

1.2.1 生产观念

生产观念（manufacturing concept）是指导市场卖方行为的最古老的哲学观念之一。生产观念认为，消费者最中意的产品是那些容易得到的和支付得起的产品，所以管理人员就应该关注生产和分销的效率。生产观念的问题在于管理人员可能过于注重生产而忽略了顾客的存在。

关闭的阳台

一位旅游者住在瑞士阿尔卑斯山上一家可以俯瞰魅力的日内瓦湖的饭店里。饭店的餐厅有一个户外阳台，在那里可以充分感受美丽的周边环境。在这个阳台上吃早餐，应该说是夏日里开始一天生活的最好方式。对于这位宾客来说，这个阳台是个很大的利益所在，而对于饭店来说，它却成了麻烦。其原因是阳台位于餐厅的边上离厨房最远的一点上，在阳台附近没有服务台，所有供应品都来自餐厅，进入阳台的通道只有一个，所以出入很不方便。总之，在阳台上为客人提供服务很不划算。

饭店为了限制顾客在阳台就餐，索性不在那里置放餐桌。如果有人要求在阳台就餐，他们就会从服务人员那里得到痛苦的表情。然后，他们不得不等待15min，桌子才能放好。一旦食物端上餐桌，服务员便无影无踪了，再也别想找到他们。这就是他们提醒顾客别在阳台就餐的方式！

【分析】

按理说，饭店本应该这个户外将阳台视为提供产品的优势。这种差异足以给饭店招徕顾客，并从这些顾客中获得好评。

1.2.2 产品观念

产品观念（product concept）像生产观念一样，也是内视型的。这种观念认为，消费者更喜欢现有的产品和产品形式，管理人员的工作是去更好地发展这些产品。这就忽略了重要的一点：随着消费者阶段性需要得到满足，他们很可能转向完全不同的产品的需要。例如，汽车旅馆代替饭店，或学生中心的快餐店代替自助餐厅。

维多利亚车站餐馆的排骨肉

维多利亚车站餐馆是一家餐馆联号，专营上好的排骨。联号获得了非常大的成功，很快扩张到50家分店。管理人员全力以赴研究如何生产更好的产品和如何降低成本。他们摸索出恰当的熟化牛肉的天数。用文火烹制烤排骨以便保持其汁液和避免其收缩。他们的产品确实很优秀，但是每当顾客走出门后就再也不想要带血的肉了。他们要鸡肉，要海产品，要意大利面食。

【分析】

维多利亚车站餐馆开发出了一个生产精美的排骨肉大餐的系统，但他们的目标市场却不再需要地道的排骨肉。维多利亚车站餐馆在本应该采用营销导向的时候反而采用了产品导向。

1.2.3 销售观念

销售观念（selling concept）认为，除非一个组织做出大量的销售和促销努力，否则消费者是不会购买该组织足够的产品的。销售导向的目标是尽可能地获得每一笔生意，并不介意销售之后顾客的满意程度，也不担心销售的经济效益。

销售观念并不能建立起与顾客的长期关系，因为它的指导思想就是要甩掉所拥有的东西，而不是创造市场所需要的东西。餐馆在生意走向清淡时往往要做广告，却不先分析一下生意清淡的原因。他们不设法改变产品适合变化了的市场，而是更多地忙于促销，通过加大广告力度和增加折扣的方法把产品推销给顾客。最终，他们会因为产品不适合需要而退出市场。

销售观念在接待业中是很流行的。其中一个重要的影响因素是持续的生产能力过剩。实际上，这个产业内部的每一个部门都曾深受生产能力过剩之苦，现在还是难以摆脱其折磨，即使有些部门不这样，也会在不久的将来品尝这枚苦果。当所有者或最高管理层面临生产能力过剩时，自然而然就会想到销售—销售—销售。

【讨论】

为什么一些主要的部门，如饭店、景区、航空公司、游船公司甚至餐馆都会持续地面临生产能力过剩呢？

原因如下：

- 因为自己是最大的或最有生产能力的；
- 错误的信念：认为随着规模的扩大就会出现规模经济；
- 税法的影响：大幅度的税收减免政策等于鼓励房地产开发商建造过多的房产；
- 新技术的影响：比如，钟情于飞机制造商生产出的具有更高效率的新产品，追求更多的座位，而全然不考虑目前的生产能力已经够了；
- 不能把收益管理与销售/营销管理有机地结合起来；
- 经济动机：政府为了推动经济增长，建立起规模宏大的旅游业基础设施；
- 投资人、咨询机构、融资机构和政府部门做出的蹩脚的预测和规划，或者干脆就没有预测和规划；
- 迷信于旅游业是永远的朝阳产业；
- 迷信地认为人口增长、国际壁垒解除和可支配收入增加将会解决目前的生产能力过剩问题。

1.2.4 营销观念

营销观念（marketing concept）是一种较晚出现的经营哲学，也是一种被旅游业迅速采纳的观念。许多企业都以这种哲学思想作为指导。据我们所知，四季饭店集团、雅高公司和麦当劳连锁店都完全采用这种观念。营销观念认为，组织目标的实现，离不开对目标顾客的需要和欲求的识别，更依赖于比竞争者更有效地向顾客提供他们所需要的满足。

令人吃惊的是，即使供应者早已了解了顾客的需要，有时仍然还存在一些进一步改进的可能性。这很可能是因为，对于那些提供产品的人（比如，餐馆的服务员）来说，要想改变其行为是有一定困难的。

美国退休者协会的市场调研报告

美国退休者协会在他们发行的杂志——《现代老人》（*Modern Maturity*）上作了一项读者调查，结果是：59%的人回答说他们经常独自在餐馆就餐，另有18%的人说他们有时是这样；有84%的人认为他们所接受的服务比他们自己开办餐馆（要是有可能的话）所能提供的服务差。有的餐馆已经开始为单身顾客提供特殊的就餐区域，用圆形桌子使单身进餐者可以坐在一起。这就为进餐者提供了与其他进餐者进行交谈的机会，也使餐馆得以保持座位空间。还有的餐馆用对面座位，这也能鼓励那些想交谈的人坐在一起。这些餐馆很珍视这些单身者，并培养了一个十分有利可图的细分市场，但也还有许多餐馆依然为那些单身就餐者提供低劣的服务。

营销观念经常被混同于销售观念。图1－3对二者进行了比较。销售观念先从公司现有产品出发，再诉诸密集的销售和推销攻势，以此来增加销售量。相反，营销观念先明确地定义市场，聚焦于顾客需要，然后在整个组织当中协调营销活动。营销观念通过建立给予顾客价值和满意的长期客户关系来实现组织的目标。西南航空公司CEO赫博·凯利赫（Herb Kelleher）说："我们没有营销部，但我们有客户部。"

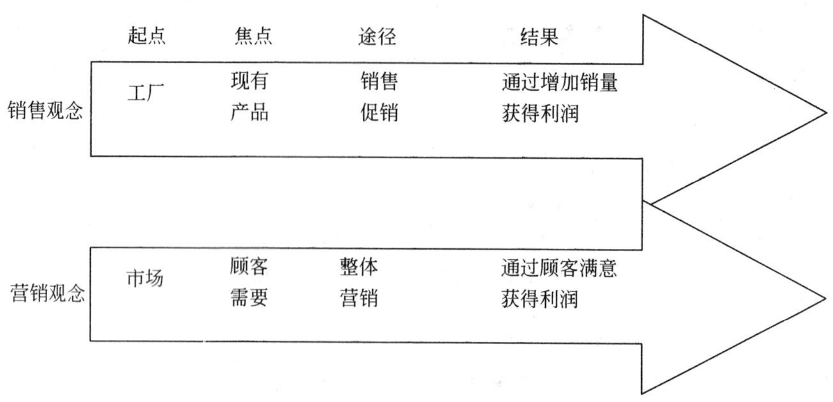

图1－3 销售观念与营销观念对比

1.2.5 社会营销观念

社会营销观念（societal marketing concept）是一种最新的营销观念。这种观念认为，一个企业组织应该识别出目标市场的需要、欲求和需求，并能比竞争者更有效地提供满足，同时还要维持或改善消费者和社会的整体福利。社会营销观念针对环境污染、资源短缺、人口爆炸、世界性通货膨胀和忽视社会服务的现实，提出了以消费为导向的营销观念是否适合当前这个时代的问题。它所关注的是，关心每一个消费者并为之提供满意的服务的企业，其所作所为从长期的角度看是否总是对消费者和全社会都有好处。单纯的营销观念忽略了在消费者短期利益与社会长期利益之间可能存在的冲突。

社会营销观念，注意到各种社会集团的利益，并引导公司制定出长期对社会有利的策略。一些饭店联号开辟了不吸烟楼层，在这些饭店的餐厅中也专门设有不吸烟区。餐馆及全国性餐馆协会已就如何向客人提供适当的酒精饮料而制订了培训计划。如今，管理人员和普通雇员都必须知道怎样防止顾客喝醉，怎样处理醉酒的人。

实施社会营销观念的快餐店会追求一种对环境更有利的生产方式，并生产出更有营养价值的食品。聪明的餐馆经营者会在公众发出呼吁和法律予以强制之前自觉地这样做。景点开发商不仅要考虑最初的工程建设对环境的影响，而且要考虑到垃圾处理的方式和用水情况对环境的影响。地球环境的恶化使市场营销人员必须更加对社会负责。

长期以来，人们建议饭店业采取一些生态保护措施，其中包括：把一些没用的塑料、玻璃和金属制品从垃圾堆中分离出去，减少化学物的使用，延长机械产品的使用寿命，甚至把麻织品当作抹布来用。能源保持、美化、预防性的维护、节水探测装置等都是些常见的办法。绿色营销已经从公众对环境的关注中演化成为一个重要的研究领域。

公园城堡大饭店的环保项目

波士顿的公园城堡大饭店（Park Plaza Hotel & Towers）共发动了65个环保项目。这些项目无所不包，从设立香皂分配器来简化包装和减少香皂的使用，到编辑用以指导会议策划者如何召开绿色会议的指南，应有尽有。这些活动公之于众后，吸引了更多的对环境持有关爱态度的团体到饭店举办会议。

旅游业所面临的一个更普遍的问题就是因扩张而导致的对当地居民的实际影响。规划不当的旅游开发对一个地方很可能造成巨大的破坏。这种破坏可能是由于固体废物处理不当、缺少污水处理设施从而导致的地下水污染；由于基础设施不足而造成道路拥堵；由于大量外地雇员被吸引到该地而又没有相应增加住房所引起的房租上涨，也可能对该地动植物资源造成破坏。

上述5种市场营销观念，其产生和存在都有其历史背景和必然性，都是与一定的条件相联系、相适应的。当前，各企业正在从生产型向经营型或经营服务型转变，企业为了求得生存和发展，必须树立具有现代意识的市场营销观念、社会市场营销观念。市场营销观念的发展演化及各阶段特点如图1-4所示。

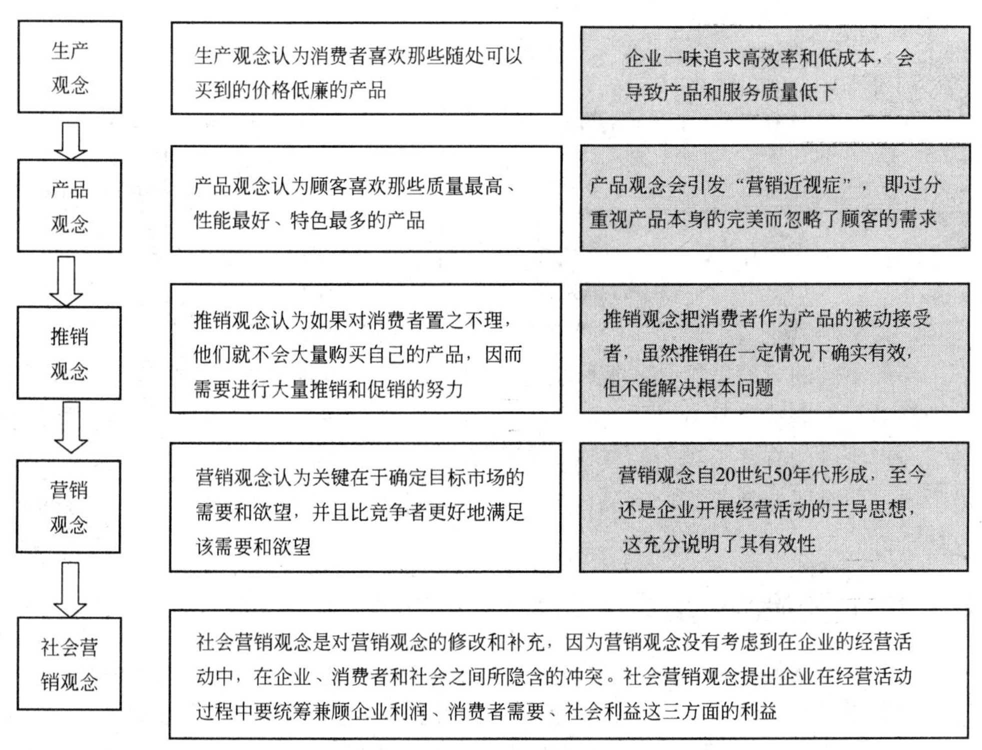

图1-4 市场营销各观念发展演化图

1.3 旅游市场营销组合的演变

1.3.1 旅游市场营销组合的概念

市场营销组合（marketing mix）这一概念是1964年由美国哈佛大学鲍敦（Borden）教授首先提出来的。同年，美国市场学教授麦卡锡（E. J. Maccarthy）将各种营销因素归纳为基于产品、价格、渠道和促销的“4P”理论，这一体现着现代市场营销观念的整体营销思想为市场营销学注入了强烈的“管理导向”，一直受到学术界与企业界的普遍重视与广泛运用。

旅游市场营销组合是指旅游企业的综合营销方案，即旅游企业为增强竞争力，针对目标市场的需求，综合自己可控制的各种营销因素（旅游产品质量、服务、价格、渠道、广告等），进行优化组合，以满足旅游目标市场的需要和保证旅游企业的营销目标顺利实现。

打 烊

一位顾客在打烊之前走进了一家餐馆，迎来的问候是“你要干什么?”这位顾客多少有些惊讶，于是就说想要吃点什么。一个粗暴的声音告诉他，餐馆已经关门了。这时，这位顾客指着门上的一块牌子质问，餐馆不是在21：00才关门吗?“不错。可是我还要打扫呢，我还要归拢食物呢，弄完这些就21：00点了。所以，我们现在就关门了!”这位顾客走出这家餐馆到附近的一家餐馆用餐，从此以后再也没有跨进这家餐馆的门。

【案例思考题】

为什么这位顾客会遭此粗暴的待遇?

1. 也许这位员工要早点儿离开。
2. 也许这位员工正患头痛病。
3. 也许这位员工个人或家庭方面存在问题。

【分析】

在这个餐馆的故事当中，真正揭示的东西是什么呢?那就是：一旦这位员工恰好在打烊之前向一位顾客提供服务，结果就会是，他不得不工作到21：30。餐馆的管理人员不仅不赞许他为这位顾客服务并工作到很晚，反而抱怨他延长了工作时间。管理人员想要的是减少加班费，而员工对此的反应就是，不管代价多大，也要在21：00关门。这样，管理人员高兴了，但他们没有意识到，他们正失去顾客，正失去从将来的业务中赚钱的机会。实际上，员工的待客行为往往是管理哲学的反映。

与此不同的管理思想是，把顾客放在第一位，并对那些能很好待客的员工予以赞许。马里奥特（Marriott）销售与营销副总裁罗杰·道尔曾说：“我们常常对餐馆经理所做的有益于我们的事情（比如食品成本）给予嘉奖。可是，你什么时候听说过顾客要的是餐馆的食品成本?你必须对顾客想要从你的企业中获得的东西持赞许的态度。”

1.3.2 传统旅游市场营销的“P”字组合

（1）麦卡锡的“4P”分类法

麦卡锡的“4P”分类法是最常见、运用最广泛的一种分类方法。麦卡锡（Mccarthy）是美国密执安州立大学营销学教授，他提出各种营销因素，并将其归纳为4大类：产品、价格、渠道和促销，简称“4P”。这4个方面对营销组合来讲，都是不可缺少的组成部分。企业一经确定营销组合，就必须同时做出这4个方面的决策。

（2）考夫曼的“6P”分类法

美国著名旅游市场学家考夫曼（C. Devoitl Cofiman）经过多年悉心研究，将饭店市场营销组合因素归纳为以下12种：产品计划、定价、品牌、分销渠道、人员推销、广告、促销、组合（指能建立饭店形象的风格、设计、主题等）、陈列展示、服务、储存、市场调查。1980年，考夫曼在《旅游销售》一书中，又将上述12种组合因素概括为6个P（见表1－1）。

表1－1 旅游市场营销组合因素之考夫曼分类法

人（people）	指旅游者或旅游市场。旅游企业需要明确目标市场的消费对象以及他们的需要与愿望
产品（product）	指旅游企业向顾客提供的包括有形的设施与无形的服务的整体旅游产品
价格（price）	指既符合顾客愿望，又使旅游企业有利可图的旅游产品定价

（续）

促销（promotion）	指促使顾客深信本企业的旅游产品是他们所需要并产生购买行为的措施
实施（performance）	指旅游产品的传递。旅游企业通过接待与服务，促使顾客再次购买，并为企业进行口头宣传
组合（package）	指旅游企业通过产品与服务的结合，在顾客的心目中树立起本企业独特的形象

(3) 菲利普·科特勒的“11P”分类法

美国著名市场学家菲利普·科特勒（Philip Kotler）于1984年提出了“大市场营销”理论。该理论对旅游市场营销的指导意义也很重大。他认为企业的营销人员能够影响企业所处的营销环境，而不应单纯地顺从和适应环境。营销组合除麦卡锡提出的“4P”外，还应加上“2P”，即权力（power）和公共关系（public relation），成为“6P”。也就是说，要运用政治力量和公共关系为企业的市场营销开辟道路。后来，菲利普·科特勒又提出针对国际市场营销的“11P”策略，也就是“4P”加上另外的“7P”：调查（probing）、市场分割（partitioning）、优先（prioritizing）、定位（positioning）、权力（power）、公共关系（public relation）、人（people）。菲利普·科特勒的市场营销策略组合理论认为：不仅需要了解和满足目标顾客需要，还应采取一切手段打入新的市场，激发消费者的新需求或改变消费者的消费习惯，创造目标顾客新需求；同时应影响外部环境因素，而不只是服从和适应；还要运用政治权力与公共关系等因素树立企业及产品的良好形象。

香港丽晶饭店的形象服务

香港丽晶饭店（Regent Hotel）特别重视饭店所有着制服和着便装的员工都能给人以高雅而专业的印象。员工的外表是丽晶饭店有形象征的一部分。此外，该饭店还刻意在门前停放一些类似劳斯莱斯的豪华轿车，以便直接传递一种高质量和高档服务的信息。

1.3.3 旅游市场营销组合的新发展

(1) 劳特朋的“4C”理论

1990年美国营销专家的劳特朋（Robert Lauterborn）教授提出了“4C”理论：① 把产品搁置一边，研究消费者的需求与欲望（consumer wants and needs）：不要再卖你所生产的产品，而要卖别人想购买的产品；② 暂时忘掉定价策略，快去了解消费者满足其欲望所想付出的成本（cost）；③ 忘掉通路策略，应当思考如何给消费者方便（convenience）以购得商品；④ 最后忘掉销售促进，20世纪90年代正确的词汇是沟通（communications）。具体内容见表1－2。

表1－2 劳特朋的“4C”理论

顾客（consumer）	旅游企业开发了新的线路，选定了新的市场和产品时，不要急于考虑推销给客户，而是先了解自己的客户需要什么样的旅游产品，他们的购买力如何等再去为他们寻找到适合的推介
成本（cost）	了解你的顾客的内在需要后，先不要考虑用什么样的价格策略确定投资回报率，而要先计算提供给顾客的产品需要付出多大的成本，然后结合了解到的顾客想为这次旅游付出的成本，再决定价格策略和利润目标

（续）

便利性（convenience）	忘掉固定的销售渠道，选择更能让消费者接受的销售方式，包括选线、组团方式、交通方式、付款方式、办理途中各种入住和接待手续、实施旅游服务等使客户轻松满意
沟通（communications）	最后忘掉促销，用服务和产品与顾客沟通，使顾客得到充分的真实的信息，做出满意的决策，最终建立顾客与企业的高度忠诚关系

（2）舒尔茨的“4R”理论

美国学者舒尔茨（Theodore W. Schultz）提出了营销组合的最新理论“4R营销组合理论”，即市场营销包含4个要素，详见表1－3。

表1－3　舒尔茨的“4R”理论

关联（related）	指在竞争的环境中，厂商、经营商、零售商都必须时刻关注顾客的需求及其变化，提高顾客的满意度和忠诚度，同时必须注意与上游企业形成一个卓越的价值让渡系统或战略网，提高整个战略网的竞争力
反应速度（response speed）	指企业应在顾客的需求变化时，甚至在变化前做出适当的反应，以便与顾客的需求变化相适应
关系营销（relation）	指企业应当与顾客建立长期、稳定、密切的关系，降低顾客流失率，建立顾客数据库，开展数据库营销，从而降低营销费用
回报（return）	指企业营销的真正动机在于为企业带来短期的利润回报和长期的价值回报。这是营销的根本出发点

“4R”理论使企业清醒地认识到营销的战略是以为客户服务为中心的发展战略。“4R”理论根据市场不断成熟和竞争日趋激烈的形势，着眼于企业与客户互动双赢，不仅积极地适应客户的需求，而且主动地创造需求，运用优化和系统的思想去整合营销，通过关联、关系、反应、回报等形式与客户形成独特的关系，把企业与客户联系在一起，形成竞争优势。

（3）吴金明的“4V”理论

进入20世纪80年代之后，随着高科技产业的迅速崛起，高科技企业、高技术产品与服务不断涌现，营销观念、方式也不断丰富与发展，并形成独具风格的新型理念，在此基础上，国内的学者（吴金明等）综合性地提出了“4V”的营销哲学观。所谓“4V”是指“差异化（variation）”“功能化（versatility）”“附加价值（value）”“共鸣（vibration）”的营销组合理论，详见表1－4。

表1－4　吴金明的“4V”理论

差异化（variation）	指企业凭借自身的技术优势和管理优势，生产出性能上、质量上优于市场上现有水平的产品，或是在销售方面，通过有特色的宣传活动、灵活的推销手段、周到的售后服务，在消费者心目中树立起不同一般的良好形象
功能化（versatility）	指根据消费者消费要求的不同，提供不同功能的系列化产品供给，增加一些功能就变成豪华奢侈品（或高档品），减掉一些功能就变成中、低档消费品
附加价值（value）	由技术附加、营销或服务附加和企业文化与品牌附加3个部分所构成。从当代发展趋势来分析，围绕产品物耗和社会必要劳动时间的活劳动消耗在价值构成中的比重将逐步下降；而高技术附加价值、品牌（含“名品”“名人”“名企”）或企业文化附加价值与营销附加价值在价值构成中的比重却显著而且将进一步上升
共鸣（vibration）	指企业持续占领市场并保持竞争力的价值创新给消费者或顾客所带来的“价值最大化”，以及由此所带来的企业的“利润极大化”，强调的是将企业的创新能力与消费者所珍视的价值联系起来，通过为消费者提供价值创新使其获得最大限度的满足

“4V”理论要求企业在经营活动中不仅要创造价值，而且更要关注顾客在购买产品和服务时所倾注的全部成本。只有顾客整体价值达到最大化后，顾客才乐意倾注顾客整体成本的全部；而企业也只有在“价值提供”上达到顾客要求时才能获得顾客整体成本的全部，从而使“利润最大化”，达成供求双方的共鸣。

【案例分析】

青岛奥运旅游促销与市场开发

（一）市场营销重点

着力塑造“奥运扬帆胜地，海滨旅游天堂”的城市形象，以奥运拉动旅游，以旅游为奥运添彩，坚持大力发展入境旅游、积极发展国内旅游、适度发展出境旅游的方针，加大旅游促销力度，全面开拓旅游市场。

在国内开展“青岛奥运之旅”大型促销活动，在重点客源城市进行奥运概念和海上体育、旅游、度假、休闲主题旅游促销。

在韩国、日本、中国的港澳台地区、东南亚及俄罗斯等周边客源市场开展一系列旅游宣传推介活动。

以德国、美国和澳大利亚为重点，在北美、欧洲、大洋洲等远程市场组织巡回宣传促销活动。借助奥运热身赛、邀请赛等活动，加大对外促销力度。

以奥运帆船比赛参赛国为重点，借参赛国帆船组织、运动员来青岛进行适应性训练或参加友谊赛的机会，开展系列旅游推介活动，举办一系列海上奥运旅游文化体育活动，扩大青岛的国际知名度和竞争力。

（二）宣传促销措施

坚持政府主导、多元参与、市场运作，建立多层次、多渠道、多形式，跨地区、跨行业、跨部门的宣传促销网络和联动机制，扩大旅游宣传促销规模，提高综合效益。

1. 加强与海外主要客源国旅游机构或旅游组织的合作，邀请主要客源国的旅游组织、旅行商和新闻媒体来青岛考察访问。

2. 强化联合意识，打破地区界限，加强区域协作，通过与北京、西安等国内旅游热点城市联合开发、联合促销，谋求共同发展；与烟台、威海、泰安、曲阜等省内旅游热点城市合作，搭建区域合作平台，打造中国黄金海岸和历史文化名山名城旅游品牌。

3. 依托驻外机构，加强与我国驻外使馆、国家旅游局驻外办事处的联系，在青岛友好城市宣传青岛奥运旅游；增进与原奥运会筹办城市的交流与合作。

4. 精心设计制作代表青岛旅游形象，展示青岛旅游特色，体现青岛奥运旅游主题，能够满足不同国家和地区游客需要的不同语种、不同内容、不同风格的系列宣传品。

5. 每年分批次邀请国内主要媒体记者和海外主要客源国的记者来青岛采访、考察；充分运用现代媒体传播手段，开展网络宣传、电视推介、广告促销，全方位展现青岛旅游风采，树立青岛奥运旅游新形象。

【案例思考题】

1. 青岛是如何利用奥运商机进行旅游市场营销活动的？
2. 奥运会为我国旅游目的地提供了哪些机会？
3. 结合你所在城市的旅游资源特色，谈谈如何利用奥运商机进行市场营销。

【思考题】

1. 为什么要学习旅游市场营销学？

2. 许多旅游业的管理人员都把企业的经营目标看做是追求利润，有些则看做是创造并维持顾客。请解释这些不同的观点将如何影响公司与顾客之间的互动关系？如果一位经理将企业目标看作是创造并维持顾客，这是否意味着该经理不关心利润？

3. 一位住在你的饭店的顾客抱怨说房间里的空调不工作，因此他一夜没有睡好。你该怎么办？

【本章推荐阅读书目】

1. *Marketing for hospitality and tourism*. Philip Kotler 等. 谢彦君主译. 东北财经大学出版社，2006.

2. 旅游市场营销学——原理·方法·案例. 赵西萍，等. 科学出版社，2006.

3. 旅游市场营销. 张俐俐. 清华大学出版社，2005.

4. 旅游市场营销管理. 马勇. 东北财经大学出版社，2002.

第 2 章

旅游市场营销环境

【本章概要】

旅游企业所有营销活动都是在一定环境中进行的，而环境时刻处于变化之中，是企业不能控制的。因此，企业必须了解和掌握有关营销环境的内容，采用各种方法和工具去分析和预测营销环境可能发生的变化和对企业可能带来的影响。

旅游市场营销环境包括宏观环境和微观环境。旅游市场营销宏观环境因素主要包括竞争因素、人口统计因素、经济因素、自然因素、技术因素、政治因素和文化因素等各个方面。旅游市场营销的微观环境包括本公司、供应商和营销中介等。

宏观环境和微观环境的发展变化对市场营销的影响很大，我们通过环境扫描和正确使用营销环境信息，积极采取行动去影响营销环境中的公众和各种势力，从而保证旅游企业在面对变化中的旅游市场时采取相应的对策，实现企业的可持续发展。

【学习目标】

- 掌握旅游市场营销环境的基本内容体系；
- 理解影响旅游企业营销活动的微观环境因素；
- 理解影响旅游企业营销活动的宏观环境因素；
- 了解旅游企业怎样才能顺应环境方面的变化。

【关键性术语】

旅游市场宏观环境、旅游市场微观环境、环境扫描。

【案例导读】

给马里奥特先生的一封信

亲爱的马里奥特先生：

我想告诉您我最近在您所属的阿纳海姆·马里奥特饭店（Anaheim Marriot Hotel）的经历。当时，在我登记入住之后，我要了客房送餐服务。一位名叫查尔斯的年轻小伙子给我送来了我所要的东西。等我签单的时候，他问："夫人，您怎么了，眼睛红红的？是不是刚刚哭过？"

"我是哭过。"我回答说，"我妹妹患病到了晚期。就在我乘飞机到这里来的时候，我的弟弟打电话告诉我她刚刚过世。我应该马上回家，可是，知道明天上午8：00才有第一班飞机。所以，你看我并不想在您的酒店住下，可是没有办法。"查尔斯停顿了一下，说"我想告诉您，我很同情您。如果今天晚上需要帮忙，请打电话给我，别客气，我很乐意为您服务。"

我感到些许的安慰，因为查尔斯这位客房服务员对我很关心。大约45min之后，查尔斯来敲我的房门。我以为他来收取餐盘，却看到他托着另一个餐盘上来，里面是一壶咖啡和一份热乎乎的果饼。

"我们的大厨做的果饼是全公司最好的。我们为您做了一份，费用记在我们的账上。"他说。然后，他伸手到口袋里，拿出一张亲情卡。我打开卡，发现上面有7个签名。查尔斯向我一一介绍他们每个人的身份，并解释说这些人都是他在酒店中的朋友，值夜班。

"我们用这张卡向您表示，今晚您不是孤单一个人——我们很多人都关心您。"马里奥特先生，我永远也不会见到您，我也不需要与您会面，因为我遇到了查尔斯。我从他那里体会到了您所崇尚的东西，知道您所珍视的东西。我向您保证，只要我活着，我就会住进您的饭店，并且告诉我的朋友们也住进您的饭店。在那一天晚上，我意识到，与您对一个人的关心相比，我花费在您酒店里的那点钱是微不足道的。

2.1 旅游市场营销环境概述

2.1.1 旅游市场营销环境的概念

旅游市场营销环境是指作用于旅游业市场营销活动的外部条件中关联因素的部分集合。营销成败的关键首先在于能否把握市场营销环境的特点及变化，只有与环境的变化相适应、相协调，企业才能顺利地开展营销活动，并实现其预期的各项目标。

旅游业是非生产性、综合性极强的服务产业，这使旅游企业对所面临的营销环境变化的反应更为深刻。旅游市场营销环境由宏观环境和微观环境构成，如图2-1所示。

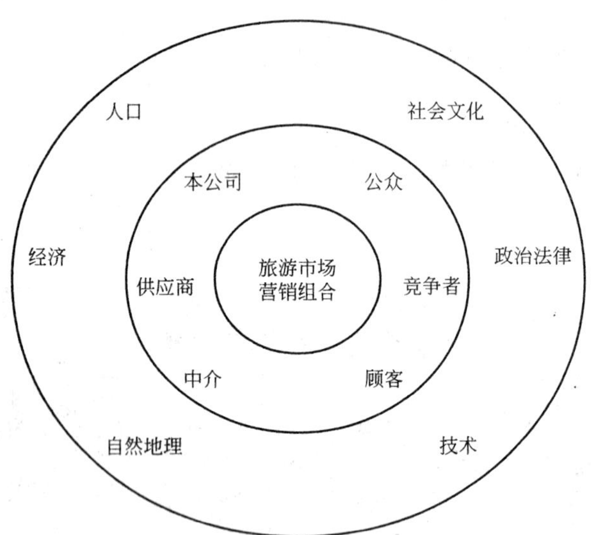

图2-1 旅游市场营销环境示意图

2.1.2 旅游市场营销环境的特点

旅游市场营销环境包含的内容既广泛又复杂，各因素之间又存在着交叉作用。因此，它是一个多因素、多层次而且不断变化的综合体。旅游市场营销环境的特点表现在以下5个方面。

(1) 客观性

企业总是在特定的社会经济和其他外界环境条件下生存、发展的。不管你承认与否，旅游企业只要从事市场营销活动，就不可能不面对这样或那样的环境条件，也不可能不受到各种各样环境因素的影响和制约，包括微观的、宏观的。因此，旅游企业决策者必须清醒地认识到这一点，要及早做好充分的思想准备，随时应付其所面临的各种环境的挑战。

(2) 差异性

市场营销环境的差异性不仅表现在不同的旅游企业受不同环境的影响，而且同样一种环境因素的变化对不同旅游企业的影响也不相同。例如，不同的国家、民族、地区之间在人口、经济、社会文化、政治、法律、自然地理等各方面存在着广泛的差异性。这些差异性对企业营销活动的影响显然是很不相同的。由于外界环境因素的差异性，因而企业必须采取不同的营销策略才能应付和适应这种情况。

(3) 相关性

市场营销环境是一个系统，在这个系统中，各个影响因素是相互依存、相互作用和相互制约的。这是由于社会经济现象的出现，往往不是由某个单一的因素所能决定的，而是受到一系列相关因素影响的结果。例如，旅游企业开发新产品时，不仅要受到经济因素的影响和制约，还要受到社会文化因素的影响和制约。

(4) 动态性

营销环境是旅游企业营销活动的基础和条件，这并不意味着营销环境是一成不变的、静止的。恰恰相反，营销环境总是处在一个不断变化的过程中，它是一个动态的概念。例如，科技、经济等因素的变化相对大而快，对旅游企业营销活动的影响相对短暂而跳跃性大；而人口、社会文化、自然等因素的变化相对较慢较少，对旅游企业营销的影响相对长期而稳定。

(5) 不可控性

影响市场营销环境的因素是多方面的，也是复杂的，并表现出旅游企业不可控性。例如，对一个国家的政治法律制度、人口增长以及一些社会文化习俗等，旅游企业不可能随意改变。此外，各环境因素之间也常常存在矛盾，从而影响和制约旅游企业的营销活动。

2.2 旅游市场营销的微观环境

旅游市场营销微观环境影响着企业为目标市场服务的能力。它构成旅游企业营销微观环境的各种制约力量并存在于企业周围，与企业形成协作、竞争、服务、监督的关系。旅游市场营销工作的成败不仅取决于能否适应客观环境的变化，而且适应和影响微观环境的变化也是至关重要的。

旅游市场营销微观环境主要包括本公司、旅游供应商、旅游营销中介、顾客、竞争者、社会公众，如图2-2所示。

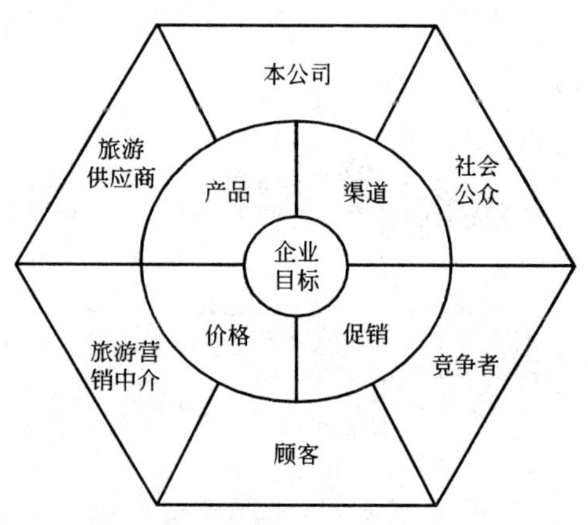

图2-2 旅游市场营销微观环境示意图

2.2.1 本公司

在内部各环境要素中，人员是营销策略的确定者与执行者，是企业最重要的资源。旅游企业管理水平高低、规章制度的优劣决定着其营销机制的工作效率；资金状况与基础设施等条件是旅游企业进行一切营销活动的物质基础，这些物质条件的状况决定了营销活动的规模。此外，企业文化和组织结构是2个需要格外注意的内部营销环境要素。

企业文化在调动企业员工的积极性、发挥员工的主动创造力、提高组织的凝聚力等方面有重要的作用。良好的企业文化状况可以促使员工们努力工作以取得更高的绩效，从而更好地实现企业目标。此外，良好的企业文化环境氛围有助于增进全体员工对企业的向心力，并可以通过员工向外辐射这种向心力以美化组织的对外形象。创造良好的企业文化环境，需要企业建立并实施相应的人事、激励、组织结构等多方面的规章制度，并积极开展各种活动，吸引全体员工参加，增进员工对组织宗旨的了解，增强员工主人翁责任感。

内部营销环境的另一个要素是组织结构，主要是指营销部门与其他部门之间在组织结构上的相互关系。营销部门在整个企业中的地位影响到营销活动能否顺利进行。由于旅游企业内各部门的经营目标、职能侧重点各不相同，营销部门与其他部门之间往往会在经营意愿上有所冲突。这就需要积极协调营销部门与其他部门之间的关系，营造良好的工作氛围和工作环境，使各部门为共同实现企业目标而努力。

微笑管理　让员工轻松工作

“微笑可以让领导与员工之间更容易沟通，可以使企业形象更深刻地印在客户的脑海中，能够为企业带来意想不到的收获。”中国康辉旅行社副总经理郭东杰多年来一直提倡实施“微笑管理”。他认为，不论是服务业还是其他行业，在员工的管理上并没有什么本质差别。如果企业内部人际关系像“钢铁般的冷漠”，后果将是员工之间勾心斗角，企业形象必定会大打折扣，更不要谈盈利了。管理者对事业充满信心，并在工作中保持心情舒畅，以微笑待人，企业的职工必定精神振作，任何困难都将不在话下。从管理者角度看，企业实施微笑管理，可以表现管理者的宏大气度，出现矛盾时，微笑可以使双方恢复理智，化干戈为玉帛；微笑管理也是赞扬和鼓励员工的重要方式，当员工创造出良好业绩时，管理者的微笑代表了肯定和赞许，员工能从微笑中受到鼓舞，获得力量，并焕发出更高的工作热情。从员工角度看，当管理者适时运用微笑管理时，一张满面春风的笑脸能够间接消除员工的紧张和对抗情绪，并保持一种轻松的心情进行工作，办起事来也会干劲十足，效率极高。

【案例讨论题】

如何在企业内部实施微笑管理？

1. 管理者要做到言情一致。在与员工进行工作交谈时，不论遇到什么问题，一定要冷静处理，语言与表情要保持一致，尽量用微笑代替僵硬的表情。当表扬员工的工作成绩时，口头赞许外加微笑，可以表现出管理者态度的真诚。

2. 以关心、帮助人的态度处理工作中矛盾。指导工作时，不要摆出高高在上的架势，更不要以命令式的口吻进行交谈，错误地以为脸色越沉，声音越大，威信就会越高，这样做的结果往往适得其反。

3. 当员工出现工作失误时，切忌当众严词批评与指责。这样只会把事情搞得更糟，甚至会伤害员工的自尊心，造成员工工作心情不佳或出现逆反心理或行为。

4. 管理者经常把微笑挂在脸上。微笑会传染给每一位员工，原本紧张的工作气氛会变得轻松活泼，员工心情愉悦，就会愉快地接受各项指令，工作效率也会随之提高。

5. 让微笑传遍企业。员工之间也能做到微笑交流，并将微笑很自然地带给客户，这样不仅可以提升企业的外在形象，更有可能为企业创造更多的利润。

2.2.2 供应商

供应商是指向旅游企业及其竞争者提供生产旅游产品和服务所需资源的企业或个人。市场营销工作很重要的一个方面就是与供应商保持密切联系，以保证资源充足。旅游市场营销工作同样也要保持与旅游资源供应商的联系。具体的旅游资源，如旅游饭店的供应商有定点旅游用品商店、水电部门、公安部门、菜市场等单位；旅行社的供应商有旅游风景管理区、交通部门、宾馆饭店、娱乐区等单位。任何一个环节都不能放松，因为旅游产品的综合性也决定了它的脆弱性，一环受损就会造成全盘失败。

把握旅游资源供应环境，不仅有助于保证资源充足，而且有助于降低成本。做市场营销时，应掌握商品的价格变化情况并尽可能加以控制，使综合报价中利润的构成达到最大限度。

【小知识】

供应商联盟的组建

近年来，伴随着电子商务、信息技术和互联网的普及，传统的国家、产业、行业或公司的分界线正在变得越来越模糊；不同国家、不同产业、不同行业、不同类型的企业正在进行新一轮的战略重组与整合，其中以电子商务网络和互联网平台为纽带的虚拟联盟发展尤为迅速。一大批跨行业、跨产业、跨地区、跨平台的虚拟联盟已初见雏形。例如，1997年由美国联合航空、德国汉莎航空、加拿大航空、泰国航空、北欧航空等世界著名航空公司组建的“星空联盟（Star Alliance）”；1998年由英国航空、美洲航空、加拿大国航、中国香港国泰、澳大利亚康达等航空公司组建的“寰宇一家联盟（One World）”；2000年由新加坡君悦集团、中国香港马可波罗集团等5个亚洲地区酒店集团成立的“亚洲酒店联盟”（AHA）；2002年由美国著名航空公司、饭店集团、租车公司等与旅游相关企业组成的“开放旅游联盟”（Open Travel Alliance）；2003年由希尔顿、凯悦、洲际、万豪、喜达屋组建的“旅游网盟（Travel - web）”；2004年由凯宾斯基（Kempinski）等4家国际饭店集团组建的“全球饭店联盟”（Global Hotels Alliance）；2004年由中国8家本土饭店集团组成的“中国互联网酒店联盟（Sino Internet Hotels Alliance）”等。可以预见，在不远的将来，世界超级饭店集团或饭店联盟将竞相实施“网络主导型的多元化发展战略”，并将借助互联网公共平台来连接内外网、串通上下游、统一数据库、共享信息源，组建跨行业和跨产业的虚拟泛旅游联盟。

2.2.3 营销中介

营销中介是指协助旅游企业销售、推广其产品给最终购买者的企业或个人，主要包括旅游中间商、营销服务机构和金融机构等。作为营销不可缺少的环节，营销中介所提供的服务能使得旅游产品顺利送到目标顾客手中。随着市场经济的发展，社会分工越来越细，这些中介机构的影响和作用也越来越大。因此，旅游企业在市场营销过程中，必须重视中介组织对营销活动的影响，并要处理好同他们的合作关系。

（1）旅游中间商

旅游中间商是协助旅游企业寻找顾客或直接与顾客交易的企业或个人。旅游中间商作为一个整体介入旅游产品的营销活动，对旅游产品的供给者和购买者都会带来益处。

旅游中间商在营销活动中的地位很重要，它会在多个环节中出现。例如，某旅行社的外联人员出去联系业务，他会从谈成的业务中提成，在旅行社与旅游者之间他扮演的是中间商的角色；旅游者最终确定的目的地是外省的某一景点，此旅行社就会与外省某一旅行社进行联系，最后谈成的情况是此团队到达外省后，由当地那家旅行社提供地陪，全权负责当地游览，此旅行社派一名全陪监督。在这个过程中这家旅行社又充当了中间商的身份。在整个旅游活动中，中间商出现了2次。

慎重选择旅游中间商，是关系旅游营销计划能否顺利完成的关键。选择旅游中间商首先必须从了解自我开始。也就是说，先要明确建立销售网的目标是什么；自己的旅游产品有多少种类，数量有多少，质量怎样；市场需求如何，市场结构如何，竞争情况怎样；产品发展趋势如何，市场的变化趋势如何，产品的市场重点在哪里，进入市场的策略是什么，等等。在对自身状况了解以后，才能按照既定的目标，寻找自己需要的旅游中间商，在选择过程中，要注意中间商人员素质、劳务费用、履行职责效果和对中间商的可控程度。旅游企业提高旅游产品的规格和质量必须要重视中间商的作用。旅游企业可以根据中间人的组团能力、企业规模、计划销售、计划预订人、汇款情况等因素，有区别地对待并实行优惠中间商措施。

（2）营销服务机构

营销服务机构是帮助旅游组织选择最恰当的市场并协助向特定的目标市场推销产品的企业或个人，主要有营销调研公司、广告公司、传播媒介公司和营销咨询公司等。现在大多数旅游组织往往以合同方式通过这些专业营销服务机构来开展营销活动。他们可以依靠市场调查公司进行市场信息的收集、整理和分析；向营销咨询公司征求营销活动的意见、建议和指导；依靠广告公司制作旅游产品广告；通过传播媒介公司传递信息。

旅游企业在决定委托营销服务机构来处理这些业务时需要谨慎地选择，仔细考察每个不同的专业公司所提供的服务质量、服务内容、服务特色以及价格水平，对他们做出恰当的判断和评价。在营销服务机构基本选定之后，还需要对他们的工作进行定期检查。对于那些不能达到预期服务水平和效果、不能胜任工作的专业公司应及时调整，保证企业的利益。

（3）金融机构

金融机构主要是指协助旅游企业进行融资活动，为旅游产品购买与销售提供资金保险服务的各种公司，如银行、信贷公司、保险公司等。旅游企业和金融机构的联系是非常密切、频繁的。旅游企业财产需要通过保险公司进行保险，业务往来要通过银行账户进行结算。如果银行的贷款利率上升，或是信贷来源受到限制，都会给旅游企业的发展带来不便，并影响旅游企业的市场营销活动。因此，旅游企业要大力发展同金融机构的关系，保证企业有畅通的融资渠道，避免因贷款成本的上升或信贷来源受到限制而造成的不利影响。

2.2.4 顾客

旅游企业的营销活动是以顾客需要为中心展开的。因此，顾客是影响旅游企业营销活动的最基本、最直接的环境因素。旅游市场的顾客主要包括个体顾客和组织顾客。

(1) 个体顾客

个体顾客，又称旅游消费者或游客，是指最终旅游消费购买者，包括购买旅游产品和服务的人或家庭，如观光旅游者、度假旅游者、商务旅游者、会议旅游者、体育旅游者等。旅游者购买旅游产品和服务是为了满足个人或家庭物质和精神需要，并无牟利动机。此类顾客具有以下特征。

人多面广，需求差异大 购买旅游产品的消费者包括各种类型和阶层的人员，因性别、年龄、职业、收入、偏好、习惯等不同，对旅游需求存在较大的差异。

多属小型购买，购买频率较高 旅游消费者多以个人或家庭为单位，故购买的数量较小，但频率较高。

多属非专家型购买 由于大多数旅游者对旅游产品和服务缺乏专门知识，对旅游产品的购买是一种非专家型购买，所以其购买行为具有很大程度的可诱导性。旅游企业应做好产品的宣传工作，给旅游者提供适当的建议、指导消费，有效引导其购买行为。

购买变动性较大 旅游者的购买力和时间都有一定限度，对所需要消费的旅游产品一般是慎重选择，这就造成旅游最终消费者对地区、企业以及替代品的选择和变动。

因此，旅游企业营销人员应该根据企业本身的特点来分析所提供的产品和服务最适合于哪一种旅游者类型、购买行为以及消费方式。

关于旅游消费者行为，行为学家科特·莱文（Kunt Lewin）用以下公式表示：

$$CB = f(p, s, e)$$

式中 CB——消费者行为；

p——消费者个人特点；

s——社会影响因素；

e——环境因素。

公式表明，旅游消费者的行为是其个人特点、社会影响因素及环境因素的函数。此外，这3个因素之间也有一定的联系并相互作用。例如，旅游消费者的态度（属于个人特点范围）可能是受家庭影响（属于社会影响因素范围）的结果，而旅游者的价值观念（亦属个人特点范围），通常是受其生活中的文化因素（属于环境范围）影响的结果。

(2) 组织顾客

组织顾客是指为开展业务而购买旅游产品和服务的各种企业或机关团体组织。如到宾馆、度假村举行会议，举办展销会，或作为奖励（福利）组织员工旅游的企业和团体就属此类购买者。其特点如下。

组织顾客数量较少，但购买的规模较大 组织顾客大多是企事业单位，数目比个体顾客少得多，但购买规模较大。例如，某企业在宾馆召开年度总结会，可能一次订购100间客房和20桌宴会。

组织顾客的购买属于派生需求 多数组织顾客购买旅游产品是为了经营管理

的需要，其购买属于派生需求。

组织购买的价格需求弹性较小 因为组织顾客购买旅游产品的费用由单位支付，所以他们对旅游产品的需求受价格变动的影响较小，更重视旅游产品和服务的质量。

从上述分析可以看出，个体顾客和组织顾客在购买旅游产品时会表现出不同的特征。旅游营销人员如果不考虑到这种差异，采取一视同仁的营销对策，就可能达不到良好的效果。较好的方式是对个体顾客和组织顾客分别制定不同的营销策略，在产品、价格、渠道和促销方式上针对各自特点采取不同的措施，以满足其各自的需求。掌握上述特点对旅游企业开展营销活动具有重要意义。

2.2.5 竞争因素

旅游市场已形成买方市场，竞争日益激烈，并且国内的旅游企业面临着国内外旅游企业的双重竞争。

一般情况下，旅游企业面临着4种竞争者：愿望竞争者、一般竞争者、产品竞争者和品牌竞争者（如图2－3所示）。

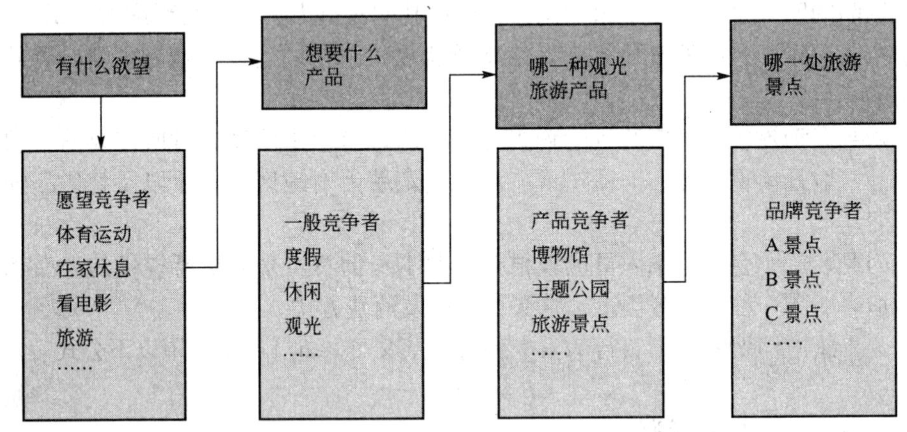

图2－3 不同层次的竞争者

愿望竞争者（desired competitors），即能够满足消费者欲望的所有企业或组织。比如，某人当前有许多欲望希望得到满足，他希望去探险旅游、休闲旅游，也希望购买其他产品，但由于种种条件的限制，他不可能满足所有的欲望，此人目前的种种欲望就是所谓的“愿望竞争者”。

一般竞争者（generic competitors），也叫平行竞争者，即指提供能够满足同一种需求的不同产品的竞争者。比如，某人想去旅游，那么各种旅游形式就构成了一般竞争者。

产品竞争者（product form competitors），即指拥有同一类旅游产品但形式不同的竞争者。

品牌竞争者（brand competitors），即能够满足购买者愿望的同类产品的各种品牌。这种竞争是更高层次的竞争，是技术、知识和信息的竞争。

2.2.6 公众

公众是指对旅游企业的目标实现产生实际或潜在影响的任何团体或个人。一个旅游企业的公众主要有以下部门。

（1）金融公众

金融公众，即那些关心和影响旅游企业取得资金能力的集团，包括银行、投资公司、证券公司、保险公司，他们对企业的融资能力有重要影响。旅游企业应努力使金融公众对自身的经营感到满意和放心，在金融公众中建立良好的信誉。

（2）媒介公众

媒介公众，主要指报纸、杂志、电台、电视台、网站等具有广泛影响的大众传播媒介，他们能帮助旅游企业实现和外界的联系。旅游企业通过与媒介公众的良好关系能扩大企业和产品的知名度和影响力。

（3）政府公众

政府公众，即负责管理旅游企业的业务经营活动的政府机构和主管部门，如制定有关经济法规和政策的机构、工商行政管理局、物价局、旅游局等。旅游企业在制订营销计划时要考虑政府公众对其的影响，比如，保证广告的真实性，制定合理的价格，还要考虑政府政策措施的变化。

（4）团体公众

团体公众，即有权对旅游企业营销活动做出质询的团体和企业，如消费者协会和一些环境保护组织。团体公众有权指责旅游企业的经营活动破坏了环境，旅游产品损害了消费者权益，要求旅游企业采取相应措施。

（5）地方公众

地方公众，即旅游企业周围的一些居民和社区组织，他们对旅游企业的态度直接影响其营销活动。旅游企业要和地方公众之间保持经常的联系，可指派专人负责处理与地方公众的关系，积极参与地方公众的日常事务，为一些公益事业提供赞助，赢得地方公众的好感与合作。

（6）普通公众

普通公众，即虽不购买旅游产品，但深刻影响消费者对旅游企业及其产品看法的个人。

（7）内部公众

内部公众，指旅游企业内部全体员工，包括领导层（董事长）、经理、管理人员、职工。处理好内部公众关系是搞好外部公众关系的前提。

公众对旅游企业的生存和发展产生巨大的影响，公众可能有增强旅游企业实现其目标的能力，也可能会产生妨碍其实现其目标的能力。所以，旅游企业必须采取积极适当的措施，主动处理好公众的关系，树立良好形象，促进营销活动的顺利开展。

泰瑞城希尔顿饭店的损失

位于美国纽约州西柴斯特郡的泰瑞城希尔顿饭店（Tarrytown Hilton）为“细心保险公司”（Prudential Insurance）和希尔顿饭店共同所有，他们决定要把饭店转让出去。当然这个决定是私下里做的，没有让外界知道。但就在这种情况下，西柴斯特郡的主席向社会公布说，郡政府正在考虑收购该饭店，将其用作无家可归者的临时居所。一时间舆论哗然，饭店所有者被迫取消了出售饭店的决定。由于公众以为饭店即将成为无家可归者的避难所，因此，纷纷取消了原来所作的聚会、会议和宴会等的预订。泰瑞城希尔顿饭店的管理人员估计，收入损失在80万美元左右，而且有些服务的市场份额减少了45%。

2.3　旅游市场营销的宏观环境

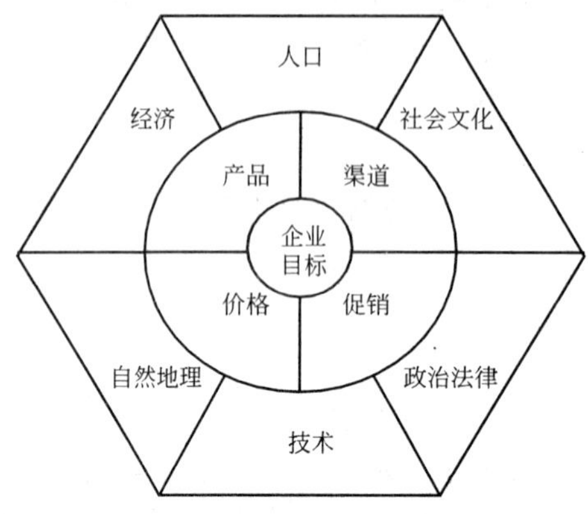

图2-4　旅游市场营销宏观环境示意图

旅游市场营销宏观环境是指影响旅游企业运作的外部大环境，既包括国际环境，也包括国内环境，它对企业营销活动的成败有着极大影响。旅游从业人员必须根据宏观环境中的各种因素及其变化趋势来调整和制定自己的营销策略，以达到市场营销的目的。宏观环境包括人口、经济、自然地理、技术、政治法律及社会文化等因素，如图2-4所示。

2.3.1　人口因素

人口是构成旅游市场的第一位因素。对旅游企业而言，分析人口环境因素应从3个方面入手。

(1) 人口总量

在收入水平接近的情况下，人口的多少决定着旅游市场容量的大小。一般来说，人口总量与市场容量、消费需求成正比。

(2) 人口城市化

人口城市化程度是指城市人口占全国总人口的百分比，它是一个国家或地区经济活动的重要特征之一。城乡居民之间存在着某种程度的经济和文化上的差别，进而导致不同的消费行为。一般来说，城市居民旅游需求的人数不仅比农村多，而且比例也大。随着城市化进程的发展，城市居民对于回归大自然、度假、保健、休闲等旅游需求日益增加。如何开发并满足这一市场需求，是旅游企业面临的一个重大课题。

(3) 人口结构

人口结构往往决定产品结构、消费结构和产品需求类型。人口结构主要包括年龄结构、性别结构、受教育程度和家庭结构，它们是影响旅游购买行为的重要因素。

人口年龄结构对美国餐饮业的影响

以下资料是美国学者 Tamar Lewin 和 Lucia Mouat 在 1990 年对美国人口年龄结构所导致未来10年中各种年龄群体对美国餐饮业影响的趋势分析。

(1) 儿童。整个20世纪90年代，随着生育高峰一代逐渐退出生育年龄，学前儿童的数量也将逐渐减少。到20世纪末21世纪初，快餐馆必须为这个市场寻找新的位置。他们已经瞄准的市场之一就是老年市场。

(2) 青少年。整个20世纪90年代初期，年龄在10~19岁的人数会减少，然后到20世纪末，再开始增加。不管是从顾客还是从雇员（也是18~19岁的青年）的角度看，这都是一个十分重要的快餐市场。青年和儿童市场都会对学校供餐需求产生影响。

(3) 年轻的成年人。在20世纪90年代，随着生育低谷一代的进入，20~24岁的群体将有所减少。这个群体对偶尔在外就餐市场影响很大。他们也是夜总会和酒吧的主要市场。

(4) 中年早期。生育高峰一代会进一步跨入35~49岁这个群体，增长会很快。例如，40~44岁的人会增长50%。这个群体对餐饮会有更为多样的口味需求，欣赏更为高档的饭店。

(5) 中年晚期。50~64岁年龄段的群体直到20世纪末都会一直处于收缩状态。这个群体当中挣工资的人正处于其事业的高峰期，这是在外就餐、娱乐和旅行的最主要市场。

(6) 退休人员。在1980—2000年间，65岁以上的人口会增加大约1/3。到2000年，老年人口将达到青少年的2倍。这个群体过着退休后的社区生活，需要更为安详宁静的休闲与旅行方式。他们也可能是提供营养餐的中档餐馆的一个市场。

2.3.2 经济因素

一国或地区的经济状况如何（经济增长速度、物价水平、就业状况、居民收入水平），往往直接或间接地影响旅游市场需求。从宏观上分析经济环境，要注意把握以下几个经济因素。

(1) 国民生产总值与人均国民生产总值

国民生产总值（GNP）是一个国家某一时期所生产的以市场价格计算的最终产品与劳务市场价值的总和。相对于国民生产总值，人均国民生产总值更能反映出一个国家人民的富裕程度。有研究指出，人均GNP达到500美元就会兴起国内旅游，而人均GNP达到1000美元，就会有出境旅游的需求，特别是人均GNP为1500美元以上，旅游增长速度更加迅速。

(2) 消费者收入水平

消费者的收入水平及其变化，势必要影响消费者的购买能力，从而影响消费者的旅游消费支出。在研究消费者收入时，要注意以下几点。

个人收入 消费者的个人收入，是指消费者个人从各种来源中所得的全部收入，包括消费者个人的工资、退休金、红利、租金、赠与等收入。消费者的个人收入是反映消费者购买力的重要尺度。据世界旅游企业的统计，经济发达国家，每个国民的旅游消费支出占个人收入的4%~6%。

个人可支配收入 是指在个人收入中扣除税款和非税性负担后所得余额，是个人收入中可以用于消费支出或储蓄的部分。个人可支配收入构成实际的购买力。

个人可任意支配收入 是指在个人可支配收入中减去用于维持个人与家庭生存不可缺少的费用（如房租、水电、食物、燃料、衣着等项开支）后剩余的部分。这部分收入是消费需求变化中最活跃的因素，因为它主要用于满足人们基本生活需要之外的开支，一般用于购买高档耐用消费品、旅游、储蓄等。这部分收入是影响旅游消费者购买力和支出的决定性因素，应该成为旅游企业开展营销活动时所要考虑的主要对象。

(3) 消费者支出模式与消费结构

随着消费者收入的变化，消费者支出模式会发生相应变化，继而使一个国家或地区的消费结构也发生变化。西方一些经济学家常用恩格尔系数来反映这种变化。恩格尔系数表明，在一定的条件下，当家庭个人收入增加时，收入中用于食物开支部分的增长速度要小于用于教育、医疗、享受等方面的开支增长速度。食物开支占总消费量的比重越大，恩格尔系数越大，生活水平越低；反之，食物开支所占比重越小，恩格尔系数越小，生活水平越高。因此，恩格尔系数是衡量一个国家、地区、家庭生活水平高低的重要参数。

消费结构指消费过程中人们所消耗的各种消费资料（包括劳务）的构成，即各种消费支出占总支出的比例关系。随着经济的发展和人民收入的增加，特别是个人可任意支配收入的增加，消费水平的提高，消费结构也发生变化。用于教育、娱乐、保健、医疗、服务的消费将大大增加，而旅游具有增长知识、陶冶情操、休闲娱乐和锻炼保健等多种功能，因而人们用于旅游消费的支出会越来越多。同时，由于收入水平提高，旅游者对旅游价格的敏感程度降低，旅游产品的组合、产品和服务的创新成为市场竞争的关键。

2.3.3 自然地理因素

一个国家和地区的自然地理环境包括该地的自然资源、地形地貌和气候条件，这些因素都会不同程度地影响旅游企业的营销活动。一是影响旅游者的旅游动机。不同地区的自然地理本身就构成了不同的旅游资源。旅游者外出旅游除了经济、政治、文化和历史等原因外，更主要的是旅游目的地自然地理景观构成的吸引力所诱发的旅游动机，如气候、海滩、阳光、风景、地貌等都会对旅游者产生吸引力。二是影响世界旅游客流的移动特点。

从地理学的角度而言，旅游客流的强度随着地理距离的增大而逐渐衰减。因此，国内旅游客流大于国际旅游客流，中短程国际旅游客流大于远程国际旅游客流。许多国家都把近距离的旅游客源市场作为自己的主要目标市场。如墨西哥一直以美国为目标市场进行旅游促销，亚洲国家也多在吸引日本、韩国等较近的富裕国家的游客。欧洲各国之间的国际旅游人数则占欧洲接待国际旅游总数的80%以上。

在世界范围内倡导环境保护与可持续发展的背景下，旅游企业必须树立生态意识，要积极地采取措施保护环境，顺应并积极发展生态旅游。

保护环境从开发时做起

吉姆·理查兹（Jim Richards）是一家度假地开发企业的总裁。在开发温塔纳峡谷度假地饭店时，他所设计的高尔夫球场，使用的草皮比传统球场要少40%。这不仅减少了维持球场所需要的水量，而且还有助于保护自然环境。他没有把工地上的树木铲除殆尽，而是把它们迁移到了别处。

当凯悦集团开发威克拉凯悦丽晶饭店（Hyatt Regency Waikoloa）时，他们有意避免对生活在一些水塘当中的微小生物的生存环境造成破坏。为此，开发商专门开辟了新的可供这些海洋生物生存和繁殖的水塘。

喜来登在开发的非洲和印度海洋馆采取了一项措施，即征得游客同意后在客人账单上多收1美元，用于环保项目。

2.3.4 技术因素

科学技术直接影响到旅游企业产品开发、设计、销售和管理技术，决定了旅游企业在国际市场上的竞争地位。

第一，科学技术的发展大大缩短了旅游的空间距离。轿车的普及、高速公路的建设、高速列车的发展等使旅游者能快速、舒适、方便和安全地进行远距离旅游，充分满足了国际、国内旅游市场大规模发展的要求。

第二，科学技术的发展改善了旅游企业的管理手段，使先进的管理手段、管理方法和高质量的服务结合起来发挥作用。新产品、新技术普遍受到旅游企业的重视。

第三，科学技术对旅游者也产生影响。先进的室内娱乐系统和互联网成为外出娱乐和旅游的替代品。同时，高技术的娱乐项目也成为旅游消费品，如迪斯尼乐园就是光、声、电等多种高技术的产物。

第四，科学技术的发展使旅游设施现代化，为人们的旅游活动带来便利，如交通技术的发达将时空的距离变短，环球旅游和洲际旅游成为一件非常容易的事情。饭店、景点等设施设备的现代化也为旅游者提供了方便。

2.3.5 政治法律因素

政治与法律是影响旅游企业营销的重要宏观环境因素。政治因素像一只有形之手，调节着旅游企业营销活动的方向；法律则为旅游企业和旅游者规定交换活动的行为准则。政治与法律相互联系，共同对旅游企业的市场营销活动发挥作用。旅游业的发展不仅与接待国的政治法律环境有关，而且与客源国的政治法律环境也有很大关系。

（1）政治环境

政治环境指旅游企业的外部政治环境。我国安定团结的政治局面，不仅有利于经济发展和人民收入的增加，而且影响群众的心理状况，导致市场需求的变化。党和政府的方针、政策也直接关系到社会购买力的提高和市场消费需求的增长变化。如果政府对出国签证控制较严会直接影响出境旅游。简化繁琐的入关手续可以吸引更多的国外旅游者；反之，复杂的报关手续令很多潜在旅游者闻风却步。还有，如国家其他政府部门对旅游服务的质量和标准进行的一定程度的控制，国家间的外交关系等都会影响旅游业的发展。

（2）法律因素

法律环境指国家或地方政府颁布的各项法规、法令和条例等。法律环境对市场消费需求的形成和实现具有一定的调节作用。旅游企业研究并熟悉法律环境，既可保证自身严格依法管理和经营，也可运用法律手段保障自身的权益。如有些立法条款对旅游娱乐的消费需求产生重大影响，某些国家和地区有喝酒年龄的限制，交通运输中关于铁路客运票价、航空票价条款的规定，旅游娱乐消费税和扣除额的规定等都影响着旅游者的消费行为，从而影响旅游企业的营销。

货币管理政策积极支持居民出境游

为了适应中国出境旅游的需要，2004 年，国家外汇管理局和中国人民银行继 2003 年对居民出境换汇和出入境携带外汇的放宽，又对支票使用和出入境携带人民币的政策做出了一系列调整，其连动形成的态势不仅使我国出境旅游者的出行更为加方便，而且使得 2003 年已有措施的推力得以更充分地发挥，从而使得 2004 年成为了全球客源地更加重视中国的出境旅游的一年。

2003年10月，国家外汇管理部门已经对个人购汇政策进行了较大调整，出境前购汇的指导性限额已由原来的等值2000美元（港澳地区等值1000美元）提高为：出境时间半年以内的每人每次可购汇等值3000美元；出境时间在半年以上的每人每次可购汇等值5000美元；而且上述规定在适用于出境旅游时，购汇限额可不包含旅行社收取的团费部分（团费可由旅行社另行购汇支付）。几乎与此同时，经批准后的国家外汇管理局和海关总署联合制定的《携带外币现钞出入境管理暂行办法》还规定，从2003年9月1日起，旅客（包括居民和非居民）个人一次携带外币现钞出境在等值5000美元以下的已不需申领《携带外汇出境许可证》，可直接携带出境。由于更加方便的新的购汇政策，2003年10月至2004年2月，出境旅游（含港澳游）的购汇次数与购汇金额的同比增长已经分别达到了82.0%和164.1%，其中内地居民赴中国香港旅游的个人购汇额的同比增长竟高达3倍多。

2004年4月，国家外汇管理局《关于外币旅行支票代售管理等有关问题的通知》的实施，更增加了人们出境旅游的携款方式。这种兼具了现钞流动性和信用卡安全性的旅行支票，又再度增加了我国出境旅游的现代适应力。

考虑到原有规定中国居民每人每次6000元的出入境携钞限额已不能满足中国居民出国旅游的需要，同时内地旅游者赴中国香港、中国澳门和周边亚洲国家的日益增多，且中国内地旅游者又有在当地大量购物的偏好（许多国家和地区也愿意接受人民币），2004年12月，中国人民银行发布公告，决定调整国家货币出入境限额，自2005年1月1日起中国公民出入境每人每次携带的人民币限额由原来的6000元调整为2万元。

另外，外国旅游者在中国境内的花费也在不断提高，而且，随着人民币流出境外数量的不断增加，持有人民币的境外人员也希望提高人民币的入境限额，因此，中国人民银行2004年12月发布的公告也将外国人入境每人每次携带的人民币限额由原来的6000元调整为2万元。从而入境旅游也由此受益。

从近年出台的有关规定来看，国家货币管理呈现的国际化和宽松化倾向，有利于出境旅游的发展。全球旅游目的地之所以青睐中国游客，显然与中国旅游者的消费能力有关。前瞻2005年中国的出境旅游，一定会在各种有利因素的推动下，继续稳步快速地向前发展。

2.3.6　社会文化因素

社会文化是指一个社会的民族特征、价值观念、生活方式、风俗习惯、伦理道德、教育水平、语言文字、社会结构等的总和。不同国家和地区的人民，有着不同的社会文化，代表着不同的生活模式。因此，他们对同一旅游产品可能持有不同的态度，直接或间接地影响旅游产品的设计、定价、分销和促销等。

旅游活动会接触到世界各地不同的社会文化。社会文化环境包括2个部分：一是指比较稳定的持续的价值观念的核心文化；二是指容易受外界因素影响而发生变化的亚文化与次文化。社会文化因素通过影响旅游者的思想和行为进而影响旅游企业的市场营销活动。

核心文化对于消费者的影响是持久的，不会轻易发生变化。旅游营销人员应该了解核心文化主要在哪些方面给消费者行为造成影响。比如，① 消费者对待旅游活动的看法，是否将旅游活动视为积极有益的活动；② 在不同文化中消费者购买决策的形式，有谁做出旅游决定，决策时的信息来源和衡量标准是什么；③ 不同文化所需要的营销技巧，要特别注意避免采取一些为特定文化下的消费者所不能接受的营销方式；④ 不同文化消费者的购买习惯，是倾向于直接购买还是通过旅游中间商；⑤ 不同文化消费者的购买动机等。

每一种文化都包含着许多亚文化。亚文化群体中的成员具有共同的信仰、偏好以及行为方式，旅游营销人员通过研究各种亚文化群体的不同需求和消费行为来选择不同的亚文化群体作为自己的目标市场。

消费者的价值观念、审美标准、受教育程度等往往会影响消费者社会文化背景的形成。旅游企业除了研究社会文化环境对消费者造成的影响之外，还要研究社会文化环境易受哪些因素影响，并积极加以引导。旅游企业可提高旅游宣传的频率，扩大旅游宣传的范围，培养健康的旅游消费观念，让消费者将旅游活动视为一种放松身心的有益活动，促进旅游需求。旅游企业要识别具有不同社会文化背景的消费者，了解其风俗习惯、喜好禁忌，避免在开展营销活动的过程中由于不了解这方面的情况造成不必要的冲突和误会，引起旅游消费者的反感。

中法交流涌动热潮　巴黎看重中国市场

自欧洲27国成为中国游客旅游目的地以来，巴黎加大了对中国旅游市场的推介力度，张开双臂热情欢迎中国客人的到来。

2005年1月24日，记者一行登上AF129法国航空公司的班机，随“活力巴黎——中国记者采访团”赴巴黎采访。法国航空公司为了方便中国乘客在飞机上收看中文电视节目，最近开通了CCTV－4电视频道。

我们下榻在距香榭丽舍大街步行5min路程的凯旋门美丽殿酒店，一进客房便发现床上放着一封写着客人姓名的中文欢迎信、一份中文报纸——《星岛日报》，写字台上摆着提示宾客的中文小册子，令我们真切地体验到一种宾至如归的温馨。据酒店销售经理介绍，近2年来，他们着重开发中国市场，并取得了令人满意的业绩：2004年接待了2437名中国客人。位于塞纳河畔的另一家分店——蒙帕拉斯美丽殿酒店在开拓中国市场方面的业绩更加喜人，2004年接待了6235名中国客人。这位经理还说，为了方便中国客人，酒店还特意雇用了多名中国人，并安排在前台问讯处、房间服务处等岗位。

在巴黎，记者深切感受到巴黎各界对中国市场的重视，在采访过的20多家酒店、商场、专卖店以及与旅游相关的企业中，大部分企业备有中文资料和雇用会说汉语的工作人员。如全欧洲年营业额最大的老佛爷百货公司，其亚洲部经理就是武汉人，而且她手下拥有7名会说汉语的雇员，该商场还为华人特设了接待处，并免费提供中文版巴黎地图、导购指南等；巴黎春天百货公司专门针对中国春节展开促销活动；法国航空公司与多家酒店联手针对中国市场推出到“欧洲过大年”活动。记者在巴黎采访期间，巴黎市副市长索泰表示，法国欢迎更多的中国人来旅游观光，法方将积极采取可行措施提供更多的中文服务，他们将尽快出台法国旅游网站中文版，还将在火车站、机场接待处增派会讲汉语的服务员。

2.4 相互联系的环境因素

2.4.1 环境扫描

环境扫描技术的运用包含以下步骤：① 确定需要监控的环境领域；② 决定获取信息的方式，包括信息来源、收集信息的频率以及负责收集信息的人员；③ 实施资料收集计划；④ 对资料进行分析并运用于营销计划过程当中。分析工作的一部分内容就是权衡这些趋势的重要性，确保组织正确地对待这些趋势。表2－1就是一个环境扫描的例子。

表2-1 餐馆的环境扫描系统

环境因子	信息来源	收集资料负责人	资料收集频率
顾客	顾客	服务员	每天
	雇员	管理人员	每天
	顾客计数	会计	每天
	旅游者	管理人员	每月
	网络	管理人员	每周
社会/文化	贸易杂志	管理人员	每周或每月
		酒吧服务员	
		服务员	
		秘书	
		核算人员	
	消费者杂志	管理人员	每周或每月
		男女招待	
		秘书	
	报纸	管理人员	每天
	网络	管理人员	每天或每月
竞争	顾客	管理人员	每天
		服务员	
	报纸	管理人员	每天
	访问	主要管理人员	每周
	网络	管理人员	每周
经济	报纸	管理人员	每天
	普通账单	会计	每天
		销售人员	
	经济通信	管理人员	每周或每月
	商业会所	管理人员	每月
	网络	管理人员	每月
法律	贸易杂志	管理协会	每月
	通信	管理人员	
	网络	管理人员	每周
技术	贸易杂志	主要管理人员	每周或每月
		会计	
	贸易展览会	主要管理人员	每年
		会计	
	网络	管理人员	每月

2.4.2 使用营销环境信息

仅仅收集环境的信息还远远不够，信息必须可靠和及时并用于决策过程。最佳西部国际营销副总裁威廉姆·S·沃特森认为：作为营销人员，由于我们在品质上的创造性，我们总倾向于凭直觉做事。不过，要做出合理的决策，我们还得有足够的信息、足够的好的资料，这样我们才能使自己的判断超越那种为某些专业人员所固有的、肤浅的、传统的解释。研究人员不要把重点放在资料上，而要放在对资料的解释上。他们必须设法把资料转变成有用的信息。为资料而收集资料就好像集邮，虽然是个很不错的爱好，但却不能传递信息。

【案例分析】

"肯德基"叱咤中国市场的营销策略

肯德基公司隶属于世界上最大的餐厅集团系统——百胜全球餐饮集团（世界企业500强之列），集团内拥有包括世界著名的肯德基、必胜客、Taco Bell 3个著名品牌，目前在全球拥有总数超过30 000家的连锁餐厅。

肯德基自1987年在北京前门开了中国第一家餐厅至今，在中国111个城市已拥有440家连锁店。肯德基在中国现共有25 500名员工在努力工作，餐厅员工已100%本地化，居中国快餐业之首。

肯德基之所以会如此成功，主要还是取决于它在中国市场的营销策略。

1. 攻占大城市，准确选址

肯德基打入中国市场首先集中精力占领辐射能力最强的大城市。

肯德基选址按以下几个步骤进行：

（1）商圈的划分与选择。

（2）聚客点的测算与选择。

2. 定位烹鸡专家，标准化服务

肯德基的市场优势为其鸡类食品的独特品味，定位在"世界著名烹鸡专家"，"烹鸡美味，尽在肯德基"。这也是肯德基与麦当劳定位上最大的差别。

肯德基为了推出更符合中国人口味的食品，还专门成立了"肯德基中国健康食品委员会"，聘请10多位中国专家作为食品开发的后盾。

肯德基以家庭成员为主要目标消费者。

肯德基全球推广的"CHAMPS"冠军计划，即标准化服务，是肯德基取得成功业绩（包括中国市场在内）的精髓之一。其内容为：

C：Cleanliness 保持美观整洁的餐厅；

H：Hospitality 提供真诚友善的接待；

A：Accuracy 确保准确无误的供应；

M：Maintenance 维持优良的设备；

P：Product Quality 坚持高质稳定的产品；

S：Speed 注意快速迅捷的服务。

3. 特许经营，利益共享

"特许经营"是肯德基第一品牌策略成功的代表性策略，具有"中国特色"。其主要内容包括：

（1）特许人所应具备条件。加盟者必须有经营餐饮业、服务业和旅游业等方面的背景和实际经验。

（2）特许加盟模式。让加盟者出资购买一间正在运营中并已盈利的连锁店。

（3）特许费。800万元人民币以上（不包括不动产的购买）。

（4）合同契约。加盟经营协议的首次期限至少为10年。

（5）培训。加盟者需参加一个内容广泛的20周的培训项目，费用自理。

肯德基营销策略告诉我们：成功在不同时期有不同的程度，我们唯一的目标不是超过对手，而是保持在消费者心目中的第一品牌。

【案例思考题】

1. 肯德基进入中国市场的营销环境分析表现在哪些方面？
2. 肯德基在中国市场的经营成功给中国餐饮业有哪些启示？

【思考题】

1. 旅游市场营销的宏观环境和微观环境各包含哪些因素？

2. 以本地区一旅游企业为例，对其旅游市场营销的微观环境进行分析讨论。

3. 根据人口老龄化问题的日益突出，请列举旅游业所面临的与这种人口统计特征变化趋势相关的营销机会与威胁。

4. 环境趋势的变化对饭店的设计风格有何影响？

【本章推荐阅读书目】

1. 新编旅游市场营销学. 赵毅，等. 清华大学出版社，2006.

2. 旅游市场营销学. 马勇. 科学出版社，2006.

3. 旅游学概论. 董观志. 东北财经大学出版社，2007.

4. 现代市场营销学. 4版. 吕一林，李蕾. 清华大学出版社，2007.

第 3 章

旅游消费行为及市场调研

【本章概要】

本章主要介绍旅游者消费行为、组织消费行为、旅游市场调研的概念和内涵，阐述了旅游消费者及组织的消费行为的模式，并探讨了旅游市场调研的过程及旅游市场预测等内容。本章的难点、重点是旅游消费者行为，它是旅游市场营销学的精要，是指导旅游企业进行市场营销的出发点和归宿。

【学习目标】

- 掌握旅游者消费行为、旅游组织消费行为、旅游市场营销调研的基本概念；
- 熟悉旅游消费者及旅游组织的购买决策过程、旅游市场预测的方法；
- 熟悉旅游市场营销信息系统及其对旅游企业的促进作用情况。

【关键性术语】

旅游者消费行为、旅游组织消费行为、旅游市场营销调研、购买决策过程、市场预测、旅游市场营销信息系统。

【案例导读】

马里奥特公司成功的启示

马里奥特公司是从餐饮业起家的，他至今仍是美国餐饮界规模仅次于麦当劳公司的第二大宴会承包商。但马里奥特公司更有名的产业当属饭店业。

1927 年，马里奥特夫妇在华盛顿开了一家生啤酒店。华盛顿的夏季炎热又漫长，常有人向这家生啤酒店购买软饮料。于是，马里奥特夫妇打算再增加冷饮服务。但是华盛顿的冬季也一样漫长，对于冷饮业来讲这无疑是一个难熬的淡季。所以，夫妇俩又增加了华盛顿地区从未有过的墨西哥小食品来维持冬季的业务。这家名为“红火商店”的小餐饮馆的生意的确红火起来，它那风味独特的精美食品和充满家庭气氛的环境，吸引了许多食客。到 1929 年，红火商店公司正式成立了。即使是在大萧条时代，红火公司的生意依然保持盈利。1937 年马里奥特夫妇第一次跨出了门市经营的方式，跑到华盛顿老机场胡佛航空港向东方航空公司、美国航空公司等航空客运公司的大型航班供应快餐盒饭，1939 年他们赢得了向美国财政部大楼供应盒饭的合同。到 20 世纪 50 年代，这种盒饭业务又扩大到华盛顿儿童医院。

1957 年马里奥特夫妇再度进入新行业，他们在弗吉尼亚州开设了马里奥特汽车旅馆，首次进入饭店业。从此，人们可以不断从报纸上看到红火商店公司新的旅馆和餐馆正式开业的启事。

马里奥特夫妇在 1964 年把公司交给儿子比尔经营，此时的红火商店公司共拥有 45 家餐馆、4 家大型饭店。比尔的上台，加快了红火商店公司的发展速度。他把发展重点集中在饭店业上，认为饭店业这种综合性行业，是既能促进餐饮业又可促进房地产业，“一次投资，多渠道赚钱”的好买卖。经过连续6年的兴建与收购，比尔把公司饭店业的规模扩大了4倍，使公司在收入和利润上都超过了希尔顿饭店。在餐饮业的发展也未停顿。自从1966年买入一家委内瑞拉飞机食品供应公司后，红火商店公司拥有了海外业务。公司还在美国买入22家“胖小子”连锁餐厅以及罗伊·罗杰斯快餐公司。1967年，公司更名为马里奥特公司。

比尔在1971年向《福布斯》杂志解释他的扩张目的时说：“我想建立这样一个企业，它能够为离家在外的人提供任何他所需要的服务。”

在20世纪70年代，赌博业成为最热门的休闲投资市场，但比尔却坚决回避了这一市场，继续集中力量于饭店业。马里奥特公司所经营的饭店业都是高档次的，主要面向上流社会和商人。因此，公司的饭店都拥有设备齐全的会议大厅和豪华餐厅，许多商界、政界、文娱界的重大集会都选择在马里奥特公司的饭店举行。这些饭店大多集中在波士顿、纽约、洛杉矶等大城市。随着航空业的发达，马里奥特公司又逐渐在机场附近营建饭店。在整个70年代，公司在饭店发展上共投资30亿美元，客房数以平均每年增加17%的速度急剧上升。

当20世纪70年代末期出现经济衰退的现象时，马里奥特公司在饭店业上的发展步伐出现了短暂的停顿。比尔为保险起见，在饭店业投资上持观望态度，而把资金转向餐饮业买下了著名的吉诺连锁餐饮公司。后来，马里奥特又买进了在机场经营食品、饮料和其他商品的霍斯特国际公司，成为该行业中最大的公司。在观望了几年后，比尔发现单凭高档饭店难以维持当年17%的客房增长速度。而从报纸上看，顾客似乎对中档饭店的服务充满抱怨的情绪。比尔决定闯入潜力巨大、困难与机遇同样多的中档饭店市场。他专门组织了一个市场调查小组，赋予他们的任务是：准确查出顾客为什么花钱不多还抱怨？为了省钱他们到底愿意放弃哪些服务待遇？

经过3年市场调查后，马里奥特公司在1983年推出了中档旅馆“庭院饭店”。第一庭院饭店建在亚特兰大。整个饭店为2层小楼，共有150个房间。饭店中没有侍者，没有房间服务，没有大型会议室和宴会厅，有的是高档豪华的客房、精美优惠的自助餐。比尔说：“住中档饭店的人最关心的是吃和住，他们不在乎（甚至可能不习惯）别人的服务。因此，我们把服务中省下的钱，全部都贴到住和吃上。庭院饭店不是那种中档服务、中档食宿的中档饭店，他是低档服务、高档食宿的中档饭店。我们至今还没听到客人对庭院饭店的抱怨。”

在经济衰退、行业竞争加剧的情况下，比尔采取的另一项加快公司发展速度的方法是放弃对大多数饭店的所有权。从1982年起，马里奥特公司在新建成每座饭店后，立即出售该饭店，但买方必须同意由马里奥特公司派人负责经营管理。比尔认为这种方法可以加快公司利润的增长速度，减少投资风险，同时也比将经营权出租给特许承包商的做法更能保证经营质量。

庭院饭店的成功，给马里奥特公司饭店业注入了活力，同时也带来了新的启示：顾客更注重在舒适的环境中自由自在地生活，而不需要饭店强加的服务。故此，马里奥特公司在20世纪80年代中期又打入了豪华公寓市场。

就在这些新饭店、新公寓红红火火地发展之际，比尔又组织了一次新的市场调查，开始对老龄化问题日益突出的社会现状进行研究。经过数年调查后，马里奥特公司着手兴办“老年社区”。目标顾客是那些无人照料的退休老人。以前，这类老年服务都被一些福利性非营利性组织所经营，但由于资金不足，条件有限，许多老人得不到很好的照顾，更多的老人无缘进入其中。而营利性、公寓性的老年社区解决了这些矛盾，经1988年试营业后大受欢迎。为此，比尔宣布：马里奥特公司将在20世纪90年代中建成150个老年社区。

3.1 旅游者消费行为分析

3.1.1 消费行为模式

消费者购买行为是指消费者为满足自身需要而发生的购买和使用商品的行为活动。消费者的购买行为是由一系列环节、要素构成的完整过程。在这一过程中，购买决策居于核心地位；决策的正确与否直接决定购买行为的发生方式、指向及效用大小。

3.1.1.1 消费者行为模式理论

(1) 恩格尔 - 科拉特 - 布莱克威尔模式

恩格尔 - 科拉特 - 布莱克威尔（EKB）模式强调了购买者进行购买决策的过程。这一过程始于问题的确定，终于问题的解决。在这个模式里，消费者心理成为“中央控制器”，外部刺激信息（包括产品的物理特征和诸如社会压力等无形因素）输进“中央控制器”；在“控制器”中，输入内容与“插入变量”（态度、经验及个性等）相结合，便得出了“中央控制器”的输出结果——购买决定，由此完成一次购买行为。

具体来说，EKB 模式描述了一次完整的消费者购买行为过程：在外界刺激物、社会压力等有形及无形因素的作用下，使某种商品暴露，引起消费者的知觉、注意、记忆，并形成信息及经验储存起来，由此构成消费者对商品的初步认知。在动机、个性及生活方式的参与下，消费者对问题的认识逐渐明朗化，并开始寻找符合自己愿望的购买对象。这种寻找在评价标准、信念、态度及购买意向的支持下向购买结果迈进。经过产品品牌评价，进入备选方案评价阶段，消费者在选择评价的基础上做出决策，进而实施购买并得到输出结果，即商品和服务。最后对购后结果进行体验，得出满意与否的结论，并开始下一次消费活动过程。

(2) 霍华德 - 谢思模式

霍华德和谢思认为，影响消费者决策程序的主要因素有：输入变量、知觉过程、学习过程、输出变量、外因性变量等。模式中的输入变量（刺激因素）包括刺激、象征性刺激和社会刺激。刺激是指物品、商标本身产生的刺激；象征性刺激是指由推销员、广告媒介、商标目录等传播的语言、文字、图片等产生的刺激；社会刺激是指消费者在同他人的交往中生的刺激，这种刺激一般与提供有关的购买信息相连。消费者对这些刺激因素有选择地加以接受和反应。

知觉过程是完成与购买决策有关的信息处理过程；学习过程是完成形成概念的过程。知觉过程和学习过程都是在“暗箱”内完成的，经过“暗箱”的心理活动向外部输出变量。

上述因素连续作用的过程表现为：消费者受到外界物体不明朗的刺激后，进行探索，引起注意，产生知觉倾向，进而激发动机。同时，通过选择标准的产生以及对商品品牌商标的理解形成一定购买态度，从而坚定购买意图，促成购买行为。购买的结果将反馈给消费者；消费者对商品的满意状况，又将进一步影响其对商品品牌的理解和态度的变化。

3.1.1.2 旅游消费者行为模式

旅游者行为模式是了解旅游者的起点，市场营销因素与其他刺激因素进入旅游者的意识后，旅游者的特征和决策过程导致了旅游决策。研究旅游者行为模式的意义在于：① 有助于了解旅游者行为的基本类型、影响因素，以及需要、行为和其他影响因素之间的机制；② 有助于按模式所揭示的一般规律去进一步描述和分析具体的行为现象的产生和发展过程；③ 有助于旅游企业、政府和其他部门和旅游者去把握、影响行为模式中的可控部分，以实现预定目标。

旅游者购买行为模式研究包括旅游者购买行为的构成要素研究和旅游者购买行为的形成过程研究。前者是使用静态分析方法对旅游者购买行为的描述，其构成要素是“5W1H”。后者是使用动态分析法对旅游者购买过程的描述，它认为旅游者的购买行为从购买前就开始，并且在购买后还要延续很长的时间，购后评价又会对下一次购买积累经验，是一种典型的应激反应模式。

(1) 应激反应行为的一般模式

由于购买动机、消费观念、消费方式与购买习惯的不同，各个消费者的购买行为千差万别。在各种消费者购买行为中，仍然存在着某种共同的、带有规律性的特征。心理学家指出，消费者购买行为中的共性或规律性，即消费者购买行为的一般模式为刺激—反应模式，如图3－1所示。

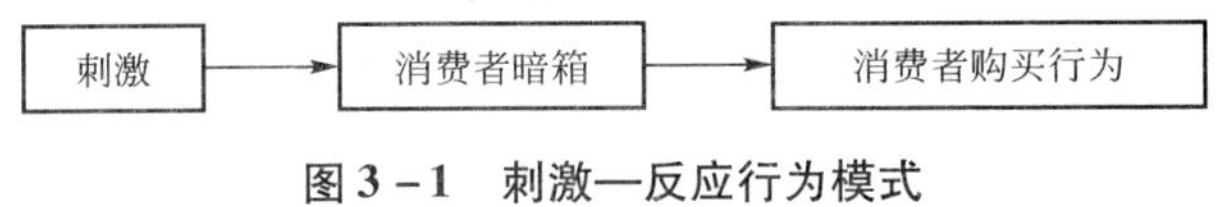

图3－1 刺激—反应行为模式

该模式认为，消费者的购买行为都是由刺激引起的，这种刺激既有来自外界环境，如社会的经济、政治、文化、科技因素、企业的市场营销要素等；也有来自于消费者内部的生理和心理因素，如需要、动机、个性、态度等。消费者在各种刺激因素的作用下，经过复杂的心理活动过程，做出购买决策，并进行购买后的评价，由此完成了一次购买行为。由于这一心理活动过程是在消费者内部自我完成的，因此，心理学家称为“暗箱”或者“黑箱”。

(2) 旅游者的购买行为动态模式

按照应激反应行为的一般模式，我们也可以通过建立S－O－R模式来表示旅游者复杂的购买过程。将旅游者的购买过程分为3个部分，即外部刺激（S）、内心活动（O）和行为反应（R）。其中，外部刺激包括旅游营销刺激和其他环境刺激两大类，前者又包括旅游景区（点）或旅行社以及政府在推出旅游新产品、制定新价格、开拓新渠道以及宣传促销等方面的行为对旅游者的刺激，后者包括社会经济、政治、文化以及科技环境等方面的行为对旅游者的刺激，如经济发展使个人收入水平提高；旅游购买者的内心活动是以旅游者的个人特征为基础，体现旅游者在购买决策过程中的意志活动，也就是说不同个性特点的旅游者，对于外部刺激有不同的想法，对是否购买、如何购买等问题的考虑也是不一样的；购买行为反应则是指旅游者在深思熟虑后，就是否购买、如何购买所表现出来的具体、实际行为，如图3－2所示。

这里的“黑箱”是指人们不能或暂时无法分解或剖开直接观察其内部结构，或分解、剖开后其结构和功能即遭到破坏的系统。但它是一个相对的概念，随着

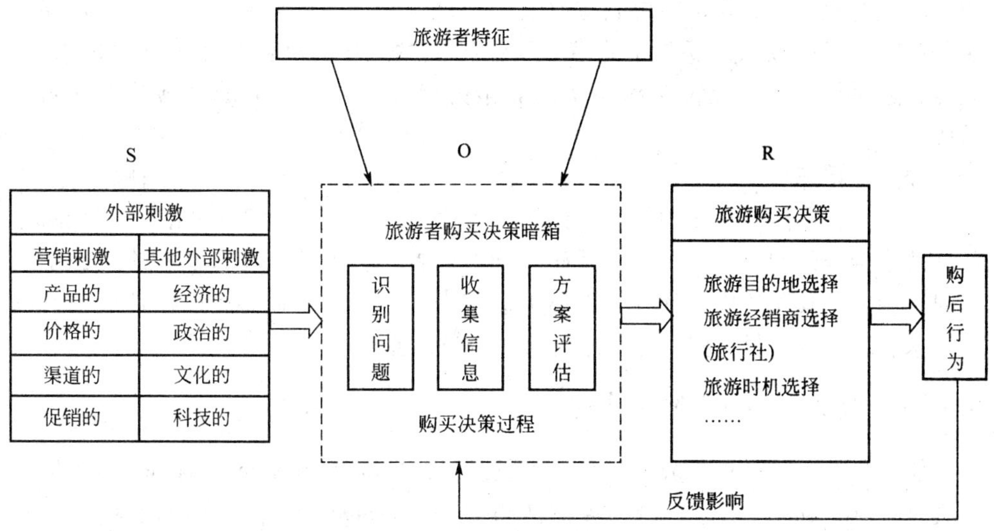

图3－2 旅游者购买行为动态模式

主体认识的提高，黑箱也可转化为灰箱或白箱。因此，对旅游企业来讲，对旅游者购买决策黑箱的分析是研究的重点，以便安排适当的“市场营销刺激”，使旅游产生有利于企业市场营销的反应。从上述模式中我们也可以看到，旅游者购买决策黑箱中包括2个方面内容：一是“旅游者特征”，它会影响旅游购买者对外界刺激的反应；二是“旅游购买者决策过程”，它会直接决定购买者的选择。

3.1.2 旅游者行为特征

由于体验性是旅游产品的核心价值，旅游者的购买行为实际上是对体验的一种选择。在旅游者理性消费的时代，他们在选择体验时开始更多地关注喜好、个性、情趣、文化与环境，形成了旅游者购买行为的特征。

(1) 注重喜好

旅游者在购买产品时首先关注的是这项产品是否符合自己私人生活或商务工作方面的喜好要求。因此，在日常生活及工作中，人们有许多喜好都不能满足，他们选择外出旅游主要是为了满足那部分未满足的喜好。比如说，户外运动健身的喜好、度假休闲的喜好等，这些在日常生活中无法实现的需求，人们就寄希望于旅游。

(2) 注重个性

旅游产品不同于具有某种特定功能的生活用品，人们选择和购买它是希望它能满足自己的个性化消费需要，希望它提供自己一个全新的生活体验。因为当前的时代是一个个性化的消费时代，“人无我有，人有我新，与众不同”的消费理念正在盛行。因此，个性化的旅游产品总是受欢迎的，总能成为旅游者购买的对象。

(3) 注重情趣

旅游者在选择和购买旅游产品时越来越关注这种产品能否给人以内心情感与生活方式上的改变。因此，注重情趣也是旅游者购买行为的一大特征。因为每个人都希望自己的内心情感与生活方式能够变得丰富多彩，并产生良好情绪。

(4) 注重文化

随着人们旅游消费水平不断提高以及消费理性回归，大众旅游不再是局限于单纯的旅游观光，而开始向更高层次发展。人们开始注重自身的参与，以及参与过程中对文化的汲取，反映了旅游者购买行为对文化的日益关注。不论是景区、景点，还是饭店，文化都是深层次的竞争力要素。文化竞争是市场竞争的高级阶段。

（5）注重环境

旅游是一项离开常住地的暂时性、异地性活动。对旅游者来说，到一个陌生的环境去会令他们在安全感与舒适感方面产生顾虑。因此，在选择和购买旅游产品时，他们尤其关注旅游环境能否给他们带来安全感与舒适感，以使他们的低层次需求首先得到满足，然后才是旅游产品自身价值的实现。

3.1.3 旅游者购买决策过程

旅游者的购买过程一般分为5个阶段：问题识别（problem recognition）、信息收集（information search）、选择评估（alternative evaluation）、购买决定（purchase decision）和购后行为（feedback evaluation），如图3－3所示。一般情况下，旅游者要经历购买决策过程的全部5个阶段。但并不是所有的旅游者决策都会按次序经历这5个过程的所有步骤。

图3－3 旅游者的购买过程

决策在旅游者购买行为中占据重要地位。决策的进行与否决定着购买行为发生与否。当旅游者经过认定需要、选择产品、做出购买的具体决定时，一次购买行为才实际发生。而且，决策的内容规定着购买行为的发生方式，决定着消费者何时、何地、以何种方式购买。决策的质量决定着购买行为的效用大小。正确的决策可以使旅游者以较少的费用、时间买到质价相符、称心如意的产品，最大限度地满足特定消费需要。反之，错误的决策会使旅游者的消费超过所得，需要无法得到满足，甚至导致不同程度的心理挫折，进而影响以后的购买行为。因此，决策对消费者来说是非常重要的。

分析研究旅游者的决策行为，可以使旅游企业清楚地了解旅游者出于何种动机、以何种方式来选择他所需要的旅游产品，以便为企业确定产品、价格、渠道、促销等策略提供依据，从而更好地满足旅游者的需要，实现旅游者与旅游企业的双赢。

（1）问题识别

问题识别的过程就是旅游者认知需要的过程。需要可以由旅游者的生理和心理状况引起，也可以由外部的刺激引起。但需要上升到一定程度才能成为驱使人们行动的力量。

旅游者购买决策的内容主要是“5W1H”。即，买什么（what，需求对象）、为什么买（why，购买目的）、谁来买（who，购买组织）、如何买（how，购买方式与购买要求）、何时买（when，购买时机）、何处买（where，购买地点）。

旅游营销人员应多了解旅游者产生需要的自身生理、心理状况以及旅游者所处的环境，预测旅游者会产生什么类型的旅游需要或问题、产生需要的原因以及旅游者将寻求何种旅游产品等信息，以便针对性地提出营销策略。

(2) 信息收集

购买者寻找信息时的积极性和投入程度取决于以下几个因素：① 购买者对各种可选产品的了解程度；② 对该种产品需要的迫切性；③ 产品价值和重要性；④ 寻找信息所需花费的时间、精力和费用。根据旅游购买者寻找信息的积极性可以将信息收集过程分为2种情况：加强注意和积极收集。加强注意是指购买者只是对旅游产品的信息变得更加关心，他会适当地留意有关旅游产品的广告。积极收集则是旅游购买者去主动地寻找各种资料，通过各种途径了解产品的情况。旅游者的信息来源一般有以下4种：

- 相关群体来源：家庭、朋友、邻居和同事等；
- 商业来源：旅游广告、推销员和展销会；
- 公共来源：大众传媒、政府、旅游者组织和各种企业的评审组织等；
- 个人经验来源：旅游者自身的旅游经验。

(3) 选择评估

旅游者评价行为主要涉及以下3个方面。

产品属性 指产品所具有的能够满足旅游者需要的特性。旅游产品综合性强，通过旅游活动能够满足旅游者的文化、健康、娱乐、宗教等多种动机。例如，一个度假地可以为旅游者提供利益的属性有景观、气候、居民态度、购物及娱乐条件、住宿饮食条件、安全以及价格等。

品牌信念 指旅游者对某品牌产品的属性和利益所形成的认识。如果旅游购买者是理性的，那么他会依照产品为他提供的利益的大小进行排序和选择。

效用要求 指旅游者对某品牌每种属性的效用功能应该达到某种标准的要求。为了增加目的地或品牌的吸引力，提高效用值，旅游营销人员应努力提高本产品的形象，使旅游者感到各个属性提供的利益增大。

(4) 购买决策

一般而言，购买者意图和购买决策包括品牌决策、代理商决策、时间决策、数量决策和支付方式等决策。但旅游者的购买意图经常会受到来自他人意见和突发因素的干扰。突发因素可以分为与产品相关的突发因素和与产品无关的突发因素。与产品本身相关的突发因素可能是旅游购买者发现了有关产品的不利信息。与旅游产品本身无关的突发因素，包括出现了其他更迫切的购买要求或闲暇时间由于工作关系突然减少等因素。所以，有对特定产品的购买意图并不一定有相应的购买决策和购买行为。

(5) 购后评价和购后行为

旅游者在完成购买行为和旅游行为后，一般会产生3种结果：满意、不满意和购后失调。购买后的满意程度是2个因素（产品实际质量和顾客期望的产品质量）共同作用的结果。一般而言，如果产品和服务期望质量与实际质量相符，那么旅游者会感到满意；如果产品和服务的期望质量高于实际质量，那么旅游者会感到不满意。当客人既体验不到满意，也没有对产品出现不满时，顾客在旅游后就会出现购后失调。

针对旅游者可能出现的购后疑虑，旅游营销人员可以提供诸如寄送感谢卡、有关本产品的新的支持性资料或打电话问候等服务来帮助旅游者消除疑虑，从而使旅游者增大再次购买的可能。

需要指出的是，支配和影响旅游者购买行为的消费者特性因素中有些是企业难以控制和施加影响的，如消费者的年龄、性别、职业、个性、经济状况、生活方式、民族等。了解这些因素可以为企业进行市场细分、选择目标市场提供必要的线索，有助于企业采取适应性的营造措施。有些消费者特性因素是易于受到企业营销活动影响的，如消费者的购买动机、认识、学习信念等，在了解这些因素的基础上企业可以制定相应的营销对策，以便在一定程度上引导旅游者的购买行为。

3.2 旅游组织消费行为分析

3.2.1 组织机构市场的类型及特点

3.2.1.1 组织市场及其类型

组织市场是由各种组织机构形成的对企业产品和服务需求的总和。组织市场分为 4 种类型：产业市场、中间商市场、非营利组织市场和政府市场。

产业市场 又叫生产者市场或组织市场。指一切购买产品和服务并将之用于生产其他产品或服务，以供销售、出租或供应给他人的个人和组织。换言之，这个市场购买者的目的是为了通过加工来盈利，而不是为了个人消费。生产者市场主要由以下产业构成：① 农、林、渔、牧业；② 采矿业；③ 制造业；④ 建筑业；⑤ 运输业；⑥ 通信业；⑦ 公用事业；⑧ 银行、金融、保险业；⑨ 服务业。所有这些产业对生产用品的需求，都属于生产者市场。以生产者市场为服务目标的企业，必须深入研究这个市场的特点，并分析其购买者行为，才能取得营销的成功。

中间商市场 指通过购买商品和服务以转售或出租给他人获取利润为目的的个人和组织。中间商不提供形式效用，而提供时间效用、地点效用和占有效用。中间商市场由各种批发商和零售商组成。批发商是指购买商品和服务并将之转卖给零售商和其他商人、各种用户等，它不把商品大量卖给最终消费者的商业单位。零售商的主要业务是把商品或服务直接卖给消费者。

非营利组织市场 是指具有稳定的组织形式和固定的成员，不属于政府机构和私人企业而独立运作，发挥特定的社会功能，不以获取利润为目的，而以推进社会公益为宗旨的事业单位与民间团体。非营利组织市场是指为了维持正常运作和履行职能而购买产品和服务的各类非营利组织所构成的市场。如学校、医院、疗养院、监狱和其他为公众提供商品和服务的部门。它们往往是以低预算和受到一定的控制为特征的，而且一般都是非营利性的。

政府市场 是为满足各级政府部门的日常工作及公共消费需要而销售产品和服务的市场。各级行政机关是组成市场的主体。各国政府是社会组织中一个极其重要的组成部分，通过税收、财政预算，掌握了相当大一部分国民收入，为有效地行使其职能，有较为庞大的开支，形成一个独特的、规模较大的集团消费市场。

3.2.1.2 组织市场购买行为及总体特点

组织市场购买行为指各类正规组织机构确定其对产品和服务的需要，并在可供选择的品牌与供应商之间进行识别、评价和挑选的决策过程。

组织市场购买行为具有以下 5 个特点。

（1）派生需求

组织市场对旅游产品的需求是由消费者对旅游产品的需求引发而来的，所购旅游产品的规格、数量、价格、日期等受到消费者需求的制约和影响。例如，旅游者的旅游需求引起其对吃、住、行、游、购、娱等诸多方面的需求，连锁引起有关企业和部门对饭店、餐馆、交通、旅游商品和娱乐设施等产品的需求。派生需求往往是多层次的，形成一环扣一环的链条，旅游者需求是这个链条的起点，是原生需求，是组织市场需求的动力和源泉。

（2）多人决策

几乎所有的多人决策问题都是冲突和共同利益的混合体，并且多种利害关系之间的相互作用，相互制约，最终达成一致。大多数企业有专门的采购中心，重要的购买决策往往由高级管理人员共同做出，其他人也直接或间接参与。因此，多人决策的过程较个体消费者决策复杂，决策时间一般较长。

（3）过程复杂

由于多人决策过程涉及多个部门或个体的利益，因此，决策过程需要兼顾多个利益群体，其决策流程也相对复杂。通常先会经过协商就购买标准达成一致，然后在此标准上寻找供应商，再进行购买。

（4）需求弹性较大

组织市场需求的波动幅度大于旅游者市场需求的波动幅度。由于组织市场需求是一种派生性需求，是由消费者市场需求引申出来的，所以消费者市场需求的小量波动会引起产业市场的巨大波动。组织购买者容易受组织的市场环境、政策环境、企业经济状况、企业战略等因素影响，其需求量随各种因素变化而变化。

（5）提供服务

组织市场由于是群体决策，一般要求卖方提供售前和售后服务。

组织市场与消费者市场相比，还具有其他一些鲜明的特征：购买者比较少；购买量较大；供需双方关系密切；购买者在地理区域上集中；专业性采购；影响购买的人多；直接采购等特点。

3.2.2 组织机构的购买过程

组织机构的旅游购买过程与个体旅游者的旅游购买过程存在很大的差别。组织机构的旅游购买过程要经过以下 5 个步骤：问题识别、建立购买标准、寻找供应商、选择供应商以及购后评估与反馈。如图 3－4 所示。

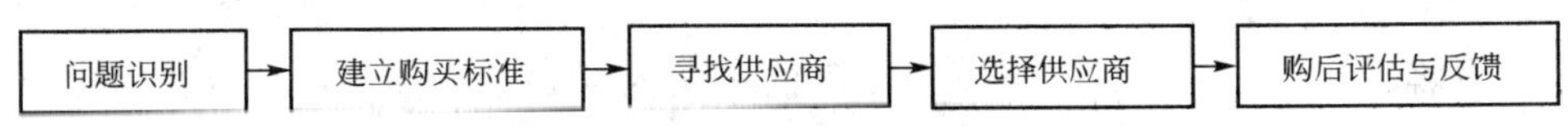

图 3－4 组织机构的旅游购买过程

（1）问题识别

当组织机构中有人认识到了某个问题或某种需要可以通过得到某一旅游产品或服务得到解决时，便开始了采购过程。购买人员或组织及高层管理人员会对需要节能型重新判断和说明，并以此作为建立购买标准的前提。提出需要是由内部刺激和外部刺激引起的。

内部刺激 组织内部的原有的奖励措施、福利补贴或团体活动不能满足组织成员的需求，产生对旅游服务产品的需求。

外部刺激 主要指组织采购中心成员在接受了旅游产品供应商广告宣传中的推荐，或者接受了某些推销员提出的建议而产生的需求。

可见，组织市场的供应商应主动推销，经常开展广告宣传，派人访问用户，以发掘潜在需求。

（2）建立购买标准

由于组织购买涉及多利益群体，是多人决策过程，因此，当使用者及购买者明确了旅游购买需要和问题之后，必须确定相应的购买标准，以减少决策过程中的争议，降低决策成本。购买标准一般包括：① 本组织应购买哪一类型的旅游服务；② 有多少人参加本次旅游，旅游线路的选择；③ 具体旅游时间及活动项目安排；④ 交通及饮食租住设施的选择；⑤ 所需要费用的初步预算等。

（3）寻找供应商

购买人员可以通过各种方法寻找旅游服务企业，例如，可以通过查找企业名录，通过旅游协会或其他咨询机构推荐等获得相关信息。在此基础上，购买人员可以选择5个左右旅游服务企业，把购买标准拟定为招标书或招聘书寄送给各个旅行商，并让他们提出各自的建议书或投标书以作为选择的依据之一。

（4）选择供应商

选择供应商过程中，组织成员需要考虑旅游供应商的信誉、产品质量、价格、支付条款、营销人员素质以及对公司购买人员需要所做出的反应等。购买中心人员根据他们感知到的每个旅游企业的属性、提供利益能力的不同及属性的重要程度进行综合权衡，找出符合要求的旅游服务供应商。公司的购买中心成员一般会与2家以上的旅游服务企业进行洽谈，以便在价格和服务项目上获得更多的好处。有时，大公司还有可能将大批量的旅游购买分成几个小批量，选择几个旅游供应商，以便分散风险。

（5）购后评估和反馈

通过购买人员与旅游企业营销人员的交往来了解对产品的满意度。购后评估和反馈最终可以导致购买中心做出下次是否继续购买该旅游企业的产品和服务的决定。因此，旅游营销人员应注重购买人员和最终使用者两方面对自己产品和服务的反映，以便及时向其提供购后服务并更新产品。

3.2.3 对组织机构购买者的主要影响因素

组织机构购买者主要受到下列4种因素的影响。

（1）环境因素

环境因素指影响企业开展营销活动的一切外部因素，主要包括政治、法律、经济、文化、技术、竞争和自然环境等。组织机构购买者受当时和预期经济环境因素影响极大，如经济前景、市场需求、技术发展变化、市场竞争和政治法律等。

（2）组织因素

组织因素指组织购买者内部的各种因素，主要包括组织的目标、政策、业务程序、组织结构和制度等。这些因素从组织内部的利益、营运和发展战略等方面影响组织机构购买决策。

（3）人际因素

人际因素指组织机构内部的人事关系。组织机构的购买活动具体由组织的采购中心执行，采购中心由使用者、影响者、采购者、决定者和信息控制者组成，这5种成员共同参与购买决策过程，因其在组织中的地位、职权、志趣、说服力及他们之间的相互关系不同而对购买决策产生不同（有时甚至是微妙）的影响。

（4）个人因素

个人因素指组织内参与生产用品购买决策的个人的动机、感知、偏好和购买风格等。这些因素又受制于参与者本人年龄、收入、教育、性格、职业认同感及对风险的态度等。组织机构的购买行为实质上是采购中心成员在组织内外各种因素约束下的具体购买行为。因此，这些个人因素必然对组织的购买决策产生潜移默化的影响，会影响各个参与者对要采购的服务和供应商的感觉、看法，从而影响购买决策和购买行动。

3.2.4 组织市场购买者的购买决策

3.2.4.1 企业、中间商和非营利组织购买行为

（1）组织市场与个体消费市场的差异

组织市场在市场结构与需求、购买单位性质、决策类型与决策过程及其他各方面，与消费者市场有着以下明显差异：

- 与消费者市场比较，组织市场上购买者的数量较少，购买者的规模较大；
- 组织市场上的购买者往往集中在少数地区；
- 组织市场的需求是引申需求；
- 组织市场的需求是波动的需求；
- 组织购买者对产品和服务的需求比消费者的需求更容易发生变动；消费者需求的少量增加能导致产业购买者需求的大大增加，即加速理论；
- 专业人员购买。

（2）组织市场购买决策的5种参与者

组织市场购买决策过程有5种参与者：使用者、影响者、采购者、决定者和信息控制者。这5种人员组成一个企业组织的购买中心。如果一个企业或组织的采购中心的成员较多，供货企业的营销人员就不可能接触所有的成员，而只能接触其中少数几位成员。在此情况下，供货企业的营销人员必须了解谁是主要的决策参与者，以便影响最有影响力的重要人物。

使用者 具体使用产品和服务的人员。往往是最初提出购买某种产品和服务的人，在计划购买产品的品种、规格中起着重要作用。

影响者 在企业外部和内部直接或间接影响购买决策的人员。如科研人员、技术顾问等。

采购者 在企业中有组织采购工作的正式职权的人员。

决定者 在企业中有批准购买产品权力的人。

信息控制者 在企业外部和内部能控制市场信息流到决定者、使用者的人员。

（3）组织购买的3种行为类型

组织市场购买有3种类型：直接重购、修正重购和全新采购。

直接重购 即企业或政府等组织机构的采购部门或采购中心根据过去和许多供应商打交道的经验，从供应商名单中选择供货企业，并直接重新订购过去采购过的同类产业用品。列入供应商名单的供应商应尽力保持产品质量和服务水平，并采取其他有效措施来提高采购者的满意程度。未列入名单的供应商要试图提供

新产品或开展某种令顾客满意的服务，以便使采购者考虑从他们那里购买产品，同时设法先取得一部分订货，之后逐步争取更多的订货份额。

修正重购 即企业或政府等组织机构的采购部门为了更好地完成采购工作任务，适当改变要采购的产品的路线、价格等条件或供应商。这种行为类型较复杂，参与购买决策过程的人数较多。为“门外的供货企业”提供了市场机会，并给“已入门的供货企业”造成威胁，前者应加大沟通和促销力度，开拓新顾客；后者要设法巩固其现有顾客，保护其既得市场。

全新采购 即企业或政府等组织机构第一次采购某种旅游产品。采购成本费用越高、风险越大，需要参与购买决策过程的人数和需要掌握的市场信息就越多。这种行为类型最复杂。供货企业要派出精锐的推销（人员）小组，向顾客提供市场信息，帮助顾客解决疑难问题。在全新采购的情况下，企业或政府等组织机构购买者要做出的购买决策最多，通常要做出以下主要决策：决定旅游线路、服务条件、支付条件、订购数量、可接受的供应商和挑选出来的供应商等。

（4）组织购买决策过程的8个阶段

在全新采购情况下，购买过程的阶段最多，共8个阶段（图3－5）。

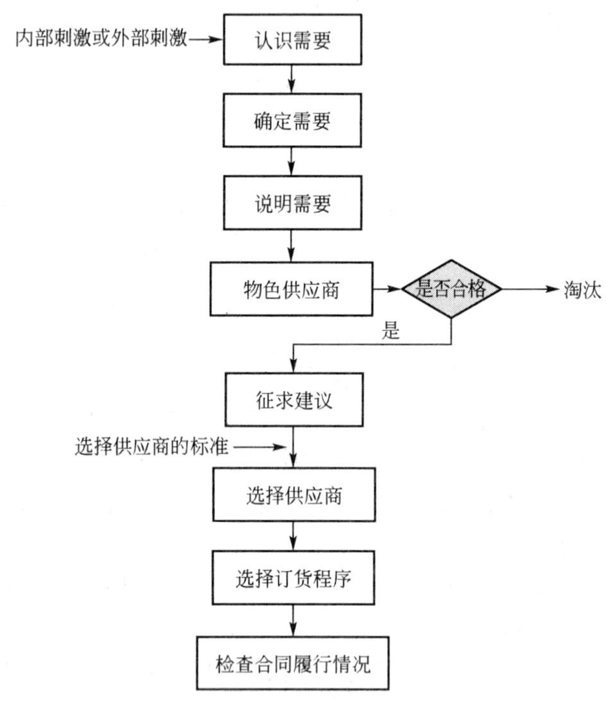

图3－5 企业、中间商和非营利组织购买行为

认识需要 在新购和修正重购情况下，购买过程是从企业或组织的某些人员认识到要购买某种旅游产品以满足企业成员的某种需要开始的。认识需要是由2种刺激引起的（内部刺激和外部刺激）。

确定需要 也就是确定所需品种的特征和数量。营销人员要帮助采购人员确定所需品种的特征和数量。

说明需要 组织购买者在采购中要进行价值分析，调查研究本组织要采购的旅游产品是否具备必要的价值。采购单位的专家小组要对所需品种进行价值分析，并写出文字精练的采购说明书，作为采购人员评判及取舍的标准。营销人员也要运用价值分析技术，向顾客说明其旅游产品有良好的性价优势。

物色供应商 供货企业最高管理层要采取措施提高本公司的知名度和美誉度。

征求建议 组织采购负责人邀请合格供应商提出建议。营销人员必须善于提出与众不同的建议书，引起顾客信任，争取成交。

选择供应商 传统做法是采购中心根据供应商旅游产品价格、信誉、供给能力、服务水平等来评价和选择。决定之前还要和那些较中意的供应商谈判，争取较低的价格和更好的条件。最后采购中心选定1个或几个供应商。

选择订货程序 采购负责人通过和某一供应商签订“一揽子合同”，和这个供应商建立长期供货关系；这个供应商承诺当采购经理需要时即按照原来约定的价格和条件随时提供旅游产品。

检查合同履行情况 注意随时检查合同的履行情况。

3.2.4.2 政府购买行为

政府购买采用政府采购方式。中国的政府采购中集中采购占了很大的比重，列入集中采购目录和达到一定采购金额以上的项目必须进行集中采购。

（1）政府采购涉及的4个方面的机构和人员

政府采购一般包括采购人、政府采购组织、招标代理机构、供应人等。采购人是指使用财政性资金采购物资或服务的国家机关、事业单位或者其他社会组织。政府采购组织是指政府设立的负责本级财政性资金的集中采购和招标组织工作的专门机构。招标代理机构是指依法取得招标代理资格，从事招标代理业务的社会中介组织。供应人是指与采购人可能或者已经签订采购合同的供应商或者承包商。

（2）政府采购的特点

政府市场是为满足各级政府部门的日常工作及公共消费需要而销售产品和服务的市场。各级行政机关是组成市场的主体。各国政府是社会组织中一个极其重要的组成部分，通过税收、财政预算，掌握了相当大一部分国民收入，为有效地行使其职能，有较为庞大的开支，形成一个独特的、规模较大的集团消费市场，其购买行为具有以下5个特点。

需求受到较强的政策制约 一国的经济政策对政府集团的消费影响较大，财政开支紧缩时，需求减少；反之，则相应增加。

需求计划性较强 一国政府开支要列入财政预算，各级政府部门购买什么、购买多少都要受到财政预算的限制，且要制定购买计划，还要经过预算、审批等过程。

购买方式多样 政府市场购买方式明显区别于消费者市场或中间商市场，较为复杂。对日用办公品购买，往往先选定供应商，然后采取连续再购买的形式定期购买；对价格昂贵的大宗商品（如汽车等），采用公开招标的方式竞购；对公共福利品，则容易受到推销商的影响，等等。

购买需求受到公众社会的监督 各级政府机构的开支来自财政拨款，财政拨款来自于社会公众的税收，社会公众有权以各种形式对政府机构的购买活动加以监督，要求政府富有效率、公正、廉洁，能以最低标准的购物数量实现政府的各项职能。

购买目标的多重性 由其社会职能决定，政府在购买时除了考虑价格较低等经济性因素外，还要追求其他政治性、军事性、社会性目标。如国防用品、军火的采购，关系到两国或多国之间政治与外交关系的购买行为，对某些地区、某些产业的产品的扶持性购买，等等。

政府采购一般遵循以下3个基本原则：

- 公开、公平、公正、效益；
- 勤俭节约；
- 计划。

（3）政府采购的方式

政府采购基本上采用公开招标、邀请招标、竞争性谈判、单一来源采购、询价采购等方式。其中公开招标是政府采购的主要方式，公开招标至少有3家符合投标资格的供应人参加投标。

公开招标 就是不限定投标企业，按照一般的招标程序所进行的采购方式。这种采购方式对所有的投标者是一视同仁的，主要看其是否能更加符合招标项目的规定要求。但由于整个招标、评标过程会耗费大量的费用，所以公开招标一般要求采购项目的价值比较大。

邀请招标 是指将投标企业限定在一定的范围内（一般必须3家以上），主动邀请他们进行投标。邀请招标的原因一方面是由于所采购货物、具有一定的特殊性，只能向有限范围内的供应商进行采购；另一方面是由于进行公开招标所需要费用占采购项目总价值的比例过大，即招标成本过高。所以对于采购规模较小的政府采购项目一般会采用邀请招标的方式。

竞争性谈判 是指采购单位采用同多家供应商同时进行谈判，并从中确定最优供应商的采购方式。一般适用于在需求紧急情况之下，不可能有充裕的时间进行常规性的招标采购；或招标后没有合适的投标者；以及项目技术复杂、性质特殊无法明确招标规格等情况下，可不采用招标方式而采用竞争性谈判的采购方式。

单一来源采购 即定向采购，虽然所采购的项目金额已达到必须进行政府采购的标准，但由于供应来源因资源专利、合同追加或后续维修扩充等原因只能是唯一的，就适用于采取单一来源的采购方式。

询价采购 主要是指采购单位向国内外的供应商（通常不少于3家）发出询价单，让其报价，然后进行比较选择，确定供应商的采购方式。询价采购一般适应于货物规格标准统一，现货货源充足且价格变化幅度较小的政府采购项目。对某些急需采购项目，或招标谈判成本过高的项目也可采用询价采购的方式。

以上采购方式主要是指列入政府采购管理范围之内的采购项目的采购。所谓列入管理范围主要是指2个方面：一是属于法定的“集中采购目录”之内的采购项目；二是达到所规定的采购金额标准以上的采购项目。规定的采购金额标准（通常也称作“门槛价”）是由政府有关部门（一般必须由财政部门参与）根据实际情况所规定的。在采购金额标准以下的采购项目，一般不受政府采购有关程序的约束，但也要求采用比价择优的方式。

（4）招投标程序

第一，公开招标与邀请招标。

第二，开标、评标与现场竞投。评标由评标委员会负责。评标委员会由采购人、招标机构的代表和技术、经济或者法律等方面的专家组成，人数为5人以上的单数，其中专家评委应占一定的比例。

第三，签订采购合同与支付条款。

第四，监督检查。

3.3 旅游市场营销调研

3.3.1 旅游市场营销调研的概念

(1) 市场营销调研的概念

美国著名市场营销专家菲利普·科特勒认为，市场营销调研是指企业系统地设计、收集、分析和提出数据资料以及与公司所面对的特定营销状况有关的调查研究结果。

美国市场营销协会认为，市场营销调研是企业系统的收集、记录和分析有关货物和劳务的市场营销问题的资料。

市场营销调研最主要的研究活动有：市场特性的确定、潜在市场的开发、市场占有率分析、销售分析、竞争。

(2) 旅游市场营销调研的概念

现代旅游企业经营管理基本理论认为，旅游市场营销调研是运用科学方法，有计划、有目的、有针对性地收集、整理和分析企业外部环境和内部条件的相关信息，从而为旅游企业营销决策者和旅游管理部门管理者提供客观的决策依据。

营销调研是现代旅游企业运营过程中的一个重要内容，从理论上讲它主要有2个作用：一是可以了解市场的需求，分析目前的或计划的产品能否有效地满足市场的需要和愿望；二是有助于管理人员制定营销策略。例如，在饭店制定房间价格时，市场调研的结果能提供产品的需求价格弹性系数，收集游客喜爱的产品特性，知道产品的市场竞争状况，帮助管理者制定合适的价格，这样便使得营销人员在饭店管理中处于更积极主动的地位等。

3.3.2 营销调研的类型和内容

3.3.2.1 旅游市场营销调研的类型

根据旅游市场调研的不同指向，可分为4种类型。

(1) 探测性调研

探测性调研（或称试探性调研）是指营销人员对所面临的问题产生的原因及问题的关键尚不明了，尚未确定调研内容以及是否有必要进行大规模、深层次调研时，而预先采取的一种试探性调研活动。例如，饭店在一段时间内，客房出租率突然下降。出现这种情况是饭店营销中的失误呢，还是竞争对手的竞争策略的变化呢？经过调查，发现与饭店有固定业务关系的某家旅行社高层管理人员更换，使原有的客源减少。因此，没有必要再进行更深入的调研工作。

(2) 描述性调研

描述性调研是指旅游企业对所要调查的问题通过有目的的、系统的收集资料，运用各种调研方法对事物的现象及基本特征进行全面的描述。描述性调研注重事实资料的记录，在调研中获得的各种资料主要是对某一问题进行描述性说明。例如，“中国国内旅游抽样调查”。这一调查是大范围的、大规模的、较全面的国内旅游市场调查。其中包括客源构成、旅游动机、平均出游时间、旅游目的地选择、出游方式、旅游花费构成等数据。描述性调研既描述现象、事实，又涉及一些相关的情况。因此，描述性调研较之探测性调研更为具体、广泛和复杂。旅游市场的描述性调研，通常采用询问法、观察法、抽样调查法等。

（3）比较性调研

比较性调研是指旅游企业对比2个以上的问题或对象以及为寻找某种比例关系时所采取的一种调研方法。比如，某些度假区要引进大型水上娱乐设施，有甲、乙两企业可以提供设备，结果对两家企业的产品价格、设备功能以及服务质量进行对比分析，并按权数进行打分，最后决定采用哪一家的设备。

（4）因果性调研

因果性调研是旅游企业用于发现相关联现象之间的因果关系，寻找出旅游经营活动中出现问题的主要原因的一种方法。旅游企业在经营过程中，每一经营成果都是由多种因素引起的，这些因素之间相互关联，通过因果性调研可以弄清楚导致某种结果形成的关键性因素，从而有利于经营者抓住问题实质，有针对性地采取对策。因果性调研一般是以描述性调研及比较性调研的结果为基础，进一步采用统计分析、逻辑推理等市场营销研究技术来探寻并验证旅游市场活动中有关活动的因果关系。

3.3.2.2 旅游市场调研的内容

旅游市场调研的内容涉及宏观、微观两大方面，包括对企业营销产生影响的可控因素和不可控因素。调研是一种手段，应为目的服务。市场调研的根本目的是把握旅游营销市场的现状及其发展的动态。围绕这一根本目的，旅游调研内容可大致分为5类。

（1）宏观旅游环境调研

经济环境 包括企业所在地以及客源地的宏观经济发展状况，人们的收入、消费水平、消费结构、物价、汇率等。

政治法律环境 包括旅游目的地政治局势，与旅游有关的法律、法规、产业政策，海关出入境手续等。

社会文化环境 包括旅游目的地的风俗习惯、价值观念、教育程度、语言文字、宗教信仰、生活方式、商业习惯等。

技术环境 包括对本行业有影响的科技发展情况、计算机预订及结算系统相关的科学技术等。

人口地理环境 包括人口结构及其分布、就业构成、人口流量，以及旅游企业的地理环境、客源国（地区）的地理位置等。

自然环境 包括气候条件、环境状态、自然灾害发生概率及影响程度等。

（2）旅游者市场的调研

旅游者总体市场特征及个体细分市场的特征的调研，包括旅游客源构成；旅游者需求程度及被满足程度；旅游行为心理及旅游者偏好等。

旅游者的态度与活动的调研，包括旅游者对旅游目的地的看法和态度；对旅游目的地形象的反应；对销售策略的反应；旅游者旅游活动内容；旅游者旅游花费的构成等，以及各个旅游细分市场的发展变化情况等。

（3）对旅游产业及关联企业的调研

对旅游产业状况的调研，包括旅游产品结构、旅游地区结构、旅游企业的所有制结构、旅游企业技术及管理水平；旅游产业规模、旅游企业进入和退出障碍、企业利润潜量等。

对旅游业务关联企业调研，包括旅行社的业务状况；旅游景区（点）状况；旅游交通状况；旅游饭店经营状况；其他相关行业的状况等。

（4）对竞争对手的调研

对竞争对手的调研，包括竞争对手的数量、规模、实力、分布等；各主要竞争对手的市场占有率，接待、服务的人次数，客源结构状况等；竞争对手的营销策略、服务质量、市场定位、市场形象等；竞争对手的最新动态、经营战略、投资动向及对新产品开发状况等。

（5）对旅游资源开发利用的调研

对旅游资源开发利用的调研，包括对现有旅游资源的分类、评估；各种旅游资源对旅游者的吸引力、发展变化趋势和发展潜力；待开发旅游资源的可开发性和约束性等。

3.3.3 营销调研程序

旅游市场营销调研工作程序有8个步骤。

（1）确定调研目的

调研人员应该掌握旅游营销市场调研的内容和类型，确定本次营销调研应该弄清的问题，并据此确立市场调研的目标。

（2）制定调研计划

在明确调研问题、调查目标的基础上制定旅游市场营销调研计划。营销调研计划的内容包括：选择资料来源；选择资料收集的方法；选择旅游营销调研工具；决定抽样计划；建立营销调研组织并选择调研人员；编制本次调研的预算；确定时间进度。

（3）预调研

在问卷设计完成后进入大样本的调查之前，往往要进行一次预调研，即抽取小部分调查对象根据调查要求进行访问，然后将获得的资料加以整理、分析。这样可以发现问卷设计中存在的问题，便于对调查问卷的修改并节省时间和经费。另外，预调研还是一个锻炼访问员和督导水平的好机会。

（4）正式调研

预调研完成之后，正式的资料收集工作即开始了，资料收集过程包括访问、问卷复核和回访等几个方面。访问是指由访问员对被调查者进行调查；问卷复核是对访问员交回的问卷资料进行检查，以便发现是否有不符合规定的地方。比如，问卷要求单选而回答中填成了多选等。回访除了消除不符合规定的回答外，另外一个功能是了解、判断访问员访问过程的真实性。

（5）整理分析资料

收集信息。针对既定的调研对象进行实地或桌面调查，收集相关资料。

分析信息。从所有收集的信息中加以整理、筛选，保证其系统性和真实性，并从中提取适当的调研结果。

（6）补充调研

在资料整理之后，对照资料的收集情况，看资料是否有遗漏的地方，如果存在遗漏或不足，要进行补充调研。

（7）调研报告

提出结果，撰写调研报告。报告内容不应停留在大量的统计数字、表格以及统计公式中，应采取以清晰明了的语言和数据解答问题的形式。

（8）跟踪调研

对调查对象进行持续调研，如对产品的购买者人次数、消费群体、满意度、产品的销售价格、市场占有率等的变化做记录调查。

营销调研报告的基本内容

（1）前言。说明本次调研应回答的问题，调研目标、方法、对象、时间、地点以及调研人员的情况。

（2）正文。即调研报告的主体，包括调研结果及分析，对营销问题的回答以及解释。

（3）结尾。可提出建议，总结全文，也可指出本次调研的不足之处以及市场调研的结果对营销决策的作用等。

（4）附录。包括附表、附图等补充内容。

龙胜各族自治县龙脊景区游客调查问卷

尊敬的朋友：

您好！

为了做好龙胜旅游总体规划，更好地发展龙胜县的旅游业，满足旅游者旅游活动的需求，请您提供宝贵的意见，在您认为合适的答案上打“√”。谢谢您的合作！

桂林工学院旅游规划设计院

1. 请问您的性别

○男　○女

2. 请问您的年龄（只能选一种答案）

○20岁以下　○20～29岁　○30～39岁
○40～49岁　○50～59岁　○60岁以上

3. 请问您的职业

○工人　○商业服务人员　○企业公司职员
○事业机关干部　○私营业主　○教师医务人员
○专业技术人员　○军人警察　○学生
○待业下岗人员　○其他________

4. 请问您的受教育程度（只能选一种答案）

○小学　○中学（含中专技术学校）
○大专　○大学　○研究生

5. 请问您的平均每月家庭总收入（只能选一种答案）

○1000元以下　○1001～2000元　○2001～3000元
○3001～5000元　○5001～10 000元　○10 000元以上

6. 您来龙胜旅游的主要原因是（可多选）

○观光游览　○开会　○休闲度假
○疗养　○洽谈业务　○购物
○教育子女　○增长见识　○增进亲友间交往
○避暑　○其他________

7. 您最喜欢龙胜的哪一类旅游产品？

○欣赏自然风光　○参观民族村寨　○漂流
○参加民族节日　○其他

8. 您认为龙胜的旅游活动还应该在以下哪些方面加强？（可多选）

○增加娱乐设施　○增加旅游活动的参与性　○出一些精制旅游纪念品
○增加民俗景点　○减少相似民俗景点　○增加刺激性活动
○提高服务质量　○加强景点管理　○其他________

9. 您希望龙胜能提供怎样的住宿条件？（只能选一种答案）

○四、五星级宾馆　○三星级宾馆　○中低档旅馆、招待所
○经济简易旅店　○农家旅馆

10. 您希望提供怎样的饮食？

○豪华型宴席　○特色菜肴　○地方风味
○家常便饭　○快餐　○简易点心
○其他________

11. 您是否需要旅行社为您安排旅游事宜？（只能选一种答案）

○需要　○不需要　○看情况

12. 您会在龙胜的停留时间是多长？（只能选一种答案）

○1天　○2天　○3天
○3天以上

13. 提到龙胜您会想到什么？

○浓郁、奇特的少数民族风情　○秀丽的梯田风光　○舒适的温泉
○恬淡的农家生活　○边远的旅游小镇　○原始的森林公园
○其他________

14. 您认为龙胜最具代表性的景点是下列哪个？

○龙脊梯田　○温泉　○银水侗寨
○岩门峡漂流　○白面瑶寨　○黄洛瑶寨
○金竹壮寨　○温泉森林公园　○花坪自然保护区
○红瑶寨　○金坑大寨梯田　○其地（请注明）________

15. 龙胜给您留下印象最好和最差的地方（景点）是什么？

○印象最好的地方________　○印象最差的地方________

16. 您对龙胜提供给游客的服务满意吗？

○非常满意　○满意　○一般
○不太满意　○非常不满意

17. 您对龙胜县的了解主要通过下列何种途径？（可多选）

○电视　○报刊、杂志　○广播
○亲朋好友的介绍　○旅行社　○旅行指南小册子
○书籍　○以前在龙胜的经历　○互联网
○其他（请注明）________

18. 您认为龙胜的民俗风情的吸引力如何？

○很有吸引力　　○有吸引力　　○一般　　○没有吸引力

19. 下列哪些龙胜的民俗风情最吸引您？

○瑶族风情　　○侗族风情　　○吊脚楼

○风雨桥　　○鼓楼　　○戏台

○民族服饰　　○民族舞蹈　　○民族游艺活动

○生活场景　　○其他

20. 您认为龙胜目前的民俗风情旅游需要哪些改进？

○已经很好了，不需要改进　　○表演性太强，减少舞台表演

○增加参与性和娱乐性　　○民俗景点管理差，加强管理

○民族特色减弱，注意保持和发扬

您来自__________（省、自治区、直辖市）__________（市、县）

问卷编号________调查者________调查日期________

3.4 旅游市场营销预测

3.4.1 旅游市场预测

（1）旅游市场预测

旅游市场预测是指根据既成的市场事实，利用已有的知识、预测技术和经验，对影响旅游市场变化的各种因素进行研究、分析、判断和估计，以掌握市场发展变化的趋势和规律。

（2）旅游市场预测内容

在旅游市场的旅游供给和旅游需求的2个方面中，对旅游企业来说，旅游需求是主导方面的问题。因而，对旅游需求的预测，是旅游市场预测的主要内容。旅游企业研究旅游需求的目的是为了更好地供给。任何一个旅游企业在开发新产品和新市场时，必须分析是否存在新的需求，需求程度能否给企业带来预期收益，新的市场规模是否足够大，需求未来趋向及其状态如何等。旅游市场预测涉及很多内容，主要包括以下3个方面。

环境预测　对旅游环境发展的预测，主要是对旅游供求关系影响的外部宏观因素预测。包括国际国内政治、经济形势及有关方针、政策的变化，国民经济发展水平问题等的预测；自然环境和资源变化的预测；科学技术进步和发展对旅游业所产生的影响的预测；社会文化及生活方式变化和人们消费水平变化的预测；旅游业相关行业变化可能对旅游业带来的有利和不利影响的预测等。

旅游行业市场需求预测　旅游行业市场需求可用需求函数或市场反应函数表示。它受营销环境和营销费用两方面的影响。如图3－6所示，横轴表示一定时间内行业市场营销费用，纵轴表示受市场营销费用影响的市场需求大小。旅游市场需求曲线是位于市场最低量与最大市场潜量之间的曲线，表示行业市场营销费用与市场需求之间估计的对应关系。

在无任何需求刺激，不开展任何营销活动的条件下，仍有一定的旅游市场需

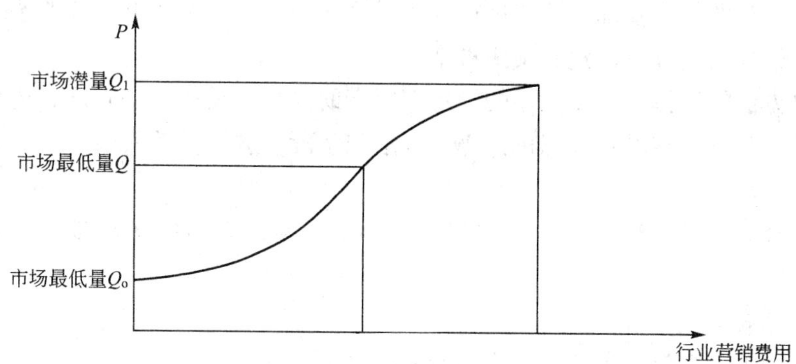

图3－6 旅游行业营销费用与市场需求关系

求，这时的需求量即市场最低量。在这种情况下的旅游销量称为基本销售量，如最低住房率。随着市场营销费用的增加，市场需求一般亦随之增加，但在市场营销费用超过一定数量后，即使市场营销费用进一步增加，市场需求也不再会随之增长。这种市场需求的最大限度是市场潜量。图3－6中，$Q_0 \sim Q_1$，即市场最低量与市场潜量之间的距离表示需求的市场营销灵敏度。

对旅游市场潜量的测量，常采用的公式是：

$$Q = n \times q \times p$$

式中 Q——旅游市场总潜量；

n——特定条件下购买旅游产品和服务的购买者人数；

q——一旅游商品购买者的平均购买数量；

p——旅游商品的单位平均价格。

旅游企业需求量预测 旅游消费者预测包括旅游者数量、消费结构、旅游群体特征、旅游者购买行为、产品偏好等进行预测。

3.4.2 旅游市场预测步骤

旅游市场预测步骤如下（图3－7）：

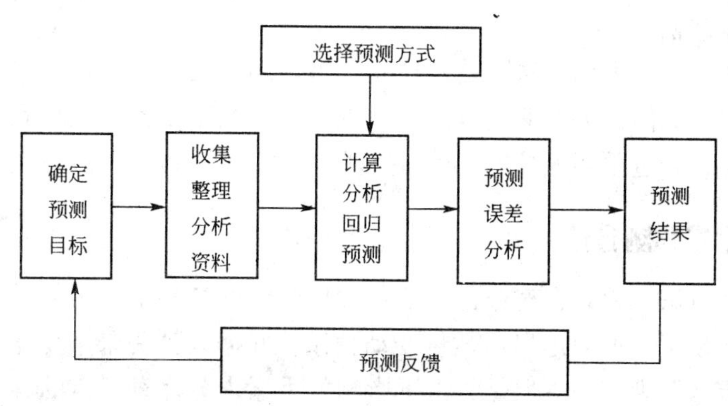

图3－7 旅游企业市场预测过程

（1）确定预测目标，拟订预测计划

旅游市场预测首先要明确预测的目标。必须搞清本次预测的要求和要达到的预测目的以及通过预测要解决的问题，只有这样才能够做到预测工作的有的放矢。

（2）收集、整理和分析资料

旅游市场预测要重视市场调研过程中对信息的收集和分类，市场预测人员只有在掌握充分的信息基础上才能进行预测，这样预测的结果才更具有指导性。

（3）选择预测方法，建立预测模型

预测方法的选择和预测模型的构建需要借助预测人员的经验判断、逻辑推理、数理统计、数学模型以及计算机计算等方法和手段，进行科学预测。

（4）预测

在选择好预测方法，构建好预测模型后，将各种基础数据及参数带入模型，进行预测。

（5）预测误差分析

根据预测模型带入各类数据进行计算，获得相应的数据后，要依据预测模型特征及相应的数理方法对预测的误差进行分析，并说明误差来源及克服办法。

（6）确定预测值，提交预测报告

市场预测人员在完成对市场的主要预测过程后，应该形成书面的预测报告，对预测过程和预测结果进行分析，并根据分析的结果为本企业的市场营销活动提出富有建设性的方案。

3.4.3 旅游市场预测方法

3.4.3.1 定性预测方法

定性预测法，是指在市场调查的基础上，凭借预测者的经验和智慧，通过分析、推理、判断，对市场未来的情况及其发展变化做出预测的方法。

定性预测法常用的有以下2种。

（1）集合意见法

集合意见法亦称集体意见法。通过会议的形式，让与会者，如企业的决策人员、专家技术人员、销售人员、直接用户等各抒己见，充分讨论，找出问题的焦点，最后得出完整的预测结论。这种预测方法简便易行，但是，易受主观因素及一些心理因素的影响，适合用于企业方向性问题的粗略预测。

（2）特尔菲法

特尔菲法亦称专家调查法，是一种专家函询调查法。按照预测课题所列出的项目，以匿名方式向有关专家进行多次调查，充分利用专家的知识和经验，反复征询专家意见，经过预测人员的分类和整理得出趋向一致的预测结论。

3.4.3.2 定量预测方法

定量预测方法，就是在充分占有信息数据资料的基础上，用数学方法通过数据分析和数学模型来近似地揭示数量变动关系，并据以预测未来变化，做出定量推算。这种方法客观准确。但是，由于影响的因素十分复杂，有的客观因素难以定量、数学模型不可能将客观经济现象的所有数量关系都反映出来，因而也有一定局限性。所以，还需要同定性主观判断法、系统分析法、概率分析法结合运用，以提高预测的精确度。

定量预测的方法和模型很多，现将经常使用的方法做简单介绍。

（1）平均数法

平均数法是以预测目标的以往历史数值平均值作为未来的预测值。

【计算题 3-1】

某饭店1~5月的每月销售收入分别为20万元、22万元、21万元、24万元和23万元。现分别采用简单平均法、移动平均法、加权移动平均法来预测6月份的销售预测值。

简单平均法的所得是：

$$6\text{月份销售预测值} = \frac{20+22+21+24+23}{5} = 22\ (\text{万元})$$

移动平均法的公式为：

$$F = \frac{\sum_{t=1}^{t} D_t}{t}$$

式中 D_t——第 t 期的实际数；

t——移动资料期。

假定采用3、4、5月份为移动资料期，则：

$$6\text{月份预测量}\ F = \frac{21+24+23}{3} = 22.67\ (\text{万元})$$

加权移动平均法：对近3个月的资料，分别采用1、2、3的权数，则：

$$6\text{月份预测量}\ F = \frac{21\times1+24\times2+23\times3}{1+2+3} = 23\ (\text{万元})$$

（2）指数平滑法

指数平滑法是从移动平均法发展而来的，在提高近期资料对预测值的影响作用时，不是采用加权的办法，而是将前期的实际资料用平滑系数加以调整，来求得预测值的一种方法。该方法有一次、二次和多次的指数平滑法，现仅介绍一次指数平滑法。其公式为：

$$F_t = \alpha D_{t-1} + (1-\alpha) F_{t-1}$$

式中 F_t——下期预测值；

D_{t-1}——本期实际数；

F_{t-1}——本期预测值；

α——平滑系数（$0<\alpha<1$）

平滑系数 α 系经验值，由预测者给定。α 值越大，则近期变动趋向对预测值的影响越大；反之则越小。一般取0.1~0.3，变动幅度较大的数据，α 值取大些。

【计算题 3-2】

某企业预测本月销售额是180万元，而实际销售额为160万元。若采取 $\alpha=0.2$ 的平滑系数，则下月的预测值应为：

$$0.2\times160\ (\text{万元}) + (1-0.2)\times180\ (\text{万元}) = 176\ (\text{万元})$$

（3）趋势外推法

趋势外推法亦称最小二乘法。以预测目标时间数列为因变量，按自然顺序编码的时间为自变量，运用最小二乘法建立起线性方程，然后将预测期的时间编码顺序代入方程求得预测值。

当市场销售量随时间移动，其变化是明显呈直线上升或下降趋势时，最小二乘法依据预测直线上各点的预测值与相对应的实际值之差的平方和为最小的原则，利用微分学中的极值原理，建立起直线方程并求解系数 a 和 b，得到有倾向性的趋势直线（或称回归直线），其最能代表实际资料的变动趋势，延长此趋势线便可预测未来时期的销售额。

假设时间序列统计资料的各期观察值呈线性增长趋势，各期观察值为 Y_i，时间序列 $t_i=1, 2, 3\cdots\cdots, n$，$a$ 为直线起点，b 为直线斜率，Y_i 为 i 期的预测值，则得到直线方程为：

$$\overline{Y}_i = a + bt_i$$

a，b 2个未知数是回归系数，可用最小二乘法求得，计算公式为：

$$\begin{cases} a = \dfrac{\sum y_i}{n} - b \cdot \dfrac{1}{n}\sum t_i \\ b = \dfrac{\sum t_i \cdot y_i - \dfrac{1}{n}\sum t_i \sum y_i}{\sum t_i^2 - \dfrac{1}{n}(\sum t_i)^2} \end{cases}$$

两式中都有 $\sum t_i$，为简便计算，设法使 $t_i=0$，方法是：

当资料期数为奇数时，将 $t=0$ 置于资料期的正中间，间隔为1，往前后分各为 $-1, -2, \cdots, -n$ 与 $+1, +2, \cdots, +n$。

当资料期数为偶数时，将中间的一对 t 值取为："+1"和"-1"，然后顺次以正的和负的奇数向2个方向分别展开。

于是当 $\sum t_i=0$ 时，a，b 的简化公式为：

$$\begin{cases} a = \dfrac{\sum y_i}{n} \\ b = \dfrac{\sum y_i \cdot t_i}{\sum t_i^2} \end{cases}$$

重庆市年入境旅游市场特征分析及趋势预测

一、重庆入境旅游市场总体增长态势

1. 重庆入境旅游市场游客人数增长态势

1997年重庆直辖以来，入境旅游得到较为迅速的发展，入境旅游人数和外汇收入均有较快的增长。1997年入境旅游人数为26.12万人，到2006年入境旅游人数增加到60.32万人，增长了130.93%，年均增长13.09%，累计接待海内外游客344.68万人次。各入境旅游市场除在2003年遭受"非典"影响使接待量下降以外，其他年份均保持较好的增长态势。其中，外国游客是入境旅游市场的主体部分，平均占74%的境外市场，年均增长率17.55%，从重庆入境的总人数和外国人变动趋势基本一致也可以看出其庞大的市场份额；中国港澳台游客平均占26%的市场份额，年均增长率15.58%；中国台湾游客波动非常明显，在整个曲线中有2个最高点和最低点，分别在1997年和2002达到最高，在1998年和2003年达到最低，呈现出"W"形，从2004年开始稳步增加，年均增长14.9%（见图1和图2）。

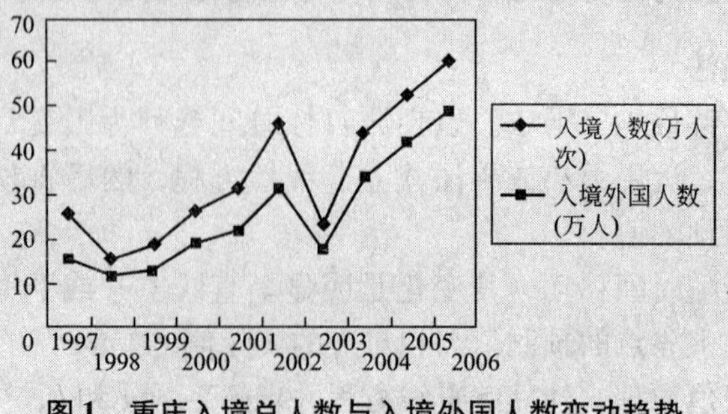

图1　重庆入境总人数与入境外国人数变动趋势

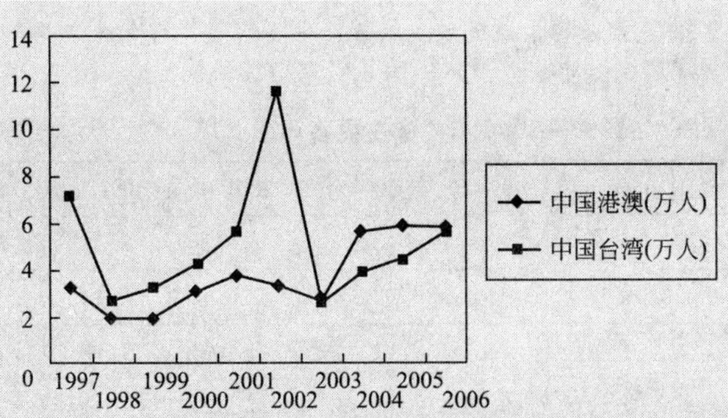

图2 重庆入境旅游的中国港澳和中国台湾人数变动趋势

2. 重庆入境旅游收入增长态势

伴随入境旅游人数的增加，重庆市旅游外汇收入也呈逐年增加的态势。1997 年，旅游外汇收入为 1.05 亿美元，到 2006 年旅游外汇收入为 3.087 亿美元，增长了 194%，平均增长 19.4%，这期间累计旅游外汇收入达到 16.997 亿美元。从图 3 可以看出，自 1997 年以来，旅游人数和旅游收入的增长都呈现出波动起伏的态势，从 1998—2002 年两者都呈现出均衡的平稳增长，2003 年出现较大的波动，之后又呈上升的趋势增长。从图 3 上两者的波动基本上一致可以看出，重庆市旅游外汇收入的增长主要依赖于旅游人数的增加。

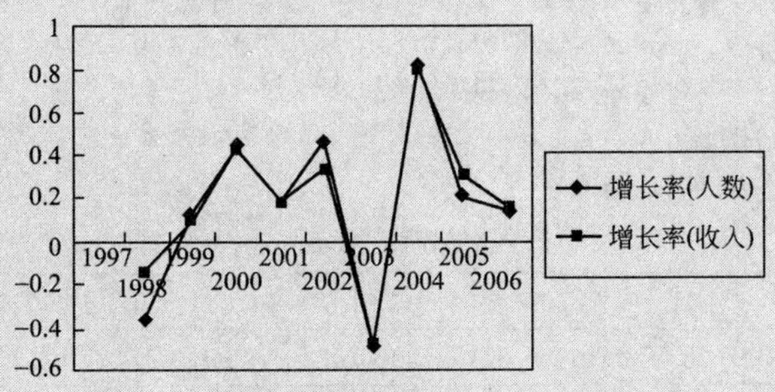

图3 重庆入境人数增长率和收入增长率比较

3. 与全国重要旅游城市入境旅游比较

重庆市旅游资源丰富，特别是长江三峡旅游区是全国著名的旅游地；但是由于重庆地处我国西南腹地，交通不是很便捷，入境旅游市场一直只占较小的市场份额，还需要进一步发展。2006 年重庆旅游外汇收入 3.087 亿美元，居全国第 16 位，但是只占全国外汇旅游收入的 0.91%，旅游人数也只占全国的 0.48%。虽然 1997 年直辖以来旅游人数平均增长速度为 13.09%，高于全国平均 9.82% 的增长率；旅游外汇收入的平均增长率为 19.4%，高于全国平均 12.69% 的增长率；但是与其他优秀旅游城市（如北京、上海、广州、深圳、杭州）相比，无论是旅游人数还是旅游收入方面均有较大的差距。广东、深圳、上海、浙江等沿海地区长期实施对外开放政策，对外经济交往和大量海外资金的投入使旅游业与经济发展相辅相成；北京具有无可比拟的首都经济优势。相比而言，重庆市地处西南腹地，对旅游业的发展具有一定的制约作用。

二、重庆入境旅游市场结构分析

1. 重庆入境游客来源地区分析

从区域上看，2005 年来渝旅游的外国游客中，美洲排第一，占全市入境旅游者总数的 38.3%；亚洲第二，占 27.5%；欧洲第三，占 22.6%。与全国相比不同的是，全国入境旅游外国游客人数排名依次是亚洲、欧洲、美洲、大洋洲，而且亚洲市场相当于其他所有外国市场的总和，可见亚洲市场是一个有巨大潜力的市场，是我国的主要客源市场。重庆的入境游客来源与全国的差别说明，在开拓亚洲市场方面还有待提高，应加强亚洲市场的营销工作。

从国别上看，来重庆旅游的外国游客主要来自美国、日本、德国、英国等。2004 年日本游客 9.54 万人，居第一位，占 21.96%；美国游客 4.95 万人，占 11.4%。日本、美国、韩国和西欧（英、法、德）属于重庆入境旅游的主要市场，近年来游客人数在逐年增加；澳大利亚和加拿大等国家是重庆入境旅游的新兴市场，增长较快（见表1）。

表1 1997—2004年重庆主要客源国入境人数（万人）

国别	1997年	1998年	1999年	2000年	2001年	2002年	2003年	2004年
美国	1.24	3.86	4.64	5.97	11.72	8.24	3.89	4.95
日本	2.64	3.92	3.66	4.58	3.27	6.78	3.62	9.54
德国	0.41	0.66	1.01	2.44	1.07	5.49	1.66	1.44
英国	0.40	0.51	0.46	1.15	1.10	3.08	1.82	2.45
韩国	0.32	0.10	0.31	0.63	0.53	1.48	1.83	4.04
法国	0.35	0.72	0.78	1.05	0.59	0.97	0.43	0.84
澳大利亚	0.21	0.19	0.25	0.30	0.23	0.71	0.54	1.58

2. 重庆入境游客消费结构分析

从入境旅游者的每天的人均消费和停留时间来看，平均消费水平逐年增加，停留时间逐年减少（见表2）。1997年入境游客平均消费为140.09元/天，2004年为172.35元/天，消费水平的增加符合经济增长的规律。不同地区的游客的消费水平差别不大，2004年入境游客的人均消费为：外国游客173.65元/天，中国香港游客170.69元/天，中国澳门游客160.54元/天，中国台湾游客165.40元/天。总体上平均停留的天数逐年减少，从1997年的3.16天降至2004年的2.7天，这与越来越发达的交通网络有关，便捷的交通使游客的往来更快速简便，减少了住宿时间。

表2 重庆入境旅游消费水平及停留时间

		2000年	2001年	2002年	2003年	2004年
外国	人均消费（元/天）	166.82	166.61	169.87	169.87	173.65
	停留时间（天）	3.24	3.19	2.71	2.92	2.79
香港	人均消费（元/天）	165.94	170.09	172.34	172.34	170.96
	停留时间（天）	2.97	2.50	2.55	2.59	2.36
澳门	人均消费（元/天）	150.30	172.64	172.98	172.98	160.54
	停留时间（天）	2.48	2.28	2.14	3.31	3.00
台湾	人均消费（元/天）	131.38	169.64	173.42	173.42	165.40
	停留时间（天）	2.97	3.06	2.87	2.40	2.41
平均	人均消费（元/天）	161.10	167.66	170.83	170.83	172.35
	停留时间（天）	3.16	3.08	2.74	2.83	2.70

入境旅游者在我国境内的旅游活动包括食、住、行、游、购、娱等多方面内容，而且这些方面的消费比例不同（见表3）。从重庆1997—2004年入境旅游消费构成可以看出，行是主要的消费对象，长途费用所占比例从1997年的30.6%增加到2004年的50.7%，占到整个消费的一半，究其原因应该是交通的便捷使停留时间减少，游客游览后便直达下一个目的地，相应住宿减少，使得交通费用的比例相对提高。购物所占的比例由1997年的19.7%逐渐降低，2004年为13.1%，但是仍然是整个入境旅游的第二大消费。这一点与国内旅游明显不同，重庆地处西南，民俗文化商品丰富多彩，如编织品、蜀锦、蜀绣、雕刻、陶瓷等，民间艺术有川剧、木洞山歌、川江号子对海外游客有很大的吸引力。其他消费比例从高到低依次是餐饮、住宿、娱乐、邮电通信、游览和市内交通。这一消费比例与全国的消费结构基本相同，2004年全国的旅游外汇收入构成比例依次为：长途交通、商

品销售、住宿、餐饮、娱乐、游览、市内交通和邮电通信。

表 3 重庆入境游客消费比例 %

年份	1997	1998	1999	2000	2001	2002	2003	2004
长途交通	30.6	29.5	40.1	47.1	47.1	56.3	56.3	50.7
游览	2.2	2.0	5.2	1.9	4.4	2.3	2.3	2.4
住宿	15.0	11.9	14.3	9.4	9.4	4.9	4.9	5.1
餐饮	9.5	8.2	8.1	5.5	6.4	5.6	5.6	6.0
购物	19.7	29.9	15.2	13.8	14.8	16.4	16.4	13.1
娱乐	6.4	3.1	4.5	4.5	6.9	3.5	3.5	3.0
邮电通信	5.0	5.1	2.4	2.8	2.3	2.7	2.7	2.0
市内交通	2.8	1.5	3.5	2.4	4.0	1.5	1.5	1.1
其他	8.8	8.8	6.7	12.6	4.7	6.8	6.8	16.6

三、重庆入境旅游市场发展趋势预测

1. 入境旅游人数趋势预测

根据重庆市 1997—2005 年的入境人数数据（在预测时剔除了 2003 年的数据）运用时间序列模型中的曲线拟合方法进行预测。由于是小样本，我们只对未来短期 2 年入境人数进行预测。运用最小二乘法拟合出如下曲线：

$$Y = 0.0943X^4 - 2.099X^3 + 16.4232X^2 - 46.1053X + 57.9363$$

$$R^2 = 0.9654$$

拟合优度较高，且其他计量指标较好地通过了模型检验。

2. 入境旅游收入的趋势预测

收入的增加主要依赖入境人数的提高，因此，建立旅游人数与旅游收入的回归方程：

一元线性方程为 $Y = 0.039\,647 + 0.047\,592X$，$R^2 = 0.9684$；指数方程为 $Y = 1.2306\exp(0.297X)$，$R^2 = 0.9523$。

其中，线性方程的拟合优度较指数方程高，因此，采用指数方程模型拟合。结合旅游人数的趋势预测，可以得出表 4 预测值。

表 4 重庆入境旅游人数预测和收入预测

年份	入境人数（万人）			入境收入（亿美元）		
	真实值	拟合值	误差	真实值	拟合值	误差
1997	26.12	26.25	-0.130	1.05	1.28	-0.232
1998	16.37	16.14	0.234	0.88	0.82	0.061
1999	18.50	18.40	0.103	0.97	0.92	0.050
2000	26.61	26.10	0.515	1.38	1.31	0.074
2001	31.33	34.56	-3.230	1.63	1.53	0.099
2002	46.15	41.37	4.780	2.18	2.34	-0.056
2004	43.44	46.39	-2.946	2.03	2.10	-0.077
2005	52.39	51.72	0.672	2.64	2.53	0.107
2006	60.32	61.74	1.420	3.87	2.98	0.890
2007		83.09			3.99	
2008		124.67			5.97	

3.5 旅游市场营销信息系统

3.5.1 旅游市场营销信息系统概述

(1) 营销信息系统的定义及特点

营销信息系统是一个由人、机器和程序组成的连续的和互为影响的结构，用以收集、挑选、分析、评估和分配恰当的、及时的和准确的信息，供营销决策者用于其营销计划的改进、执行和控制。它具有以下特点：

- 系统整体性；
- 目标指向性；
- 运行有序性。

(2) 旅游营销信息系统的构成

一个完整的旅游市场营销信息系统由4个子系统构成：内部情报系统、营销情报系统、营销研究系统和营销分析系统（图3-8）。

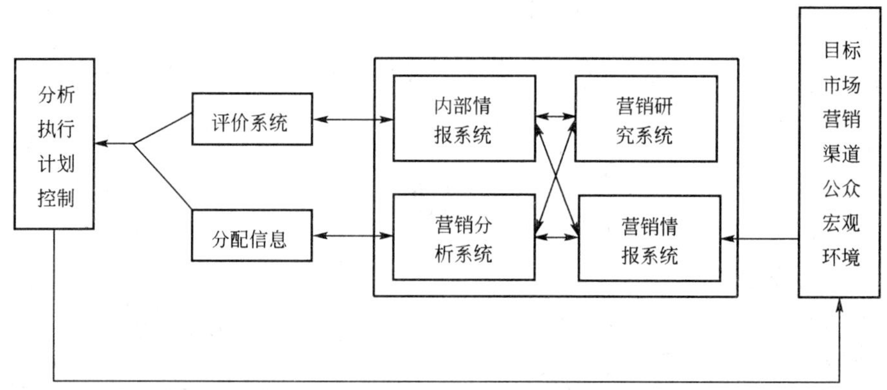

图3-8 旅游市场营销信息系统构成

(3) 旅游市场营销信息系统的作用

旅游市场营销信息系统的作用主要包括3个方面：

- 在有限的时间内能最大限度地收集信息，从而提高旅游企业对市场的反应能力；
- 单位信息的传递在最短时间内得到最大面积的传播，以利于旅游企业集团采取标准、统一的行动；
- 信息交流与沟通的快捷，有利于集团的旅游成员得到较为长期而准确的预报。

3.5.2 评估信息需要

旅游企业的市场营销人员要根据企业的市场供给和需求状况及拟开发的市场领域等状况来评估企业的市场信息需求，为信息调研和收集做准备。

3.5.3 信息开发

旅游企业信息开发是企业根据自身的信息需要，通过市场调研、建立信息中心、购买信息等方式来获得信息，从而为企业的市场营销提供数据支持和决策依据。

3.5.4 营销情报

营销情报系统是使企业获得日常的关于营销环境发展的恰当信息的一整套程序和来源。它是从企业自身运作和市场环境中收集数据，经过数据处理、市场研究、情报研究输入到数据库中，通过建立情报处理模型，进行数据检索，输出产品、价格、分销、促销及市场要素组合子系统，实现营销情报资源管理，支持企业其他高层管理人员的日常工作和市场战略决策。

传统的营销情报处理方式是通过对各种报刊剪辑、企业的年度报告、销售人员工作汇报、顾客情况登记、电话访问等进行的，营销情报处理过程不仅周期长，成本大，而且这种情报不系统、不连续、准确性差。以计算机应用为基础的营销情报系统对营销情报的处理方式是通过数据库对大量数据的存储和检索来完成的，可以进行销售预测、市场份额的分配、商品流向分布、竞争销售、仓储清单、价格数据等处理。同时，它还可以根据数据库和其他财务信息，对企业的决策对象建立数学模型，例如，建立运作预算、价格战略、新产品评价、经济订购批量、销售分配、分销路线最优化、广告媒体选择等。

通过扫描营销环境能够使组织及时、准确地发现它所面临的机遇或威胁，并为组织开发什么产品、进入什么市场以及怎样竞争提供依据。

旅游企业可以采用以下举措来改进营销情报系统：

- 训练和鼓励销售人员去发现和汇报有价值的最新的市场行情；
- 鼓励分销商、零售商和其他营销中介把重要的情报及时反馈给公司；
- 购买竞争者的产品，参加竞争者的会议，收集竞争者的广告等以全面了解竞争者；
- 建立顾客咨询小组，由顾客代表、企业的最大客户、技术要求复杂的用户等组成；
- 向信息资源公司和营销调研公司购买信息情报；
- 企业自己建立营销信息中心，以收集和传送情报。

日立数据系统公司的信息收集

日立数据系统公司（Hitachi Data Systems）每9个月与20位顾客咨询小组成员举行3天的会议。他们共同讨论服务问题、新技术和顾客对公司的新要求。讨论的气氛是自由的，双方都收益不少；公司获得有价值的顾客需要的信息；顾客感到，公司听取了他们的意见，离他们更近了。

【案例分析】

月亮山下牵牵你的手　漓江水边亲亲你的嘴
像神仙一样谈恋爱

“深圳情旅”是深圳晚报和深圳国旅新景界旅游俱乐部联合主办的旅游活动，“阳朔之约”是活动的第一站。此次从200名报名者中选出的18对男女平均年龄28岁，个人大事至今没有解决。因此，听说深圳国旅和深圳晚报联合推出的“旅游+交友”全新模式后，他们兴冲冲地来了。

桂林山水甲天下，阳朔山水甲桂林。2天的时间里，“温馨情旅”的团友们在阳朔过上了神仙日子，旖旎的月亮山、清幽的漓江水、古朴的小渔村、浪漫的洋人酒吧，秀丽的风景给他们提供了轻松的氛围，而主办者煞费苦心设计的一连串活动更给他们创造了交往的契机。新颖的“问候语”、趣味的“健身操”“看家厨艺大赛”“竹筏山歌对唱”“榕树下面抛绣球”“鸳鸯组合”“按摩椅”等游戏让团友们兴致盎然。

慢慢地，单身男女们抛弃了最初的羞涩，开始了自然而又自由的交往，并在交往过程中暗自观察着、挑选着、表达着。

表达的方式自然不同，有的通过邀请对方坐情侣车，有的在徒步过程中结伴同游，还有一个男士用猜字谜的方式表达自己的心声，其谜底就是“爱一个人好难!”

国旅的几位导游不仅一直在刻意营造气氛，还成了记者的“耳目”，不时向记者报告：你看那一对，挺有戏的！他们两个，昨晚一起去逛西街酒吧了！也有人向记者或者导游诉苦：我怎么可以追到她？

其实，我们的心比他们还着急。是啊，有什么比看到有情人牵手更快乐的呢？特别是作为活动的主办方。

到出结果的时候了。在返程前最后一顿晚饭时，导游给每位团友发了一张小卡片，要求他们在卡片上写出自己的“心上人”。你猜，怎么着？竟然有6对速配成功！这个结果连几位导演也连称：太棒了！

在返回的大巴上，速配的“准情侣”闪亮登场，高潮也因此来临。每一对的出场都赢得了疯狂的掌声和欢叫声，当然其中也有人大叫：我要竞争！她属于我！

速配成功的6对男女中，有的是因为骑单车“骑”出了感情，也有的是一把小阳伞“遮”出了感情，还有的是电话“聊”出来的感情。还有一对，竟然是自己记错了对方的号码“误撞”上的，女孩子起初不太愿意，但男士声情并茂地唱了一首“明天你是否依然爱我”，相信应该可以打动女孩的芳心吧。

自此，深圳国旅成功进入一个全新的旅游市场。

【启发】

切记：一时的领先不重要，重要的是时时领先！在搞通相关问题并做好充分准备之前，切勿盲目动手，否则，就再无机会了。

【案例思考题】

1. 你的企业定位如何，是地接还是组团？是批发还是零售？是做常规线，成本领先，还是特色线，填补市场空缺？进入细分市场首先要分析相关因素。

2. 按照市场细分理论，你所在地区有哪些资源可利用？目标市场何在？是否成熟？可操作性强吗？竞争对手如何？是否易被模仿和跟进？你的产品有技术壁垒吗？

【思考题】

1. 简述旅游者行为模式研究的意义及内容。
2. 组织机构的旅游购买行为的特点有哪些？
3. 作为旅游企业（以旅行社为例）应该如何影响组织机构的购买行为？
4. 简述旅游营销调研的程序。
5. 什么是旅游营销信息系统？它由哪些内容构成？
6. 运用所学知识并根据相关资料，试对你所在的城市或学校的旅游市场进行调查预测。

【本章推荐阅读书目】

1. 旅游营销学．4版．克里斯托弗·H·霍洛韦．修月桢，等译．旅游教育出版社，2006.
2. 中国旅游市场概况．徐汎．中国旅游出版社，2004.
3. 旅游市场营销管理．马勇，刘明俭．东北财经大学出版社，2003.
4. 市场营销管理：定位·联盟·策略——工商管理硕士（MBA）教材．芮明杰．复旦大学出版社，2001.

第4章

旅游市场细分与定位

【本章概要】

本章重点介绍了旅游市场细分和市场定位的概念，阐述了旅游目标市场细分的标准及目标市场的选择，并探讨了旅游市场定位的几种策略。本章的难点、重点是旅游市场定位，它是旅游市场细分的目的，是旅游企业确定市场战略的基础。

【学习目标】

- 掌握旅游市场细分、市场定位的基本概念；
- 熟悉市场细分的标准、目标市场的选择和几种定位策略；
- 理解并熟悉旅游市场定位的沟通和传达。

【关键性术语】

旅游市场细分、目标市场、定位策略、定位沟通与传达。

【案例导读】

麦当劳“娱乐业营销”

麦当劳的创办人罗克认为：“麦当劳不是餐饮业，是娱乐业。”

麦当劳公司每年都会投入大量营销经费，针对不同的市场——儿童、青少年、青年及中年，以欢乐、温暖和亲切为广告设计的主题，提出不同的销售主张。从20世纪60年代起，麦当劳在餐厅中推出“儿童乐园”，如今“麦当劳儿童乐园”已成为麦当劳餐厅中最主要的特色之一。

1960年，美国广播公司的华盛顿台开始一个新的儿童节目——“波索马戏团”，在全国各地由不同的演员扮演同一小丑——波索，在各地演出。麦当劳独具慧眼，独家赞助波索去华盛顿地区的演出，因为这个节目非常吸引麦当劳的主要顾客——儿童。扮演波索小丑的斯科特很有办法吸引儿童，因此，节目很受欢迎。斯科特扮演的波索毫不含糊地每周在电视上对着小朋友说：“叫爸爸妈妈带你们去麦当劳哟！”他快乐、真挚的声调完全吸引了小观众。波索于是被邀请去麦当劳餐厅进餐，他受欢迎的程度，连麦当劳自己都感到吃惊。波索也成为麦当劳的代言人。

1963年初，美国电视网突然决定停播波索马戏团的节目，麦当劳决心自创小丑，这便有了现今世界各地都见得到的“麦当劳叔叔”。“麦当劳叔叔”是一个非常商业化的小丑。麦当劳叔叔只做小孩子喜欢做的事情：溜冰、打球、游泳，他是和儿童站在一起，而非父亲型人物。麦当劳花费巨资用各种广告媒介塑造“麦当劳叔叔”的形象，使它成为麦当劳连锁店的代言人。这一形象深受儿童欢迎，大概只有圣诞老人可以与它竞争在儿童心目中的位置了。儿童的心被打动了，他们就会带动他们的父母进麦当劳了。

麦当劳通过这些手法为进餐者提供情趣和舞台，标榜自己是娱乐业，为自己塑造了一个“欢乐”的形象。

4.1 旅游市场细分

4.1.1 市场细分概述

（1）市场细分

市场细分是美国市场学家温得尔·斯密于1956年提出的一个概念，它是指企业根据顾客的购买行为和购买习惯的差异，把整体市场划分为若干消费者群，以确定细分市场的方法。

（2）旅游市场细分

遵照市场细分的含义，我们把旅游市场细分定义为：旅游市场细分是指旅游企业根据整体旅游市场中的不同旅游者群的不同旅游需求，把旅游市场划分为若干个细分市场，从中选择自己目标市场的方法。

旅游市场细分是旅游目标市场营销的前提。为旅游企业认识和研究旅游市场从而为选定旅游目标市场提供依据，旅游市场细分在目标市场营销中的作用非常重大。旅游市场细分不是随主观意愿进行的，必须遵循有关原则，按照一定的细分程序进行市场细分。

在现代旅游市场竞争激烈的情况下，一个旅游企业或旅游地，要占领一定的市场份额并得到发展，必须善于分析潜在旅游消费需求，寻找机会市场，在市场细分的基础上，从中选择本企业或旅游地获利最大的目标市场，从而采取合适的整套营销策略，以获得企业最佳的经营效果。

4.1.2 市场细分标准

在旅游市场中，由于受年龄、性别、收入等因素的影响，不同的旅游者通常有不同的欲望和需求。因此，进行旅游市场细分，可按不同的标准来划分。一般是将影响旅游产品需求的各个因素归为若干类，按照不同的细分标准，结合企业内外部条件，正确地选择有利的细分市场。旅游市场细分的标准很多，可概括为4大类，即地理环境因素、人口特点因素、旅游心理因素和购买行为因素。具体细分因素见表4－1。

表4－1 旅游市场细分标准

细分依据	具 体 因 素
地理环境因素	地区、气候、城乡、环境、人口密度
人口特点因素	年龄、性别、家庭结构、收入、职业、教育、宗教、种族
旅游心理因素	生活方式、习惯、性格、价值观
购买行为因素	购买动机、购买状态、购买频率、信赖程度、价格敏感度、服务敏感度、广告敏感度

4.1.2.1 按地理环境细分

根据地理因素细分市场，是一种传统的、至今仍普遍使用的细分旅游市场。这种划分比较简单易行，且资料易得到。旅游企业的接待对象都是来自世界各地的，这就要求旅游企业必须了解消费者的地理分布，因为各个国家和地区的旅游者对旅游产品和服务的需求具有很大的差别。因此，了解一个国家或地区的地理环境因素对选择旅游市场起着重要的作用。地理细分因素包括地区、气候、环境、人口密度及城乡等。

（1）按地区细分

地区变量是细分旅游市场最基本的变量，具体又分为洲别、国别和地区等变量。从国际旅游市场看，世界旅游组织（WTO）将世界旅游市场划分为6大旅游区域，即东亚及太平洋旅游市场、南亚旅游市场、中东旅游市场、欧洲旅游市场、美洲旅游市场和非洲旅游市场。在这6大旅游市场中，欧洲旅游市场与美洲旅游市场最为繁荣，东亚及太平洋地区的旅游市场发展速度最快。

从客源国和接待国之间的距离看，可分为远程市场和近程市场。一般而言，远程旅游需要时间较长，旅游消费较高，游客多属于经济较富裕、休假时间较充裕、生活条件优越的中上层人士。远程旅游会给旅游目的地带来较高的旅游收入。随着交通工具的日益现代化，旅游空间距离和时间距离相对缩短，远程旅游也有了很大的发展。近程旅游是指各旅游客源国和目的国之间短距离的旅游活动，甚至是相邻国家的旅游活动。短程旅游由于旅途时间短，旅游花费少，已成为世界旅游市场中最为活跃的旅游市场，特别是邻国旅游市场。无论远程旅游或邻国旅游都很有潜力，片面追求远程旅游或近程旅游的观点都是不对的，应在大力发展邻近国旅游市场的同时，有针对性地扩大远程旅游市场，挖掘潜在旅游市场。

从游客国别来看，可分为国内旅游市场和国际旅游市场。国内旅游是指组织国内人民在国内进行游览旅行活动。国际旅游是指接待外国旅游者到本国及本国居民出境进行游览活动。国内旅游市场与国际旅游市场是相互联系、相互制约的统一的市场。国内旅游市场是国际旅游市场的基础，国际旅游市场是国内旅游市场的延伸。

从国际游客流向来看，可分为一级市场、二级市场和机会市场。一级市场是指一个目的地国家接待的旅游者人数在接待总人数中占比例最大的两三个国家或地区的旅游市场；二级市场是指在目的地接待国家接待总人数中占相当比例的旅游市场；机会市场是指到某目的地国家的人数很少，有待于进一步开发的旅游市场。

（2）按气候环境因素细分

构成自然旅游资源的重要因素中，地形地貌与气候起主导作用。往往以气候为主导因素的自然旅游资源是最具有吸引力的。许多地处寒冷地带的国家或地区的旅游者，他们把寻找阳光、温暖和湿润空气作为主要旅游目的，如地中海地区、加勒比海地区、夏威夷等地每年吸引成千上万的旅游者前往，主要是因为那里气候宜人，并能为旅游者提供海滩、阳光等良好的自然条件。相反，生长在南方的旅游者对北方的冰雪风光感兴趣。

（3）按人口密度和城乡细分

世界各国人口密度悬殊，即使同一国家地区人口密度也不均匀。一般来说，人口众多、空间狭小、人口密度大的地区出外旅游的可能性要大得多。按城乡差别可细分为城市旅游市场和乡村旅游市场。城市居民要求旅游的人数比乡村多，占城市总人口比例也比乡村多，主要是因为：① 城市居民收入水平高，出游经济条件较好；② 城市交通发达，信息灵通；③ 城市环境质量差，迫使人们出外调节身心。

4.1.2.2　按人口特点细分

旅游市场按人口特点细分，即按人口统计变数来细分市场。所谓人口统计变数，是指年龄、性别、家庭规模、家庭生命周期、收入、职业、受教育程度、宗教信仰和种族等，旅游者的需求往往与这些因素有密切的关系。

(1) 按年龄细分

不同年龄阶段的旅游者对旅游内容、旅游价格、旅游时间、旅游方式等有明显的需求差别，并随着年龄的增长而需求不断发生变化。根据旅游者年龄结构，将旅游市场细分为老年旅游市场、中年旅游市场、青年旅游市场、儿童旅游市场。

老年旅游市场　随着世界人口平均年龄增长的趋势，老年旅游市场日益扩大，越来越受到旅游经营者的关注。老年人收入水平较高并有一定的积蓄，闲暇时间也较多，旅游活动相对频繁。老年人的旅游目的主要是游览风光，喜欢历史古迹，品尝美味，重视食宿条件和交通条件，对旅游价格不太在乎，停留时间长，且文化意识和健康意识较强。

中年旅游市场　是当今旅游市场特别是国际旅游市场的主力。这一年龄段的旅游者人数最多、潜力最大。中年旅游市场中的会议、商务旅游者居多。其中部分是公务旅游者，消费水平高，在外停留时间长，是最有经济效益的旅游市场。

青年旅游市场　青年人富有朝气，精力旺盛，体力强，喜欢选择刺激性、探险性的旅游项目。可对其进一步细分为已婚青年旅游市场、青年团体旅游市场、新婚蜜月旅游市场、单身青年旅游市场等。这个市场潜力很大，但经济效益较差。

儿童旅游市场　儿童生性活泼好动，兴趣广泛。往往儿童的旅游活动可以决定一个家庭的旅游决策。多对知识性、趣味性、娱乐性旅游项目感兴趣，对美食、旅游纪念物也有浓厚兴趣，所以，市场潜力也很大。

(2) 按性别细分

按性别可细分为男性旅游市场和女性旅游市场。男性旅游者与女性旅游者对旅游服务和项目的需求表现出一定的差别。随着妇女社会地位的提高，妇女收入不断增加，参加各类活动的时间增多，外出妇女也在不断增加，注重人身财产安全，喜欢结伴出游，喜好购物，对价格较敏感。女性将成为旅游市场的重要客源目标。据有关资料表明，家庭旅游决策常由女性决定。近年来，众多旅游企业大力开发女性旅游市场，尤其是女青年旅游市场，组织她们到世界著名的旅游胜地观光和购物旅游。甚至一些度假地开办了专为女性服务的饭店。

(3) 按收入、职业、受教育程度细分

按旅游者不同的经济状况对不同旅游需求的影响来细分市场，收入是决定旅游的重要条件。对一个旅游者来说，收入可能决定其旅行距离、旅游时间和消费水平；为争取客源，针对不同的收入水平采取不同的营销策略具有重要的意义。职业对旅游需求的影响也较大，如教师、学生一般利用寒暑假旅游。管理人员、技术人员、商务人员多具有公务和商务旅游的需求。一个人的受教育程度对旅游的需求也有影响。受教育的程度越高，旅游需求的层次越高，品味越高。

(4) 按家庭结构细分

家庭是消费的基本单位，家庭结构、规模和总收入等状况都会直接影响旅游需求。一般来说，没有小孩的家庭进行旅游活动的可能性更大，旅游费用也较高。有子女的家庭对旅游消费需求受子女的制约。旅游企业可根据各种家庭对旅游的不同需求来细分市场。

4.1.2.3 按旅游心理细分

按旅游心理细分就是按旅游者的社会阶层、性格特征或生活方式细分成不同的旅游需求群体。

(1) 按社会阶层细分

各社会阶层的区别主要表现在各自具有不同的心理行为上，也就是说，每一阶层的成员都具有类似的价值观、兴趣和行为。不同的阶层对旅游活动、旅游消费水平和档次的选择也表现不同。因此，市场营销人员应根据不同社会阶层的旅游心理特点去提供服务。如上层阶层是旅游者中最富有的阶层，他们希望获得他人的承认，希望旅游活动能反映出他们日常的生活水平，喜欢和具有同等社会地位和经济地位的人一起旅游；中层阶层是旅游者中最广泛的阶层，是旅游市场中的主要客源组成。

(2) 按性格细分

所谓性格就是导致一个人对其客观环境做一贯、持久反应的明显特征。例如，刚强或懦弱、热情或孤僻、外向或内向、主动或被动、自恃或谦逊等。性格是决定一个人生活方式的基础性因素，也是影响旅游动机的重要因素之一。在细分市场时，按性格划分是很有必要的。如有的游客性格刚强、富于冒险，便可开设探险与猎奇旅游项目，以满足这部分游客的需要。

(3) 按生活方式细分

所谓生活方式，是指人们的生活格局与格调，集中表现在他们的活动、兴趣和思想见解模式上，是人们在所处社会环境中逐渐形成的。按生活方式来细分旅游市场，主要根据人们的不同生活习惯、消费倾向、对周围事物的看法及人们所处生命周期，由于人们生活方式的不同必然带来旅游需求的差异性，因此，把生活方式雷同的旅游者作为一个市场群体，有计划地提供符合该市场需求的旅游产品和服务，有针对性地满足顾客需要，从而扩大市场占有率。

4.1.2.4 按购买行为细分

购买行为包括购买动机、购买状态、购买频率、品牌信赖程度、服务敏感程度及广告敏感程度等。

(1) 按旅游目的细分

以旅游目的来细分市场是一种基本的方法，它为旅游产品的开发设计和营销组合的制定提供了主要依据，由此可以确定旅游产品的主要类别。主要可细分为以下几类细分市场。

观光旅游市场 主要是以观光、游览为目的，到本国或异国观赏自然风光、奇峰异景、名胜古迹，了解各地风俗习惯、民族风情，以陶冶性情和增长见识。观光旅游市场是传统的旅游市场。

会议、商务旅游市场 会议旅游是国际旅游市场中一种新兴的旅游活动方式。此种旅游市场特点是游客身份地位较高、购买力强、停留时间长、旅游收益大。其目的是为参加学术交流或某些业务往来，对住宿、饮食条件要求高。商务旅游市场游客需要豪华的住宿条件和优质的服务，消费水平也高。会议、商务旅游者往往在工作之余会参与观光旅游活动。

度假旅游市场 度假旅游是当今旅游市场中的主流旅游活动方式。其主要目的是休养生息。旅游者喜欢到海滨、山林等地，享受清新空气与幽静环境。度假旅游者最大的需求是健康与娱乐。这一市场的旅游者停留时间长，且重复旅游者占比例很大。

奖励旅游市场 奖励性旅游者的旅游费用开支多是大公司、企业、协会对员工的奖励资助。它为社会收入较低的阶层提供了旅游机会，故发展潜力很大。加强奖励旅游市场的开发，尤其在旅游淡季更具有意义。

探亲访友旅游市场 这一市场旅游者的目的是探亲访友或寻根问祖。只是为了旧地重游、探访亲友、追根求源、寻求文化渊源。探亲访友旅游者并不在意住宿条件和美味佳肴，一般停留时间较长，对价格较敏感。

体育旅游市场 这一市场旅游者的目的是希望通过旅游增强自己的身体素质。无论是传统的还是现代的体育旅游，都吸引了大量的旅游者。体育旅游的形式多样，可根据旅游地的自然条件和气候条件，开展以强身健体、锻炼意志为主要目的的各种活动，如登山旅游、森林旅游、水上运动、驱车运动、骑马旅游，以及举办各种运动会，等等。

文艺旅游市场 在现代旅游市场中，文化艺术旅游是重要的组成部分，这类旅游者主要是以欣赏异国的文化艺术和节庆活动为主要目的。旅游企业应组织各种不同的具有特色的文化娱乐项目，以满足旅游者的不同需求。

(2) 按购买时间和方式细分

根据旅游者出游的时间、购买旅游产品的渠道及旅游方式来划分旅游市场。由于旅游活动的时间性、季节性非常突出，按购买时间可划分为旺季、淡季及平季的旅游市场；还可分出寒暑假市场，以及节假日市场（如春节、双休日等）。购买方式是指旅游者购买旅游产品过程的组织形式和所通过的渠道形式，依此可分为团体旅游市场和散客旅游市场。其中散客旅游已发展成为世界旅游市场的主体。在这一市场中，旅游形式也日益复杂多样，包括独自旅游、结伴同游、家庭旅游、小组旅游、驾车旅游、徒步旅游，等等。

(3) 按购买数量和频率细分

按旅游者购买旅游产品数量和频率特征来细分，可分为较少旅游者、多次旅游者和经常旅游者。通过分析细分市场，可以发现形成旅游者购买数量需求差异深层次的原因。

4.1.3 旅游市场细分的方法

旅游市场细分的因素复杂多样，并不是每种旅游产品都需要根据所有市场细分的因素来进行市场细分，而是根据具体旅游产品市场的旅游者需要特征和营销者要达到的目标来加以选择运用。旅游市场细分的具体方法主要有以下4种。

(1) 完全细分法

完全细分法是一种极端形式的市场细分法，就是要根据顾客之间的需求差异，将每位顾客都分割成一个特定的单独市场。采用这种细分方法的目的就是针对每位顾客的不同需求特征，专门为每位顾客提供满足其特殊需求的产品和服务。这种完全细分方法，从经济效益上看是不可取的，但是在特殊的旅游市场中，仍不失其有效性。如某宾馆建立贵宾服务档案，采取针对性很强的特殊服务来满足每个贵宾的特殊需求。

（2）单一因素法

单一因素法是根据影响旅游需求的某一因素进行市场细分的方法。此种方法一般只运用于产品通用性较强、选择性较弱的市场。在大多数情况下，此方法只能作为对市场进行系列细分的起点。如宾馆中美容美发市场就可以根据性别变量，分为男性市场与女性市场。在一定情况下，可把某单位细分的市场再深度细分。如游乐按年龄可分为成人市场和少儿市场，其中少儿市场还可进一步细分为1~3岁、3~6岁、10~13岁等市场。

（3）综合因素法

综合因素法是根据影响旅游需求的2种或2种以上的因素进行结合的市场细分方法，并非要运用与一定旅游产品需求有关的所有因素，而是要选择几个对形成一定旅游需求差异影响比较突出的因素。按这种方法细分出的市场比单一因素法分出的市场多。如影响某宾馆市场需求主要有收入、年龄和国别等3个因素。根据影响需求的项目因素进行综合（排列组合）市场细分，可把旅游市场细分为18个类型的细分市场。

（4）系列因素法

系列因素法指根据市场营销的需要，按照影响旅游需求的诸多因素，由粗到细进行市场细分的方法。此方法对于旅游市场需求差异较大，而对市场竞争较激烈的旅游细分市场较适合。

细分市场如此多娇

在当前的市场经济中，无差异营销显然已经越来越低效，努力讨好所有人的结果，就是谁也讨好不了，谁也不满意。市场细分就是识别消费者需求的种种差异性，选择适当的销售对象作为自己的目标市场，比如，单身白领市场在深圳这个移民城市里有巨大的空间和机会。

据2002年4月15日《洛杉矶时报》旅游专版报道，团队旅游和20世纪70年代的时装一样，又回到美国，正蓬蓬勃勃地发展着。1999年全美团队旅游业务费用达到80亿美元，参加团队旅游的美国人数达到1000万。长期从事这方面业务的旅游商表示，现在的团队旅游今非昔比。曾几何时，在个性飞扬的20世纪80年代，美国人散客自助游蔚然成风，给传统的组团旅行社重重一击。时至今日，团队旅游在美国经过悄悄地变革之后，又卷土重来，并赋予了新的内容。人们参团旅游不仅省心、经济、便利，更重要的是他们也能像散客旅游那样收获更多的体验，得到更多个性化的服务。

事实上，此旅游团与以往的旅游团大不一样。如果说，目前占绝大多数的属传统旅游团的话，未来则属于个性化旅游团。

要想做到这一点，必须有效地细分市场。

旅行社要想取得成功，必须将资源有效地集中在一点上，在某一个领域中成为专家和权威，充分满足到这一部分顾客的需求，不仅做到“顾客满意”，而且能做到“顾客赞扬”。因为前者别人也能做到。在取得这个领域的优势和经验后，再向其他细分市场进军，确保所做的领域都是数一数二的。切记，在非垄断性行业中，只有最专业、最具规模、最了解其目标顾客的企业才能很好地生存并发展！

4.2 旅游目标市场选择

4.2.1 评估细分市场

在评估细分市场时，必须考虑细分市场结构的吸引力、公司的目标和资源。也就是细分市场对企业有吸引力，同时和企业的目标、资源一致。评价细分市场是进行目标市场选择的基础。企业在评估不同的细分市场时，必须考虑以下4个因素。

（1）细分市场的潜力

细分市场潜力是指一定时期内，各细分市场中的消费者对某种产品的最大需求量。首先，细分市场应该有足够大的市场需求潜力。如果某一细分市场的潜力太小，就意味着该市场狭小，没有足够的发掘潜力，企业进入后发展前景暗淡；其次，细分市场需求潜力的规模应恰当。

测量目标市场的发展潜力一般要估算目标市场的需求总量（即市场容量），也就是在一定时空条件下，目标市场的需求总量是该市场旅游者人数、旅游者购买力、旅游者购买意愿三者的乘积的结果。

规模大、增长快的细分市场并不是对每个企业都有吸引力。所谓适当的规模是相对于企业实力而言的。大型企业可以选择销售量大的细分市场，以发挥其生产能力；而对小型企业来说，需求潜力规模过大并不利：一是需要大量的投入；二是对大企业的吸引力强烈，导致这些细分市场竞争过于激烈。只有对企业发展有利的潜力规模才是具有吸引力的细分市场。要正确评估一个市场的需求潜力，不可忽视消费者（用户）数量及其购买力水平这2个因素中的任何一个。市场调查是细分市场的基础工作，必须认真对待。

（2）细分市场内的竞争状况

对于某一细分市场，进入的企业可能会有很多，从而就可能导致市场内的竞争。这种竞争可能来自市场中已有的同类企业，也可能来自即将进入市场的其他企业。企业在市场中可能占据的竞争地位是评价各个细分市场的主要因素之一。很显然，竞争对手实力越雄厚，企业进入的成本和风险就越大。而那些竞争者数量较少、竞争者实力较弱或市场地位不稳固的细分市场更有吸引力。可能加入的新竞争者是企业的潜在对手，他们会增加生产能力并争夺市场份额。问题的关键是新的竞争者能否轻易地进入这个细分市场。根据行业利润的观点，最有吸引力的细分市场是进入壁垒高、退出壁垒低的市场。此外，是否存在具有竞争力的替代品也是评价细分市场的因素之一。替代品的存在会限制细分市场内价格和利润的增长，所以已存在替代品或即将出现替代品的细分市场吸引力会降低。当然，企业自身的竞争实力最终也决定了其对细分市场的选择。竞争实力强，对细分市场选择的自由度就大一些；反之，受到的制约程度就高一些。

（3）细分市场所具有的特征与本企业资源优势的吻合程度

旅游企业进行市场细分的根本目的就是要发现与自己的资源优势能够达到最佳结合的市场需求。旅游企业的资源优势表现在其资金实力、技术开发能力、生产规模、经营管理能力、交通地理位置等方面。既然是优势，必须是胜过竞争者的。消费需求的特点如能促进企业资源优势的发挥将是企业的良机，否则，会出现事倍功半的情况，对企业是资源的浪费，甚至可能造成很大的损失。

（4）细分市场的投资回报水平

企业十分关心细分市场提供的盈利水平。高的投资回报率是旅游企业所追求的，企业必须对细分市场的投资回报能力做出正确的评价。

4.2.2 选择细分市场

旅游企业在选择目标市场范围时可以采取“由面至线，由线至点”的战略，而在市场营销中采取“由点至线，由线至面”的原则，稳扎稳打，步步为营，进入整个市场。具体营销策略有以下3种。

（1）市场整体化策略

市场整体化策略又称为市场无差别策略，是以市场整体为服务对象，以一种产品、一种市场组合策略供应所有的顾客。市场无差别策略是建立在市场所有顾客对某种产品的需求都大致相同基础上的，在促销、价格、渠道等方面无需采取特殊策略。例如，我国旅游部门在旅游业刚起步时，推出的基本是观光旅游项目。市场无差别策略甚至可用一种规格、一样价格、相同广告的产品，进入所有的市场。如早期的麦当劳公司生产的主要食品是适合美国人口味和生活节奏的汉堡包，所有的连锁店都只生产标准质量的汉堡包，单一的餐馆建筑以及特有的黄色双拱门的M，甚至广告用语都只用一种——“世界通用语言·麦当劳”，它以一种产品和一种营销组合征服了全世界的消费者。

市场整体化策略有一定的优点，也存在局限性。其优点是：① 产品单一，易于实行大批量生产，提高生产效率；② 有助于争创名牌，提高产品市场声誉；③ 简化经营方式，节约营销费用。这种策略也有一定局限性：① 单一产品难以满足消费者日益增加的多样化需要；② 不易明确目标市场，容易忽视有特定需要的市场机会；③ 经营风险大，产品一旦滞销则转产困难。

（2）市场细分化策略

市场细分化策略又称市场差别策略。它是根据消费者需要与消费行为的差异性，将某种产品的整体市场划分为若干分片市场，企业从中选择一个或几个分片市场作为经营对象。市场细分化策略认为消费者的需要是不相同的，不可能以完全相同的、无差别的产品去满足各类顾客的需要。

（3）市场密集型策略

市场密集型策略又称集中市场营销策略。它是企业根据自身条件，以一个或少数细分市场为经营对象，采取集中的市场营销策略，为目标市场顾客服务。这种策略的出发点，是企业与其将有限的力量去经营各个分散的细分市场，不如将力量集中起来，为少数有限的细分市场服务。这样做的好处是：在生产与市场营销方面实行专业化经营，扩大生产规模，降低生产成本，提高投资收益率；可以采取强有力的市场营销措施，提高市场占有率；便于深入了解消费者的需求，开拓有特色的产品。采取这种策略时，应当随时了解市场竞争动向，避免市场变化带来的风险。

上述3种目标市场策略的选择，各有其利弊。

4.2.3　影响目标市场策略选择的因素

旅游企业采取何种目标市场策略要受到旅游市场企业自身实力条件、旅游产品的特点、旅游市场的需求状况、产品生命周期阶段、竞争者数目和竞争者战略等因素的影响，应综合考虑各方面因素来加以确定。

（1）旅游企业的自身实力

旅游企业的自身实力条件包括人力、物力、财力等条件及生产能力、技术能力和销售能力。具体表现为旅游企业的产品设计与营销组合能力、宣传促销能力、服务与管理能力等方面。如果旅游企业的实力雄厚，管理水平较高，信息资源丰富，可以考虑采用无差异性市场营销策略或差异性市场策略；如果旅游企业的实力不足，人力、财力、信息等资源有限，企业无力顾及整个或多个细分市场，则适宜采用集中性市场营销策略。

（2）旅游产品或服务的特点

同质性旅游产品或服务，如旅游饭店同等档次的客房、航空公司客运服务等，由于其差异性小，替代性很强，竞争主要集中在价格上，较适宜实行无差异性市场策略。而对于一些差异性较大、旅游者选择性很强的旅游产品，如特色旅游线路产品、专项旅游产品等，则适宜采用差异化市场营销策略或集中性市场营销策略。

（3）旅游产品生命周期

旅游产品的生命周期分为导入期、成长期、成熟期和衰退期4个阶段。旅游产品处于导入期或生长期时，性能还不够完善，品种比较单一，竞争者也比较少，应采用无差别市场营销策略，以便进一步通过市场的扩大来探测市场需求和潜在需求，利于产品的深化开拓。当旅游产品进入成熟期后，旅游产品品种增加，竞争者增多，此时适宜采用差异化市场营销策略以开拓旅游市场，扩大市场份额。当旅游产品进入衰退期后，则应采用集中性目标市场营销策略收缩旅游企业的产品线，以便保持部分市场，延长产品的生命周期。

（4）旅游市场需求状况

当旅游市场上的消费者在某一时期的需要与偏好及其他特征很接近、市场类似程度很高时，适宜采用无差异化市场策略，如旅游交通市场。而对于旅游者需求异质程度很高的旅游产品市场，一般采用差异化市场策略或集中性市场策略。

（5）竞争者的策略

经营者采取哪种市场策略往往视竞争者的策略而定，一般采用与之相抗衡的策略。若竞争者采用无差异市场策略，则旅游企业可以反其道而行之采用差异性市场策略或集中性营销策略；如果竞争对手实力较强大且已经采用了差异性市场营销策略，则旅游企业应在进行充分市场调研的基础上，实行更深一层的差异性市场营销策略或集中性市场营销策略。

科普旅游的目标市场分析

科普旅游要根据自身的资源与力量，正确无误地确定自己的目标市场，从而出奇制胜地制定并实施相应包装宣传的营销战备与策略。具体操作时，应着重分析各细分市场能给旅游目的地带来多大的潜在经济效益。对于科普旅游潜在目标市场的选择，则要根据一定的评价标准，对于市场细分出来的各子市场进行评价，从中选择几个合乎标准的、适合企业经营的市场作为目标市场。例如：

科普旅游项目要有特色　只有项目新颖、有特色，才能使游客有去旅游的欲望和激情。

有适当的规模和要求　作为科普旅游的目标市场，首先应具有一定的规模，因为我们每开发一个新的科普旅游项目，需要付出较高的广告、宣传等费用，如果市场规模过小，将得不偿失。

有一定的科普认知力　首先要进行消费者科普认知能力分析：①有科普认知欲望；②有科普接受能力；③有接近科普服务的可能。分析消费者认知力，不仅要分析其经济实力和文化水平，还要研究消费者的不同消费倾向。不具备科普认知力的市场，尽管有潜在的需求，也不能作为目标市场。

企业自身的经营能力　作为目标市场，除了应具备上述条件外，更要考虑企业自身的科普能力。只有当企业的人力、财力、物力以及经营管理和科普宣传的水平和档次等条件具备时，才能将子市场作为企业的目标市场加以开拓。

4.3 旅游市场定位

4.3.1 定位策略

(1) 市场定位的概念

市场定位是在20世纪70年代由美国营销学家艾·里斯和杰克特劳特提出的，其含义是指企业根据竞争者现有产品在市场上所处的位置，针对顾客对该类产品某些特征或属性的重视程度，为本企业产品塑造与众不同的、给人印象鲜明的形象，并将这种形象生动地传递给顾客，从而使该产品在市场上确定适当的位置。市场定位并不是企业对一件产品本身做些什么，而是企业在潜在消费者的心目中做些什么。市场定位的实质是使本企业与其他企业严格区分开来，使顾客明显感觉和认识到这种差别，从而在顾客心目中占有特殊的位置。

市场定位可分为对现有产品的再定位和对潜在产品的预定位。对现有产品的再定位可能导致产品名称、价格和包装的改变，但是这些外表变化的目的是为了保证产品在潜在消费者的心目中留下值得购买的形象。对潜在产品的预定位，要求营销者必须从零开始，使产品特色确实符合所选择的目标市场。公司在进行市场定位时，一方面要了解竞争对手的产品具有何种特色，另一方面要研究消费者对该产品的各种属性的重视程度，然后根据这两方面进行分析，再确定本公司产品的特色和独特形象。

(2) 旅游市场定位的概念

旅游市场定位就是旅游企业或旅游区在全面地了解、分析竞争对手在目标市场的位置后，确定自身的旅游产品及营销组合如何接近和吸引旅游消费群的一种营销活动。其实质就是强化或放大某些产品因素，寻求建立某种产品的特色和树立某种独特的市场形象，以赢得旅游者的认同。

(3) 市场定位的原则

各个企业经营的产品不同，面对的顾客也不同，所处的竞争环境也不同，因而市场定位所依据的原则也不同。总体来讲，市场定位所依据的原则有以下4点。

根据具体的产品特点定位 构成产品内在特色的许多因素都可以作为市场定位所依据的原则，比如质量、价格等。“七喜”汽水的定位是“非可乐”，强调它是不含咖啡因的饮料，与可乐类饮料不同。

根据特定的使用场合及用途定位 为老产品找到一种新用途，是为该产品创造新的市场定位的好方法。

根据顾客得到的利益定位 产品提供给顾客的利益是顾客最能切实体验到的，也可以用作定位的依据。1975年，美国米勒（Miller）推出了一种低热量的“Lite”牌啤酒，将其定位为喝了不会发胖的啤酒，迎合了那些经常饮用啤酒而又担心发胖的人的需要。

根据使用者类型定位 企业常常试图将其产品指向某一类特定的使用者，以便根据这些顾客的看法塑造恰当的形象。如旅行社针对老年游客推出“夕阳红”产品。

事实上，许多企业进行市场定位的依据的原则往往不止一个，而是多个原则同时使用。因为要体现企业及其产品的形象，市场定位必须是多维度、多侧面的。

（4）定位策略

领先定位　适用于独一无二或无法替代的旅游资源，如“桂林山水甲天下”“天下第一瀑”“五岳归来不看山，黄山归来不看岳”等。

比附定位　并不去占据原有形象阶梯的最高阶，而情愿甘居其次。如“漓江的姊妹江”（资江）、“东方的威尼斯”（苏州）、“加勒比海中夏威夷”（牙买加）、“海上桂林”（越南下龙湾）、“东方的伊甸园”（阳朔西街）；再比如，把三亚誉为“东方夏威夷”，把小浪底水库誉为“北方的千岛湖”。

逆向定位　强调并宣传定位对象是消费者心中第一位形象的对立面和相反面，同时开辟了一个新的易于接受的心理阶梯。如美国的“七喜”饮料就宣称为“非可乐”，从而将软饮料分为可乐和非可乐两类，“七喜”则自然成为非可乐饮料的第一了。再比如都市旅游与乡村旅游、动物园与野生动物园等的定位。

空隙定位　比附定位和逆向定位都要与游客心目中原有的旅游地形象阶梯相关联，而空隙定位全然开辟一个新的形象阶梯。空隙定位的核心是分析旅游者心中已有的形象阶梯的类别，发现和创造新的阶梯，树立一个与众不同、从未有过的主体形象。如中国第一个“小人国”——锦绣中华的建立，使国内旅游者心中形成“小人国”旅游景观的概念，并随着各地微缩景观的大量兴建，产生“小人国”旅游点形象阶梯，显然“锦绣中华”比后来者处于强势地位。

重新定位　严格来说，重新定位并非一种独立的定位方法，而是原旅游地应当采取再定位策略。面对处于衰落中的景点整治，通常采取重新定位的方法可以促使新形象替换旧形象，从而占据一个有利的位置。

主题乐园的市场定位

某主题游乐公司在洛杉矶地区建立一处新的主体游乐园，以吸引众多想到洛杉矶参观迪斯尼游乐园及其他旅游胜地的游客。目前，洛杉矶地区已有包括迪斯尼在内的7家主题游乐场。这7家主体游乐场的管理当局都必须知道如何为自己定位，以及与其他公司和新竞争者竞争。

新的竞争者利用以下程序进行其定位：首先，提供3个游乐园为一组的调查表给游客，并要求他们在3个之中选择2个最类似的及2个最不相似的，然后应用统计分析获得所需信息。其次，游客在这些游乐场所寻求的9种满足感有现场表演、交通便利、精美食品、新奇、运动性、趣味性、经济性、等待时间短以及教育性，其中，太平洋海底世界被游客认知为“等待时间最短”，而Magic Mountain的等待时间最长，顾客认为Brush Garden是最为经济的选择，等等。这样就可以在市场定位图中得出各游乐场的相应位置。

新的主题游乐场公司利用这些信息，就可以了解洛杉矶地区原有各主题乐园可能采用的各种不同的定位策略，在此基础上制定自己的定位策略。

4.3.2　选择和实施定位策略

（1）市场定位的过程

确定定位的层次　旅游市场定位的层次可分为组织定位、产品线定位和单一产品定位。

组织定位　是指一个企业整体或目的地整体的市场定位。例如，某一城市可以将本城市定位为海滨度假和历史文化并重的旅游目的地；而城市中的某一家饭店则可以定位为最富创造力的奖励旅游及会议饭店。

产品线定位 是对一组或一系列产品和服务的定位。例如，上述城市中的一家旅游经营商可以将自己的城市一日游系列定位为最适宜家庭旅游的项目。

单一产品定位 是对某一项产品或服务的市场定位。

确定产品和服务的特征 当市场定位的层次确定之后，就应根据目标市场的需要选定能够使本企业产品和服务区别于竞争对手的产品特征，即特色。

定位选择 最终的市场定位主要应从以下2个类型中选择：

第一，强化与竞争对手的现有位置；

第二，针对市场需要重新定位。

(2) 市场定位的实施

市场定位最终是通过企业与目标市场的互动过程实现的。这些互动过程包括企业各个部门、员工及市场营销活动对目标市场的各种接触和作用。而企业的运营制度、内部人力资源、财务方面的政策则直接影响各部门、员工及市场营销活动对目标市场的接触和作用。因此，除了企业的市场营销活动和对顾客的服务过程之外，企业的内部制度及政策的制定也应反映并适应市场定位战略。

一个企业和服务如何定位需要贯彻到所有与顾客的内在和外在的联系中。这就要求企业内部的所有元素，包括员工、政策和形象等都要反映一个相同的、并能传播共同希望且占据市场位置的形象。这意味着企业必须确立一致的战略定位方向并沿着它组织所有的战略营销和销售活动。也就是说，企业成功定位，一方面要强化执行并注意与整个营销策略的协调一致；另一方面要控制定位过程，及时纠正定位过程中出现的问题。

此外，企业需要避免3种主要的市场定位错误：第一种是定位过低，即根本没有真正为企业定好位；第二种是过高定位，即传递给购买者的公司形象太窄；第三种是企业必须避免混乱定位，不要给购买者一个混乱的企业形象。

4.3.3 产品差异

产品差异化的概念比较大，但本质含义是相对于同质化或者成本优势而言的一种竞争手段或者产品定位。

成本优势是指提供具有基本相同的使用价值的产品，通过生产成本或销售价格更低的办法取得竞争优势，就好比同样的一条旅游线路，A与B 2个不同企业成本分别是800元、700元，相同销售价格下B的获利更好，而相同获利下B的竞争力更明显。

产品差异化与上述同质化办法相对，是通过产品差异实现消费群体差异。具体有4种不同表现。

(1) 产品价格定位差异化

通俗地讲是高中低档定位不同。例如，同样一条旅游路线，贵宾团、纯玩团和普通团提供的服务等级不同，消费群体因此而不同。

(2) 技术差异化

这一点在制造业比较明显，对旅游业而言技术差异化目前运用较少。

(3) 功能差异化

功能差异化是指不改变基本使用价值的前提下，通过延伸或附加功能的不同提高竞争力的办法。例如，索爱手机强力开发MP3功能。

(4) 文化差异化

文化差异化是指销售不同文化。例如，北京布鞋也是鞋，但销售对象的文化取向有差异；陶玉梅服装也是如此。另外，产品差异化总是相对概念，可大可小，因为同类产品或同行业本身也是相对的说法。

4.3.4 选择适当的竞争优势

假定企业已很幸运地发现了若干个潜在的竞争优势，现在，企业必须选择其中几个竞争优势，据以建立起市场定位战略，由此决定促销的具体方式。市场定位的关键是企业要设法在自己的产品上找出比竞争者更具有竞争优势的特性。

竞争优势一般有2种基本类型：一是价格竞争优势，就是在同样的条件下比竞争者定出更低的价格。这就要求企业采取一切努力来降低单位成本。二是偏好竞争优势，即能提供确定的特色来满足顾客的特定偏好。这就要求企业采取一切努力在产品特色上下工夫。

确认本企业潜在的竞争优势要回答以下3个问题：

一是竞争对手产品定位如何?

二是目标市场上顾客欲望满足程度如何，以及还需要什么?

三是针对竞争者的市场定位和潜在顾客真正需要的利益要求，企业应该及能够做什么?

要回答这3个问题，企业市场营销人员必须通过一切调研手段，系统地设计、搜索、分析并报告有关上述问题的资料和研究结果。通过回答上述3个问题，企业就可以从中把握和确定自己的潜在竞争优势在哪里。

4.3.5 市场定位的沟通与传达

一旦选择好市场定位，企业就必须采取切实步骤把理想的市场定位传达给目标消费者。企业所有的市场营销组合必须支持这一市场定位战略。给企业定位要求有具体的行动而不是空谈。一个好的市场定位必须满足若干条原则，其中很重要的一条原则就是具有“可传达性”，即易于把产品定位的信息高效地传递给目标顾客群。

信息是通过人的感官接收的，相应的市场定位信息的传达手段也可以根据人们的感官来划分。常用的几种传达方法分别是：视觉传达、听觉传达、触觉传达、和嗅觉传达；也可以把几种传达方法综合起来运用，那就是综合传达。

(1) 视觉传达

眼睛是人们用得最多的感官，相应的视觉也是传达产品定位的最常用手段。有一家啤酒厂，它原来的定位是“用德国大麦酿造的啤酒”。这一定位本来也是颇有吸引力的，许多地方的消费者都知道，世界上啤酒做得最好的国家就是德国，一是因为德国的啤酒酿造有着悠久的传统和先进的技术；二是许多人认为德国产的大麦特别适合酿造啤酒。但这一定位也有一大缺陷，就是无法形象地向顾客传达。所谓德国大麦只是制造商的声音，顾客看不见，摸不着，不容易留下深刻印象。后来，这家啤酒厂把定位改为“绿色啤酒”，并更改配方，把啤酒做成“绿色”。

众所周知，啤酒绝大部分是呈金黄色，黑色的也有不少，但绿色的极为罕见，因而绿色啤酒可以很轻易地把自己跟绝大多数竞争对手区分开来。而且在西方国家环保概念盛行，绿色又让人联想到环保；最重要的是，绿色啤酒因其罕见，一看便知，过目不忘。这一定位的更改，带来了该公司啤酒销量的飙升。

旅游景区可通过景区的 CI 系统来强化自身的企业形象，传达自身市场定位。

（2）听觉传达

另外一种常用的向顾客传达产品定位的渠道就是听觉传达。以流行乐坛为例，流行歌手分为实力派和偶像派。两派的主要区别在于：实力派以训练有素的唱功或歌曲创作能力称雄，但他们的相貌、身材未必有过人之处，作为一个男性或一个女性的性魅力并不突出；而偶像派则往往是相貌英俊的男性或婀娜多姿的女性，以其容貌、身材、性感吸引歌迷，而演唱技巧反倒次要。

旅游企业市场定位的听觉传达可采用塑造典型音乐、通过广播等有声媒体传播等方式实现。

（3）触觉传达

第三种常用的传达产品定位的渠道是触觉传达，利用人的手、皮肤等感观直观地感受产品的定位信息。例如，有一家英国的唱片公司，它的定位是——制作最“酷”的唱片。汉语里的“酷”是一个外来语，来自英语单词“cool”。这个词在英语里有双重含义，一个是指时尚的、有个性的，所谓最“酷”的唱片用的就是这种含义。“cool”的另外一个含义是“凉”“凉爽”“凉快”。

该唱片公司有意用金属制造他们的 CD 唱片的包装盒，使其摸上去有冰凉冰凉的感觉，以配合其定位：“最‘酷’的唱片”，让这个定位可以通过顾客手上的冰凉的触觉一语双关地传递。

（4）嗅觉传达

与上面几种传达方式相比，利用嗅觉传达产品的定位信息较为少见，但也有采用的。有一家汽车公司，为了宣传其出品的汽车废气排放量少，环保且安全，就专门设计了一个广告，让一名消费者蒙上眼睛，把他带到各种不同型号的、开动着发动机的汽车的尾部，站在排气管出气口的前面，问他有没有闻到什么气味。在多个不同牌子的汽车那儿，他都说闻到了废气味，只是在该厂出品的汽车处他没有闻到任何气味。以此证明该产品的废气排放最少。

（5）综合传达

上述 4 种传达手段如果能综合起来运用，则效果会更加显著。

【案例分析】

太湖湾旅游度假区的市场定位与产品开发

一、太湖湾旅游度假区的资源状况

太湖湾旅游度假区是环太湖旅游度假带的组成部分，位于常州市武进区南部的潘家、雪堰镇境内，东临无锡马山，西接宜兴分水。该地区以低山丘陵为主，山脉来自浙江天目山，余脉由宜兴入湖，低山丘陵约占土地总面积的 60%。该地区景观可概括为“山不高而清秀，水不深而旷远”，湖山结合近乎完美，坐北朝南，平山远水，风景秀丽，是一块不可多得的风水宝地。

二、太湖湾旅游度假区的市场定位

太湖湾开发既有“后发优势”，也有“后发劣势”。一方面，“他山之石，可以攻玉”，可以在借鉴别人经验的同时站在当今更高更新的平台上超越别人。另一方面，周边地区连续十多年高强度的开发，在发展空间和市场分割上将使后来者面临严峻的挑战。在旅游市场上，与太湖联系最紧密的首先是无锡，无锡旅游一直打的是太湖牌，鼋头渚因其水环山抱、平山远水而成为太湖最秀美处，仅从鼋头渚乘船去三山游览的年客流量就有220万人，拥有灵山大佛的马山景区年客流量亦达到200万人。其次是苏州，近年来，苏州在传统的古典园林、古镇水乡的基础上，努力推广太湖风光，已建有太湖大桥将湖中的西山岛与市区连通。苏州太湖开发主要面向国内市场，目前已有美国水星游艇俱乐部、高尔夫村、赛马场等。再次是湖州，湖州太湖度假区是沿太湖距离城市最近的一个度假区，主要开发项目有水上乐园、极限运动赛场、飞翼船基地、27条船组成的水上餐饮一条街（湖鲜街）；在建项目有五星级酒店、景观大道、度假村等，计划建高尔夫球场等。相比而言，太湖湾处于尚未正式起步阶段，在旅游者的心目中常州很少与太湖相连。太湖湾面对强手，出路在于准确定位，另辟蹊径，错位发展，实施差别化竞争。

太湖湾30km^{2}规划区的市场定位，不可能面向诸多的市场，不可能面向所有的消费层。规划区的市场定位要聚集，目标越集中，市场营销的命中率就越高。

1. 面向中高档消费层

目前，全国基本情况及多数内陆省份的市场结构是金字塔形，即本地及省内游客占总量的50%左右，多为大众消费层，所需求的旅游产品多为观光型。江苏省及整个长三角的市场结构为橄榄形，即本地及省内游客占总量的40%左右，多为中档及中高档消费层，所需求的旅游产品正在呈现多样化的趋势。以市场为导向是旅游资源开发必须遵循的基本准则，因此，太湖湾度假区的市场应避开大众层，直接面向中高档消费层。

2. 面向度假旅游市场

常州旅游在传统观光市场上处于相对弱势，环太湖的苏州、无锡是全国第一批进入旅游市场的重点旅游城市，也是常州的主要竞争对手。然而，随着旅游需求的变化，传统旅游城市面临转型的挑战。旅游需求的变化之一，是从观光旅游向休闲度假的转变，三大客源产出地中高层消费者中的一个极具代表性的说法是："穷人观光，富人度假"。苏州、无锡从十几年的观光旅游地向度假旅游的转型，将经历一个艰巨的过程。常州旅游没有历史的负担，可直接从度假旅游做起，好比一张白纸，理应一次画出最好的图画。

太湖湾旅游度假区应避开传统意义上的观光市场，直接面向度假市场。同时应考虑到长三角未来的发展，着眼长远，直接面向度假市场的高消费层。

3. 面向商务客的度假旅游

度假市场的目标群体可细分为白领族、商务族、工薪族、银发族，等等。2002年《江苏省国内旅游抽样调查》表明，来常州旅游目的中，休闲旅游占22.3%、观光占29.16%、商务占18.02%、会议占5.27%、交流占3.59%，休闲度假、商务、会议累计占45.66%，高于南京、苏州、无锡、镇江、扬州等周边城市。太湖湾度假区应扬长避短，充分拓展商务市场，开发面向商务市场的度假产品，比如，商界人士的家庭度假、商业会议、商界的商务来往，以及企业、团体奖励旅游，等等。

三、太湖湾旅游度假区的产品开发

根据度假区的市场定位，太湖湾的产品结构是以湖滨度假产品为核心，配套开发会议旅游和奖励旅游产品。

1. 关于度假旅游产品的开发

首先是要保持并营造良好的度假环境。度假旅游是以休闲、健体为目的，与观光旅游相比，更强调宁静、幽美、轻松的环境。太湖湾依山临湖，空气清新，大环境安全、基本卫生，但要加快湖水治理，立即关停少数仍在作业的采石场，综合治理山体上由于长期采石留下的灰白色疮疤。

其次是要建设一批综合性度假设施。新建若干个从三星级到五星级的度假酒店（宾馆、度假村），配套建设一些特色餐饮设施（如沿湖的船上餐厅、溪谷内的特色餐厅、酒店内的主题餐厅、湖边的酒吧、茶室等）、娱乐中心（歌舞厅、演出厅、书吧、画廊）、购物设施（购物一条街以及分布在度假区的特色商店、旅游纪念品商店、土特产品商店）、康体中心（中医药保健理疗中心、太极拳俱乐部、瑜伽俱乐部、桑拿、按摩、美容、足疗等）。

再次要开发丰富多彩的度假活动项目。目前旅游产品的新趋势是增强娱乐性（entertainment）、刺激性（excitement）和知识性（education），即旅游产品的"3E"理念。太湖湾度假区可开发的运动健身的项目有高尔夫球、网球、山地自行车、攀岩以及水上项目。可开发的参与性项目有垂钓、农耕、采摘、野营、野炊（烧烤）等。

2. 关于度假区会议旅游产品的开发

会议/展览旅游是一个高收入、高盈利的市场，其利润高达25%～40%。并对相关行业有极强的拉动力。近年来，国内的会展业以年均20%的速度增长，长三角是国内会展业的龙头。我国国内会议大多数属小型会议，这是太湖湾未来拓展会议旅游市场的落脚点。

开发会议旅游产品，首先要建设能够接待会议/展览的设施，能为会议提供大屏幕显示、高倍投影、同声传译、远程录像等设备；在住宿设施方面要求与会场或展览馆（厅）相连或相近，酒店客房能连接互联网，同时要配套建设商务中心、新闻中心等。其次是要将会议与旅游紧密结合，为来访的商务客人提供多种休闲、观光、娱乐、购物类服务，引导并满足客人的消费需求。再次是要建立一支专业队伍，懂得会议/展览，熟悉旅游，能将两者结合销售，并能为会议旅游提供全程专业化服务。

3. 关于度假区奖励旅游产品的开发

奖励旅游是一个高消费、高利润的市场，开展奖励旅游的公司主要是来自高利润行业——汽车制造/汽车配件业、金融/银行业、保险业、医药业、电器制造业、化学/化妆品业。据来自上海旅行社的信息，外企公司和三资企业奖励旅游的人均利润是一般观光团队的10倍。

奖励旅游产品的开发有2项基本要求；一是要让被奖励者感受到贵客待遇，以满足其成就感。比如，在度假区入口处设腰鼓队夹道欢迎，让客人踏着红地毯进入酒店大堂，在客房内摆放鲜花及印有客人名字的特制信封、信纸，等等。二是要为被奖励者提供难忘经历，以培养其争先意识和团队精神。比如，组织开展竞赛性活动，将被奖励者划分成若干小组，经过临时培训后进行比赛，对优胜者颁发具有特殊意义的奖品，对所有参与者颁发纪念品。

总之，太湖湾旅游度假区的开发，要以市场为导向，以资源为依托，主要面向商务度假市场的高消费群体，以优美的环境、优良的设施、优质的服务和优越的体验，将太湖湾构筑成小而精的高档旅游度假地和长江三角洲商务旅游市场的新亮点。

【案例思考题】

1. 太湖湾旅游度假区的市场定位依据是什么？
2. 太湖湾旅游度假区定位策略如何？

【思考题】

1. 什么是旅游市场细分？为什么要进行旅游市场细分？
2. 旅游企业怎样确定自己的目标市场策略？
3. 旅游企业的目标市场营销策略受哪些因素的影响？
4. 简述市场定位的含义与原则。
5. 旅游企业如何进行市场定位？

【本章推荐阅读书目】

1. 旅游市场研究与探索．刘菲，等．人民邮电出版社，2008.
2. 旅游市场营销．刘伟平，陈秋华．中国旅游出版社，2005.
3. 服务营销．3版．克里斯托弗·H·洛夫洛克．陆雄文，庄莉，主译．中国人民大学出版社，2004.
4. 市场营销学．倪杰，井绍平．科学出版社，2004.

第 5 章

旅游产品策略

【本章概要】

通过本章学习，理解产品整体概念，明确整体产品的层次；理解产品生命周期的概念及其阶段划分，了解新产品概念及种类；掌握新产品开发的程序和品牌策略，能综合分析产品生命周期各阶段的特征并运用相应的营销策略。

【学习目标】

- 掌握旅游产品整体概念的内涵及其对实际工作的重要意义；
- 掌握产品生命周期的概念、各阶段的特征及企业对策；
- 了解旅游新产品开发意义、方式和步骤。

【关键性术语】

整体产品、产品生命周期、新产品。

【案例导读】

重塑“鲁迅故里”

如果说，上海是华丽的，广州是奢靡的，成都是休闲的，拉萨是神秘的，杭州是缠绵的……那么，绍兴是什么呢?

在城市地域特色的维护与文化性格的确立渐渐成为一个城市的综合竞争力的量化重要标准之时，我们看到，绍兴在市声喧嚣的时代，正在进行一场历史文化与现代文明的精深对话。

从百草园到三味书屋，从孔乙己的茴香豆到《故乡》的社戏，从小石桥下乌篷船到醇厚的绍兴花雕……鲁迅笔下的绍兴，正从历史文化中起跳。

近年来，绍兴市坚持“文为城之魂”的理念，加强对文化遗址、名人故居、民俗风情、自然景观的保护、开发和管理，建设和整修了鲁迅故里、沈园和仓桥直街、书圣故里、八字桥等历史街区，对城市建筑进行富有绍兴特色的改造和景观建设。在“绍兴古玩市场”的三岔口上方就可看到一块大大的交通指示牌，箭头分别指向“鲁迅故里”“秋瑾故居”和“周恩来故居”。绍兴的街区回荡着历史文化名人昔日的生活气息，历史文化名人资源成为绍兴文化的重要组成部分。

绍兴市旅游部门还在此基础上推出“鲁迅笔下风情游”等旅游线路，包括鲁迅故里游、城河风情游、古镇休闲游等。鲁迅故里游以鲁迅笔下风情为主线，主要寻访鲁迅童年足迹，参观鲁迅文中旧址及相关人文景观。城河风情游让游客乘画舫游环城河，一边品黄酒听越剧，一边欣赏两岸美景。古镇休闲游让游人走石板路、看老台门、听越剧、尝越菜，饱览古风；路线是从绍兴市区至东浦古镇、安昌古镇（师爷馆）、柯桥老街等地。

5.1 旅游产品概述

5.1.1 旅游产品的定义

所谓产品，是指能提供给市场，用于满足人们某种欲望和需要的任何事物，包括实物、服务、场所、组织、思想、主意等。目前尚无公认的关于旅游产品的定义，代表性的有“旅游产品是提供给旅游者消费的各种要素的组合，其典型和传统的市场形象表现为旅游线路”（魏小安、冯宗苏，1991）；“旅游产品是旅游经营者所生产的，准备销售给旅游者消费的物质产品和服务产品的总和。旅游产品可以分解成为3个部分：① 旅游吸引物；② 交通；③ 接待。其中旅游吸引物的地位和作用是首要的，因为它是引发旅游需求的凭借和实现旅游目的的对象”（肖潜辉，1991）；“旅游产品是旅游者为了获得物质和精神上的满足通过花费一定的货币、时间和精力所获得的一次旅游经历”（陶汉军、林南枝，1994）；“旅游产品是指为满足旅游者审美和愉悦的需要而在一定地域上被生产或开发出来的以供销售的物象与劳务的总和”（谢彦君，1999）。一般认为旅游产品指旅游经营者凭借旅游吸引物、交通和旅游设施向旅游者提供的用以满足其旅游活动需求的全部服务。它包含3个层次：有形的产品、无形的服务和自然存在物。它可以是一个综合旅游产品的概念，如一项旅游资源的开发利用；也可以是组成综合旅游产品的单一旅游产品，如一条旅游线路、一项服务项目。旅游产品一般具有综合性、无形性、不可转移性、易折性、不可储存性等特点。

5.1.2 旅游产品的层次

以往，学术界曾用3个层次来表述产品整体概念，即核心产品、形式产品和延伸产品（附加产品）。这种研究思路与表述方式沿用了多年。但近年来，以菲利普·科特勒为首的北美学者更倾向于使用5个层次来表述产品整体概念，认为5个层次的研究与表述能够更深刻而准确地表述产品整体概念的含义。下面介绍旅游产品整体概念的5个基本层次（图5－1）。

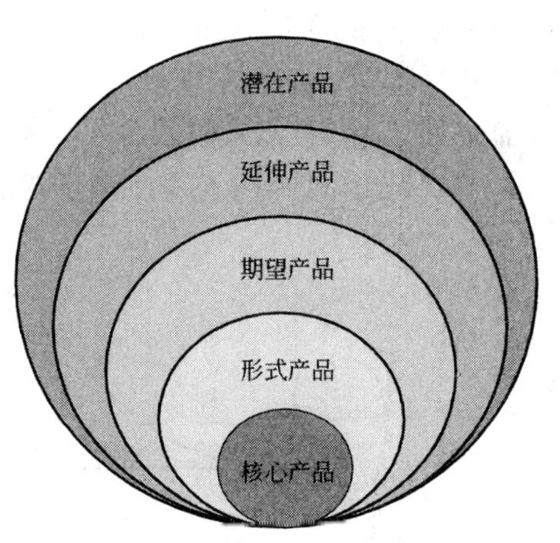

图5－1 旅游产品整体概念图

(1) 核心产品

核心产品指顾客真正需要的基本服务或利益。如旅馆提供给顾客安静、清洁、安全的休息与睡眠环境。核心产品是产品整体概念最基本的层次，是满足顾客需求的核心内容，为顾客提供最基本的效用和利益。旅游营销人员的首要任务，就是要揭示隐藏在产品背后的真正需求，在产品中最完整、全面地体现顾客所需要的核心利益和服务。

核心产品只是一个抽象的概念，产品设计者必须把它转化为一定的具体形式，即旅游产品向旅游者提供时的表现形式。

（2）形式产品

形式产品应具有5个方面的特征：质量、功能、款式、品牌、包装。可见，形式产品向人们展示的是核心产品的外部特征，它能够满足同类消费者的不同要求。

（3）期望产品

期望产品是指旅游者在购买产品时期望的一整套属性和条件。例如，酒店客人期望干净的床、地毯、毛巾、电话和安静的环境等。这是多数酒店都能满足客人的最低限度的期望。

（4）延伸产品

延伸产品是指提供超过顾客期望的服务和利益，以便把本企业的提供物与竞争者的提供物区别开来。例如，旅馆提供网络接口、鲜花、结账快捷、美味的晚餐和优良服务等。在日益激烈的竞争环境中，延伸产品已成为旅游企业竞争的重要手段。因此，有别于竞争对手、突出产品特色，是对顾客产生吸引力的重要营销手段。

（5）潜在产品

潜在产品是指产品在将来最终可能会实现的全部附加部分和转换部分（产品将来的发展方向）。例如，若能根据不同消费者的需要，开发出专为女性服务的女性旅馆，供全家度假用的家庭式旅馆，或供人们扩大社会接触面而用的社交式旅馆等。这些都代表了传统酒店产品的创新转变。

5.2 旅游产品的生命周期

5.2.1 旅游产品生命周期理论

同其他事物一样，产品从投放市场到退出市场有出生、成长、成熟到衰亡的过程。市场营销学将产品在市场上的这一过程用产品生命周期加以描述。所谓产品生命周期，是指产品从研制成功投入市场开始，经过成长和成熟阶段，最终到衰退被淘汰退出市场为止的整个市场营销时期（见图5－2和表5－1）。

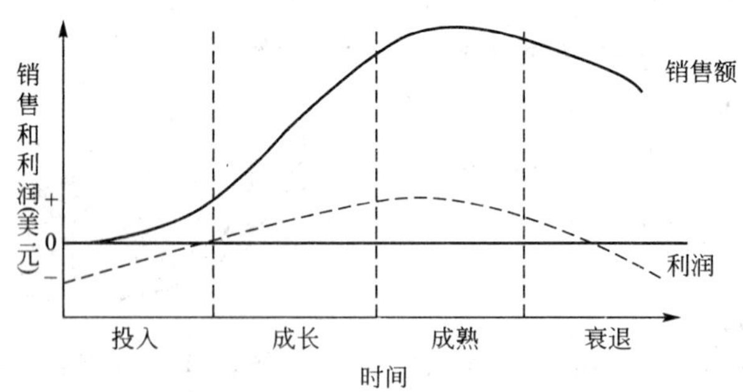

图5－2 旅游产品生命周期

表5－1 产品生命周期各阶段特征

阶段／项目	投入期	成长期	成熟期	衰退期
销售额	低	迅速增长	缓慢增长	减少
利润	波动	大量增加	由高转低	少或无

（续）

项目＼阶段	投入期	成长期	成熟期	衰退期
现金流量	负 数	适 度	大 量	小 量
顾 客	试用者	多 数	多 数	保守者
竞争者	少 数	渐 多	最 多	渐 少

(1) 投入期

投入期又称介绍期、引入期、试销期，是指新产品刚刚投入市场的最初销售阶段。顾客对产品还不了解，只有少数追求新奇的顾客可能购买，往往表现为销售量增长缓慢。由于销售量小，为了扩展销路，需要大量的促销费用，对产品进行宣传的开发成本又高，所以新产品在投入期只是一个成本回收的过程。此阶段只有少数企业生产该产品，销售额和利润都很少，甚至可能亏损。

(2) 成长期

成长期又称畅销期，是指产品在市场上迅速为顾客所接受，销售量和利润迅速增长的时期。因为顾客对产品已经熟悉，由于销售量的上升和扩大，规模效应开始显现，产品的单位成本下降，于是新产品的销售利润也就开始不断增加，其他企业见有利可图，纷纷生产同类产品，竞争开始激烈。

(3) 成熟期

成熟期又称饱和期，是指产品销量趋于饱和并开始缓慢下降，是市场竞争非常激烈的时期。此时由于该产品的市场已趋于饱和，或已出现强有力的替代产品的竞争，销售量增速开始趋缓，并逐步趋于下降，新的需求不多，市场竞争逐渐加剧。此时产品完全定型，生产技术已完全成熟，产品生产批量大，成本进一步降低，总利润水平达到峰值。但到后期利润由于产品售价降低，促销费用增加，企业利润开始下降。

(4) 衰退期

衰退期又称滞销期，是指产品销量急剧下降，产品开始逐渐被市场淘汰的阶段。产品的销售量和利润都迅速下降，产品在技术上、经济上已趋于老化。降价已成为竞争的主要手段，因此，在该阶段，市场上已经有同类产品来代替老产品，老产品逐渐无人问津，最后退出市场，结束其生命周期。

表5-1所示的只是典型的产品寿命周期的基本形态，但并不是所有产品的生命周期都是按上述典型规则状态变化的，有相当一部分产品由于受到各种因素的影响，会出现变异形态，即没有走完寿命周期的4个阶段，就退出市场。常见的变异形态有以下5种。

夭折型 许多产品刚开始进入市场，就因某种原因而被迫退出市场，成为短命产品。据国外资料统计，几乎80%~95%的新产品就遭到这种夭折的命运。说明新产品的成功效率低。

发育不全型 有些产品在开始进入投入期时情况尚属正常，但迟迟不能进入成长期。几经波折，在经过了漫长的投入期以后，才克服重重困难，缓慢地进入成长期。

未老先衰型 产品虽然顺利经过投入期并进入成长期，但没有经过足够长的成熟期，就开始进入衰退期。

起死回生型 有的产品经过了一个寿命周期，但隔一段时间后又重新复活，再经历第二个周期，出现再循环甚至多循环的变化。这实际上是产品寿命周期的延长，对企业是十分有利的，但企业须付出极大的努力，并做出创造性的营销决策。

疯长型 也有些产品一经上市便立刻受到消费者的欢迎，销售量急速增长，没有经过投入期而直接进入成长期，很快达到高潮并走向衰退。时尚型的产品和具有明显优越性的产品常会出现这种情况。这种产品的寿命周期一般较短。

5.2.2 影响旅游产品生命周期的主要因素

(1) 旅游产品的吸引力

旅游产品的吸引力即旅游吸引物的吸引力。一般来说，吸引力越大，其生命周期越长。比如，中国悠久的历史和秀丽的山河对海内外游客具有很大吸引力，一些具有深厚文化底蕴的人文景观和自然景观长盛不衰，例如，万里长城、颐和园等。而一些近几年刚建成的“宫”“庙”“城”，由于雷同和缺乏特色，相互间地理位置相距太近而门可罗雀。

(2) 目的地的自然环境与社会环境

因为旅游产品的吸引力不仅来自于产品本身的吸引力，而且在更大程度上依赖于目的地的自然环境和社会环境，例如，居民的友好态度、优美的环境、安全、卫生、便捷的交通等，正是从这个意义上说，目的地政府必须树立大旅游的观念，用系统工程的方法来统一规划，不仅要重视旅游景点的物质文明建设，更要重视精神文明建设，这样才可能使本地区旅游业可持续地高速发展。

(3) 消费者需求的变化

消费者的需求可能因时尚潮流的变化而发生兴趣转移，从而引起客源市场的变化，导致某地旅游资源吸引力的衰减。消费观念的变化，收入的增加，新的旅游景点的出现，目的地的环境污染或服务质量下降，都会影响消费需求的变化。

(4) 正确的经营策略和方针

在旅游业市场竞争日趋激烈的今天，改变经营观念，加大促销与宣传力度，实施正确的产品组合策略和市场细分战略，才可能保持和扩展客源市场，才能延长旅游产品的生命周期。

5.2.3 旅游产品生命周期的营销策略

产品在不同的市场其生命周期阶段有不同的特征。因此，企业必须针对各阶段的不同特征制定相应的策略。

5.2.3.1 投放期的营销策略

在产品推向市场时，企业必须根据市场条件，掌握好每个营销变数的实施力度，较高的产品质量和合适的分销渠道是其顺利进入市场的基础。如果只考虑价格和促销这2个变数，在投入期可供企业选择的策略有以下几种，如图5-3所示。

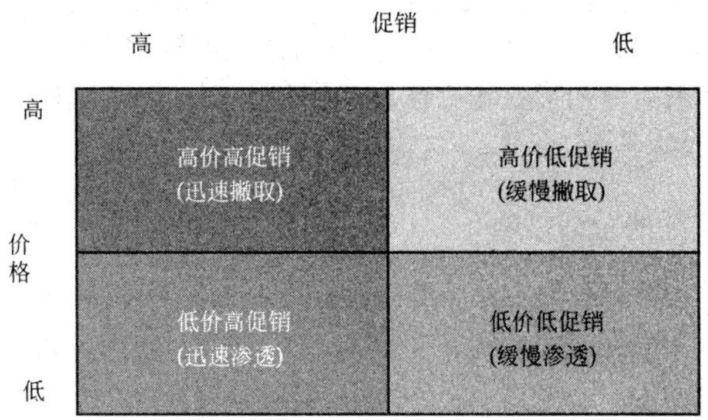

图5-3 投放期旅游产品促销策略

(1) 快速撇脂策略

快速撇脂策略即以高价格和高促销水平的方式推出新产品。企业采用高价格是为了在每单位销售中尽可能获取更多的毛利。同时，高促销费用是为了提高产品的顾客信任度，说明该产品物有所值，从而加快产品的市场渗透率。采用这一策略的假设条件是：① 新产品有特色、有吸引力，优于市场原有同类产品；②有较大的潜在市场需求；③ 目标顾客的求新心理强，急于购买新产品，并愿意为此付高价；④ 企业面临潜在竞争的威胁，需及早树立名牌。

(2) 缓慢撇脂策略

缓慢撇脂策略即以高价格和低促销水平的方式推出新产品。推行高价格是为了从每单位销售中获得尽可能多的毛利；而推行低水平促销是为了获取大量利润。采用这一策略的假设条件是：① 旅游市场规模有限，现实的和潜在的竞争威胁不大；② 新产品具有独特性，有效地填补了市场空白；③ 适当的高价能为市场所接受。

(3) 快速渗透策略

快速渗透策略即以低价格和高促销水平的方式推出新产品。这一战略期望能给企业带来最快速的市场渗透和最高的市场份额。采用这一策略的假设条件是：① 市场规模较大；② 旅游消费者对该产品不了解，且对价格十分敏感；③ 面临潜在竞争的威胁；④ 旅游产品因规模生产或引起的新技术而使生产成本大大降低。

(4) 缓慢渗透策略

缓慢渗透策略是采用低价格、低促销费用的方式推出新产品。低价通常可以刺激市场尽快接受新产品，而低促销费用则可以使企业降低营销成本，实现更多的利润。采用这一策略的假设条件是：① 市场有较大的开拓余地；② 消费者对产品已经了解，且对价格十分敏感；③ 市场有一定的潜在竞争者。

5.2.3.2 成长期的营销策略

成长阶段的标志是销售迅速增长。由于大规模的生产和利润的吸引，会引来竞争对手的参与。在这一阶段内，随着促销成本被大量的销售额所分摊，利润增加，同时，由于“经验曲线”的影响，产品单位制造成本比价格下降得快。因此，该阶段的企业营销重点是尽可能长久地保持市场的增长。应采取以下几种市场营销策略：① 通过改进和完善产品，提供优良的售后服务等措施，提高产品的竞争力，创名牌产品，使消费者产生信任感；② 在巩固原有的销售渠道上，增加新的销售渠道，开拓新的市场，扩大产品的销售范围；③ 开辟并进入新的细分市场；

④ 加强旅游促销，树立强有力的产品形象，如广告促销的重心应从产品知觉广告转向产品偏好广告，即从介绍期的建立产品知名度转移到宣传产品的特殊性能、特色，提高产品及企业的形象和声誉上，主要目标是建立品牌偏好，维系老顾客，争取新顾客。

5.2.3.3　成熟期的营销策略

成熟期的营销重点是稳定市场占有率，维护已有的市场地位，通过各种改进措施延长产品生命周期，以获得尽可能高的收益率。为此，企业可以采取以下3种策略。

(1) 市场改进

具体可以使用的方法有：① 促使非使用者使用该品牌产品；② 争取竞争对手的顾客；③ 进入新的细分市场；④ 设法让当前使用者增加使用量等。

(2) 产品改进

可从下列几方面着手：① 质量改进，目标是增强产品的功能表现。② 特色改进，即增加产品新的特征，尤其是提高产品使用的安全性、方便性。特色改进可建立企业创新者形象，赢得那些对该特征评价较高的消费者对产品的品牌忠诚度，但也有容易被模仿的缺点，因此，企业只有率先革新才能获利。③ 式样改进，基于人们审美观念而进行的款式、外观的改进，提高产品对消费者的吸引力，以此扩大销售。④ 服务改进，优质的服务对提高产品的竞争力，扩大产品销售，具有积极的促进作用。

(3) 营销组合改进

常用的方法有：① 通过特价、先购者折扣、分期付款等方法来下调价格，或用提价来显示产品质量较好来吸引消费者；② 改变销售途径，进入新类型的分销渠道，广设销售网点；③ 增加广告费用，变换广告文稿，更换广告媒体组合；④ 增加销售人员数量；⑤ 开展送赠品等销售促进形式等。

5.2.3.4　衰退期的营销策略

产品老化造成市场疲软，销售困难；但由于会有很多企业退出该市场，留下来的企业就有利可图。所以，对待进入衰退期的产品，淘汰并非唯一策略。衰退期一般有3种策略可供选择：① 立即放弃策略，即果断决定撤出市场，不再生产原有的旅游产品；② 收获策略，即旅游企业不主动放弃某一产品，继续用过去的市场、渠道、价格和促销手段，直至旅游产品的完全衰竭；③ 逐步放弃策略，指对那些仍有一定潜力可挖的旅游产品，旅游企业不是盲目放弃，而是分析产品销售量下降的原因，对症下药，扩展产品用途，提高产品质量，以期产品销售量的回升（表5-2）。

表5-2　产品生命周期各阶段特征及策略

	投放期	成长期	成熟期	衰退期
特征	产品销量少，促销费用高，制造成本高，利润低或为负	销量激增，利润迅速增长，成本降低，竞争加剧	小量增长放慢、利润下降，竞争非常激烈	小量迅速下降、利润很低、大量竞争者退出市场；消费者改变

（续）

	投放期	成长期	成熟期	衰退期
战略	快速撇脂战略； 缓慢撇脂战略； 快速渗透战略； 缓慢渗透战略	改善产品品质，寻找新的子市场，改变广告宣传重点，适当降价	调整市场； 调整产品； 调整市场营销组合	继续战略； 集中战略； 收缩战略； 放弃战略

旅游产品和市场的动态可使用产品生命周期概念来解释。作为一个计划工具，产品生命周期概念刻画出产品各个阶段主要营销挑战的特性，并提出企业应该实行的可供选择的主要营销战略；作为一个控制工具，产品生命周期概念使企业能在产品性能上与过去类似产品做一对比；作为一个预测工具，因为销售历史存在着各种不同的形式，以及产品各个阶段的持续期也各不相同，所以产品生命周期概念的用处较少。但产品生命周期理论也受到一些批评。评论家们认为生命周期的形式实在太多了，这一点可由不同产品的产品生命周期的种种形态所证实。产品生命周期理论缺乏活的有机体所具有的各个阶段的固定顺序和各个阶段的固定长度。他们甚至指责说，营销者常常不能指出产品已进入哪一个阶段。一种产品似乎可能进入了成熟期，而实际上它只是达到在成长阶段另一个高潮以前的某一段暂时的高涨期。

5.3 旅游新产品开发理论与策略

5.3.1 旅游新产品的概念

市场营销意义上的新产品含义很广，除包含因科学技术在某一领域的重大发现所产生的新产品外，还包括：在生产销售方面，只要产品在功能或形态上发生改变，与原来的产品产生差异，甚至只是产品从原有市场进入新的市场，都可视为新产品；在消费者方面，则是指能进入市场给消费者提供新的利益或新的效用而被消费者认可的产品。因此，旅游新产品可理解为相对于旅游老产品而言具有新的特点，且能适应旅游者的文化精神需求及其他需求的产品。我们要正确理解旅游新产品的概念，千万要避免被“新”字所误导，以为旅游新产品就一定要是“全新”的产品。其实，旅游新产品可以表现为创新型旅游新产品、换代型旅游新产品、改进型旅游新产品和仿制型旅游新产品4种形式。

（1）创新型旅游新产品

创新型旅游新产品指用新原理、新技术和新内容研制出市场上从未有的产品。例如，深圳锦绣中华、大连圣亚海洋世界的出现等，给旅游产品的生产带来了一种新的革命。

（2）换代型旅游新产品

换代型旅游新产品指在内容、特色、性能方面与老产品有显著差异的产品。例如，北京胡同游的推出，与北京以前的皇家旅游产品有较大的区别。

（3）改进型旅游新产品

改进型旅游新产品是指对原来产品的结构、性能进行适当改进后的产品。例如，游船从普通船改为空调船，游览路线从一日游改为二日游等。

(4) 仿制型旅游新产品

仿制型旅游新产品是企业完全模仿市场上已有的产品，而对企业来说是第一次生产的或在本地区第一次上市的一种新产品。例如，我国各地大量的“形似而神不似”的主题公园的出现。开发这类新产品，企业无需技术上做太大变化或改动，但在掌握需求潜量、市场竞争潜力等方面却有较高的要求；否则，难免遇到风险，极有可能开园之日就是倒闭之日。

在这里我们所提出的旅游新产品的4种类型，是从旅游企业经营者的角度出发的；如果从客人角度来看旅游产品是“新”还是“旧”，则归根到底取决于市场上客人的心理感受和评价。所以，作为旅游企业经营者，在开发旅游新产品时，必须认真进行市场分析和市场定位。

5.3.2　旅游新产品开发的意义

旅游企业要保证自身企业的生存与发展，就必须十分注重旅游新产品的开发工作。因为：① 只有通过旅游新产品的开发，才能使旅游企业适应国内外旅游市场变化的需求，更好地满足旅游者不断变化的旅游需求；② 只有通过旅游新产品的开发，才能保持和扩大企业在整个旅游市场的占有份额，保证和提高本企业的经济效益；③ 只有通过旅游新产品的开发，才能转变在原有产品销售量开始下降时企业的人力、物力、财力资源得不到充分利用的不良局面，更好地综合利用旅游企业的人力、物力、财力资源；④ 只有通过旅游新产品的开发，才能使自己的产品做到“人无我有，人有我优，人优我转”，从而增强企业的竞争能力，保证在激烈的市场竞争中立于不败之地。

大唐芙蓉园所引发的业界震撼

包装与营销
借势与造势
传承与创新

2005年4月11日，中国13朝历史古都西安为海内外朋友献上了一份特殊的文化旅游大餐。大唐芙蓉园终于揭开神秘的面纱，盛大开园向游人走来。国内外上千家媒体集中报道了这一盛况。一夜之间，大唐芙蓉园的名字响彻了大江南北。20多天后，随着连战、宋楚瑜相继走进大唐芙蓉园，这里再次成为全球所有主流媒体竞相关注的焦点。

大唐芙蓉园刚一走向市场就获得了“国人震撼，世界惊奇”的轰动效应，使全国旅游市场为之震惊。有人曾经做过统计，2005年4~7月，在陕西省的主流媒体上，几乎每天都能看到大唐芙蓉园的各种信息，短短几个月的巨大信息数量甚至超过了许多经营几十年的老景点见报率之和。5月8日，全国的媒体几乎同时刊发了一则消息：开业不到1个月的西安大唐芙蓉园，“五一”期间接待游客数量高居全国主题公园之首，同时跃升为陕西省100多个景区中接待游客最多、人气最旺的旅游景区（点）。

在这座气势恢弘的大唐芙蓉园内，亭、台、楼、阁、榭、桥、廊等一应俱全。园内的唐式古建筑几乎集唐代所有建筑形式之大成，它不但是国内目前最大、最具震撼力的仿唐建筑群，而且这些精妙美丽的建筑还直接写就了一部几近完整的我国唐代建筑教科书。它在国内开创了多项旅游文化领域之先河，其中拥有的众多新奇有趣的故事也在国内首屈一指。它是中国第一个全方位展示盛唐风貌的大型皇家园林式文化主题公园；第一个五感（视觉、听觉、嗅觉、触觉、味觉）主题公园；它拥有全球最大的户外香化工程，拥有幅宽达120m的全球最大水幕电影；还拥有全国最大的铜镜、全国最大的唐诗文化雕塑群等。国内一流的策划专家、唐史专家、唐文化专家、旅游专家给这座千亩园林赋予了丰富、多元的唐文化内涵。这里有神圣恢弘的皇家文化，可以看到“百帝游曲江”及其规模盛大的大唐仪仗队伍。这里有科举进士的精英文化，杏园探花、雁塔题名、曲江流饮、入仕出相，表现出唐都长安第一流人物的第一等风流事。这里有四方来朝、八面宾服的外交文化，有“曲水流觞”的酒文化，有陆羽茶圣的茶文化，有一步一景皆唐诗的诗歌文化，有“三月三日天气新，长安水边多丽人”的女性文化，有“万民乐游曲江”的平民文化，有佛教与道教并行的宗教文化，有霓裳羽衣胡旋舞的歌舞文化。所有这些，都尽显出大唐芙蓉园的尊贵和震撼。大唐芙蓉园力求将盛唐文化的灵魂融入其中，每一个建筑、每一个景观都有典故传说，成就了人们在这座皇家园林中感受盛世辉煌、体会皇族文化的梦想。

5.3.3 旅游新产品开发程序

新产品开发是一项艰巨而又复杂的工作，它不仅需要投入大量的资金，而且其最终是否能被消费者所接受，还存在很大的不确定性。因此，新产品开发需冒一定的风险。为了把失败的风险降到最低程度，新产品开发应按科学的程序进行。一般需要经过以下 7 个阶段：新产品的构思、筛选、制定营销战略、进行商业分析、试制新产品、试销、正式上市（如图 5 –4 所示）。

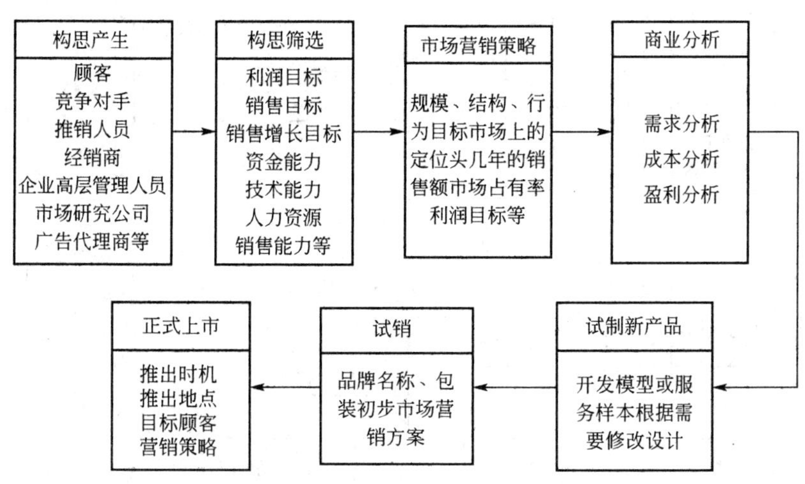

图 5 –4 新产品开发过程

（1）旅游新产品的构思产生阶段

构思创意是新产品孕育开发的开始阶段，是探索新产品开发的起点过程，是对能满足特定市场新需求的旅游产品的最初设想。构思创意必须符合市场需求、企业目标和资源状况等因素的要求。一个好的新产品构思是新产品开发成功的关键。企业通常可从企业内部和企业外部寻找新产品构思的来源。具体讲主要有 5 个来源：① 了解目标市场旅游者的旅游动机、个性特征和旅游需求，并向他们征集旅游新产品的构思方案；② 向有关咨询公司、研究机构的专家、高等院校的教授征集新产品的构思方案；③ 了解国内外竞争者所推出的有关旅游新产品；④ 发动本企业营销人员和中间商提出新产品的构思方案；⑤ 旅游企业有关决策人员提出新产品构思方案。

（2）旅游新产品的构思筛选阶段

筛选是指对所有构思方案“去粗取精”的过程。它是对大量的新产品构思进行评价，研究其可行性，挑出那些有创造性的、有价值的构思。一般要考虑以下因素：一是环境条件，即涉及市场的规模与构成、产品的竞争程度与前景、国家的政策等；二是企业的战略任务、发展目标和长远利益，这涉及企业的战略任务、利润目标、销售目标和形象目标等方面；三是企业的开发与实施能力，即有无足够的能力开发这种创意。企业这些能力表现为包括企业的资金、技术、人力资源、销售能力等方面。在甄别创意阶段，企业要避免2种过失：①“误弃”，即公司未认识到该创意的发展潜力而将其误弃。造成这种结果的原因，一是思想保守，二是没有统一的评价标准。②“误用”，即公司将一个没有发展前途的创意付诸实施，由此造成新产品开发失败。不论是“误弃”，还是“误用”，都会给企业带来损失，因此，在甄别创意时必须切合实际（图5－5）。

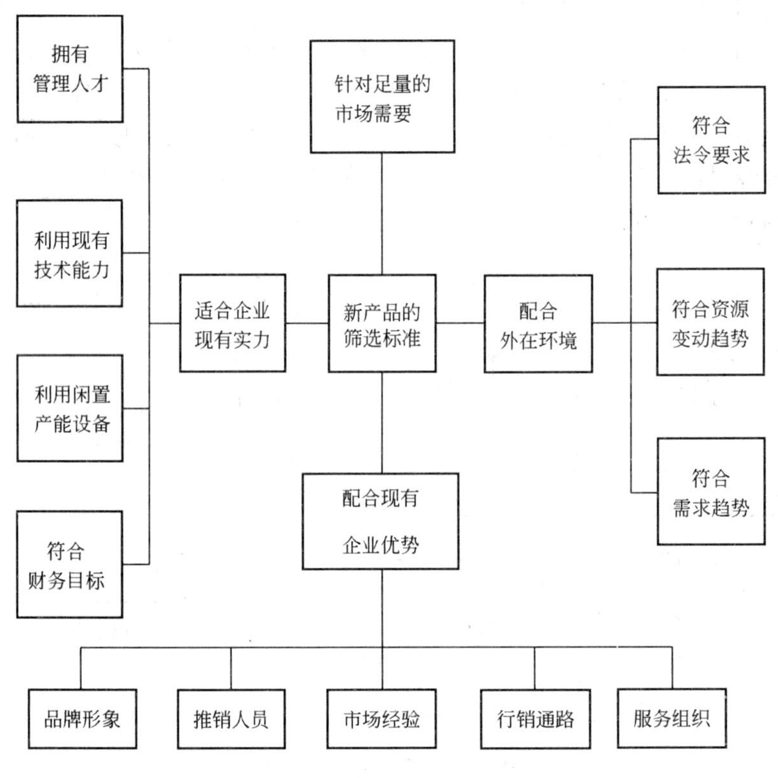

图5－5 新产品的筛选标准

（3）制定市场营销战略

制定营销战略计划是新产品开发过程的一个重要阶段。它由3个部分组成：第一部分是描述目标市场的规模、结构和消费者行为，新产品在目标市场上的定位，前几年的销售额、市场占有率、利润目标等。第二部分是规划新产品的预期价格、分销渠道及促销重点、广告费用。第三部分是阐述较长期的销售额和利润目标，以及不同时期的营销组合策略等。

（4）商业分析

商业分析的主要目的在于确定所提出的新产品的长期经济效益，即估计销售量、成本和利润，判断它是否满足企业开发新产品的目标。商业分析要求旅游企业进行深入细致的旅游市场调查和预测，广泛收集各种数据。在这个阶段上，企业管理部门要复查新产品的将来销售额、成本和利润计划，看它们是否符合企业的目标；如果符合，就可以进行新产品开发。同时明确在市场出现新情况下，产品概念、将来的销售额、成本和利润如何修改。

其中最常使用的一种方法，就是所谓“产品会审法”，即在对新产品构思分析时，把本公司的市场销售人员、生产人员、工程技术人员召集到一起，共同对拟将推出的产品提意见。

公司对产品的这种“会审”，大致要弄清下列主要问题：

- 新产品有什么特点？是否比市场上现有的同类产品好？
- 新产品的目标市场在哪里？其潜在购买力如何？
- 企业的资金和设备如何？是否适应新产品的发展？
- 新产品发展上市成功的可能性有多大？
- 新产品竞争能力如何？
- 新产品的预期利润如何？
- 有没有其他发展及生产上的问题？

(5) 旅游新产品试制阶段

旅游企业根据新产品设计方案中所选定的活动内容、路线安排、游客旅游目的进行具体的组合设计，邀请国内外旅游经销商、旅游专家、国内游客进行试验性旅游，并派人陪同观察，征求意见，不断修改和改进新产品方案，使研制开发的新产品更加完善。

(6) 旅游新产品的市场试销阶段

旅游新产品试销是把一种产品小批量地投放到经过挑选的具有代表性的小型市场范围内进行试验销售，以检查旅游者可能做出的反应。在试销期内主要设法摸清旅游新产品的试用率和再购率。试用率是指在试销期内，在试销市场范围内购买该项旅游新产品的人数对旅游顾客总数的百分比。再购率是指在试销期间在试销市场范围内重复购买该项旅游产品的人数对旅游顾客总数的百分比。如果试销结果是试用率和再购率都高，即可停止试销期，正式将新产品投放市场；如果试用率高，再购率低，则说明旅游者对产品尚不满意，应研究改进，不断完善。如果使用率低，再购率高，则说明产品仍受欢迎，但旅游消费者对产品不够了解，需要加强促销；如果试用率和再购率都低，则说明旅游产品无发展前途，应尽早放弃为妙。

(7) 旅游新产品正式投放市场阶段

旅游新产品试销成功后，即可正式投放市场。这时需要进行大量广告宣传，派出推销人员进行促销，并研究游客心理和游客对待新产品的不同态度。

在正式上市之前，企业还要做出以下4项决策。

推出时机 新产品上市要选择最佳时机，最好是应季上市，以便立即引起消费者的兴趣。同时要考虑新老产品的交替，新产品上市过早，会加速原有产品的老化；新产品上市太迟会因新老产品都不盈利，给企业造成损失。一般来说，当老产品由成熟期进入衰退期时，新产品应大量投放市场，力争既能满足顾客需要，又能使企业提高或保持原有的市场占有率，获得较好的经济效益。

推出地点 一般来说，新产品开始上市的地点，小企业可选好一个中心城市，迅速占领市场，然后再逐步扩展到其他地区；大企业可先在一个地区推出，然后再逐步扩展；如有把握，也可在全国各地同时上市，迅速占领全国市场。

目标顾客 企业推出新产品时，应针对最佳顾客群制订营销方案。新产品的目标顾客有以下几类：早期试用者中的经常使用者，用户中有影响力者，潜在消费者等。对此，企业要做到心中有数，针对不同类型的消费者采取相应的策略。

营销策略　指针对产品特点和不同的消费者做出相应的营销组合。例如，产品定价、确定分销渠道、广告和用户调查等。

【案例分析】

麦当劳用方便创造财富

【案例编写说明】

随着最后一家荣华鸡分店在北京的悄然隐退，上演了6年之久的“斗鸡”场面宣告结束。同时，人们对中式快餐的未来更多了一丝忧虑。中西式快餐的对垒和较劲儿也有好几年了，先是“荣华鸡”与“肯德基”的相持，接着又有“红高粱”叫板“麦当劳”，但结果都是中式快餐败下阵来。有人说中餐不适合搞快餐，至少难度比较大，比方说面条，有汤有水；不像汉堡包，2片面包加1片肉，不用筷子不用碗就可以吃。只有将中式快餐食品同人们对西式快餐真正所偏爱的卫生、速度、方便的管理方式结合起来抢占市场，才是正确地融合中西快餐的精华（中式食品味美，西式餐饮干净、方便、环境赏心悦目）最好的经营方法；只有将两者有机地结合起来，本地的快餐业才能更具有竞争力招引更多的顾客，在快餐行业中获得成功。所以中式快餐经营者要开阔眼界，在发挥传统中国食品长处的同时，还要学习西方快餐的经营管理之道。若要达到规模效益，本地的经营者可以借鉴西方快餐连锁店的经营方式。这是编写此案例的主要目的和原因。

2004年12月14日从肯德基发布的《中国肯德基食品健康政策白皮书》上获悉，全美排名前20位的快餐品牌中有近3成的品牌进入中国，其中麦当劳以200多亿美元的年销售额在美国快餐业排名榜首。

【背景】

据美国食品业界研究机构Technomic对2003年全美快餐销售额和餐厅数量的统计显示，麦当劳以全美13 609家餐厅，销售额超过221亿美元的成绩无可争议地排名榜首。而刚刚于昨天在中国内地市场突破1200家餐厅，风头正劲的肯德基则以5524家餐厅，销售额49.36亿美元排名第七。汉堡王、温迪、赛百味、塔可钟、必胜客分列二到六位，星巴克第八，达美乐第十。百胜集团所拥有的五大品牌有肯德基、必胜客、塔可钟进入前20位。美国快餐前20强中有麦当劳、赛百味、塔可钟、必胜客、肯德基、星巴克以及达美乐7个品牌进入中国，占到20强的3成。

面对麦当劳、赛百味、塔可钟、必胜客、肯德基、星巴克以及达美乐等品牌的强大竞争，麦当劳的销售额是如何保持美国快餐业排名榜首的呢？

【正文】

最近，北京的麦当劳食品有限公司推出一项新举措，在所属57家麦当劳餐厅内代售公交月票。麦当劳在对北京发售月票网点的调查后知晓，北京有600多万人使用月票乘公交车，而发售月票的网点只有88处，乘客深感不便。于是他们便“拾遗补缺”干起了“代售月票”的营生，为广大乘客创造便利条件。此举一推出就吸引了大批食客络绎而来。

其实，这种“好人好事”麦当劳做了不少，并且一直在做。早在去年高考前夕，在麦当劳宽敞明亮的餐厅里就坐着不少手拿书本只要一杯饮料就呆上好几个小时的考生，面对此景，麦当劳不但未赶他们走，反而特意为这些学子延长了营业时间。

一提起麦当劳，人们就会想到汉堡包、炸薯条。熟悉它的人，还会联想到遍布全球115个国家的2.5万多家连锁店，联想到地球上每天都有1%的人正在品尝着一模一样的汉堡包、炸薯条和苹果派。然而，此时此刻，有谁会想到，拥有如此高知名度和雄厚“家底”的餐饮业“巨无霸”却要无偿地为学子学习延长营业时间，为普通公众代售公交月票，两则案例都是麦当劳自找麻烦，如此做法，不能不让人由衷地感叹赞赏。其实这正是麦当劳与众不同的高明之处。在别人看来，拒之唯恐不及，麦当劳却视为己任，这就是一个跨国企业在中国“讲述”的一系列平凡而可贵的经典商业故事，在这种独创思维支配下采取的营销举措，无疑给我们留下了极为深刻的现实启示。

功夫在诗外

现代企业公关的“金律”，即“让公众满意，赢得公众支持”，从来没有发生过丝毫动摇。处于复杂社会关系之中的企业，要想提高美誉度、赢得良好的口碑，必须与外界建立起水乳交融的融洽关系，尤其是形形色色的消费者。在某种程度上，消费者的态度决定了企业的兴衰。消费者除了购买产品，也购买了企业的服务，消费者对产品和服务越满意，购买率就越高，企业就会兴旺发达；反之，企业就会衰退。这虽然是“老生常谈”，但多数企业并没有踏踏实实、兢兢业业做到这一点，只有麦当劳等优秀企业埋头做到了。可见，盈利固然是每一个面向市场的企业最直接的目标，但盈利是需要经过一系列中介行为尤其是公关行为帮助才能最终实现的目的。只是为了盈利，最终反而不容易盈利。功夫在诗外！

毋庸讳言，麦当劳以其优良品质、快捷服务、清洁环境和物有所值而闻名。这些既是其品牌个性，又是它长期奉为经典的经营信条。根植于此，麦当劳的形象广受世界各地人们的喜爱和欢迎。然而，就是麦当劳这样的优秀国际化大企业，却在取得斐然经济效益和国际声誉之同时，仍不忘记向曾呵护过他们的公众投以关爱，还没有一点儿“巨人”或“成功者”的架子和故作姿态。虽说仅仅就是代售公交月票，抑或只是为那些普通学子提供学习环境，微不足道，却无疑向我们演绎出一幕当今世界最具公关情怀的精彩话剧。麦当劳早已把公关最本质的理念发挥到了极致，而且是那么游刃有余，那就是：企业需要社会公众的理解和支持，而公关活动正是企业与社会联络感情、增进了解的有效手段。麦当劳明白这一点，我们的企业更应该比谁都清楚这一点。可贵的在于麦当劳这么做了，而我们却留下了颇多的缺憾。

行动胜过言辞

企业的每一举动，甚至一个微不足道的细节，都像一面镜子，反映出企业文化、人文精神、整体素质、意识水平。今天，对于企业而言，任何一次与公众相关的事件，都可毫不客气地说是考验企业在与公众沟通问题上的试金石。处理得好与坏，影响着企业在公众乃至整个社会中的形象和信誉。而此时此刻，真诚积极的行为远比华丽的词藻更有助于树立形象和赢来声誉。在社会普遍强调现代企业责任感的大气候下，仅有言辞的承诺，而无实际的行动，只能招致社会公众的嘲讽和怀疑，公众会认为你说得多，做得少。所以，公众的这种态度，势必使得企业行为哪怕有极小的失误，都将成为社会攻击和品评的目标。但是话又说回来，如果企业能够把握住时机，很恰当地处理好与公众的关系，那么，也没有比真情释怀更能让公众感动的事了。美誉之精髓在于，并非试图献出一篇漂亮故事，而是企业清醒地意识到自身行为的必要性，让行动说话。一句话：不以善小而不为。

该案例中，面对那些手拿书本只要一杯饮料就呆上好几个小时的考生，麦当劳明知他们是为备考想找个清凉清净的学习环境而来，既没有赶他们走（因为这样做既短视又愚蠢），也没有“学子们，欢迎你们光临麦当劳，麦当劳会为你们提供一个良好的复习环境”（这样做不是不可以，可是一看就让人怀疑此举背后的真实目的），只不过为他们特意延长了一会儿营业时间，仅此而已，并未再多做什么，却令人心头豁然一亮：看来这就是国际化知名企业比一般企业的高明之所在，没有简单直接地拒绝公众，更没有刻意准备的言辞献媚，只是做了自己应该做的，最终却让我们领略了麦当劳在处理与公众关系方面唯美、唯真的大家风范。

创造方便就是创造财富

说句真心话，企业为公众服务实际上一个很重要的方面就是方便公众。而公众对于为他们便利着想的企业，不论大小都是照顾的。古人云“处处留心皆生意”，说的就是这个道理。无论企业从事的是哪一个行业，只要让公众感到了方便，满足了他们的需要，成功也就不远了。

同样的例子还有美国的“达美乐比萨连锁店”，由于推出一项“比萨外送到家”的便利服务并最终将其确定为主要业务，从而使企业在美国公众中占据了牢牢的一席之地。

事实上，今天，无论是麦当劳代售公交月票和为学子延长营业时间，还是达美乐比萨外送到家，带给我们的一个最重要的启示就在于：任何一个行业都可以凭借方便公众而创造优势。这种方便，可以涉及从公众购买到使用、到售后服务的方面上。越是细小之处，越是容易凸显一个优秀企业的个性，也越是容易打动公众的心。

麦当劳的运作无疑是一个成功的案例，通过优良品质、快捷服务、清洁环境和物有所值创造了一个又一个的奇迹。麦当劳看到了中国这个广阔的市场，全面地开展了对中国市场的调查，将总部由中国香港搬到上海，以改变销售额比肯德基少的局面。

【案例思考题】

1. 麦当劳经营成功的主要因素是什么？
2. 麦当劳对中国的快餐业有何启示？

【思考题】

1. 简述旅游产品的定义。
2. 如何理解旅游产品的整体概念？
3. 简述旅游产品生命周期的定义。
4. 简述旅游产品生命周期的因素有哪些？
5. 影响旅游产品生命周期的因素有哪些？
6. 简述旅游产品生命周期各阶段特征及其策略。
7. 简述旅游新产品的概念及其类型。
8. 旅游新产品构思的来源有哪些？
9. 试述旅游新产品开发的程序。
10. 结合本地景区（景点），试论旅游传统景点的更新开发。

【本章推荐阅读书目】

1. 旅游景区营销．刘锋，董四化．中国旅游出版社，2006.
2. 营销管理．2版．Philip Kotler．清华大学出版社，2003.

第 6 章

旅游产品定价策略

【本章概要】

价格作为营销组合中的内容，在营销组合决策中起着重要的作用。与有形产品的价格相比，旅游产品价格具有明显的特殊性。本章在介绍旅游产品价格的概念、特点及其构成的基础上，从旅游企业内、外部角度分析了影响旅游产品价格制定的相关因素，并重点介绍了在旅游产品定价时被广泛使用的成本导向定价法、市场需求导向定价法和竞争导向定价法，以及在具体的价格制定中使用的一些有效的价格制定策略。本章的难点、重点是旅游产品的定价方法，它是调解市场供求，反映企业营销战略战术和企业获得收益最大化的关键。

【学习目标】

- 了解旅游产品价格的基本概念及其构成；
- 熟悉旅游产品定价中的各影响因素；
- 掌握旅游产品定价方法和定价策略。

【关键性术语】

旅游价格、成本导向定价、需求导向定价、竞争导向定价、心理定价、折扣定价、价格调整。

【案例导读】

香格里拉的价格策略

1997 年下半年，香格里拉集团的所有香格里拉饭店及国贸饭店提供正常房价 30%～40% 的折扣，与正常降价措施不同，香格里拉这种大幅度折扣发生在当地的旅游旺季或接近旺季（6 月 1 日到 9 月 30 日）。这种做法与通常的旺季提价的做法截然相反，属于“反向思维”方式，有极大的震撼力和宣传效果，获得了巨大的成功，使香格里拉饭店在此期间的出租率达到 85% 以上。为避免单纯削价竞争带来的销售收入的明显下降，在进行折扣期间，香格里拉推出了具有革命性意义的新房价概念。香格里拉所有城市饭店（不包括度假区）为客人和旅行社提供“贵宾服务计划”，即客人若是付给饭店标准房价，将享受以下优惠和服务：免费机场接送服务，无论客人何时到来或离开；免费市内电话；免费早餐；免费干洗、熨烫和洗衣服务；客房升格的承诺；客源到 18:00 结账离开。目前尚没有其他的饭店能为按门市价付费的客人提供如此昂贵的增值享受。香格里拉确保客人能享受高标准的服务，让客人感到现状的香格里拉提供的日常服务是饭店业最好并且最受欢迎的。香格里拉致力于减少客人额外的花费，而这正是客人所关注的。饭店的新房价概念不是某个饭店短时间的促销，而是一年 365 天在所有饭店都推行的经营策略。

6.1 旅游产品价格的制定

6.1.1 旅游价格的含义与特点

在商品经济条件下，人们需要通过商品交换活动来满足自身的需求，价格是市场中围绕商品交易活动，对某一种产品或服务而支付或收取的货币数量。旅游市场中，旅游者为满足旅游活动需求而购买餐饮、住宿、交通、游览、娱乐等旅游产品，也必须通过交换活动，支付一定的货币量才能获得满足。而旅游经营者也在向旅游者提供旅游产品或服务时，获得相应的价值补偿。因此，旅游产品价格就是旅游者为满足其旅游活动需要所购买的旅游产品的价格，它是旅游产品价值量的货币表现。

由于旅游产品不同于一般商品，因此，旅游产品价格往往具有不同于一般产品价格的特点，主要表现在以下3个方面。

（1）综合性

旅游产品是一种综合性的产品，是由多种旅游资源、设备、设施和服务构成的组合产品，也是由众多旅游企业提供的不同产品组成的综合产品。因此，旅游产品价格往往是多种产品价格组成的综合价格。

（2）高弹性

旅游产品属于非生活必需品，需求波动性大，属于需求弹性较大的产品，因此，旅游企业经常需要通过差异定价或优惠价格等方式，来刺激旅游市场的消费或者应对旅游企业之间激烈的价格竞争。

（3）垄断性

旅游产品的独特性体现了其在市场中的垄断地位，这种独特性是很难模仿或无法模仿的，是由旅游资源形成过程中独具的历史、社会、自然等因素使然。这种产品的垄断在价格上即形成了旅游产品的垄断价格。

6.1.2 旅游价格的形式

由于旅游价格构成的复杂性和综合性，从不同的角度划分，旅游价格有不同的表现形式。

（1）从购买旅游产品的方式来看，旅游价格有旅游包价和旅游单价

旅游包价是指旅游者从旅游经营商那里购买整体旅游产品，包括交通、住宿、餐饮、景点及其他设施和服务中2个或2个以上要素所构成的产品而向其支付的价格。它等于各单项产品价格之和再加上旅游零售商、批发商的自身成本和盈利。如果游客是按零星购买方式进行的旅游活动，旅游价格就以单项价格的形式出现，称之为旅游单价，也就是旅游活动中各个具体项目所规定的价格，例如，客房价格、景点门票价格、交通价格等。

（2）从旅游的范围来看，旅游价格有国际旅游价格和国内旅游价格

国际旅游价格包括出境旅游价格和入境旅游价格。它由3个部分组成：旅游客源国到目的国或地区的往返交通费用，旅游目的国或地区的旅游产品价格，以及客源国旅行社相应费用与盈利。国内旅游价格主要是在一国范围内旅游产生的相关旅游费用，也包括3个组成部分：客源地到目的地的往返交通费用、在目的地的旅游产品价格，以及客源地组团社相应费用与盈利。

（3）从旅游产品销售方式来看，有旅游差价和旅游优惠价

旅游差价和旅游优惠价是旅游价格的 2 种特殊表现形式。旅游差价是同种旅游产品由于地点和时间的不同而存在的一定差异价格，主要有地区差价和季节差价。由于不同时间、不同地点市场对同一种旅游产品需求不同，所以在旅游供给相同的情况下，由于供求关系的影响，旅游价格就必然有不同的形式，这也是旅游经营者利用价格策略来调整供求的一种方式。比如，某些饭店为了刺激需求，扩大销售，在旅游淡季客房价格明显低于旺季价格。

旅游优惠价是指在明码标价的基础上给予游客一定比例的折扣或其他形式的价格优惠。主要包括 3 种：① 根据游客购买数量多少实行的数量优惠，例如，旅游团队享受的优惠；② 给予特殊市场群体（如同行业、残疾人等）的优惠；③ 举行促销活动时，以价格折扣为主要手段的优惠。

6.1.3　旅游产品价格的构成

旅游产品价格是价值的货币表现，价格构成实际上就是价值构成的货币表现，通常由 4 个基本要素构成，即生产成本、流通费用、国家税金和企业利润。简单地说，旅游产品就是由成本和盈利 2 部分构成。成本是生产旅游产品所消耗的建筑物、设备、设施、原材料和付给职工工资的货币总和；它反映了旅游产品价值构成中的 2 个主要部分，即物化劳动的价值转移部分和职工新创造价值中用来补偿其生活资料消耗的部分。盈利则是旅游产品价格扣除成本的剩余部分，包括企业利润、向政府缴纳的税金等；它反映了职工新创造价值总和扣除其必要劳动消耗费后剩余的价值。可见，旅游产品价格高低取决于成本、盈利之和的大小。旅游企业定价必须精确核算产品成本，确定盈利目标。

6.2　旅游产品定价的影响因素

对于旅游企业来说，为产品制定一个合理的价格十分重要，它是影响旅游企业销售状况和市场竞争的关键。那么，如何给一个产品定一个合适的价格呢？旅游企业为产品制定价格，一般要考虑定价的目标和影响产品价格的诸多因素，依照一定的基本方法，遵循合理的定价步骤来进行。影响旅游产品价格制定的因素主要有企业内部和外部的一些因素。内部因素包括公司的营销目标、影响组合策略、成本和组织结构等；外部因素包括市场的性质、市场的需求和竞争者状况以及其他一些环境因素（如图 6－1 所示）。

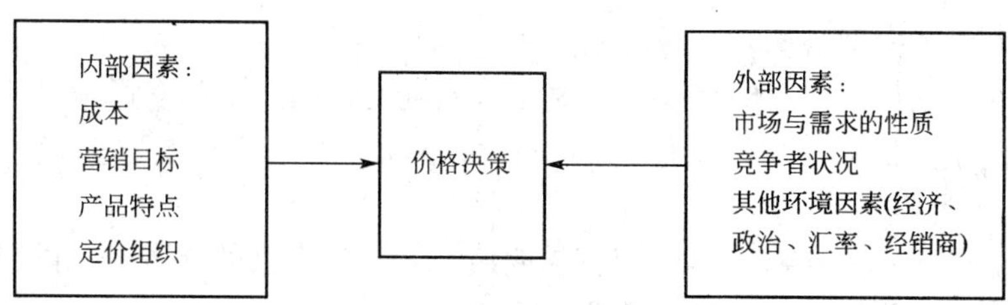

图 6－1　旅游价格制定的影响因素

6.2.1 内部因素

影响旅游企业定价的内部因素，主要是产品成本、营销目标、产品特点及组织方面的因素。一般来讲，这些因素都是企业可以控制的，旅游企业在这些方面为合理定价创造一些条件。

6.2.1.1 旅游产品的成本

旅游产品的成本是其价格的主要组成部分，是影响旅游企业定价的最基本、最直接的因素。产品成本高，价格就高；反之，产品成本低，价格上就更具有竞争优势。成本是企业制定产品价格水平的最低限度，从总体和长期看，旅游产品价格必须高于产品成本，才能实现企业最终的营销目标。只有当产品价格超过产品成本时，企业才能盈利。

旅游产品的成本包括生产成本、销售成本及由开发产品可能造成的环境污染而产生的成本。这三者之和是旅游供给价格的最低限，在此基础上考虑旅游企业的经营利润，就是旅游企业的销售价格。一般而言，旅游产品成本影响旅游价格，而旅游价格又影响旅游需求，所以，企业应努力降低经营成本，制定有竞争力的价格，巩固产品在市场上的地位。

6.2.1.2 营销目标

任何行业中以营销为导向的现代组织，都必须通过制定以销售量和销售收入为具体目标的经营决策。价格是营销目标中非常有影响力的要素，通过调节价格可以达到企业各个产品和市场部门的特定短期目标。具体的营销行动的目标又受到企业战略和定位的影响，以市场营销为导向的企业，应根据企业发展的总体目标来设置合理的价格。常见的企业营销目标一般包括：利润导向型目标、市场份额目标、生存目标以及其他目标（见表6－1）。

表6－1 常见旅游企业定价目标

目标类型	特　征	定价设置
利润目标	（1）以利润最大化为目标 （2）以取得一定投资收益为目标 （3）以追求满意利润为目标	核算成本，考虑利润目标进行定价
市场份额目标	保持并提高市场份额	价格适宜，价格稳定
生存目标	保证旅游企业当前的生存状态	适当低价
其他目标	应对竞争，树立形象	跟随价格，反映质量的高价

（1）利润导向型目标

旅游企业的生产和发展是以经济效益为基础的，因此，利润通常是旅游企业价格决策的主要目标。受到相应的利润目标驱动，旅游价格制定表现出相应的特征。

以利润最大化为目标　这一目标表明旅游业要为自己的旅游产品制定一个能达到最大利润的价格。追求利润最大化并不是简单的制定最高价格。因为价格又直接影响市场的需求量。价格过高，会引起需求量的减少、旅游购买行为的推迟甚至会引起公众的不满而遭到政府的干预等，反而会降低利润。一般来讲，采取这种定价目标的企业，可以借助需求函数和成本函数制定并实施确保当期利润最大化的价格。

以取得一定的投资收益为目标　在定价时，企业力求达到某一标准的利润，实现预期收益，也就是企业规定了自己经营的资金利润率，称为投资收益率。采用这种定价目标的企业，一般根据投资规定的利润率计算出各单位旅游产品的利润额，再把它加在产品的成本上，成为该产品的出售价格。旅游企业选择这一定价目标时，一般确定的预期利润应当高于同期银行存款利息率，否则就没有必要进行投资。但如果预期利润率太高，产品在价格方面失去竞争力，也很容易使企业在市场上难以取得一定份额，使预期的投资收益无法实现。

以追求满意利润为目标　有些旅游企业对最大利润或投资收益率不感兴趣，往往要求价格根据成本而定，获得“满意”程度的利润即可。所谓满意利润指一种能使投资者和管理者都满意的利润水平。

（2）以维持或提高市场占有率为目标

市场占有率是指在一定市场范围内，某种产品销售量占该市场同种产品销售总量的百分比。这一指标反映了旅游企业的经营运作状况和旅游产品竞争力的大小。旅游企业定价以产品或服务在市场中的占有率为出发点，制定适当的旅游价格是保持和扩大市场占有率的重要手段。旅游产品属于非基本消费产品，产品价格需求弹性大，因此，适当降价或制定低价可以刺激和保持市场的购买量，使产品更快地打入市场或得到市场的认可，使经营者实现自己的销售量目标。但价格的变动要依据市场情况实行，不能变动频繁，因为价格上调可能对游客的购买带来抑制，使游客推迟购买行为或产生心理抵触而取消购买；而频繁的价格下调又会使游客持币观望或产生质量下降的误会。

（3）企业的生存目标

旅游市场中某些类型的产品供给量大于市场整体的需求量，生产能力严重过剩，企业面临激烈的竞争和不断变化的消费需求，在这种情况下，企业维持生存是第一目标，相应的产品定价应较低。在短期内，生存比经营更为重要，例如，在经济不景气时，饭店常常采用这种策略。在经济衰退期间，一家拥有 300 间客房的饭店每天晚上还是有 300 间客房要卖，哪怕需求已降至 140 间客房。饭店努力想通过削价来谋求现有条件下的最大现金受益者，以便平安渡过难关。

（4）其他目标

旅游企业可以用价格来实现其他的一些特殊目标。例如，应付和防止竞争为目标的定价，一家餐馆可以通过低价来抵御竞争者进入该市场或迫使弱小企业退出市场。在市场中处于不同竞争地位的企业，往往通过服从竞争需要来制定旅游产品价格。一般将对旅游市场价格有决定影响的竞争者的价格作为定价的基础，对于实力较弱的企业，主要采用与竞争者价格相同或低于竞争者价格定价的方法；对于实力较强又想提高市场占有率的企业，可制定低于竞争者的价格；对于资产雄厚且拥有特殊技术或产品品质的旅游企业，可制定高于竞争者价格的策略。此外，旅游企业可以通过稳定价格来赢得老顾客的信赖，也可以通过暂时的降价来为某种新产品促销或招徕顾客。有时企业根据企业理念和企业形象设计的要求，也需要对产品价格做出限制。例如，企业为了树立形象，会将某些产品价格定得较低；为了形成高贵的企业形象，将某些产品价格定得较高，等等。所以，定价对于旅游企业实现各个层次的目标都有重要的作用。

6.2.1.3 产品的特点

不同的旅游企业经营不同的产品，它们对旅游企业定价也有不同的影响，表现在替代性产品和象征性产品上。

（1）替代性产品

旅游业中经营相似或同类型旅游产品之间具有相互替代的功能，例如，旅游交通方式中汽车、火车、航空之间对于旅游者到达目的地来说，具有明显的替代性。替代性产品价格的相互比较对游客选择消费影响较大，例如，飞机票价很高，火车、汽车票相对较低，乘飞机的旅游者就会减少，航空公司不得不适当降价来保证一定的市场份额。因此，替代性强的产品，价格应稳定、适中；反之，替代性不明显的产品，则可以适当制定较高的价格，形成市场垄断。

（2）象征性产品

旅游产品具有极强的象征意义，对企业定价有很大的影响。产品价格必须符合产品的象征性，例如，豪华宾馆、名胜古迹、一流娱乐场所是高、精、特、稀、宝的象征，就应有代表其象征的高价；否则，低价就会“自贬”形象，使旅游者产生怀疑，或不能满足其心理需求。

6.2.1.4 企业组织方面的因素

最高管理层决定由组织内部的哪些人来设定价格。各个公司在对待定价问题上方式不一。在一些小的公司当中，设定价格通常是最高管理层而不是营销或销售部。而在一些大型的旅游公司或集团公司中，价格通常由公司的一个部门来设定，或者由地区或下属单位的经理根据总公司所制定的定价原则来设定。不同的价格制定者在定价中考虑的因素或侧重点不同，往往也会体现出不同的价格表现。

6.2.2 外部因素

影响旅游企业定价的外部因素，主要是市场与需求特征、市场竞争、汇率变动、通货膨胀和国家的政策、法律、行政干预等相关因素。对于旅游企业来说，这些都是不可控因素，企业无法改变、控制，定价时应充分考虑，主动适应这些因素的变化。

6.2.2.1 市场与需求特征

旅游产品价格与旅游者需求极为密切。一般来说，二者呈反比关系。价格越高，市场需求量就越少；价格越低，市场需求量就越多。旅游产品的最高价格取决于旅游者需求，因为失去旅游者需求的过高价格，会丧失旅游企业的销售机会。因此，旅游企业定价时，必须考虑旅游者需求对旅游产品价格的反应。但也有一些例外的旅游产品，如豪华宾馆、酒楼、奇特的景点、娱乐等，高价也能刺激旅游者需求。这一部分旅游产品属于炫耀商品和满足特殊需要，低价反而不能满足他们的需要。无论哪种情况，旅游者需求总是影响旅游企业定价的一个主要因素。旅游企业应该在充分考虑旅游者现实、潜在需求对价格的影响基础上，制定激发、维持或限制需求的产品价格。

不同的旅游产品，旅游者对其价格的反应是不同的，即需求价格弹性不同。

例如，在某旅游地，旅游者对主要旅游、观光点的门票价格不敏感，其需求就对价格高低反应不大，需求价格弹性小；但对餐饮、住宿和购物商品价格比较敏感，其需求对价格高低反应较大，需求价格弹性大。因此，旅游企业定价还要充分考虑不同产品的需求价格弹性。即对需求价格弹性大的旅游产品，可用低价刺激需求；对需求价格弹性小的旅游产品，则用一般价格或略高价格保持或扩大需求。

6.2.2.2 市场竞争

在旅游市场上，各种旅游企业之间存在着一定的竞争关系，价格是市场竞争的重要手段。旅游企业调整产品价格往往是竞争因素引起的，并连锁引起众多旅游企业调整价格。某种产品价格的高低，最终取决于竞争者同种产品的价格水平；否则，过高于竞争者的价格就会失去价格竞争优势，过低于竞争者价格则会影响效益。因此，竞争是影响旅游企业定价的一个重要因素。根据竞争的程度不同，企业定价策略会有所不同。按照市场竞争程度，市场可以分为完全竞争、不完全竞争和完全垄断3种情况。旅游企业必须了解、分析市场竞争状况，以此制定出有利于竞争的产品价格（见表6－2）。

表6－2　不同市场类型下旅游产品定价策略

市场类型	市场特征	旅游产品定价特征
完全竞争	买者和卖者大量存在；产品同质；买卖双方充分获得市场情报	被动接受市场价格，随行就市
不完全竞争	有2个以上买者或卖者；少数买者或卖者对价格和交易起较大影响作用；买卖双方市场信息不充分；商品有差异	根据自身在市场中的实力或竞争地位制定价格
完全垄断	商品的供应完全由独家控制，形成独占市场	考虑市场需求状况的基础上制定有利于企业自身的价格

完全竞争　完全竞争也称自由竞争，它是一种理想化了的极端情况。在完全竞争条件下，买者和卖者都大量存在，产品都是同质的，不存在质量与功能上的差异，企业自由地选择产品生产，买卖双方能充分地获得市场情报。在这种情况下，无论是买方还是卖方都不能对产品价格进行影响，只能在市场既定价格下从事生产和交易。这种市场类型中，旅游企业不需要花费精力选择价格策略，只需要被动地接受市场形成的价格，随行就市。

不完全竞争　是一种介于完全竞争与完全垄断之间的市场类型，它是现实中存在的典型的市场竞争状况。不完全竞争条件下，最少有2个以上买者或卖者；少数买者或卖者对价格和交易数量起着较大的影响作用，买卖各方获得的市场信息是不充分的，它们的活动受到一定的限制，而且它们提供的同类商品有差异，因此，它们之间存在着一定程度的竞争。在不完全竞争情况下，企业的定价策略有比较大的回旋余地，它既要考虑竞争对象的价格策略，也要考虑本企业定价策略对竞争态势的影响。处于不完全竞争中的企业往往根据自身在市场中的实力或竞争地位制定价格，例如，竞争实力强的大企业可以制定高于市场的价格或为获取市场占有率而制定低于市场的价格；而竞争实力弱的企业一般实行随行就市，对本企业产品制定低价或适中的价格来获取一定的市场份额。

完全垄断 是完全竞争的反面，是指一种商品的供应完全由独家控制，形成独占市场。在完全垄断竞争情况下，交易的数量与价格由垄断者单方面决定。完全垄断在现实中很少见，旅游业中主要出现于某些历史文化遗产或独特的自然风景名胜区。在这种市场类型中，旅游企业定价具有主动权优势，在考虑市场需求状况的基础上制定有利于企业自身的价格。

6.2.2.3 国家的经济、政策环境

国家宏观经济背景是旅游业赖以生存的基础。国家经济持续、稳定增长，旅游产品价格也顺应经济发展水平保持稳定和适当的上升；而经济环境处于萧条时期，作为非基础需要的旅游产品价格将受到很大的影响。例如，一国处于通货膨胀严重时期，旅游产品价格与通货膨胀有着非常直接的关系。一般而言，通货膨胀率高，产品价格就高；反之，价格相对就低。这是因为过高的通货膨胀率必然增大产品成本、经营费用，如果不相应提高产品价格，就会影响利润甚至亏本。在通货膨胀率低或不存在时，旅游企业往往以较低、稳定的产品价格，扩大销售。此外，国家为保护旅游者的利益以及旅游企业合法经营，采取了一系列有关控制、调节价格的经济、行政和法律措施，对旅游企业定价也有很大影响。例如，政府根据限制企业牟取暴利、保护消费者利益的法律规定，公布旅游产品最高限价。当旅游行业出现竞价销售，损害企业、行业利益时，公布旅游产品最低保护价。又如，税率、利息率、毛利率的变动，直接影响产品成本和企业利润。因此，旅游企业定价和调价时，都不得不考虑这些宏观经济和政治环境因素。

6.2.2.4 其他外部因素

其他的外部因素主要是指对价格制定或变动带来影响的非主流因素。如旅游产品中国际出境、入境线路产品价格，受到两国货币兑换比价汇率的影响。当旅游地国家或地区汇率下调，意味着旅游产品实际价格下降；反之，汇率上调，意味着旅游产品实际价格上涨。汇率变动使旅游产品销售、成本、利润发生相应的变化，因此，汇率变动后，旅游企业要考虑是否调整旅游产品的名义价格。另外，产品的分销策略对产品的定价也有一定的影响。例如，尽管消费者可能认为某种产品价格略高于通常价格，但如果销售位置便利，消费者也会愿意购买这种产品。例如，饭店特殊的地理位置优势，对于商务人士来说，市中心的位置就可能在使用者心目中构成一种利益，这种利益就为溢价提供了理由。又如，一些企业为了鼓励分销商销售新产品、新线路，在制定对分销商销售的产品价格时往往也会给予较大的折扣，以弥补分销商的促销成本。

6.3 旅游产品定价的方法

旅游产品定价方法，是指旅游企业在既定的定价目标指导下，运用定价策略，确定具体产品价格的方法。定价方法大体上有3种导向，即成本导向、市场需求导向和竞争导向。各种定价导向又有多种具体的定价方法。旅游企业为了实现相应的定价目标，采取适当的定价方法给本企业定价，并在此基础上进行适当的调整。

6.3.1 以成本为基础的定价

成本导向定价是旅游企业在定价时，主要以成本作为依据的定价方法。这种定价方法的侧重点是产品的成本因素而不是市场需求、竞争等因素。其理论依据是：产品成本是旅游企业生产产品的货币投入。这个货币投入应首先通过产品销售的价格收回，才能继续生产，否则就会亏本，生产就难以维持；同时为了扩大生产，产品价格也应在保证收回成本的基础上体现适当利润，否则，企业就难以发展。采用这种方法制定价格会使人感到公平合理，旅游者容易接受，但它忽视了旅游市场的需求和旅游者的心理以及市场中旅游企业的竞争，因而灵活性、适应性、竞争性较差。

成本加成定价法是一种按卖方意图定价的方法，以产品的全部成本为基础定价，在成本基础上加上企业的目标利润或规定利润。主要有以下几种形式。

（1）成本加成法

成本加成法是一种按照成本确定价格，由单位成本加上固定百分比利润的定价方法，在实践中广为应用。它的特点是：有利于保持价格的稳定；能够保证企业所耗费的全部成本得到补偿，并在正常情况下能获得一定的利润；计算方法简便易行，资料容易取得；可以减少或避免价格竞争。弊端是：缺乏灵活性，不利于企业降低产品成本，忽视了产品需求弹性的变化。

计算公式：价格 = 单位成本 + 单位成本 × 成本利润率 = 单位成本 ×（1 + 成本利润率）。

【例6－1】 某种旅游纪念品，单位生产成本为 10 元，成本利润率核定为 20%，则该种旅游纪念品的售价为：10 ×（1 +20%）=12 元。

成本加成法主要用于制定旅行社产品、饭店餐饮食品的价格等。采用这种定价方法必须事前能准确核算产品成本，并以社会平均成本为标准进行适当调整，还要有一个适当的成本利润率。这种方法适合在需求及竞争状况相对稳定的环境使用，但在市场疲软、成本增大、销售不畅的情况下难以适用。

（2）盈亏平衡与目标利润定价

盈亏平衡分析法又称保本定价法、收支平衡定价法、损益平衡定价法，是运用损益平衡实行的一种保本定价的方法。它一般以盈亏分界点的总成本为依据来确定产品价格。盈亏分界点是指企业在收支平衡、利润为零时的销售水平。分界点上产品价格为：

$$P = V + F/Q$$

式中 P——产品保本价格；

V——单位产品变动成本；

F——总固定成本，不会随着产品生产量的变化而变化；

Q——保本点产品的销售量。

【例6－2】 某饭店有标准客房 120 间，每天应摊销的固定成本为 10 800 元。预计客房出租率为 60%，每间客房日平均变动成本为 50 元，不考虑纳税，试计算该饭店盈亏平衡点的价格水平是多少？

按照公式 $P = V + F/Q$ 带入数据，$P = 50 + 10\,800/(120 \times 60\%) = 200$（元）

也就是说，当饭店平均出租率为 60% 时，客房价格至少要超过 200 元一间时，才开始盈利；若低于这个价，则饭店客房部要处于亏损经营状态。这一现象可以用图6－2反映出来。

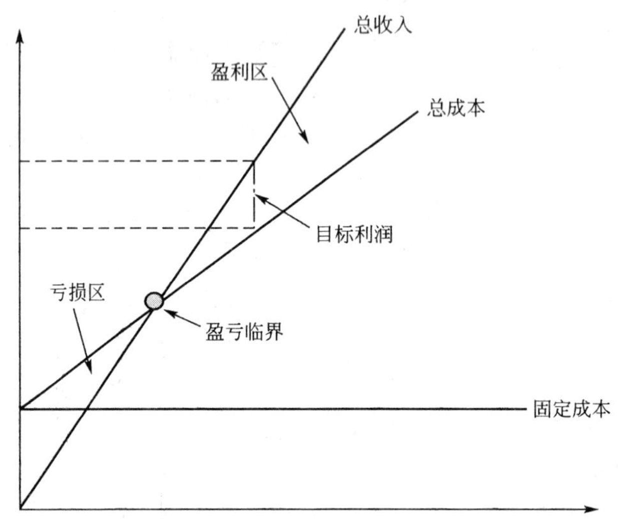

图6－2 用损益平衡法确定的客房价格

盈亏平衡定价一般是企业在定价时的参考最低限价，低于这个价格，则企业生产得不偿失，销量越多只会亏损越多。而高于这个价格，企业则会获得一定的利润。但旅游产品具有不可储存性，在旅游淡季，旅游产品考虑降价销售以补偿其固定成本费用，这时降价的最低价则要参考企业的盈亏平衡价。

但是，企业经营的目的是取得更多的利润，因此，在盈亏平衡定价的基础上，引入预期的目标利润 Pf，经过修正，于是得到企业在获得预定目标利润时，产品的定价公式为：$P = V + (F + Pf)/Q$

如果考虑营业税率 Ts，则公式修正为：

$$P = [V + (F + Pf)/Q] \div (1 - Ts)$$

这时价格 P 可使企业了解，价格至少应该在什么水平上，才能实现既定的目标利润，因而激励销售者采取各种销售途径和策略，以此价格为基础实现其预定的销售量。

【例6－3】 某饭店拥有500间客房，年固定成本总额为500万元，年目标利润总额为120万元，每间客房的日变动成本为15元，预计客房年出租率为80%，营业税率为客房销售收入的5%。试计算该饭店客房日销价。

单位客房日销价 $= [(5\,000\,000 + 1\,200\,000) \div (500 \times 360 \times 80\%) + 15] \div (1 - 5\%)$
$= 61.11$（元）

用这种方法定价，从理论上讲可以保本保利，但它是按预计销售量分摊固定成本和目标利润的，若实际销售量达不到预计销售量，那么这种价格就不能保证补偿固定成本和实现目标利润。因此，关键是准确预计销售量。同时它还忽视了这个价格反过来对销售量的直接影响，因此，这个价格能否实现目标收益取决于实际销售量。一般来说，只有经营垄断性产品或具有很高的市场占有率的企业，才有可能采用目标收益定价法。

（3）投资回收定价法

投资回收定价法是旅游企业为确保投资按期收回，并获得预期利润，根据投资生产的产品的成本费用及预期生产的产品数量，确定能实现营销目标价格的定价方法。所确定的这个价格在投资回收期内，不仅包括了单位产品应摊的投资额，也包括了单位产品新发生或经常性的成本费用。

【例6-4】 某旅游城市新建三星级饭店一座，共投资8000万元，拥有标准间客房350间，预计投资回收期为6年。预计在6年中，年平均客房出租率最好状况为70%，最差也可达60%，每一客房分担的服务管理费为每年8000元，同类饭店标准间客房的日销售价为220元/(间·天)。试计算能保证投资按期收回的单位客房日收费标准。

计算：因为该饭店单位客房每年经营费用=投资总费用/(客房数×回收期)+单位客房年追加的营销服务费=80 000 000/(350×6)+8000=46 095.24元

所以，该饭店单位客房日收费=单位客房年总经营费用/(年经营天数×客房平均利用率)=46 095.24/(360×60%)=213.4元

所计算出的日收费标准低于同类饭店水平，且客房出租率以最差状况作为保守计算，因此，该饭店单位客房日收费标准214元，即可保证如期收回投资。

可以通过验证：

饭店6年内净收入=(214×350×360×60%-8000×350)×6=80 270 400元。

验证结果，证明该饭店标准客房定价为日收费214元，则6年净收入逾8000万元，等于最初投资数量，投资可收回，而且价格比同类饭店低，具有价格竞争优势，如期收回投资是可能的。

利用投资回收定价方法必须注意产品销量、设施利用率的保证，否则就不能确保每年的投资回收率，也就不能实现旅游企业既定的营销目标。值得注意的是，投资回收定价法一般为静态计算方法，未考虑资金投入的时间价值等动态因素，因而所计算的结果只能供旅游企业确定产品价格时参考，而不能作为唯一的依据。

6.3.2 以需求为导向的定价

需求导向定价法是以市场对旅游产品需求的强度和旅游消费者对产品价值的理解程度来确定产品价格的一种方法。这种定价方法的理论依据是：旅游需求是旅游者购买的旅游产品的前提条件，客源就是财源，没有客源就没有需求，旅游企业也无法生存。产品成本的补偿固然是旅游企业经营的基础，但是产品只有在旅游者感到需要、值得，并采取购买行为后，成本才能补偿。因此，制定旅游产品价格，重要的依据是旅游者的需求和价值观念，而不是产品成本。同样的产品，市场需求量大，消费者偏好程度高，价格就可以定得高些；反之，就应定得低些。

需求导向定价主要有理解价值定价法和区分需求定价法2种。

(1) 理解价值定价法

理解价值定价又叫认知价值定价。所谓理解价值是指旅游消费者在观念上对旅游产品所理解的价值，而不是产品的实际价值。一方面旅游企业对自己所提供产品或服务能给旅游者带来多大价值进行评估，从而确定相应的价格；另一方面，旅游者也要对他所购买的产品或服务能产生多大价值进行考虑，从而确定该出多少价钱来购买此产品或服务，即买主对产品价值的模糊定位。只有双方的评估差距较小时，双方的目标才能得到实现。旅游者对每一种旅游产品都会有一种特定的评价和认识。旅游者在购买产品之前，基于自己的想象和来自各方面的信息，对产品价值进行评价。一般来说，只有当旅游者感到产品价格符合其理解价值时

才可能购买。这种现象在旅游产品销售中经常遇到，例如，旅游者在旅游点的小卖部喝一杯饮料1.5元，在一个小餐馆喝同样一杯饮料要2.5元，如在宾馆的咖啡厅内也许就要4元。这种由于购买地点的不同而产生的价格差别，不是产品本身改变了，而是由于附加的服务和环境氛围给产品增添了价值。

因此，旅游企业应根据旅游者的理解价值进行定价。采用这种方法定价，关键是准确判断旅游者的理解价值。若估计过高，价格就会偏高，影响销售；若估计过低，又会使价格偏低，影响利润。所以，必须对目标市场进行深入细致调查研究，准确了解旅游者的价值观念/价值水平，测定旅游者心目中的理解价值，以此制定的价格才能达到销售理想、利润满意的营销效果。当然，旅游者的理解价值也可以通过宣传影响和改变旅游者的价值评价，使旅游者对企业制定的现行价格认可。

（2）区分需求定价法

区分需求定价法又称差别定价法，是指对于具有不同购买力、不同需求强度、不同购买时间或选择不同旅游目的地点等的旅游者，可以根据其需求程度和消费感觉不同，采取不同的价格。区分需求定价法因对象、地点、时间及服务形式、数量的不同，有以下5种形式。

针对不同游客实行差别定价 对同一产品，在同一时间、地点，针对不同的人实行不同价格。例如，如同一饭店对散客、团体客人、家庭客人等价格不同。同一景区的车票、门票，分别对儿童与成人、国内游客和国外游客，学生与一般游客实行不同价格。

针对不同地点实行差别定价 相同的产品或服务在不同地方销售，由于周围环境和氛围不同而产生不同的吸引力，游客的价值理解也不同，从而可以制定不同的价格。例如，不同地区的差价，热点城市和一般城市同一产品价格是不同的。同一饭店不同楼层、不同朝向的客房价格不一样。

针对不同时间实行差别定价 旅游企业可以在不同季节、不同日期甚至一天中不同时间，实行不同价格。例如，淡旺季门票价格不同；酒店客房在平日和周末以及一天中上午和晚上价格也可以不同；娱乐场所白天和晚上价格不同。

针对不同服务形式实行差别定价 例如，同样的餐食，由于用餐服务不同，在餐厅用餐和送到客房用餐，价格是不同的。

针对不同数量实行差别定价 例如，航空公司对乘客乘坐本公司飞机里程的累计优惠；酒店对团队、对会议的折扣等。

采取区别需求定价法应该注意：① 目标市场能够细分，且各个细分市场需求强度差别明显，否则就没有必要采取这种方法；② 经常调查研究各类旅游者的旅游动机、心理和要求；③ 运用价格差额要适当，价格差过大会引起旅游者的反感、不满，过小则又达不到区别定价的目的。

旅游者对不同旅游景点的认识价值分析

某旅游消费者需要外出度假，有A、B、C 3个旅游景点可供选择，他便可以从风景优美程度、服务周到程度、安全程度及其他配套设施等不同属性指标予以评价。每一属性指标3个景点总计100分，按不同比例分配给3个景点，消费者对上述4个属性指标的重要性的不同看法，评价结果如下：

重要性指数	属性指标	旅游景点		
		A	B	C
0.40	风景优美程度	40	30	30
0.30	服务周到程度	50	20	30
0.20	安全程度	40	30	30
0.10	其他配套设施	35	40	25
1.00	认知价值	42.5	28	29.5

A 景点的认知价值：$0.4\times40+0.3\times50+0.2\times40+0.1\times35=42.5$

B 景点的认知价值：$0.4\times30+0.3\times20+0.2\times30+0.1\times40=28$

C 景点的认知价值：$0.4\times30+0.3\times30+0.2\times30+0.1\times25=29.5$

【分析】

从旅游者认知价值可见，A 景点享有较高的认知价值，而 B、C 则较低，若各自按认知价值定价，都能享有一定市场份额。但如果价格一样，则 B、C 将处于不利的竞争地位，必须通过努力增加服务来提高质量。

6.3.3 以竞争为基础的定价

这种定价法是以同类旅游产品的市场供应竞争状态为依据，以竞争对手的价格为基础制定价格的。这种方法的侧重点是竞争因素，即根据竞争对手的价格，结合自身的实力、战略目标制定价格。其价格变动取决于竞争对手的价格动向。在竞争激烈的旅游行业中，几乎所有企业都不得不关注竞争者的价格动向而采用这种方法，制定彼此相同或相接近的价格。因为旅游行业中某个企业的产品价格如果高于竞争者的价格，势必会失去相当的市场份额；如果定价过低，虽然有价格优势，但也会出现低价增销产生的利益不足以弥补低价减利造成的损失，从而导致利润下降，甚至亏损。这种定价的主要缺点是忽视成本和需求等因素。它主要有以下 3 种形式。

（1）随行就市定价法

旅游企业定价参照现有市场中同类产品一般通行的价格来定价。市场通行价格已经被市场认可和接受，反映了市场供求变化，大多数企业的社会必要劳动生产率，是行业的集体智慧。旅游企业根据这个价格定价，能较好地适应市场变化，保证获得适当利益，也有利于旅游行业协调，是一种风险小、相对稳定而又简便的定价方法，尤其适合于产品成本难以精确估算、难于预测的旅游企业定价。

（2）率先定价法

率先定价法是一种主动竞争的定价方法。在激烈的市场竞争中，一些实力雄厚的企业或拥有独特产品的旅游企业，优先开发出新产品进行率先定价。进行率先定价的企业往往具有较强的实力，在竞争中能在同行业中树立良好的榜样，拥有占领市场的有利武器。

（3）追随领导企业定价法

这种定价方法主要被一些实力较弱的中小企业所采用。旅游市场中，一些市场占有率大或影响最大的企业确定产品的市场价格后，由于这些大企业具有不同程度的垄断性或影响市场的能力，其价格在市场上起着领袖作用，各中小企业无力与其抗衡，往往尾随其后跟着定价，以避开竞争。

6.4　旅游产品定价策略

旅游企业定价策略是企业在制定价格时的指导思想和行动方针，同时为营销人员在定价中遇到问题时提供了解决问题的基本原则，也是企业营销组合的重要组成部分。企业从定价创造的价值中获取收益。定价策略正确与否，不但决定着定价目标能否实现，还影响着其他营销组合因素的实施效果。在市场营销活动中，旅游企业为了实现自己的经营战略和目标，经常根据不同产品、市场需求和竞争情况，采取灵活多变的价格策略，促进和扩大销售，提高企业的整体利益。

6.4.1　新产品价格策略

旅游产品处于不同的生命周期，其定价策略选择往往不同。在产品刚刚推向市场时，产品本身还不完善，前期成本投入高，市场有待于开发。但市场上竞争对手也很少，这时候，企业定价比较灵活，可以通过价格弥补开发成本，又可以运用价格限制竞争对手进入，优先占领市场。在这一阶段常用的定价策略有撇脂定价策略、渗透定价策略和满意定价策略（见表6－3）。

表6－3　新产品常用定价策略比较

定价策略类型	特点	优　　势	劣　　势
撇脂定价策略	高价	利用顾客求新心理，高价刺激消费，可在短期内取得较大利润，迅速收回成本；同时使企业具有一定的降价空间	不利于打开市场，风险较大；销路旺则易引来竞争，影响开发者前期成本回收和市场利益
渗透定价策略	低价	价格低，能更快打开产品销路和占领市场，从多销中获利；同时低价又可阻止竞争者进入，有利于控制市场	投资回收期较长、见效慢、风险大
满意定价策略	中间价	稳定，正常情况下盈利目标可按期实现，风险相对小	保守，不适于复杂多变或竞争激烈的市场环境

（1）撇脂定价策略

撇脂定价是一种高价定价策略。采取这种策略的经营者一般认为产品刚进入市场，替代品较少，价格弹性小，可以在市场上一部分消费能力高的旅游者中树立高价值高质量的独特产品形象。采取这种定价策略的优点是可以利用顾客求新心理，以较高的价格刺激消费，开拓早期市场，并在短期内取得较大利润，迅速收回开发成本，积累资金。而且，由于定价较高，可以使旅游企业在竞争者涌入市场时有一定的降价空间，获得价格竞争优势。这种方法的缺点是新产品尚未建立起声誉时，高价不利于打开市场，有时导致产品甚至无人问津，风险较大，而且由于旅游产品易于模仿，如果高价格投放市场销路旺盛，很容易引来竞争者以较低的价格进入市场，分占市场开发的成果，导致竞争加剧，影响开发者前期成本回收和市场利益。

（2）渗透定价策略

渗透定价策略是将新产品以低价格投放市场，目的是以低价迅速而深入地渗透到市场中，吸引很多买者，迅速占领市场，取得较高的市场份额。渗透定价策略的优势在于：价格定得较低，消费者更容易接受，能更快地打开产品销路和占领市场，从多销中获得利润；同时低价又可以阻止竞争者进入，有利于控制市场。这种定价策略的缺点是由于定价低，投资回收期较长，见效慢、风险大。采取这种策略时应具备 2 个条件：一是产品面对的旅游者具有价格敏感性，对产品或服务的需求弹性大；二是市场有足够的需求，可以在产品发展中降低平均成本，达到规模效益。许多饭店在新开业时往往通过临时或限时促销价格实现这一战略意图。

（3）满意定价策略

这种定价方法介于撇脂定价和渗透定价 2 种方法之间，制定的价格水平适中，同时兼顾企业、旅游中间商及消费者利益，使各方面顺利接受。这种定价方法比较保守、稳定，在正常情况下盈利目标可按期实现，风险相对较小，但不适于复杂多变或竞争激烈的市场环境。

6.4.2 心理价格策略

心理定价策略是根据旅游者消费心理所使用的定价策略，运用心理学原理，依据不同类型的消费者在购买旅游产品时的不同心理要求，对价格数字的敏感程度等来制定价格，从而实现相应的销售目标。心理定价策略一般有尾数定价策略、整数定价策略、习惯定价策略、声望定价策略、吉利数字定价策略和招徕定价策略等。

（1）尾数定价策略

利用消费者数字认知的某种心理，在价格上保留零头尾数，给消费者一种低廉和企业成本计算精确、作风严谨的印象，促使消费者选择购买。例如，在 1.96 元和 2.11 元之间的商品，1.96 元的商品就比 2.11 元的商品销量好，而实质上二者价格收益差不多。一般来说，中低档产品较适合这种定价策略。

（2）整数定价策略

整数定价策略在定价时，把商品的价格定成整数，使消费者在心理上产生高质量、高档次的感觉。采用这种策略是因为：一些旅游地旅游商品极为丰富，旅游者往往难以从价格上来判断商品的质量，特别是一些顾客不太了解，难以从外表识别的产品，整数价格反而会提高产品的身价，使顾客满意，放心购买。这种策略多为经营工艺品、字画商店采用，豪华旅游团报价和高星级宾馆客房价格也通常采用这种策略。

（3）习惯定价策略

某些产品在市场中已经形成了一个习惯价格，购买该产品的旅游者已经习惯这种价格，不愿意接受其他任何一种价格。如果产品高于这一价格，旅游者会认为不值；但如果低于这一价格，旅游者又会产生对商品质量的质疑。对于这类旅游产品的定价，一般应按习惯定价，不宜随便改动。一些已经比较成熟的品牌产品常采用这种策略。

（4）声望定价策略

声望定价策略主要是一些具有较高社会声望的旅游企业，利用旅游者的心理需求，对产品实行的高价策略。采用这种定价策略的原因是：由于企业在行业中有较高的声望，旅游者按思维定式认为，该企业的产品和服务成熟、完善，具有较高的品质，因而产生信赖。所以，旅游企业利用这一心理，给产品制定适当的高价以获得更多利润。声望定价策略适用于那些经营时间长、在行业中居于领导地位而且声誉极好的企业，一般旅游企业不宜采用，且高价也应有限度，不能脱离旅游者的心理需求。

（5）吉利数字定价策略

企业利用旅游者对某些数字的发音联想和偏好制定价格，满足消费者心理需要，并在无形中提升旅游者的满意度。例如，中国人喜欢数字“6”“8”“9”，价格中用这些数字定价，取顺利、发财、长久之意，使顾客顺心，容易产生购买行为。

（6）招徕定价策略

主要是旅游企业满足旅游者求廉的一种心理，特意将某几种产品价格定得很低，甚至不惜亏本，目的是引诱顾客前来购买这些低价产品的同时，购买其他正价产品，以此扩大销售，提高总体效益。例如，饭店采取低价销售餐饮，吸引顾客住宿，以扩大客房销售；一些餐厅提供免费酒水，促使顾客购买甚至多买菜肴；一些旅行社低价竞争也是通过低价包价获得交通折扣或增加购物提成来获得相当的利润。

酒家通过节日优惠招徕顾客

某新开张酒店于圣诞前夕通过报刊打出优惠广告：

凡圣诞节当天到酒店订餐消费，大厅每桌均免费赠送啤酒2瓶；消费满200元者，赠送本店8.8折消费贵宾卡一张；消费满288元者附加赠送本店招牌菜价值78元的辣味鸭一份。

6.4.3 折扣价格策略

折扣定价策略是一种在旅游产品交易过程中，旅游企业的基本标价不变，通过对实际价格的调整，把一部分价格转让给购买者，鼓励旅游者大量购买自己产品，或促使旅游者改变购买时间或鼓励旅游者及时付款的价格策略。一般包括现金折扣、数量折扣、季节折扣和同业折扣等策略。

（1）现金折扣策略

这是旅游企业间对现金交易或提前付款购买者的折扣优惠，目的是鼓励购买者迅速付款，以便尽快收回货款或防止拖欠货款，加速资金周转，避免债务风险。如酒店常有顾客以记账赊销，为鼓励顾客现金结账，较普遍采用这种策略。例如，酒店客房在成交后10天内付款，就可得到10%的现金折扣；20天内付款，就可得到9.5%的折扣。实行现金折扣的关键是合理地确定折扣率，其基本原则是折扣率的上限必须使折扣额低于企业加速资金周转所增加的盈利，其下限必须高于同期银行贷款的利率。

（2）数量折扣策略

这是旅游企业根据旅游者购买产品多少给予不同的折扣优惠，目的是鼓励旅游者多买。例如，15人以上的全包价标准旅行团实行第16人减免费用；酒店对散客、会议和团体也采取不同的折扣率，比如，分别为10%、20%和30%。一般来说，购买量越大，金额越大，折扣率越高。这种形式有利于扩大销售数量，同时还有利于巩固、加强企业与顾客之间的业务关系。

数量折扣有2种形式：一次批量折扣和累计批量折扣。一次批量折扣是顾客一次购买数量达到企业规定数量所获得的相应折扣优惠，数量越多，折扣越大。累计批量折扣是顾客在一定时间内购买的累计总数量达到企业规定数量所获得的折扣优惠，例如，航空公司推出的机票里程累加奖励活动。

（3）季节折扣策略

季节折扣一般是旅游企业在淡季给予旅游者的一种折扣优惠。旅游淡季时，旅游企业普遍出现客源不足、服务设施和生产设备闲置的情况。由于旅游产品具有不可储存性特征，产品的生产与消费在时间上不能发生分离，这样就出现了供求矛盾，在旺季时需求过剩，在淡季时客源不足。为了调节市场供求关系，刺激淡季旅游消费，旅游企业往往制定低于旺季时的旅游产品价格来刺激旅游者的消费欲望。不过，这种折扣优惠应不低于旅游产品的成本。

（4）同业折扣策略

同业折扣也称功能性折扣，是旅游企业根据各类中间商在市场营销中所担负的不同职责，给予的一种价格折扣，是针对营销渠道中某旅游企业对其他旅游企业协助促销而给予的一种酬谢。比如，如果零售商愿意为旅游企业的产品做广告，企业可能支付一半的费用；如果举办专门的展示会，企业将在零售商的下次购买中提供一定数量的免费产品。

6.4.4 区分需求价格策略

区分需求价格策略是指对相同的旅游产品以不同的价格出售的策略，一般以不同时间、地点、消费形式和消费者需求强度等方面差异作为定价的基本依据，其目的是通过形成数个局部的旅游市场而扩大销售，增加旅游企业的盈利。主要有以下4种形式。

（1）时间差异定价

这种策略是指旅游企业根据旅游者对产品需求的时间不同而制定的不同价格。例如，旅游淡季景区住宿降价，旺季提价；饭店周末和平常，以及一天中早中晚不同时段执行不同的价格。

（2）地点差异定价

这是旅游企业以不同价格策略在不同地区销售同一产品时形成的价格差异。由于不同地区的旅游者具有不同的爱好、习惯和消费心理而形成经营者不同的定价策略。例如，饭店的朝向、方位不同，售价不同；市中心的娱乐城产品价格远远高于城乡结合部娱乐城的产品价格。

（3）消费者差异定价

旅游企业针对不同旅游者的需要和购买数量而对同一旅游产品实行不同的价格。由于不同消费者在职业、年龄等客观因素和对产品需求的程度存在普遍差异，因此，企业往往给予特定细分市场相应的优惠或提价。例如，公园对老年人的优惠门票、铁路部分对学生的优惠车票，可使企业获得良好的促销和市场拓展效果。

（4）产品差异定价

旅游企业生产经营中由于产品形式不同、成本不同，也往往形成一定的价格差异。例如，旅行社针对不同收入市场推出的豪华团、经济团。在旅游产品中，那些具有明显优势、特色突出的产品往往比其他具有同样成本的产品拥有更为旺盛的需求，例如，名厨料理、优秀导游讲解等，价格可以相应提高。

黄山出台的旅游价格及优惠政策

2007年黄山风景区出台了平旺季旅游价格及优惠政策，相关内容如下。

持有国家新闻出版总署颁发的记者证的新闻工作者在4月份可以免门票上景区采访或采风。6月份凡12岁以下的儿童游黄山凭户口本免收门票。全年内，60岁以上的老人凭有关证件买门票享受半价优惠，70岁以上的老人凭有关证件免收门票。学生、现役军人、军队退离休干部、未成年人、英雄模范和省部级以上劳动模范来黄山旅游，凭有关证件享受门票半价优惠。残疾人凭《中华人民共和国残疾人证》，门票按旺季价格享受半价优惠；持有国家残联颁发的1~4等残疾证的残疾人士可享受免票待遇。导游带团来黄山，凭全国导游IC卡证免收门票；旅行商来黄山考察，凭国家旅游局颁发的旅行社总经理资格证书可免收门票。暑假期间，来黄山旅游的教师和学生持教师资格证、学生证来黄山旅游门票按旺季价格享受半价优惠。9月7~13日，来黄山旅游的教师凭教师资格证，门票按旺季价格实行半价优惠。

6.4.5 价格调整策略

旅游产品价格确定后，应保持价格的相对稳定性，以便建立顾客的信心。但价格制定后并不可能一成不变，随着市场环境和消费者需求的变化，旅游企业应根据现实需要及时调整自己的产品价格，在调整产品价格过程中，旅游企业需要根据市场具体情况，寻求价格调整的最佳切入点。旅游企业的价格调整策略一般有主动调价和被动调价策略2种。

（1）主动调整价格策略

主动调整价格是指在市场整体运行比较稳定的外部环境下，旅游企业根据自身的市场份额、利润额、产品供求关系等经营业绩以及预期市场变化而做的先期价格调整策略，包括调高价格和调低价格。

调高价格 是由于外界的一些原因，旅游企业主动调高产品价格的一种做法。调高价格的原因一般包括：① 由于通货膨胀而导致成本上升，由于成本上升使企业利润下降，企业不得不通过提价来减少损失；② 市场供求的变化，当旅游者需求过多，产品供不应求，企业面对过热需求只能通过调高价格来抑制需求。

不管出于何种原因，企业提价总会引起消费者不满，因此，旅游企业调价时应通过各种渠道，向旅游者说明提价的原因，并尽可能提高产品和服务价值。另外，要尽量限制提价的幅度，使其保持在旅游者愿意接受的范围内。

调低价格 是旅游企业主动调低自己产品价格的一种做法。一般有以下原因：一是企业生产能力过剩，市场产品供过于求，旅游企业通过其他营销手段仍不能增加销售量，往往会降低产品价格以实现现有产品价值或获得流动资金。二是市场竞争激烈，旅游企业产品在市场中占有率逐渐降低，为了扩大市场份额，采取降价策略来争夺市场份额。三是旅游企业实力雄厚，随着规模生产平均单位成本下降，通过降价来控制市场或进一步扩大市场占有率。但是，主动降价也存在很多负面效应，能否达到降价目的必须慎重考虑，如果降价使旅游者产生品质下降、形象受损的印象而转移消费，对旅游企业来说则是致命的打击。因此，旅游企业在决定降价前，一定要进行理智分析和缜密调整，以免降价带来适得其反或消极的后果。

（2）被动调整价格策略

在激烈的市场竞争中，如果竞争者的产品价格首先进行了调整，这时旅游企业就面临着新的竞争危险。在某些情况下，除了跟进别无选择。这便发生了被动调价。

在同质产品市场中，如果竞争者降低了价格，企业如果不做出反应，则可能会失去很大的市场份额，因为人都具有求廉心理，人们没有必要花更高的价钱购买同样的产品，这时旅游企业为了保持自己的市场份额，只好跟进选择调低价格策略；相反，如果竞争者提高了价格，本企业和其他一些企业显然可以选择不跟进策略，以获得价格竞争优势，扩大市场份额，但也可以选择跟进调高价格策略，目的是获取更多收益。

如果是在异质产品市场上，那么本企业对其他企业价格调整则会有不同的反应，这主要取决于企业提供产品和服务的差别化，消费者的需求，旅游企业的可信度以及其他因素。理性旅游者会对不同企业所提供的不同产品进行比较，所以，旅游企业在做出价格调整决策之前，必须考虑以下问题：

第一，竞争者调整价格的原因或意图，是为了夺取更多市场份额，还是竞争成本发生了变化，或者是整个行业内的调整价格？

第二，竞争者调整价格是临时性的，还是长期的？

第三，本企业的相应反应产生的后果与影响。如果本企业价格不变，是否会对自身销售量或市场份额产生影响？如果采取价格跟进，竞争者和其他企业会做出什么样的连锁反应？

一般而言，面对竞争者的价格调整，旅游企业可以采取如下措施。

维持原价不变　在消费者心目中保持一贯所拥有的市场领先者地位和形象，避免降价导致利润损失。如果本企业认为降价会使自己增加更多市场份额，或降价会失去很多利润时，就不应该跟随降价。

跟随降价　做出这个决定是因为该企业认为维持原价会使自己失去很大市场份额，而重新争回这些份额将付出很大代价。

跟随提价　同时提高质量，通过提高产品和服务的价格并且推出更新的高品质产品来争取更多重视价值的顾客，放弃一些对价格过分敏感的顾客。

改进产品　旅游企业维持原价不变，但通过改进和提高产品与服务水平来吸引消费者，构造企业忠实的消费者。

【案例分析】

不一视同仁的定价方法

意大利特兰托市郊高速公路旁，有一家“阿吉帕汽车旅馆”。起先这家旅馆主要接待驾车路过的旅客和因公出差的人，后来，由于竞争激烈，生意萧条，终年常出现亏损。因此，这家旅馆不得不寻求新的招数来吸引新客人。

这家旅馆为了吸引各类客人，针对不同类别的客人特点，制定了不同的价格。

散客　这类客人多是因公出差和驾车路过的客人，是该旅馆原来的主要市场。由于出差人的支出由企业开销，而不是个人支付，因此，这部分人不在乎价格的高低，对价格不很敏感；而过路的客人一般在夜晚到达旅馆，急于住宿，也对价格高低不大计较。针对这些特点，这家旅馆对这类客人收取全价，就餐费另加。

团体客人 这类客人主要由旅行社组团而带来的住宿客人。由于旅行社对各旅馆竞争的情况比较了解，对设施、价格、服务十分清楚，他们总希望选择价格优惠、设施齐全、服务优良的旅馆。并且，由于旅行社组团的客人量比较大，可以增大旅馆的规模效益，因此，优惠价格对团体客人应该具有很强的吸引力。这家旅馆对团体客人采用了2种优惠价格：① 对住宿带三餐饭的全包价，旅馆给客人折扣13.8%；② 对住宿带早、晚餐的半包价，旅馆对客人折扣9.4%，同时，在以上2种优惠价格中，凡21人以上的团体可提供1人食宿免费。

家庭客人 这类客人主要是驾车出游的家庭。这家旅馆对3人以上的家庭提供优惠价，3人同住的客房，平均每人的房价只有单人价格的65%，不满12岁的小孩可免费与父母同住。

长期租房客人 这类客人主要是包房1个月以上的客人，多为企业单位包租。这家旅馆根据客人租房的数量多少和时间长短给予不同的优惠，最低可达散客价的50%。

折价旅馆采用的不一视同仁的价格政策，很受不同类型的旅游者欢迎，出租率大大提高，尽管平均房价有所降低，但这家旅馆还是在激烈的竞争中靠大量销售生存了下来，并增加了盈利。

【案例思考题】

1. 这家旅馆采用的是什么定价方法？

2. 为什么这家旅馆要采用这种定价方法？其根据是什么？采用这种定价方法有什么好处？

【思考题】

1. 游泳价格的概念是什么？
2. 影响旅游产品价格定价的主要因素有哪些？
3. 旅游企业一般根据什么目标来制定价格？
4. 试述旅游产品定价的基本方法有哪些？
5. 旅游新产品如何定价？
6. 心理定价策略的内容是什么？现实中有哪些你熟悉的心理定价策略的应用？

【本章推荐阅读书目】

1. 旅游市场学. 修订版. 林南枝，李天元. 南开大学出版社，2000.

2. 新产品营销——中国市场实战营销经典. 刘永炬. 京华出版社，2006.

3. 旅游市场营销学. 刘伟平，陈秋华. 中国旅游出版社，2005.

4. 新产品市场营销：研究、进入、保持你的目标市场. 3版. 中英文对照. 琳达·平森，吉里·吉耐特. 经济日报出版社，2003.

第 7 章

旅游产品分销渠道策略

【本章概要】

旅游产品分销渠道策略是旅游营销策略的重要组成部分。本章首先明确了旅游产品分销渠道的概念、作用，然后对旅游产品的分销中介机构做了介绍和分析，并重点对旅游旅游产品分销渠道策略和分销渠道的管理进行了阐述，使旅游企业可以根据自身旅游产品的特点和市场状况，设计完善的旅游产品分销渠道，并对旅游产品分销渠道实施有效的管理，使旅游产品能更快捷、方便地提供给旅游者。

【学习目标】

- 掌握旅游产品分销渠道的含义与特点；
- 了解旅游中介营销机构的基本类型与功能；
- 掌握旅游产品分销渠道策略，熟悉旅游产品分销渠道的管理；
- 了解旅游分销渠道的发展趋势。

【关键性术语】

旅游分销渠道、旅游经销商、旅游代理商、直接销售渠道、间接销售渠道、旅游电子商务。

【案例导读】

香港迪斯尼乐园宣布第一批旅行社合作商名单

香港迪斯尼乐园2005年7月10日宣布第一批旅行社合作名单；他们将担当重要角色，吸引海外游客在9月12日后入园游览。中青旅控股股份有限公司、中国旅行社总社、广东省中国旅行社股份有限公司、广州广之旅国际旅行社股份有限公司、广东国旅国际旅行社股份有限公司、广东顺之旅国际旅行社有限公司、上海携程翠明国际旅行社有限公司等名列其中。

香港迪斯尼乐园的旅游业界网络包括香港及区内旅行社和国际航空公司。他们将与乐园紧密合作，为亚洲地区旅客设计并推荐旅行团，为旅客送上奇妙难忘的度假体验。

香港迪斯尼乐园事务及销售总裁陈敬考先生表示："旅游业界在我们整体分销渠道当中担当重要角色，让我们能与世界各地更多的游客接触，为海外游客提供更多旅行团的选择，让他们能够安排属于他们的香港迪斯尼乐园奇妙假期。"

香港迪斯尼乐园将继续扩展其区内旅游业界网络，满足来自世界各地的不同旅行社、自由行旅客及企业活动的需要。

除了与旅游业界紧密合作外，香港迪斯尼乐园亦设有其他分销渠道，让本地及海外的游客能方便快捷地购买乐园门票。游客可以登陆香港迪斯尼乐园网站预订门票，也可以致电香港迪斯尼乐园奇妙订房热线预订包含门票及其中一家香港迪斯尼酒店住宿的奇妙香港迪斯尼之旅。游客还可以根据当日门票出售情况，在香港迪斯尼乐园入口的售票处直接购票。

7.1 旅游分销渠道概述

现代旅游业发展非常迅速，旅游市场中产品的交易频繁，旅游产品要从生产企业送到旅游者手中，其中销售渠道在旅游市场的发展中发挥的重要作用是显而易见的，任何旅游产品转移到旅游者手中，都必须通过一定的渠道，在“特定的时间”“特定的地点”和“特定的方式”实现。随着旅游市场的日益扩大和国际化水平的不断提高，旅游营销主体的目光投向了更远的终端市场，目标市场往往不再触手可及，大多数旅游产品生产者与最终消费者之间很难进行直接接触与沟通。因此，旅游产品在市场中的运行过程变得越来越复杂。如何了解旅游者的需求及变化，如何生产更多适销对路的旅游产品，如何销售旅游产品以实现其价值获取利润，这一系列问题都需要通过多层次、多类型的中间商构成的分销渠道才得以解决。这便使得旅游市场的分销渠道研究得以发展。

7.1.1 旅游分销渠道的概念

分销渠道又称为分配渠道、配销通路，是指某种产品从生产者向消费者或用户转移过程中所经过的一切取得所有权（或协助所有权转移）的商业组织和个体。

一些教科书认为分销渠道又称为营销渠道。但现代营销之父科特勒认为，市场营销渠道（marketing channel）和分销渠道（distribution channel）是2个不同的概念。他说：“一条市场营销渠道是指那些配合起来生产、分销和消费某一生产者的某些货物或劳务的一整套所有企业和个人。”这就是说，一条市场营销渠道包括某种产品的供产销过程中所有的企业和个人，如资源供应商（suppliers）、生产者（producer）、商人中间商（merchant middleman）、代理中间商（agent middleman）、辅助商（facilitators）以及最后消费者或用户（ultimate consumer or users）等。美国市场营销协会早在1931年就有定义委员会，但到1960年该委员会才给分销渠道下了个定义：分销渠道是指企业内部和外部代理商和经销商（批发和零售）的组织结构，通过这些组织，商品（产品或劳务）才得以上市行销。

在旅游市场营销理论中，旅游分销渠道是泛指各类旅游企业将旅游产品转移至最终消费的旅游者手中的途径。其中包括旅游企业借助于旅游中间商向顾客出售其产品的间接分销途径，和旅游企业依靠自己力量在其生产地点以外的其他地方向旅游者出售其产品的直接分销方式。既包括旅游企业在其生产现场直接向来访旅游者出售其产品和服务传统做法，也包括旅游企业通过现代信息技术和网络系统进行预订和销售的做法。因此，旅游产品分销渠道是指旅游企业或旅游产品供应者，通过各种直接和间接的方式，将其产品转移到最终旅游消费者手中的所有流通环节和整个流通结构，是旅游产品所有权或使用权通过中间商从生产领域进入消费领域的途径。

与一般商品分销渠道不同，旅游分销渠道表现出如下一些基本特征：

第一，旅游分销渠道的参与者是旅游产品流通过程中各种类型的中间商。旅游产品的中间商可以是一种组织，例如，旅行社、旅游服务公司、官方旅游组织等；也可以是个人，例如，经纪人等，一般称为渠道成员。

第二，旅游分销渠道的起点是旅游产品生产者，例如，旅游地吃、住、行、游、购、娱等具体旅游项目的经营者，终点是旅游者，最终形成对旅游地各单项产品的购买与消费。

第三，旅游产品分销渠道基本上不发生实物形式的转移，主要表现为一种产品信息流。因为旅游产品的无形性与生产消费的同时性，决定了旅游消费主体在购买旅游产品进行消费之间表现出时间与空间上的脱离，即旅游者无论在何处订购一种旅游产品，都必须到旅游目的地或提供地才可以进行消费。因此，旅游产品分销渠道主要向旅游者传递旅游产品的相关信息，例如，交通、餐饮、住宿条件及其费用预算，以及其他车船时刻、出入境手续的办理和注意事项等一系列及时周到的信息。

第四，旅游产品分销渠道具有高收益性。旅游产品具有综合性特征，分销渠道只有通过市场的需求组装传递适销对路的旅游产品，这样通过中间商整合的旅游产品可以产生更高附加值，只要旅游者个人需求得到了满足，是可以承受较高产品价格的，这就使各单项产品具有更高的收益。

7.1.2 旅游分销渠道的类型

旅游产品销售过程根据有无中间环节以及中间环节的多少，分为零渠道、一级渠道、二级渠道、多级渠道（图7-1）。

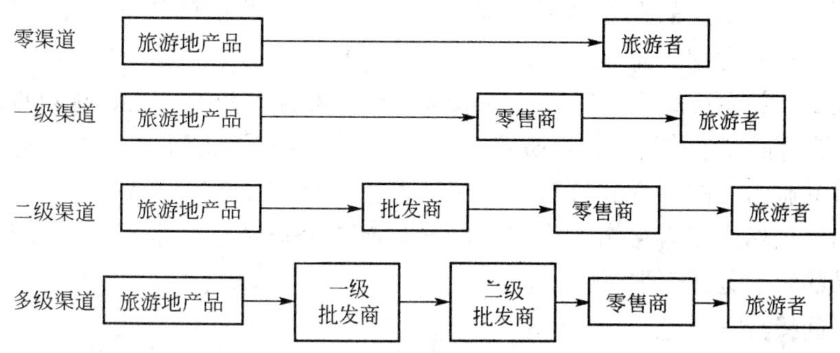

图7-1 旅游产品分销渠道类型

零渠道（zero level channel）是指旅游产品从旅游地生产提供部门流向最终消费者（旅游者）的过程中不经过任何中间商转手的营销渠道。一级渠道（one level channel）则指旅游产品在向旅游者转移过程中需经由1个中间环节或中间商的销售途径。二级渠道（two level channel）指产品在由旅游地生产者向旅游者转移过程中需经由2个中间环节或中间商的销售途径。多级渠道（more level channel）指旅游产品由目的地向旅游者转移过程中涉及3个及更多中间环节或中间商的销售途径。

根据有无中间商参与交换活动，可以将上述模式中的所有通道，归纳为2种最基本的分销渠道类型：直接分销渠道和间接分销渠道。

（1）直接分销渠道

旅游产品直接分销渠道，也称为零层次渠道，是指目的地旅游产品生产者或供应者直接向旅游者出售其产品。从世界各地旅游企业销售实践看，这类分销渠道主要有3种模式（表7-1）。

表7-1　直接销售渠道（零层次销售渠道）

基本模式	说　明
（1）旅游产品生产者→旅游消费者（在生产现场）	旅游消费者上门购买，产品生产者扮演零售商角色
（2）旅游产品生产者→旅游消费者（在客源地或消费者家中）	旅游消费者通过各种直接预订方式购买
（3）旅游产品生产者→自设销售网点→旅游消费者（在销售点现场）	旅游产品生产者在市场区域拥有自设零售系统

模式一　旅游产品生产者→旅游消费者（在生产现场）　这一直接分销方式主要是旅游目的地产品经营者在产品或服务提供现场直接向登门来访的游客出售其产品的传统销售方式。例如，小型餐馆和娱乐场所面对当地顾客销售产品，旅游地酒店、旅游景区等单项产品接待散客吃、住与景区游览。

模式二　旅游产品生产者→旅游消费者（在客源地或消费者家中）　这一直接分销渠道也属于传统分销模式，但购买活动分别跨越旅游产品提供的目的地和客源地两头，旅游者通过电话、电传等通信方式或现代信息技术网络工具直接向旅游地提供各项产品的旅游企业征询和预订。这一销售做法常见于集团化经营的饭店、航空公司和经营包价旅游地大型旅游公司。20世纪80年代以来，随着电子计算机技术在旅游信息和预订方面的发展和普及，为旅游企业在其主页市场范围内扩大同顾客的直接接触提供了技术条件，加之很多旅游企业不愿再因向中间商支付佣金而削弱自己产品在价格上的竞争力，这种直接营销模式已越来越广泛地为一些旅游企业所运用。

模式三　旅游产品生产者→自设销售网点→旅游消费者（在销售点现场）　这一模式主要特征在于旅游地产品提供者通过在客源地自设销售网点面向旅游者进行销售，接受旅游者的咨询和订购。由于这些销售网点是旅游产品生产者自设零售机构，因而仍然属于直接销售模式。例如，航空公司和铁路部门往往在很多地方设有自己的售票处或订票处。

（2）间接分销渠道

旅游产品间接分销渠道是指旅游产品经营者借助中间商将其产品最终转移到消费者手中的流通途径。与一般商品和服务分销不同的是，旅游产品分销渠道主要向旅游者传递旅游产品的相关信息。例如，交通、餐饮、住宿条件及其费用预算，以及其他如车船时刻、出入境手续的办理和注意事项等一系列及时周到的信息。在旅游产品的间接销售渠道中，按照所经中间环节的多少，可划分出3种不同的模式（表7-2）。

表7-2　间接分销渠道模式

基本模式	说　明
（1）一级分销渠道	旅游产品经营者通过一个零售商或代理商面向目标市场接受旅游者咨询与预订；旅游地产品生产者向零售商支付佣金
（2）二级分销渠道	旅游地产品生产者通过批发商和零售商面向目标市场，旅游产品只同旅游批发商有直接业务联系
（3）三级或多级分销渠道	旅游地产品生产者需经过多级中间商最终面向旅游消费者，常见于我国国际旅游业务

一级分销渠道模式　主要是指旅游产品经营者通过一个零售商或代理商面向

目标市场接受旅游者咨询与预订。这一模式的特点在于旅游地产品生产者需向代销其产品的零售商支付佣金或手续费。这一模式西方国家旅游业中较普遍。例如，旅游批发商通过这一渠道进行组团，旅游地众多企业（如饭店、航空公司、游船旅游公司等）都将这一渠道作为自己销售产品的主渠道。在我国，这一销售模式主要以旅行社代理订购各类交通票据，以及代订饭店客房、代办租车，等等。

二级分销渠道模式 指旅游产品从生产者到达旅游消费者过程中，销售途径经历了2个层次的旅游中间商。其中第一个层次的中间商一般是旅游批发商，通常是从事团体包价旅游批发业务的旅游公司或旅行社，其主要业务是通过大批量购买航空公司、饭店、观光景点以及接待旅行社等有关旅游企业的单项旅游产品，将这些产品按日程编排成包价旅游线路或包价度假集合产品（即整体旅游产品），然后通过旅游零售商（即第二个层次的中间商）出售给旅游消费者。这一渠道模式的主要特点在于旅游产品的生产者在同旅游批发商进行价格谈判的基础上，将其产品批量销售或预订给旅游批发商，然后再由旅游批发商委托旅游零售商出售给最终消费者。这种销售渠道在西方国家旅游业中较为普遍，在我国国内旅游业务方面主要是一些饭店或交通部门在同旅行社进行价格谈判的基础上，将其产品批发给经营国内团体包价旅游地旅行社，由这些旅行社将这些产品纳入其编排的包价旅游产品之中，然后再通过这些旅行社自设的零售机构和委托的中间商出售给最终消费者。

多级分销渠道模式 是指旅游产品销售渠道系统中包括三级及以上中间机构。例如，我国经营国际旅游业务的分销渠道模式一般为：旅游产品生产者→本国旅游批发商→外国旅游批发商→旅游零售商→旅游消费者。目前，外国旅游批发商尚不可能直接从我国旅游生产企业组织包价旅游产品，而我国经营国际来华旅游地批发商（国际旅行社），由于自身经济和技术实力的限制和国际市场地区经营环境因素的影响，尚难以同外国旅游零售商直接合作和签订代理业务合同。因此，我国从事涉外旅游接待的旅游生产企业销售产品的主要途径，通常是在价格谈判的基础上，将各单项旅游产品批量发售或预订给我国的国际旅行社。这些国际旅行社将这单项旅游产品编排组合成团体包价旅游产品后，通过外联谈判批发给客源国的旅游批发商。这些旅游批发商在对包价旅游产品重新定价后，作为自己的产品，委托客源市场当地旅行代理商和其他零售代理机构向旅游消费者出售。如果旅游批发商设有自己的零售机构，也可以自己同时担任零售商的角色面向市场销售自己的产品。

7.1.3 旅游分销渠道的作用

在市场经济高度发达的社会里，随着销售范围和销售距离的扩大，大多数商品不再是由生产者直接供应给消费者和用户。由于精力有限，生产者往往是迫不得已将对流通环节的控制权交给中间商，因为其经营销售环节存在着经验不足、效率不高、资金不足等现象。因此，销售渠道是社会化分工的产物。这样，产品的生产和销售分离开来，形成了关系密切又相互独立的社会分工，生产者致力于根据市场开发适销对路的产品，不断丰富和完善产品生产领域的内涵；而中间商则努力提高产品的经营绩效，既增加了收入又方便了消费者，一举多得。

旅游产品是服务性质的产品，其不能储存性的特点，使旅游分销过程变得更为重要。在旅游市场中，对于小型旅游企业来说，必须经营选址得当，其产品的销售直接面向市场。因此，其选址直接决定和影响着其产品销售，例如，小型餐馆、旅馆、娱乐或游乐点，这些企业市场小，前来登门购买的顾客就可能为企业提供足够的市场。因此，这类企业除了为方便顾客购买可能增设某种直接预订手段外，不用考虑分销问题。旅游分销渠道主要是为大型企业或市场范围大的旅游企业所需要考虑的。例如，旅游地高等级的景区、旅游饭店连锁集团、国际交通，其销售范围除了本地市场以外，更多的是区外的远程市场甚至国际市场。由于旅游产品具有不可储存性特点，旅游企业需要利用各种预订系统扩大提前预订量，而不能过多地依赖即时销售，必须扩充分销渠道和增加销售网点，从而使自己的目标顾客能够在较为便利的地点购买到产品。另一方面，旅游企业的经营规模和生产能力越来越大，市场竞争越来越激烈，这也客观上要求旅游企业扩大其产品销量和销售范围，否则生产能力的扩大将成为投资的浪费。因此，分销渠道中间商就顺应了这种社会分工和市场发展的需要，承担了旅游产品的营销和销售功能，使旅游产品在广阔的空间为广大旅游者知晓、理解、认可和购买。

旅游产品能否从旅游生产者手中顺利到达旅游者手中，销售渠道充当着重要的作用，旅游产品销售渠道畅通与否，是影响旅游企业整体市场营销行为成败的关键。一些旅游产品的销售很差或形成滞销，除了产品或服务本身质量、价格等营销因素以外，也与没有选择好正确合理的分销渠道，制约了经营的顺利进行有关。因此，旅游产品的分销渠道在市场营销中也有着举足轻重的作用。概括起来，旅游分销渠道具有以下几个方面的作用。

（1）承担营销职能，促进产品销售

旅游中间商介入旅游产品营销，可以为旅游产品供应商在市场调查、广告宣传、产品销售和为购买者服务等方面分担部分营销职能，从而能使旅游生产企业有更多精力用于产品的改进提高和扩大再生产。旅游中间商是社会生产力提高和社会分工的产物，具有专业化的营销职能，其营销效率更高。一方面，专门的营销机构承担了旅游产品的宣传和营销，促进了销售绩效；另一方面，分销机构的存在，也促进了整个经济的循环和社会的发展。

（2）组装旅游产品，满足市场需求

旅游产品的消费具有个性化和需求多样化的特征，任何一个旅游企业均不能向旅游者提供旅游活动中食、住、行、游、购、娱等环节所需要的全部旅游产品，而旅游中间商则与多家旅游企业相联系，并具有对多种旅游产品加工、组合的能力。为满足旅游者多方面的需要，旅游中间商能够将各种旅游产品组合起来，形成完整的系列化旅游产品，提供给旅游者。

（3）旅游供求的中间桥梁，促进双方信息交流

旅游中间商是联系旅游产品供给者和购买者的纽带和桥梁，可促使双方之间信息的交流。一方面旅游中间商把供给者产品的有关信息传递给购买者，增进他们对产品的了解，从而促使他们购买；另一方面中间商最了解市场动态，知道哪些旅游产品畅销，哪些旅游产品需要改进，潜在需求是什么，并可及时把这些信息传递给旅游产品供给者，以减少和避免生产中的盲目性，帮助供给者不断根据市场需求的变化，提供适销对路的产品。随着信息技术的发展，旅游中间商在代理销售方面的功能将进一步弱化，而提供信息咨询等方面的功能则会增强。

7.2 旅游营销中介机构

旅游营销中的中介机构，简称为旅游中间商，是指旅游生产者和旅游者之间专门从事旅游产品营销和转售旅游产品或服务，具有法人资格的各种中介组织和个人。根据其经营性质和特征，旅游中间商具有多种类型，主要包括旅游代理商、旅游批发商、旅游零售商以及一些旅游专营机构。

7.2.1 旅游经销商

旅游经销商主要是指那些将旅游产品买进后再卖出的中间商，其利润主要来自于旅游产品购进与销售之间的差额。一般来说，旅游经销商与旅游产品的生产企业共同承担市场风险，其经营业绩的好坏直接影响到旅游生产企业经济效益的高低。根据业务方式的不同，旅游经销商又分为旅游批发商和旅游零售商 2 类。

7.2.1.1 旅游批发商

旅游批发商（travel wholesaler）是主要从事旅游批发业务的旅行社或旅游公司，是将各种单项旅游产品（如航空公司、铁路公司、饭店、景区等旅游企业）或供给者的产品成批购入，根据不同的市场需求将其包装组合，形成不同的价格、时间和目的地的包价旅游产品，再批发给零售商，最终出售给旅游者的中间商。旅游批发商的利润主要来自包价产品的成本加价，通过批量购买和业务关系获得旅游生产企业的折扣和优惠价。

旅游批发商承担着组装旅游产品及产品营销的职能。通常在着手准备对旅游产品进行组合包装之前的很长一段时间，旅游批发商要仔细进行市场研究，分析旅游客流动态以及对旅游零售商和潜在旅游者的调查，旅游批发商可初步了解哪种旅游和哪些旅游地产品销路较好。然后，根据自己过去的经营经验，确定出应开发的线路产品。在筹划开发新的旅游线路时，旅游批发商一般都需要前往该地进行考察访问，以决定组团潜力，评价该地旅游服务的质量和价格；在此基础上，制定出详细的旅游项目安排，包括出发日期，活动天数，所使用的交通运输工具及地面服务的类型等。他们需要与饭店、交通部门、景区协商预订事项，确定相应费用，为其组织的旅游产品确定适宜的价格；然后同旅游零售商、代理商谈判佣金率和奖励销售的办法以及对该线路进行宣传和营销。在旅游线路的宣传与营销环节，旅游批发商一般连同其他旅游批发商以及相关旅游企业合作，共同开发市场。例如，旅游批发商常常将自己的产品信息载入有关航空公司的宣传册，由该航空公司进行散发。旅游批发商也经常联合旅游地景区、饭店以及当地政府，合作宣传旅游地产品，树立产品形象，激励旅游者前往旅游地旅游。一般来说，旅游批发商经营的范围可宽可窄，有的旅游批发商可在全国甚至海外通过设置办事处或建立合资企业等形式进行大众化产品的促销，或者广泛经营旅游热点地区的包价旅游产品；有的旅游批发商也可在特定的目标市场中只经营一些特定的旅游产品（如专项体育旅游活动产品）；而有的旅游批发商则可以以某一交通工具组织包价旅游（如汽车穿越塔克拉玛干沙漠包价旅游）。

随着旅游目的地产品经营范围和距离的增大，尤其是国际性旅游目的地数目的增长，旅游批发商在分销渠道中的作用越来越强。因为对于旅游代理商和旅游零售商来说，要了解每一个远程的旅游目的地的各类产品是不可能的，他们强烈地依赖于旅游批发商提供的旅游产品目录；而旅游地的产品又往往依赖于批发商将其纳入目录。对于将旅游地是否纳入目录以及在目录中如何描述，批发商有着最终决定权。例如，目录中会包括与其有协议的旅游目的地的饭店、景点、餐饮设施的描述，方便旅游者的查阅；而没有列入其中的其他旅游生产企业就失去了被旅游者选择的机会。

7.2.1.2 旅游零售商

旅游零售商是指直接面向广大旅游者从事旅游产品零售业务的旅游中间商，主要是各类旅行社。旅游零售商与旅游者联系最为密切。一方面，为适应旅游者的多种需要和要求，旅游零售商要熟悉多种旅游产品的优劣、价格，向旅游者提供各种咨询服务，代为预订车、船、机票，并要了解和掌握旅游者的经济支付水平、生活消费需要，以帮助旅游者挑选适宜其要求的旅游线路及旅游地吃、住、游、购、娱等日程安排；另一方面，旅游零售商又要与旅游目的地饭店、餐馆、景区景点及车船公司、航空公司等各旅游企业保持良好的沟通和联系，不断反馈旅游市场和旅游者的需求变化信息。

具体来说，旅游零售商的工作和职责主要是：销售旅游产品，为旅游者安排旅游线路，提供导游服务；为旅游消费者安排食宿、租用交通工具；代办旅游中一些具体事务（如保险、护照签证）；对希望参加特殊旅游活动的消费者事先做好安排；积极向旅游消费者提供可靠的旅游信息；及时向生产企业反馈旅游者的意见和建议等。

旅游零售商的业务直接影响着旅游生产企业的经营效益，因此，旅游产品生产企业应与旅游零售商之间建立良好的合作关系。例如，旅游产品具有强烈的季节性特征，在需求的旺季和淡季，旅游零售商相应的市场需求会存在明显的差异，因此，旅游产品生产企业和零售商之间应联合起来协调供给与需求的失衡状态，在需求淡季，降低价格，增加产品，改进服务质量；在需求旺季，合理安排，包装产品质量，通过提价来分流客源。旅游业是十分脆弱而又敏感的行业，会收到来自外界的不可预期的多种因素的影响，旅游零售商的业务量也会受到一些突发事件的冲击而出现较大的波动，并最终影响到旅游生产企业。对于旅游企业而言，应防患于未然，加强旅游行业危机应对和管理，努力降低经营风险。如果旅游生产企业和旅游零售商之间建立并保持长期合作的良好关系，一方面可以保证生产企业客源稳定，经营状况良好；另一方面，旅游零售商也能得到稳定的收入来源。在合作利益分配方面，应加强和国际标准的接轨，广泛采用支付的方式，这有助于减少旅游零售商与生产企业之间的利益冲突和对立，尤其是旅游产品价格上的分歧和矛盾，实现双方之间平等互利的合作关系。

7.2.2 旅游代理商

旅游代理商是指那些只接受旅游产品生产者或供应者的委托，在一定区域内代理销售其产品的旅游中间商。旅游代理商也是旅游零售商的一种，但旅游代理商的主要业务是向旅游者提供旅游咨询，代理销售旅游经营商组合的旅游产品或代售旅游地单项旅游产品业务。其收益主要来自被代理企业支付的佣金。

旅游代理商一般与被代理旅游企业签订合同，接受旅游企业委托，在某一特定区域内代理其销售旅游产品。旅游代理商的主要职能是在允许的区域内代理旅游企业，向旅游者或旅游经销商销售旅游产品和提供相关信息等。例如，代理饭店预订、宣传饭店产品、向旅游者提供饭店的详细服务信息等。当旅游企业需要在某一区域开拓市场或客源集中于某一地区而又无法直接进行营销活动时，可以借助于旅游代理商提供有关资料来扩大销售。因此，利用旅游代理商是对利用经销商的一种补充。一般而言，在旅游产品比较好的情况下，利用旅游批发商等中介组织的机会较多；而在新产品上市初期或产品销路不太好的情况下，利用代理商的机会比较多，利用代理商的风险转移程度比利用经销商要低得多。

旅游代理商在旅游者选择某一项旅游产品和某一个旅游目的地决策中也起到了很大作用，因而旅游产品生产者要为旅游代理商提供相应的支持性服务。例如，邀请代理商参加熟悉业务旅行；通过各种代理商杂志开展以旅游代理商为目标的促销活动；提供免费的拨打预订电话业务；快速处理佣金支付问题等。

7.2.3 旅游专营机构

旅游专营机构主要是除旅游中间商和零售商以外的其他中间组织环节。这些中间组织大多数主要表现为存在形式的差异，其承担的功能与旅游批发商及零售商经常是重合的。旅游专营机构主要有旅游经纪人、奖励协会和会议经营商等。

旅游经纪人（tour brokers）是一种特殊的旅游中间商。他们不拥有产品所有权，不控制产品价格及销售条件，也不卷入旅游产品的交易实务，而只是为买卖双方牵线搭桥，促成他们之间的交易。买卖双方生意成交后，经纪人由旅游企业付给佣金，所有经纪人不承担任何风险。某些旅游经纪人不仅为卖方代理业务，介绍买主，有时也会为买方代理业务，寻找适合的卖主。在国外，旅游经纪人主要出售乘车旅游项目，这种旅游产品对于一系列市场都具有吸引力。在我国，作为中间商形式的旅游经纪人尚处于起步阶段。

奖励协会（motivational house）为员工和分销商提供奖励旅游作为对他们辛苦工作的奖励。奖励旅游是在西方较为普遍的一种旅游形式，通常，公司常把奖励旅游作为给完成销售目标的员工和达到最高销售量的销售团队的奖励，以有效地激励接受者更努力地工作，提高员工的工作积极性，密切与中间商的合作关系等。因而奖励旅游迅速发展，由此出现了职业化的奖励旅游中间商。奖励旅游的目的地常常是度假地，旅游设施都是一流的或豪华型的。对于目的地的度假饭店和面向豪华市场的服务供应商来说，奖励协会是一种高效的分销渠道。奖励旅游经销商具有丰富的专业知识，善于为顾客量身订制旅游产品。

会议旅游经营商主要是从事会议旅游产品组合及出售，服务于一些协会、公司、政府机构和其他大的非营利性组织。他们有主要为会议旅游活动准备预算，选择会议地址和设施，向旅游产品工具企业订购产品，协商价格，安排会议日程，安排参加会议者的食宿、交通和娱乐活动，并进行会议的现场管理。会议旅游经营商提供专门化的服务，也是旅游业务分工的一个细化，引起了旅游供应者和会议需求者的注意。他们一般通过在专门的旅游刊物上刊登广告，在交易展示会上布置展厅及进行人员推销来向会议旅游经营商开展促销活动，使他们成为企业分销渠道的成员。

7.2.4 全球分销系统

全球分销系统（Global Distribution System，GDS）是一种计算机化预订系统，是随着电子信息技术的发展、飞行管制的放开而发展起来的，主要是以一些大的航空公司的中央预订系统（Central Reservation System，CRS）为基本构架。旅行社、饭店的中央预订系统及其他旅游企业、组织加入，从而形成的一个世界范围的以计算机网络技术为支持的多层配票网络。它可以看作是旅行代理商和其他接待企业产品分销商的产品目录。这套系统首先是由航空公司为扩大销售量而开发的，后经过一系列的联合与兼并，最后形成了六大系统：亚美达斯/系统一号（Amadeus/System One）、阿波罗/伽利略（Apollo/Galileo）系统、阿克塞斯（AXESS）系统、凡塔希亚（Fantasia）、塞伯（SABRE）和沃斯本/爱伯克斯（Worldspan/Abacus）。美国96%的旅行代理商至少与一套计算机预订系统相连接，饭店、出租车公司和其他旅游产品都可以把自己列在这些预订系统中，以便于旅游代理商出售。

7.3 旅游产品分销渠道策略

7.3.1 旅游产品分销渠道形式的决策

旅游产品分销渠道形式的选择和设计，要以旅游企业的经营要求为出发点，以其营销目标为指导，并能保证旅游产品及时到达目标市场，保持营销渠道具有较高的工作效率，并且营销费用支出较少，能取得良好的旅游经济和社会效益。因此，旅游产品营销渠道形式的决策，要建立在对市场认真调研、综合分析旅游企业战略目标和营销因素组合策略的基础上，确定营销渠道目标，然后才能做出相应的一系列决策。因此，旅游产品营销渠道形式的决策包括以下内容的确定和决策。

（1）营销旅游产品分销渠道选择的因素分析

旅游企业在设计分销渠道时，往往会受到多种因素的影响和制约，旅游生产企业必须充分考虑各方面的因素，才能做出科学合理的选择。一般情况下，影响企业选择不同类型的营销渠道的因素主要有旅游产品、市场、企业自身和环境因素等。

（2）确定旅游产品的分销渠道目标

确定旅游产品的分销渠道目标的目的在于使分销渠道能与本企业的战略目标和营销策略融为一体，从而与目标市场相适应。一般来说，围绕旅游企业要进入的目标市场及要完成的任务，企业的渠道目标包括确定中间商的类型、数目和作用。为此，企业需要仔细研究消费者的需求特征，旅游产品的种类，数量与质量，旅游市场的结构及其变动趋势、中间商的特征以及竞争者对手的销售渠道、企业资源、市场环节变化等。

（3）选择渠道结构模式

企业销售渠道结构模式包括采用直接渠道和间接渠道，渠道的长短宽度及多渠道和单渠道的选用等问题。企业应综合考虑产品、市场、企业自身因素和政策规定来确定渠道的结构。

(4) 选择渠道成员

如果企业选择了间接分销渠道，那么还要选择合适的中间商，即选择销售渠道成员。旅游生产企业对中间商的选择余地的大小，取决于生产企业自身的声誉好坏和产品销路的大小。对一个选择余地很大的企业来说，选择中间商的标准一般要考虑以下一些因素：中间商的历史长短、声誉好坏、经营范围以及销售和获利能力、收现能力、协作精神、业务人员的素质、未来的销售增长潜力等。

7.3.2 旅游产品分销渠道形式的策略

旅游产品分销渠道的选择策略，主要涉及对渠道长度、渠道宽度、渠道联合等问题做出决策。

7.3.2.1 分销渠道长度策略

旅游产品销售渠道的长度就是旅游产品从生产者向最终消费者转移的过程中所经历的中间环节的多少。所经历的中间环节或层次越多，营销渠道越长；相反，则表示分销渠道越短。最短的营销渠道是不经过任何中间环节，由旅游产品生产者直接面对消费者，这称为直接销售，简称直销。分销渠道长度策略就是对选取何种长度的分销渠道进行决策，即采用直接销售渠道还是间接分销渠道；如果采用间接分销渠道，需要选择几个中间环境的渠道为宜。在现代旅游经营实践中，许多旅游企业的产品营销都需要借助间接渠道。这是因为旅游业迅猛发展，市场竞争加剧，很多旅游目的地和旅游企业都力图扩大自己的市场份额，都想通过数量更多、分布更广的销售网络去吸纳更多的客源，却因资金与技术等方面的实力限制，不可能在众多市场区域内发展直销渠道。因此，很多旅游目的地和旅游企业为加强自己在销售领域的力量，纷纷利用中间商拓宽和发展分销范围。

一般来说，在实际工作中，旅游企业选择直接分销渠道还是间接分销渠道，或者选择旅游分销渠道的长短，通常取决于旅游产品从生产者（供应商）向最终消费者转移过程中所经历的中间环节的多少。旅游产品供给者在选择长短渠道策略时，要考虑产品、市场及供给者本身等因素。一般来讲，当旅游产品的供给者有较强的营销能力和经济能力，有控制渠道的较强愿望，地理位置接近市场中心，营销实力较强，推销经验丰富，或找不到适当的中间商时，有必要减少渠道环节，适宜采用直接分销渠道或选择较短的间接分销渠道；相反，当产品批量销售大，市场广阔而分散，供给者在地理位置远离市场中心时，就应该增加渠道环节，采用较长的分销渠道。

7.3.2.2 分销渠道宽度策略

旅游产品分销渠道宽度策略是指旅游产品销售渠道的每个层次中使用同种类型的中间商数目的多少。旅游企业在选择分销渠道时，由于目标市场的不同，可能出现多种类型、层级的分销渠道并存的形式。一般而言，旅游企业在确定分销渠道宽度时有以下 3 种选择。

(1) 密集性分销

密集性分销（intensive distribution）是在渠道层次中选择大量的中间商，充分与旅游产品的营销市场接触。采用这种策略的旅游产品供给者在使用旅游中间商时不加任何选择，只要对方愿意经销或代销其产品并接受双方商定的利益条件，便可成为销售该产品的旅游中间商。中间商的数量越多越好，以求尽快提高知名度，扩大产品销路，使旅游消费者能够及时、便捷地买到所需的旅游产品。在旅游客源市场出游率较大，旅游者集中的地方，或企业的主要目标市场，一般采用这种分销渠道。

选择这种分销渠道策略的优点是方便消费者购买，广告效果好，能迅速提高产品的知名度。但是利用这种宽渠道形式，对旅游企业可能会造成一系列不利后果，如广泛建立分销网络可能会给旅游企业带来巨大的开支。如果采取密集性分销策略的旅游企业希望代理商对本企业有所贡献的话，就必须为他们每一家都提供至少最低水平的协助服务，包括宣传册、了解新产品变化的资料、产品报价，以及为丰富代理商产品知识的各种培训等。所有这些服务都是在付给旅游代理商销售佣金以外另加的，因此，广泛深入市场的同时加大了营销的成本。一个每年仅有5000~6000名顾客的小型旅游企业是不会考虑采用密集性分销策略的，因为平均下来从每个代理商那里只得到一个顾客预订的话，显然是得不偿失的。另外，采取这种策略还可能使企业对产品营销失去控制，因竞争激励而跌价，渠道成员的服务质量滑坡以及使生产企业形象受损等，因此，旅游企业采用这种渠道时也要充分考虑其负面影响。

（2）选择性分销

选择性分销（selective distribution）渠道策略通常是指旅游企业根据自己的销售实力和目标市场，在一定的市场范围内只选择那些有支付能力、有销售经验以及服务上乘的旅游中间商经销或代销自己的旅游产品。由于中间商的选择相当少而精，供给商与中间商可以保持较为密切的关系，旅游企业对渠道可进行适度控制，有利于保持产品的形象和信誉。旅游产品供给者通过有意识的选择旅游中间商，可以降低成本，扩大销售，取得好的销售效果；同时，旅游中间商也可以长期地经销某产品，有利于增加销量，减少市场中的竞争。但在激励的市场竞争中，旅游企业与中间商的选择是双向的，如果旅游企业的规模不大，知名度不高，挑选满意的中间商则会受到限制。

这种渠道形式的策略适用于价格较高的产品，因为购买者购买这些旅游产品要经过慎重考虑与选择，因而要求中间商具有一定的专业知识、服务水平以及较高的声誉。例如，我国近年来出国旅游的人数逐年增多，许多旅游者经常选择在我国旅游业中享有良好声誉的中国国际旅行社等为旅游中介。另外，在旅游者较少但相当集中的市场，也可选用这种较窄的渠道。

（3）专营性分销

专营性分销（exclusive distribution）又称为独家分销，是指旅游产品供给者在一定的区域内仅选用一家经验丰富、信誉卓著，最符合要求的中间商来代销旅游企业产品，是一种最窄的分销渠道形式。一般来说，这家独家代理商也不再经营别的同类竞争性产品。专营性分销策略的优点是便于旅游产品供给者对中间商经销活动的控制，保证二者在营销策略行为上的一致性，简化核算手续，树立旅游产品形象，对中间商来说也有利于提高其积极性，努力致力于旅游产品市场的开拓和信誉的提高。其缺点是对中间商要求很高，较难选择，只与一家中间商合作，风险较大，如果选择不当，将失去这一地区的市场；另外，销售面也比较窄，灵活性不够，不利于该地区较远距离游客对其产品的了解与购买，容易造成广告促销费用的浪费。

这种分销方式在某些特定旅游产品（如体育赛事、大型节庆活动）的分销中比较常用。例如，2005 年 5 月 1 日、2 日首次在中国举行的世界顶级摩托车赛事——世界摩托车耐力锦标赛珠海 6 小时耐力赛，其门票的销售就由“广之旅”独家代理。

7.3.3 旅游产品分销渠道的管理

建立和维持旅游销售渠道需要消耗一定的成本，怎样对销售渠道实施科学有效的管理和控制，是旅游企业能否最终实现销售目标的关键，销售渠道也能为企业带来更多的回报。只有加强旅游营销渠道的管理，才能保证其运行按事先预定的方式和轨迹进行，才能达到选择、确立旅游营销渠道的目的，使旅游企业和旅游中间商获得应有的经济效益。由于旅游营销渠道有直销与分销之分，客观上旅游分销渠道的构成较为复杂，管理难度较大，因而需要加强旅游营销渠道的管理主要是针对分销渠道的管理。旅游分销渠道管理的核心是如何调动旅游中间商的积极性、主动性，减少渠道成员之间的冲突，保障渠道的畅通。

7.3.3.1 分销渠道中成员的选择

选择渠道成员就是确定要与之合作的旅游中间商。从旅游企业角度看，评估和选择旅游中间商的标准只有 2 个：一是中间商为旅游企业带来的实际利益，即销售量；二是本旅游企业为维护这一渠道所必须支付的费用。这 2 个标准是终极标准，只适用于对已经被选用的旅游中间商的评价和选择，而旅游企业面临选择新的旅游中间商，则还要考虑以下因素。

中间商的类型 旅游企业选择中间商类型除了批发与零售商的差异外，还有多种类型需要考虑。例如，专门经营某一地区旅游产品的中间商，兼营旅游产品供给的中间商，兼营其他行业的中间商，其他行业兼营旅游行业的中间商等。选择好的旅游中间商，对于建立高效、畅通、经济合理的旅游销售渠道网络系统是至关重要的。

中间商所经营的旅游产品的内容及服务对象 也就是考虑旅游产品中间商一向或目前所联系的旅游消费主体与旅游产品供给者的目标顾客是否一致。

中间商的地理位置 中间商地理位置的好坏，对于目标市场的营销和销售目标的实现影响很大。

中间商的实力与资信 包括中间商资金力量、财务状况、信用水平与设施设备状况、拥有人员情况与服务力量、中间商的经营管理水平以及从事市场营销活动的经营与能力。

中间商的合作意愿 所选择的中间商必须与本旅游企业有合作的诚意，特别是对为多家同类旅游产品供应者提供代理零售业务的中间商更应如此。

所需要的维持费用 为了建立和维持与旅游中间商的关系，旅游产品生产企业需要提供哪些方面的支持与援助，所涉及的费用有多大，旅游产品生产企业能否承担以及是否值得付出，等等。

7.3.3.2 分销渠道中成员的合作与激励

加强与旅游中间商的合作，调动他们的积极性，是营销渠道管理的重要任务之一。旅游间接分销渠道往往是一个不稳定的联合体，参与旅游分销渠道的成员，各自的需要和动机不同，所追求的利益也不一样。旅游企业旨在使分销渠道中的其他各方面注重自己的产品，努力扩大自己产品的销售量，同时有希望尽量减少分销成本。旅游批发商在追求高销售量和高利润的同时，更加关心开发既能使自己减少风险，又能使旅游零售商愿意接受、代理的产品。旅游零售商一般希望能得到多种旅游产品，以便更好地向旅游消费者销售，同时这些产品又能带来高额利润。旅游消费者则往往希望有多种旅游产品供选择，以方便挑选、确定自己愿意购买的产品。同时，旅游中间商与旅游企业是相互独立的，中间商可以同时代理多家旅游企业的产品，甚至同时销售 2 个竞争对手的同类产品。因此，必须加强旅游企业与分销渠道中成员的合作，采取多种措施实现对中间商成员的激励，调动其销售产品的热情和积极性。旅游产品供给企业可以采用以下多种激励中间商的方式。

(1) 奖惩结合

在与中间商的合作中，旅游产品供给企业可采用奖惩结合的方式。一方面通过较大的折扣、丰富的佣金、特别奖金合作促销、销售竞赛等方式来奖励业绩良好的旅游中间商；另一方面，通过减少折扣和佣金，甚至中止合同来惩罚那些没有很好帮助旅游企业实现销售目标的旅游中间商。采取这种激励方式主要是通过正反两方面的刺激，促使旅游中间商有所反应，以继续维持好的工作方法或改进工作态度，争取客源。但这种方式没有考虑旅游中间商的需要和他们的实际问题，因此，并不是总能产生良好的激励效果。

(2) 建立长期的合作关系

旅游产品供给企业努力谋求与旅游中间商建立长期的业务伙伴关系。他们首先提出对旅游中间商的要求，然后在销售区域、市场开发、产品供应、咨询、促销等方面向旅游中间商提供一定帮助，结合旅游企业和中间商的需要，制订销售计划，并协助中间商搞好旅游产品的销售工作。这种方法是旅游中间商认为自己是旅游企业销售渠道体系中的成员，应和旅游企业共同努力来销售旅游产品，从中获利。

与旅行社合作的 10 种思路

- 尽快支付佣金。考虑旅行社的需要，及时支付佣金。
- 在整个企业范围内都承担对旅行社进行营销的义务，首先从管理层开始。
- 让员工认识到旅行社营销的需要和重要性。
- 开展员工与旅行社之间的交易活动，以增进彼此间对各自需要和义务的了解。
- 对经常在饭店预订的旅行社给予嘉奖。
- 通过销售宣传册、电子表单和饭店广告为旅行社提供有关饭店服务和设施的详细信息。
- 与当地的旅游企业合作，为旅行社提供熟悉的旅游线路。
- 确保给予旅行社免费和打折的权利。
- 通过组织研讨会等为旅行社提供学习的机会，让他们懂得如何组织会议和奖励活动。
- 提供有关特殊活动和大型活动的信息，尽早促销以便旅行社能够进行销售。如果你提供活动后的专车，也要通知旅行社。

7.3.3.3 渠道成员之间的冲突管理

在销售渠道管理中，除了加强与中间商的合作之外，旅游企业还必须处理好渠道成员之间的冲突。由于旅游企业经常选择多个中间商销售产品，旅游中间商会因竞争而发生冲突。冲突一旦发生，会对整个销售渠道产生不利影响。这些冲突既存在于销售渠道同一层次的成员之间（如争夺客源同一层次的旅游销售商之间的冲突）；也存在于同一渠道的不同层次之间（如旅游批发商与零售商的冲突；旅游零售商与旅游者的冲突）。这些冲突是不可避免的，必须对冲突进行有效、合理的管理。首先，要查明分销渠道成员之间冲突产生的原因，积极配合中间商解决。加强各渠道成员之间的联系与沟通，定期举办各种座谈会，把销售渠道成员聚集在一起，增强了解，加强合作，消除分歧。其次，旅游企业要深入了解每个重要渠道成员的实际需要及满足程度，根据中间商的不同要求采取相应的措施。比如，饭店对于旅游代理商希望更大的房价优惠时，可根据具体情况在一些希望增加预订量的房型上给予最优惠的房价；当旅行社希望在旅游旺季能有优先预订权，并延长保留房间的时间时，可根据其取消预订率的大小给予适当的满足等。

7.3.3.4 分销渠道成员的评估

旅游中间商确定后，旅游企业需要定期评估旅游中间商的表现，根据中间商从事旅游产品销售的能力、条件、销售量及销售费用等，确定旅游中间商的业绩优劣。表现良好的旅游中间商可以作为企业争取与之合作的重点，表现不尽如人意的旅游中间商可考虑中止与他的业务合作关系。对中间商的评估可以从以下几个方面进行：

- 中间商历年销售量指标完成情况；
- 中间商为企业提供的利润额与所花费的费用；
- 中间商对本企业产品推销宣传情况；
- 中间商对顾客的服务水平以及顾客满意度状况；
- 中间商销售量占本企业销售量的比重；
- 与其他中间商的关系和配合情况。

7.3.3.5 旅游产品销售渠道的调整

在销售渠道的管理过程中，旅游产品供给企业还要根据每个旅游中间商的具体表现、市场变化及企业营销目标的改变，适时地对旅游中间商进行调整。调整的策略主要有以下3种。

（1）增减某一销售渠道成员

通过对旅游中间商的评估，对那些销售缺乏积极性，经营绩效差，难于合作，营销旅游企业产品形象差的中间商，旅游企业在必要时可与其中断合作关系。而为了满足企业进一步开拓市场需要，旅游企业又可根据一定的标准与援助，选择愿意合作的新的中间商。

（2）增减某一分销渠道

如果旅游企业的某条销售渠道的销售额一直都不甚理想，旅游企业可以在某一目标市场或某个细分市场取消这种类型的销售渠道，另外增设其他销售渠道。当旅游企业在向市场推出新的旅游产品时，原有渠道若不能满足迅速打开市场销路和提高竞争力的需要，也可以增加新的销售渠道来做好新产品的销售和推广工作，帮助旅游企业实现销售目标。

（3）调整销售渠道模式

有时由于市场情况发生了非常大的变化，对于原有销售渠道的部分调整已难以实现旅游企业的要求和适应市场变化，需要对销售渠道进行全面调整，重新设计旅游企业销售渠道，选择新的销售渠道结构模式。

7.4 旅游分销渠道的发展趋势

传统旅游分销渠道是建立在旅游企业产品基础上的模式，它强调通过中间代理（旅游经营商与旅游零售商）来克服由于旅游者集中度低（旅游者来源分散）所带来的分销障碍。

旅游分销渠道是旅游企业重要资产之一，市场竞争日益激烈，加上旅游产品分销主要以信息了解和传递为主，没有实物形态的商品流通，随着科学技术的突飞猛进，旅游分销渠道逐渐进入了一个新的发展阶段，新技术革命的影响使得旅游企业网络营销、电子商务成为可能，并逐渐成为众多旅游企业关注的热点。在此，主要介绍在新时代下旅游分销渠道的变化趋势和发展方向。

7.4.1 分销渠道的发展趋势

7.4.1.1 渠道运作：以终端市场建设为中心

从旅游销售渠道的运作方式来看，销售渠道正在向以终端市场建设为中心的方向发展。旅游企业的销售工作十分繁杂，在过去的渠道运作中，旅游企业总是主要通过中间商来开展，导致企业的销售政策无法得到全面的贯彻执行，企业与经销商之间的利益矛盾日益突出，中间商积极性不高，促销效果差。针对这些不足之处，旅游企业除了加强销售渠道的管理与控制之外，还直接在终端市场进行各种促销活动，激发消费者的购买动机和行为。

7.4.1.2 渠道体制：渠道结构扁平化

从旅游销售渠道的体制看，销售渠道正逐步向扁平化发展。传统的销售渠道为追求市场覆盖面和产品辐射能力而吸收了众多中间商参与销售渠道。但是，这样的销售渠道体制也造成了旅游企业不能有效控制中间商，无法进行及时准确的信息沟通与交流，并妨碍了销售效率的提高。因而，许多旅游企业正将销售渠道改为扁平化结构，即销售渠道越来越短，销售网点越来越多，这样既加强了企业对渠道的控制，又提高了产品的销量。

7.4.1.3 渠道关系：由短期效益向长期合作发展

过去的销售渠道关系是松散的交易关系，每一个渠道成员之间相互独立，各自为政，只是追求自身利益最大化，而不顾旅游者和旅游产品供给企业的利益。旅游企业和中间商之间正在建立长期合作的伙伴关系，中间商是整个销售渠道的组成部分，打破了过去分割独立的局面，并形成整合体系。旅游企业与旅游中间商通过联合促销、信息共享、培训等方式来实现合作，建立紧密的伙伴关系。在紧密的伙伴关系中，旅游企业与中间商共同努力提高销售渠道的运作效率，降低销售成本。为此，从旅游企业角度来说，在考虑企业目标为旅游中间商提供多方位支持的同时，也更加注重中间商的需求，中间商也将自己的利益和旅游企业联系在一起，更有动力协助旅游企业的销售工作。

7.4.1.4 渠道格局：由分销渠道的单一形式向联合化发展

随着旅游市场的不断发展，旅游市场竞争越来越激烈，旅游企业依靠单一的营销力量和手段进行市场营销，已显得越来越落后，旅游营销渠道日益复杂，出现了以旅游营销渠道联合化为主要特征的发展趋势。具体来说，大致有以下 3 类联合化倾向。

（1）分销渠道的纵向联合

旅游企业分销渠道的纵向联合，是指用一定的方式将分销渠道中各个环节的成员联合在一起，采取共同目标下的协调行动，以促使旅游产品或服务市场营销整体经济效益的提高。这种纵向联合大致可分为以下 2 种形式。

契约型的产销联合 这是指旅游生产企业同其所选定的各个环节的中间商，以契约的形式来确定各自在实现同一营销目标基础上的责权利关系和相互协调行动。其主要特征为：分销渠道中的各个环节成员共同为营销渠道整体利益的实现承担着相应的义务，有着统一的行动，同时尽管各渠道成员保持这某种形式的长期合作关系，但基本上仍是相互独立的经济实体。

紧密型的产销一体化 这是指旅游企业以延伸或兼并的方式建立的统一的旅游产品的产销联合体，使其具有生产、批发和零售的全部功能，以实现对旅游市场营销活动的全面控制。其具体形式主要有：① 自营直销系统，即拥有庞大资本的旅游生产企业自行投资建立自己的销售公司和营销网络，直接向目标市场销售自己的旅游产品；② 联营营销系统，即旅游生产企业与旅游中间商共同投资或相互合并建立起统一的产销联合体，共同协调旅游产品的产销活动。

旅游分销渠道的纵向联合可在一定程度上缓解和避免渠道成员间由于追求各自利益而形成的相互冲突，以及由此对营销系统所造成的损失，并且还由于整体协调功能的增强而提高市场营销活动的效率，从而使整体效益得以提高。

（2）分销渠道的横向联合

旅游分销渠道的横向联合，是指由 2 个以上的旅游生产企业联合开发共同的市场营销渠道。这种横向联合又可分为松散型联合和固定型联合 2 类形式。其中，松散型联合往往是为了共同开发某一市场，而由各有关旅游企业联合起来，共同策划和实施有助于实现这一市场机会的分销渠道，例如，旅游包机公司与旅游目的地的旅游生产企业联合起来共同开发某一客源市场。而固定型联合则往往以建立同时为各有关企业开展市场营销活动的销售公司为主要形式，例如，旅游目的地的有关生产企业联合成立旅游公司。旅游分销渠道的横向联合能较好地集中各有关旅游企业在市场营销方面的相对优势，例如，各企业可能都有自己的分销网络，联合起来就可能同时扩大各旅游企业的市场覆盖面等。

（3）集团联合

旅游集团联合，就是以旅游企业集团的形式，结合旅游企业组织形式的总体改造来促使旅游企业营销渠道的发展和改造。由于旅游企业集团是由多个企业联合而成的，具有生产、销售、信息、服务等多种功能的经济联合体，因而它往往能通过集团内的分销机构为集团内各生产企业承担市场分销业务。

旅游企业集团的联合是一种比较高级的联合形式。它的市场分销功能比较齐全，系统控制能力和综合协调能力都比较强，对市场营销活动能进行较为周密的系统策划，并能建立起健全高效的运行机制，从而能促使旅游市场营销活动的整体效益有很大的提高。

旅游分销渠道联合化的发展趋势表明，旅游市场分销渠道越来越依靠合理的社会分工来享受、获取专门化利益，这客观上也表明旅游市场的不断发展和进步。另外，联合化的发展还必须依赖于一定的物质基础和条件。例如，现代化的通信设备更有助于使各个企业的分销渠道汇集在一起，形成体系完整、覆盖面广阔的分销体系。旅游分销渠道联合化的发展趋势，也将使旅游企业经营的业务多样化，甚至超越传统的旅游产品经营范围，扩展到与旅游市场相关的其他市场；还必然会由于市场面的扩大，使得旅游中间商复杂化。银行、超市、航空公司等企业也会经营旅游产品的销售业务，称为广泛的旅游中间商。

广州出现“旅游超市”

全国首家“旅游超市”——广州市旅游交易推广中心（又名“优游时代”）于2001年12月21日试营业，广州市民外出旅游前大可先到这家“超市”货比三家再作选择。

“优游时代”设在天河北路时代广场7楼，分设旅游交易、景点推广等12个功能区域，设200多个独立分隔专卖店展位，是华南地区规模最大的集旅游、交易、服务、展示、洽谈、商品销售于一体的旅游消费综合场所，已进驻的单位包括国内外各地旅游局、航空公司、铁路、银行等。银行等机构还提供旅游贷款、资产评估等服务。

广州市旅游局所属的广州旅游服务问讯中心、广州市旅游紧急救援中心、广州市旅游质量监督管理所也已进驻中心，进行现场监督管理。

7.4.2 旅游分销渠道的发展方向

新技术革命的影响和互联网的日渐普及使得旅游电子商务成为旅游业的热点。通过网络查询信息，进行酒店、机票预订和购买支付旅游产品在国外早已成为一种时尚。如美国，早在1998年，就有将近半数的旅行者在网上订票，有51%的长期旅行者通过互联网获得旅游目的地的信息及确认价格、时间。1999年，美国旅游业已有2%的收入来源于网上业务，70%的网民访问过旅游站点。据CNN的数据显示，1999年度全球电子商务销售额突破1400亿美元，其中旅游业电子商务销售额突破270亿美元，占全球电子商务销售总额的20%以上；全球有超过17万家的旅游企业在网上开展综合、专业、特色的旅游服务；约有8500万人次享受过旅游网站的服务；全球旅游电子商务连续5年以350%以上的速度发展。

我国旅游电子商务从1996年开始出现，目前，具有一定旅游资讯能力的网站已有5000多家。其中专业旅游网站300余家，主要包括地区性网站、专业网站和门户网站的旅游频道三大类。虽然电子商务运用于旅游业仅有数年的时间，但是其发展势头十分强劲。电子商务已经成为信息时代旅游交易的新模式。例如，中国携程旅行网成立于1999年，总部在上海，据携程方面提供的数据表明，其每月订房量已达20万间左右，机票达到5万余张。2002年交易额10亿元，2006年目标交易额50亿元。现已发展成为集宾馆预订、机票预订、度假产品预订、旅游信息查询及特约商户服务为一体的综合性旅行服务公司。可见，在高速发展的互联网时代，旅游电子商务在旅游产品分销方面的前景是十分乐观的。

7.4.2.1 旅游电子商务的概念

电子商务是20世纪一项重要技术创新形式，电子商务的雏形是20世纪70年代末期出现在一些企业间的电子数据交换（EDI）和电子资金传送（EFT），但真正的商业应用是在20世纪90年代中后期，当时一批处在电子信息技术与商务交汇处的技术创新者，创造性地将计算机联网技术应用于传统的商业活动中，从而引发出新的原材料来源、新的产品销售方法、新的商业组合方式，导致了新的企业产销关系与新的市场效率。

旅游电子商务，是旅游企业基于Internet提供的互联网络技术，使用计算机计算技术、电子通信技术与企业购销网络系统联通而形成的一种新型的商业活动。其中包括网上传递与接收信息，网上订购、付款、客户服务等网上销售，网上售前推介与售后服务，以及利用互联网开展市场调查分析、财务核算及生产安排等多种商业活动内容。这是一种基于信息网络综合技术的信息流程与商务运作程序的结合形式。旅游电子商务的功能概括起来有：发布旅游企业营销信息，电子数据交换，网上订购，电子账户与网上支付，服务传递，意见征询与咨询洽谈、交易管理等。

旅游电子商务的使用，极大地改善了旅游者的购买渠道和“环境”，给传统的旅游分销方式带来了很大的冲击。一方面，人们希望在出游前就能全面了解与旅游有关的各种信息，并且可以享受到各种方便快捷的服务；另一方面，旅游企业需要及时向潜在的旅游者群体提供丰富的旅游景点信息，及时了解国内外客源市场信息，根据客户的需求提供各种相关服务。一个完善的旅游电子商务系统恰恰能为旅游者提供信息查询、在线预订、客户服务以及代理人服务等多种服务内容。因此，旅游企业需要积极迎合信息科技的发展，对传统的分销模式进行创新与重组，建立自己的旅游电子商务系统。

7.4.2.2 旅游电子商务在旅游业分销系统中的迅速发展

旅游电子商务之所以在旅游产品分销渠道中迅速发展，主要有以下原因。

（1）旅游业自身的行业特征决定了电子商务较易在其内部迅速发展

与其他行业相比，旅游业涉及的旅游目的地和客源市场都很分散，而且两者之间又存在距离，大量分处在不同地方的服务供应企业（如饭店、餐馆、景区、交通以及产品销售中介旅行社）需要组成一个庞大的网络，才能完成产品销售和接待任务。传统的旅游市场销售渠道以间接销售为主，难以实现直销，这不仅使成本增加，而且还大大影响了旅游企业开拓市场的能力。如果旅游业实行网络化经营，则不仅可以增加直销产品的比重，减少销售中介和促销费用，而且可以扩大市场覆盖面，提高工作效率，大大降低运行成本。由于电子商务具有高速度、高精确度和低运行成本的特点，所以它特别适合于处理像旅游业务那样的远距离、多批次的小额交易。旅游作为服务业的一种，其最大特点是：无形性、综合性、强依赖性和高介入性，而且营销服务者与旅游消费者之间呈“面对面的互动”特点。因此，无论旅游目的地或企业采取何种具体的营销策略，其不可回避的关键点是，如何高效地与目标消费者建立持久、密切的交互关系。旅游电子商务较少涉及复杂、费力的物流配送问题，对企业的物流配送系统要求不高。旅游电子商务客户可以通过网上结算的方式直接付款，免去了消费者携款到旅行社办理各种手续的麻烦。旅游电子商务的开展与推广，不仅可以使国内的旅游产品迅速走向世界，而且可以通过网上结算，解决旅游业支付结算期限长、拖欠严重的问题。所以，与其他行业相比，旅游业更需要电子商务，电子商务更容易得到旅游业的认同。

（2）旅游电子商务具有竞争优势与市场效率，是旅游业发展的内在需要

第一，旅游电子商务开拓出一种新的网上市场流通渠道，商务通道随着上网企业与上网人数的增多而迅速增大，而且几乎没有时间与空间距离的障碍，使旅游商务效应得到倍增。新的商业通道与信息流通渠道的引入也势必使原先的信息通道与市场交往渠道得到调整与优化。因此可以说，旅游电子商务的发展对开拓市场流通渠道的意义是双重的。它不仅从更开阔、更深入的意义上拓展商业交往渠道和信息流通渠道，而且使原先企业标准的交换技术按一定的目标形成的旅游电子商务网络进行升级处理，调整和优化流通渠道。明智的企业正是基于这样一种网络商务模式，通过向用户提供足以在适用的领域内增加价值的主动接口，并通过这些接口，开通更多的渠道，从而使其创新效应倍增。

第二，旅游电子商务创造出一种新的产品销售平台与产品销售方法，销售平台将售前信息发布、订购、支付、售后服务等多种商务功能集于一个计算机操作平台上，供应商因而可以将以往各种劳动分工集中在一起，大大节省了经销的人财物费用；顾客因而得到购买上的方便，也大大地促进买卖双方共建“双赢”的价值体系。对中小旅游企业来说，旅游电子商务极大地弥补了其在传统市场上网络少、知名度低的弱势，为其提供了更为广泛的发展机遇和更为平等的竞争手段。

第三，旅游电子商务降低了旅游企业经营成本。这主要表现在3个方面：① 减少企业的交换技术成本。企业之间的信息沟通与交流是企业间形成各种关系的基础，改变和增强企业之间的信息交换与联系已成为现代企业的一个重要特征。开通电子商务的旅游企业，借助于互联网可以很方便地与其他企业建立网络型商务联系。而这种企业间网络型商务关系形成的直接效果是减少企业的交换技术成本。② 降低企业的交易成本。电子商务的一大优点是能够节约交易费用。据互联网研究与发展中心（CII）发布的《CII中国电子商务指数报告》的测算结果表明；电子商务比传统交易方式节省11.61%的费用和9.34%的时间。③ 节省信息搜寻成本。按经济学家斯蒂格利茨的理论，交易费用的最大部分是交易双方的信息搜寻费用。而旅游电子商务恰恰是节省信息搜寻费用的一个重要途径。旅游消费者获得信息的过程，就是“寻找”的过程。寻找的收益是得到价廉物美的商品和服务，寻找所花的时间就是获得信息的成本。但是一般来说，随着寻找次数的增加，旅游消费者的收益递减，最后，旅游者会在边际成本等于边际收益处停止寻找。这时，他获得的信息量肯定少于完全信息。由于寻找成本的存在，使得有些旅游者宁可花较高的价格也不愿进一步寻找；而旅游互联网的介入大大地降低了信息的寻找成本，使旅游者可以直接从旅游目的地和相关企业中获得更多的、更有用的信息，使旅游者同时有更多的选择机会。这是众多旅游互联网深受旅游者欢迎的社会基础。

第四，旅游电子商务充分激发了旅游企业的多品种经营优势，使其获得规模经济和范围经济。按现代企业理论，当经销单一产品的单一经营单位所增加的规模减少了经销的单位成本，则规模经济性存在；范围经济性的本义是企业经营的多样化比单一经营具有更大的效率和收益，其原因在于多样化的相互支持及其相乘效应。旅游电子商务企业通常经营多种产品，例如，美国的一些大型旅游网站提供给用户选择的旅游产品竟达 3 万 ~4 万种，这是传统旅行社无法想象的。目前，旅游业已经从简单的规范化的旅游产品发展到复杂的组合产品；从商务旅游到休闲旅游产品；从散客到团体旅游产品等。以往千篇一律的“旅游套餐”已经不能满足消费者的个性需求，消费者更加渴求的是更具时尚化的“旅游自助餐”。传统旅行社由于成本条件的限制，一般不会接受散户的旅游服务，因而个性化旅游在传统方式下面临巨大障碍，而网上旅游具有覆盖面广、销售成本低等特征，弥补了旅游无法解决大量散户旅游服务要求的不足。可见，多品种经营是网上电子商务的一大优势，旅游电子商务的低成本优势很大程度上是在规模经济性与范围经济性上的实现与利用。

【案例分析】

长江轮船海外旅游总公司的市场开拓

长江轮船海外旅游总公司（以下简称长江海外）是长江流域规模最大、实力最强、最早从事国内外旅游经营业务的大型综合旅游企业集团，是中国百强国际旅行社 15 强企业，公司拥有固定资产 12 亿元，拥有长江天使系列、维多利亚系列、国宾系列等 20 多艘豪华游轮。

面对今天长江豪华游船供大于求，市场竞争十分激烈的局面下，长江海外人深深知道抓好营销对赢得企业生存和发展的重要性，始终把抓好营销作为生产经营的首要环节紧紧抓住不放，通过积极开拓国内外市场，确保自己在长江旅游市场的占有率。要抓活抓好营销，首先要理顺营销管理体制，建立良好的营销机制和管理模式。长江海外本着市场变我变的原则，不断改革和调整营销管理机构，对游船销售部门按事业部模式进行归口管理，努力统一提升游船核心销售系统及分支机构的营销能力和潜力。改革的深化带来的是营销力度的加大，各营销口按照公司既定的市场拓展目标，大力拓展境外一级目标客源市场。

德国市场是该公司经过 10 多年的努力所培育起来的一个成功市场。长江海外人对德国市场的呵护可以说做到了无微不至。每年，德国举办柏林国际旅游贸易洽谈会，长江海外均派出有公司主要领导亲自带队的参展团赴会，利用此机会与德国及欧洲各国旅行商广泛接洽，交流感情，增进友谊，抓好公司游船产品宣传促销。除了参展，平时，安排主要营销骨干常驻德国开展促销活动。对德国客户提出的有关改进游船接待服务工作的要求，长江海外各职能部门更是做到有求必应，尽可能地给予满足和解决。仅去年，为满足德国客户提出的改进游船硬件设施的要求，长江海外先后投入资金达千万余元。

除了抓好德国市场外，这家公司还通过积极参加各类旅游展销会、旅游贸易洽谈会，派人走出去促销等手段，努力巩固新马泰、中国台湾、日本等传统市场，积极开发美加、澳新等有潜力的市场，先后发展大客户 10 余家；2006 年该公司与俄罗斯游船公司联手，共同宣传促销长江三峡和伏尔加河的线路和产品，目前已初见效果，去年至今，俄罗斯游船公司已先后组团近百人到长江三峡旅游；更主要的是通过与俄罗斯游船公司的合作，使公司游船销售业务开始涉足俄罗斯市场，为下一步加大俄罗斯市场的开发力度奠定了基础。

与抓好境外一级目标市场宣传促销同步，长江海外对国内市场的开发同样付出巨大的努力。近年来，该公司以开发国内高端旅游市场和会议商务旅游市场为重点目标。建立分片区有重点地推进区域销售代表负责制度，在温州、上海、大连、青岛等众多城市派驻销售代表；与中青旅、国旅总社、康辉总社等众多有实力、有意愿的旅行社合作联营，对应特定市场、特定航线、采取包位、包航线等灵活多变的形式，抓好游船空位的促销。国内营销中心的业务人员还经常走进各大专院校和大型企事业单位，推销会商包租旅游产品，去年国内会议商务旅游业务达到6000人次，对发展长江旅游起到了积极的拉动作用。

网上促销有着良好前景，但也是最难的。长江海外迎难而上，在内部建立游船销售内部局域网和专门的英文网站，对各旅行社门市实行微机联网销售与管理，去年又投入一大笔资金，对公司网站进行全面更新改造，实现了与内地最具有实力的旅游网站携程网高位嫁接，完善了游船销售网上预订功能。

通过多渠道构建营销新平台，优化营销操作方式，使该公司促销揽客工作逐年出现新起色。近2年来，游船游客接待量均以30%速度提升，市场所占份额也由过去的25%左右上升到35%，游船游客接待总量在长江10多家豪华旅游船公司中始终保持排名第一。

【案例思考题】

1. 长江轮船海外旅游总公司采用的是什么样的销售渠道？
2. 长江轮船海外旅游总公司在国内外游船市场中立于不败之地的原因是什么？

【思考题】

1. 什么是旅游产品分销渠道？
2. 你所熟悉的旅游中间商有哪些类型？试举例说明。
3. 旅游产品分销渠道模式一般有哪些？
4. 影响旅游产品分销渠道选择的因素有哪些？
5. 试述旅游产品分销渠道的选择策略。
6. 为什么要对旅游产品分销渠道进行管理？如何进行有效管理？
7. 旅游分销渠道的发展趋势如何？
8. 什么是旅游电子商务？旅游电子商务为何在旅游业分销系统中能迅速发展？

【本章推荐阅读书目】

1. 旅游市场学. 李柏槐. 四川大学出版社，2001.
2. 中国本土市场营销精选案例与分析. 李穗豫，陈玮. 广东经济出版社，2006.
3. 市场营销案例分析. 孙全治. 东南大学出版社，2004.
4. 旅游业营销——营销前沿系列. 刘德光，陈凯，许杭军. 清华大学出版社，2005.
5. 哈佛市场营销决策分析及经典案例——哈佛EMBA决策分析及经典案例系列丛书. 盘和林. 人民出版社，2006.

第8章 旅游产品促销策略

【本章概要】

促销（promotion）是传统营销“4P”4个核心环节之一，在旅游企业营销活动中具有极其重要的意义。本章就旅游产品促销策略的有关内容展开叙述。

旅游促销是在旅游产品设计、定价、分销等策略的基础上，旅游企业营销必不可少、且对旅游业经营尤为重要的四大车轮之一。它具体包括广告宣传、营业推广、公共关系、人员推销等4个方面策略的组合运用。旅游促销策略的使用可以起到提供信息、促进沟通、树立形象、突出特点、强化优势、巩固市场、刺激需求、引导消费等重要作用。这是旅游市场营销中最富有活力和创意的领域。

【学习目标】

- 掌握促销、广告宣传、营业推广、公共关系、人员推销、整合营销的基本概念；
- 熟悉旅游产品促销作用、各主要促销策略的运作；
- 理解并熟悉如何综合运用促销策略进行旅游市场推广。

【关键性术语】

促销、广告宣传、营业推广、公共关系、人员推销、整合营销。

【案例导读】

中国国家旅游局在美国的广告促销宣传

为宣传中国旅游资源，同时也为2008年北京奥运会做系列推广活动，中国国家旅游局驻纽约办事处2006年在美国最著名的媒体《纽约时报》连续10次刊登彩色半版广告，同时还在时报广场展开历时5个月的户外广告牌宣传。

时报广场横跨曼哈顿第六、七、八大道和百老汇，这里云集5000多家世界著名的大公司、企业总部和大中小商店，广场附近有80多家影剧院和娱乐场所，300多家餐馆、俱乐部和数百家旅馆。此外，位于42街的地铁交换总站也是全世界最繁忙的交通枢纽，多达10余条地铁线路都通过这里。时报广场地区有“不夜城”之称，平均每天的客流量高达150万人次，堪称世界奇景。

中国国家旅游局以“中国欢迎您——北京2008奥运会”为主题的户外广告牌，就高悬在著名的恩斯特会计公司大楼正门上方，往返西42街和第七大道的车辆，以及从地铁车站出入的乘客，都会被这块长、宽各为11.5m彩色广告牌上的长城图案和京剧脸谱所吸引。

时报广场的特殊位置和环境，使其成为世界著名厂商促销、推广及宣传公司形象和产品的重要场地，也是展示各商家实力的舞台。中国国家旅游形象广告首次在这里登台，不仅对目标市场会产生积极影响，也反映了中国作为旅游大国的崛起和综合国力的增强。这一广告牌的市场影响力估计可达2亿人次，从成本效益看，其广告效果将是空前的。

中国国家旅游局此次促销宣传相当成功！

8.1 旅游产品促销概述

旅游促销的存在是市场竞争和信息不对称条件下的必然结果。也就是说，在旅游者不可能充分了解每个旅游企业的产品，而旅游企业在竞争威胁的情况下，旅游企业加大宣传促销、培育旅游消费意识，已经成为企业生存发展的必然手段和重要策略。旅游消费是分散的、理性的个人消费方式，开拓旅游市场不可能仅仅建立在零星的消费需求上，必须通过一定的宣传促销方式对个体需求进行集结。

8.1.1 旅游产品促销的概念

旅游产品促销指旅游企业通过人员或非人员的方式，将有关旅游企业、旅游地及旅游产品的信息，通过各种宣传、吸引和说服的方式，传递给旅游产品的潜在购买者，帮助消费者认识旅游产品所带来的利益，从而引起消费者兴趣，激发他们购买欲望及购买行为的活动，以达到扩大销售的目的。其实质是旅游企业与旅游消费者之间的信息沟通。

旅游产品在进行促销时应当考虑以下4个方面因素。

产品性质 不同类型旅游产品的潜在消费者对信息的需求、购买方式等方面是不相同的，需要采用不同的促销方式。

产品生命周期 在不同的生命周期阶段，旅游企业的营销目标及重点都不一样，因此，促销方式也不尽相同。在投入期，要让消费者认识了解新产品，可利用广告与公共关系广为宣传，同时配合使用营业推广和人员推销，鼓励消费者积极尝试新产品；在成长期，要继续利用广告和公共关系等方式来扩大产品的知名度，同时用人员推销来降低促销成本；在成熟期，竞争激烈，要用广告及时介绍产品的内容、方式等的改进，同时使用营业推广来增加产品的销量；在衰退期，营业推广的作用更为重要，同时配合少量的广告来保持消费者的记忆。

市场性质 市场需求情况不同，旅游企业应采取的促销组合也不同。一般来说，市场范围小，潜在消费者较少以及产品专用程度较高的市场，应以人员推销为主；而对于无差异市场，因其用户分散，范围广，则应以广告宣传为主。

促销费用 促销预算的多少直接影响促销手段的选择，预算少，就不能使用费用高的促销手段。预算开支的多少要视旅游企业的实际资金能力和市场营销目标而定。

8.1.2 旅游产品促销的作用

(1) 刺激需求，激励消费者购买，建立消费习惯

旅游产品作为高层次的非一般生活必需品，其消费需求弹性大，波动性强，具有一定的潜在性和朦胧性。消费者一般对旅游产品具有小心翼翼的购买心理。但是，促销可以让消费者降低这种风险意识，通过生动、形象、活泼、多样的旅游促销手段，唤起或强化旅游消费需求，甚至创造和引导特定旅游产品的消费需求。例如，香港旅游协会印发的一份旅游传单“怎样畅游香港”，就列出了73项参观游览项目，那些原本平淡无奇的香港日常生活现象，经其归纳渲染后，居然也使人感到有可品味之处。

当消费者进行旅游活动以后，如果是基本满意的，可能会产生重复使用的意愿，对于休闲度假产品更是如此。但这种消费意愿在初期通常是不强烈的，不可靠的。促销可以帮助消费者实现这种意愿。如果有一个持续的促销计划，可以使消费群基本固定下来。

（2）突出产品特点，提高竞争能力，缩短旅游产品入市的进程

使用促销手段，旨在对消费者或经销商提供短程激励，在一段时间内调动人们的购买热情，培养消费者的兴趣和爱好，使消费者尽快地了解产品。相互竞争的同类产品往往差别不甚明显，尤其是作为无形服务为主要特色的同类旅游产品的差别更不易被旅游消费者分清。旅游促销恰恰是传播旅游产品市场定位特色的主要手段，它通过对同类旅游产品某些差别信息的强化传递，对具体产品（服务）的特色起到聚焦、放大的作用；即使对于没有实际差别的同类旅游产品，也可赋予其不同的象征性形象差别，以使潜在旅游消费者认识到何种旅游产品更可能带给自己实际所需和精神所需的特殊效用和利益，并由此对某种旅游产品形成购买意愿。

在激烈的市场竞争中，旅游企业通过促销活动，宣传产品特点，努力提高旅游企业的知名度，促使消费者加深对本企业或旅游目的地产品的了解和喜爱，增强信任感，从而也就提高了旅游企业和产品的竞争力，缩短旅游产品入市的进程。

（3）树立良好形象，加强市场地位

由于旅游是一种高层次的消费与审美活动，通过生动而有说服力的旅游促销活动，往往可以塑造友好、热情、服务周到以及其他人格化的良好旅游服务形象，赢得更多潜在旅游消费者的厚爱。旅游市场风云多变，一旦出现有碍旅游地或旅游企业发展的因素时，就有必要通过一定的宣传促销手段，改变自身的消极印象，重塑自身的有利形象，以达到恢复、稳定甚至扩大市场份额的作用。如我国在“SARS”事件后，政府所采取的一系列善后和宣传措施，就使得中国的旅游形象更加美好、安宁，无论是入境旅游者还是国内旅游者人数均不断上升。

（4）提高销售业绩

毫无疑问，促销是一种竞争，它可以改变一些消费者的消费习惯及品牌忠诚。因受利益驱动，代理商、经销商和消费者都可能被吸引，前两者可能大力推进产品销售，而后者则可能直接付诸行动。因此，良好的促销环节常常会提高销售量。

（5）侵略与反侵略竞争

无论是旅游企业发动市场侵略，还是市场的先入者发动反侵略，促销都是有效的应用手段。市场的侵略者可以运用促销强化市场渗透，加速市场占有。市场的反侵略者也可以运用促销针锋相对，来达到阻击竞争者的目的。

（6）带动相关产品市场

促销的第一目标是完成促销产品的销售。但是，在甲产品的促销过程中，却可以带动相关的乙产品的销售。比如，旅游目的地的促销，可以推动当地饭店业、餐饮业等的发展。

8.2 有效沟通与促销政策

8.2.1 沟通的过程

促销作为营销组合4个策略之一，在目前产品同质化日趋严重，价格、渠道已拉不开差距的处境下，越来越受到企业经营者的重视。

在消费者购买决策的过程中，促销能够帮助潜在消费者了解产品，引起注意，激发购买欲望和实施购买行为，从而扩大销售。于是很多企业开始做广告，设计销售刺激方案，树立公司形象，建立数据库推行直销，并开始利用邮寄、电话和互联网与消费者建立联系……但所有的招数都用过后，一些企业仍然难以看见成效！那么，如何才能让促销组合更传神，更有效？有效沟通如何进行？

8.2.1.1 沟通的基本原理

旅游市场营销人员应了解沟通进行的方式。沟通模式包括：① 谁；② 说什么；③ 通过何种渠道；④ 对谁说；⑤ 效果如何。

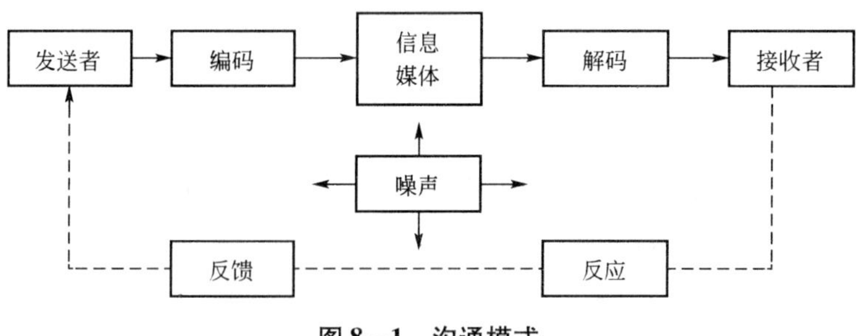

图8-1 沟通模式

图8-1是有9个要素的沟通模式。其中，2个要素表示沟通的主要参与者——发送者与接收者；2个要素表示主要的沟通手段——信息与媒体；4个要素表示主要的沟通职能——编码、解码、反应与反馈；最后一个要素表示系统的噪声。

该模式强调了有效沟通的关键因素。发送者必须知道要传播给何种受众，并想得到何种反应；他们必须根据受众的信息解码方式来对信息进行编码；他们必须利用能传播到目标受众的有效媒体来传递信息；他们还必须建立反馈渠道，以便了解接收者对信息的反应。要使信息有效，发送者的编码过程必须与接收者的解码过程相吻合。信息必须是接收者所熟悉的基本信号。发送者与接收者的经验领域重叠得越多，信息就越可能产生效果。信息源点之所以能编码，信息目标点之所以能解码，完全是根据两者所具有的共同经验。这就给沟通者（如旅游运营商、广告人）与沟通对象（如旅游消费者）进行有效的沟通带来了便利。

8.2.1.2 影响沟通的因素

所谓的促销组合也就是营销沟通组合。现代企业面对的营销沟通系统越来越复杂，他们要与自己的中间商、消费者以及不同的公众进行沟通；而中间商又要与他们的公众和消费者沟通；同时消费者之间以及与其他公众之间又以口头形式进行着沟通。这些环节和构成都要依靠企业营销部门去引导、规划和控制，否则信息就会因无序、无效而影响企业的整体目标的推进。我们都知道，传统的营销沟通组合（促销组合）主要由4种工具组成：广告宣传、营业推广、公共关系、人员推销。同时，这4种工具又自成体系，有着各自系统的方法和技巧。不论怎样地自成体系，它们的沟通过程都会受到3种因素影响：受众的选择性注意、选择性曲解和选择性记忆。

(1) 选择性注意

选择性注意即消费者不可能注意到所有的刺激因素。当今被称为注意力经济时代，我们的目标公众每天周围都充斥大量的信息，泛滥的信息量已远远超出了他们的注意力范围，这时候他们就会有选择地注意一些事情，也就是说他们具有“选择性注意”这样的特征。这就是为什么有些企业和别人一样选择了同样的媒体和沟通渠道，也花了同样的钱，却没有达到同样成功的原因！

怎么才能尽可能地让目标受众注意到呢？下面是一个简单的公式：

$$\text{注意的可能性}=\frac{\text{认知的报酬强度}-\text{认知的惩罚强度}}{\text{认知的努力支出}}$$

从公式中我们可以看出，注意的可能性与受众注意该信息所能得到的报酬成正比，与其注意该信息所需要付出的努力成反比。也就是说，自己的信息要想增加被注意的可能性，必须让信息内容符合受众的利益需求，同时还要减少受众注意信息所需花费的时间、精力、体力等各方面的成本。落到具体的操作层面需要做的是：一是要保证自己设计的信息内容能引发受众的欲望，不但要突出卖点还要抓住利益点，让其感觉到自己的信息获得的报酬会更多；二是要在选择和设计媒体时，要比对手更能使受众花费更少的努力，使其轻松获得信息。

××餐饮连锁集团招加盟商的广告

一家餐饮连锁机构想招加盟商，他们决定通过在报纸上做广告和目标受众进行沟通。他们在同样的报纸广告上，撰写同样字数的文案，花费了同样多的费用，但由于信息内容设计不同可能就会产生截然不同的效果。例如，一则文案的标题是“如何轻松年赚100万?”，另一标题是“某某餐饮连锁机构寻求加盟伙伴”。显然前者对受众的认知报酬强度就远远超过了后者，前者对受众的感觉是来给人提供利益的，后者对人的感觉是王婆卖瓜自卖自夸，只想挣受众的钱。最后结果不言自明——前者信息被注意的可能性就大，其沟通效果就会非常显著！

同样，这家企业将2个方案的标题和文案内容制成广告，一则放在了一条收视率非常高的新闻的下面，另一则放在了一条冗长乏味的企业公告下面，并且前者的标题用了鲜明醒目的色彩和大号字体，后者标题却用了和上面的公告同样的字体和颜色。此时他们的被注意可能性就会大不一样，前者几乎不需要付出什么努力，在人们看完新闻后就会顺理成章地注意到它；而后者也许会让你在浩如烟海的文字中累得眼酸也不能找到它！

(2) 选择性曲解

选择性曲解是指接收者因其固有的知识和态度，导致他们希望得到他们想要听到或看到的信息，同时只会听得进符合他们信念体系的信息。这样，接收者常常会加上某些原来没有的内容，同时忽略掉原有的某些内容。信息传播者的任务是力争使信息简明、清楚、有趣，通过多次反复，使信息的要点得以准确传递。

形形色色的受众由于个性、经历、文化以及环境的区别，对同样事物的看法和态度可能是不同的。这种固有的对事物的个性看法和态度就会直接导致他们只是期待着自己想听到或想看到的事！所以在企业发布信息时，如果不符合其认知态度，他们要么排斥不再读完或记住企业诉求，要么在原有的内容和含义上进行扩大和曲解。这种现象的结果是让企业“饱含热情”的沟通诉求失效。要想规避这种“自作多情”的尴尬现象出现，必须要做的就是调查和了解沟通对象！

（3）选择性记忆

选择性记忆即消费者可能只记忆所得到信息的很少部分。而信息传播者的目的是使信息长期存在于接收者的记忆中。信息在进入接收者的长期记忆过程中，有可能更改接收者的信念和态度，但首先要进入接收者的短期记忆，这取决于接收者接受信息复述的次数和形式。如果接收者原先对论点态度是肯定的，所复述的又是支持性论点，这一信息就可能被接受，并有较强的记忆；如果接收者原先的态度是否定的，而且复述反对论点，信息就可能被拒绝，但也保持在长期记忆中。

一般来说，很多所谓的说服都是自我说服。信息传播者始终在寻找与接收者可说服程度相关的特性。一般人认为，妇女比男子容易被说服，但是不善于社交的男子也有这种特点。一个能接受外界标准来指导自己行为或具有较少自我意识的人，很容易接受劝说。因此，信息传播者应该寻找与可说服性相关的受众特性，用它们去指导信息和媒介物的开发。

8.2.2 确定营销传播总预算

达到最佳的促销目标，需要进行营销传播总预算。预算主要包括：广告预算、工作人员工资津贴、公关接待费用、营业推广促销费用、销售旅行费用、纪念品及展览品制作费用、部门间接费用（如电话费用等）。由于促销方式很多，运作复杂，较难做出准确的预算。预算一般采取量入为出法、竞争对抗法和目标达成法。

量入为出法 主要是旅游企业根据特定时期内的收入进行促销预算。一般是根据销售额或者利润的百分比来确定。这种方法能够保证促销资金的到位，但是在资金的运用上缺乏针对性。例如，在资金较少时造成促销效果不好，资金充裕时造成资源的浪费。

竞争对抗法 主要是参照竞争者的促销费用来决定自己的促销预算。这种方法运用起来很简单，但是没有考虑本企业的具体情况，具有很大的盲目性，而且也很难判断竞争者的预算是否科学、合理。

目标达成法 是根据旅游企业具体的促销目标和促销方式确定所需的预算。这种方法效果最好，但是制定难度较大。

8.2.3 管理并协调整合营销传播

8.2.3.1 整合营销传播的含义

1992年，全球第一部整合营销传播（integrated marketing communications，IMC）专著《整合营销传播》在美国问世。作者是在广告界极负盛名的美国西北大学教授唐·舒尔茨及其合作者田纳本·劳特朋。

整合营销传播的核心思想是将与企业进行市场营销所有相关的一切传播活动一元化。整合营销传播一方面把广告、促销、公关、直销、CI、包装、新闻媒体等传播活动涵盖到营销活动的范围之内；另一方面则使企业能够将统一的资讯传达给消费者。所以，整合营销传播也被称为 Speak With One Voice（用一个声音说话），即营销传播的一元化策略。整合营销传播具有战术的连续性和战略的导向性特点。

8.2.3.2 协调整合营销传播的 7 个层次

（1）认知的整合

这是实现整合营销传播的第一个层次，要求营销人员认识或明了营销传播的需要。

（2）形象的整合

第二个层次涉及确保信息与媒体一致性的决策，信息与媒体一致性：一是指广告的文字与其他视觉要素之间要达到的一致性；二是指在不同媒体上投放广告的一致性。

（3）功能的整合

第三个层次是把不同的营销传播方案编制出来，作为服务于营销目标（如销售额与市场份额）的直接功能；也就是说每个营销传播要素的优势劣势都经过详尽的分析，并与特定的营销目标紧密结合起来。

（4）协调的整合

第四个层次是人员推销功能与其他营销传播要素（广告、公关、营业推广等）被直接整合在一起。这意味着各种手段都用来确保人际营销传播与非人际形式的营销传播的高度一致。例如，推销人员所说的内容必须与其他媒体上的广告内容协调一致。

（5）基于消费者的整合

营销策略必须在了解消费者的需求和欲求的基础上锁定目标消费者，在给产品以明确的定位以后才能开始营销策划。换句话说，营销策略的整合使得战略定位的信息直接到达目标消费者的心中。

（6）基于风险共担者的整合

这是营销人员认识到目标消费者不是本机构应该传播的唯一群体，其他共担风险的经营者也应该包含在整体的整合营销传播战术之内。例如，本机构的员工、供应商、配销商以及股东等。

（7）关系管理的整合

这一层次被认为是整合营销的最高阶段。关系管理的整合就是要向不同的关系单位做出有效的传播。企业必须发展有效的战略，这些战略不只是营销战略，还有制造战略、工程战略、财务战略、人力资源战略以及会计战略等。也就是说，企业必须在每个功能环节内（如创意、制作、营销等环节）发展出营销战略，以达成不同功能部门的协调，同时对社会资源也要做出战略整合。

8.2.3.3 管理整合营销传播的 6 种方法

（1）建立消费者资料库

这个方法的起点是建立消费者和潜在消费者的资料库。资料库的内容至少应包括人员统计资料、消费者态度的信息和以往购买记录，等等。整合营销传播和传播营销沟通的最大不同在于整合营销传播是将整个焦点置于消费者、潜在消费者身上，因为所有营销组织无论是在销售量或利润上的成果，最终都依赖消费者的购买行为。

(2) 研究消费者

这是第二个重要步骤，就是要尽可能使用消费者及潜在消费者的行为方面的资料作为市场划分的依据，相信消费者“行为”资讯比起其他资料（如“态度与意想”测量结果）更能够清楚地显现消费者在未来将会采取什么行动，因为用过去的行为推论未来的行为更为直接有效。

(3) 接触管理

所谓接触管理，就是企业可以在某一时间、某一地点或某一场合与消费者进行沟通。在以往消费者自己会主动找寻产品信息的年代里，决定“说什么”要比“什么时候与消费者接触”更重要。然而，现在的市场由于资讯超载、媒体繁多，干扰的“噪声”大为增大。目前最重要的是决定“如何、何时与消费者接触”，以及采用什么样的方式与消费者接触。

(4) 发展传播沟通策略

这意味着在什么样的接触管理之下，传播什么样的信息，而后，为整合营销传播计划制定明确的营销目标。对大多数企业来说，营销目标必须非常正确，同时在本质上也必须是数字化的目标。例如，对一个擅长竞争的品牌来说，营销目标就可能是以下3个方面：① 激发消费者试用本品牌产品；② 消费者试用过后积极鼓励继续使用；③ 促使其他品牌的忠诚者转换品牌并建立起本品牌的忠诚度。

(5) 营销工具的创新

营销目标一旦确定之后，第五步就是决定要用什么营销工具来完成此目标。显而易见，如果我们将产品、价格、通路都视为是和消费者沟通的要素，整合营销传播企业策划人将拥有更多样、广泛的营销工具来完成企业策划，其关键在于哪些工具、哪种结合最能够协助企业达成传播目标。

(6) 传播手段的组合

这最后一步就是选择有助于达成营销目标的传播手段。这里所用的传播手段可以无限宽广，除了广告宣传、营业推广、公共关系、人员推销以外，事实上旅游产品虚拟展示、店面促销活动等，只要能协助达成营销及传播目标的方法，都是整合营销传播中的有力手段。

北京长安净雅大酒店整合推广

2005年7月11日，来自山东威海的知名餐饮企业净雅集团正式进入北京餐饮市场。尽管此前净雅在山东积累了丰富的成功经验，但对于北京市场来说，无疑还是一个全新的品牌。在经过详细而科学的市场和媒体调研，全面分析了净雅品牌的现状后，拟定了将品牌与产品结合起来进行整合推广的总体策略。

一、整体推广方案

核心策略：传播净雅之道，营造绝对口碑。

执行规划：以开业仪式为契机，通过有力的公关传播迅速提升品牌形象。

（一）开业仪式

为实现净雅品牌在京城餐饮行业一举脱颖而出，广通伟业制定了开业整合营销的三大原则：

(1) 以比其他竞争对手更快的速度提升人气，以更快的速度提升销售额增长为第一目标。

(2) 以比其他竞争对手更快的速度、更大的范围提高品牌认知度。

(3) 打破传统酒楼开业模式，引入整合营销模式，实现净雅前期投入的设计思想和资金聚集的能量总爆发。

(二) 媒体传播

传播主线："饮食文化、建筑设计、菜品品质、服务体验"。

分阶段传播：层层推进。

第一阶段：概念导入。

第二阶段：体验高潮。

第三阶段：形象提升。

精确传播：针对目标客户的三大计划。

(1) "乡音"计划。通过在京各领域的山东籍人士为媒介确立话语权，形成口碑传播，聚集目标客户。

(2) "新鲜"计划。针对净雅周边高档餐饮区顾客提供餐饮新概念的目标广告传递活动。

(3) "制空"计划。通过特定媒体，形成品牌制空权，形成净雅品牌地位。

二、项目效果

1. 开业仪式

在历经为期近3个月的策划及前期准备后，北京长安净雅大酒店于2005年7月11日"新鲜开盘"。在开业仪式上突出了极富创意的活动形式，以一连串鲜明生动的形象构成强大的视觉冲击力，实现了品牌的统一识别和传播，引发了媒体的高度关注与高密度传播，在最短的时间内快速提升了净雅的品牌知名度和美誉度。来自各界政府及部队的领导、净雅集团的多位领导、相关合作团队的负责人及京城20多个知名媒体代表参加了本次活动。

2. 媒体传播

通过持续的媒体报道，净雅在公关传播层面迅速实现了突破，成功地在消费者心目中树立起自身的品牌形象。5~7月，净雅共发布宣传报道56篇，在平面媒体和网络媒体同时进行，以公关软文和硬性广告的形式进行传播。

【分析】

案例中，通过与竞争对手比较，可以看出净雅在公关传播上占据了主动，为其树立独树一帜的品牌形象奠定了坚实的基础。在以公关传播为主，多种促销手段结合的营销战略推动下，一个全新品牌成功呈现在京城消费者面前。

8.3 旅游广告

8.3.1 旅游广告概述

(1) 旅游广告的作用

旅游广告是指旅游企业通过媒体，以支付费用的方式向旅游者提供企业及产品的相关信息，达到影响旅游者行为、促进销售的目的。旅游广告作为促销组合中重要的组成部分，其作用是长期的，潜移默化的，其作用包括以下3个方面。

传播信息，宣传产品 旅游广告是一种大众化的传播方式。由于其辐射面广，传播速度快，旅游企业可以通过旅游广告将尽可能多的信息提供给旅游者，达到宣传旅游产品的目的。

树立形象，指导消费 旅游广告可以长期、重复地使用，从而加深旅游者对企业的了解，留下深刻的印象。另外，广告的教育功能，使企业可以通过旅游广告将新知识、新技术传授给旅游者，起到指导消费的作用。

抑制竞争，促进销售 旅游广告的表现形式多种多样。旅游企业通过对文字、色彩、音响等的运用制作出精美的旅游广告，对旅游者产生多方位的刺激，从而抑制竞争者的广告作用，达到促进销售的目的。

(2) 旅游广告的媒体

旅游广告是通过不同的媒体进行发布的。只有选择合适的媒体，才能达到促销的目的。旅游广告的媒体主要有8种（见表8-1）。

表8-1 旅游广告的主要载体及优劣势一览表

媒 体	优 势	劣 势
报纸	读者面广，可信度较高，市场覆盖率高，信息传递迅速，制作简单，费用较低，读者可反复查阅、增加印象	信息量较大，易分散读者的注意力；制作粗糙，表现力差
杂志	具有特定的阅读对象，针对性强；印刷精美，能够有效地表现产品，保存时间长，印象深刻	发行周期长，发行量有限，价格偏高
电视	视听并存，感染力强，可以真实地表现旅游产品，传播范围广，速度快，刺激性强	费用高，每次播出时间短，制作难度较大，易受干扰，观众选择性差
广播	传播迅速，传播面广，费用较低	信息的停留时间短，听众记忆困难，广告效果不好。在旅游广告中较少使用
户外广告	灵活，醒目，展示时间较长，可加深印象。一般适合在特定地区发布	不易更改，内容具有局限性，宣传范围小
直邮广告	目标明确，方式灵活，受时空条件制约少	人员、时间投入较多，使用不当易引起接收人的反感
售点广告	针对性强，成本低，消费者可将一些宣传资料带回，效果较好	不易保存
互联网广告	具有交互性、广泛性、针对性、反复性和易于统计性特点	被篡改的可能性相对较大

8.3.2 旅游广告决策过程

旅游企业在实施旅游广告进行促销时，必须进行精心的策划，才能发挥旅游广告的作用。一般来说，旅游企业需要明确：做广告的目的是什么？要花多少钱？需要传递什么信息？使用何种媒体？效果如何？即从广告的任务、资金、设计、媒体、效果等方面进行控制和管理。

(1) 旅游广告目标

旅游广告目标决策是决定整个广告成功与否的关键，既是整个广告活动的方向，又是衡量广告效果的重要依据。不同的企业、不同的产品特点、不同的广告任务，广告目标也会有很大的不同。广告目标要具体明确，符合旅游企业整体营销的要求。通常旅游广告根据其广告目的可以分为以下3类。

通知性旅游广告 主要用于旅游企业开业或者旅游新产品发布时，侧重于对旅游产品的性能、技术、用途、特点、带给旅游者的新利益等方面的描述和宣传。广告目标在于提高旅游者对旅游企业及其产品的认知度、理解度，扩大旅游产品的知名度。

说服性旅游广告 主要用于市场竞争激烈时，说服旅游者建立对企业和产品的偏好。广告的目标是使现有的旅游者养成消费习惯，刺激潜在的旅游者产生兴趣和购买欲望，保持旅游者对企业和产品的好感和信心，以此进行竞争。

提示性旅游广告 主要用于旅游企业具有一定的知名度、产品成熟时，加深旅游者对企业的记忆和印象，提示旅游者不断支持本企业的产品。广告的目标是形成旅游者的品牌购买习惯，刺激老消费者重复消费的欲望。

（2）旅游广告预算

旅游广告预算是旅游企业投入广告活动的费用计划，它规定了计划期从事广告活动所需的经费总额和使用范围。广告预算应该包括以下5个方面：

- 旅游广告调查分析、策划费用；
- 旅游广告设计、制作费用；
- 媒介发布费用；
- 旅游广告人员的行政经费；
- 旅游广告活动的机动经费。

（3）旅游广告设计

旅游企业在进行旅游广告设计时，会面临一个重要的问题：如此多的信息如何让旅游者在最短的时间内接收到，并做出准确的判断。为了解决这一问题，在设计旅游广告时，首先要对信息进行筛选，找出最具吸引力的、能刺激旅游者的信息作为旅游广告的主要内容，并以艺术的和心理的形式表达出来。

旅游广告作品要能把旅游企业的要求、意愿和信息用艺术、情感和直观的形式表达出来。要注意5个方面的把握：① 确定旅游广告的主题，反映广告信息的内涵，针对旅游者心理，把握要说明的基本概念；② 广告要有创意，引人入胜的构思是旅游广告成功的保证；③ 广告要有精练、准确、通俗易懂的文字和语言，以免引起旅游者的误会；④ 通过生动的形象增加旅游者的信任感，留下深刻印象；⑤ 注意运用各种艺术表现形式充分发挥旅游广告的独特性。

（4）旅游广告媒体选择

旅游广告在选择媒体时，需要分析各种媒体的优缺点，选择合适的媒体。在进行评价时还要注意以下8个方面：① 媒体的传播范围；② 媒体对象与旅游广告对象的一致性；③ 媒体的吸引力；④ 反复性，媒体的反复性越强，广告的效果越好；⑤ 时效性，指旅游广告预期刊登或播出，持续时间的长短（时间长可以加深消费者的记忆）；⑥ 表现性；⑦ 购买费用；⑧ 购买条件。

（5）旅游广告效果评估

旅游广告的效果评估是指运用科学的方法来评定旅游广告发布后所产生的实际效益，包括经济效益、社会效益和心理效益的有机统一。经济效益是指旅游广告活动促进旅游产品销售额和利润的增加程度，社会效益是指旅游广告对旅游者的教育作用的大小；心理效益是指旅游广告在旅游者心理上的反应程度。

由于广告效果的形成具有非常复杂的原因，广告效果的产生也不是立竿见影的，可能会随着时间的推移、广告的反复发布，才能使旅游者逐渐了解并产生一定的购买行为，使得广告的效果具有时间推移性和积累效果性。因此，在进行旅游广告效果评估时，应根据具体情况采用不同的评估方法。

根据广告的成本效率进行评估 主要是对旅游广告的成本进行评估。旅游广告费用投入与销售额不一定成正比，因此可以用单位广告费用引起的销售额的增加量来判断费用的投入是否经济合理。即广告成本效益越高，表明广告费用的投入越合理，产生的效益越高；反之，旅游广告费用的投入则需要进行重新安排。

单位成本效率 = 旅游广告引起的销售额的增加量 ÷ 广告费用

根据旅游广告接触程度进行评估 这种方法主要是通过抽样市场调查的方法，搜集有关旅游者阅读或视听人数，以此确定广告的覆盖范围。适用于旅游企业开拓市场时，确定要达到多大的市场认知程度。其公式如下：

阅读率 = 阅读过旅游广告的人数 ÷ 阅读该媒体的总人数 × 100%

视听率 = 旅游广告节目的视听人数 ÷ 视听总人数 × 100%

此外，还可以直接请旅游者和专家进行评分。主要是选出具有代表性的旅游消费者和专家组成评审组，观看各种旅游广告，以此来测定对旅游广告的记忆程度、理解程度以及旅游广告的吸引力、影响力、可读性、认知力、行为力等。这种方法一般在广告发布之前使用。

8.4 公共关系

8.4.1 公共关系概述

公共关系作为一个重要的促销工具，已被广泛应用于旅游业。与其他促销方式相比，公共关系的成本 - 效益比相对较高，对各种公共关系活动和技巧的利用，已成为旅游目的地国家和地区的旅游企业发挥营销功能、树立整体形象的重要手段。

（1）旅游公共关系的概念

对于旅游公共关系概念的理解众说纷纭，差异较大。总体来说，旅游公共关系是指为了建立和维持旅游企业与公众之间的良好关系，以沟通、传播为主要手段，而进行的一系列建立、维护、改善旅游企业和产品形象的活动。

（2）旅游公共关系的作用

塑造旅游企业形象，促进旅游产品销售 有效的旅游公共关系活动可以影响很大范围的不同群体，有利于提高旅游企业在公众中的知名度和美誉度，塑造良好的企业形象，而良好的公众形象必然会带来旅游产品销量的提高。

激发公众对旅游企业和产品的兴趣 旅游企业可以通过开展多种多样、丰富多彩的公关活动，寓教于乐，吸引更多的公众参与，增进公众对旅游企业和旅游产品的了解，引起不同公众的兴趣，激发购买欲望。

创造有利于旅游产品销售的内外部环境 旅游企业不断强化与各类公众的联系和沟通，在平等互惠的原则下，开展一系列公关活动，与股东、员工、消费者、竞争者、合作者、政府、新闻界等内外部公众建立并保持融洽的关系，争取公众的支持和理解，消除对旅游企业和产品不利的影响，为旅游产品的销售创造良好的内外部环境。

协调旅游企业的营销决策 旅游公共关系通过传播的手段，实现旅游企业和公众之间的双向沟通，既能及时将旅游企业的有关营销决策公布于众，促进公众对企业的了解和支持，又能及时收集公众信息，反馈信息，提出营销忠告和建议，以便及时调整旅游企业的营销决策。

(3) 旅游公共关系的方式

旅游公共关系主要方式见表 8-2。

表 8-2 旅游公共关系主要方式一览表

<table>
<tr><th colspan="2">主要方式</th><th>优 势</th><th>劣 势</th></tr>
<tr><td colspan="2">新闻宣传</td><td>新闻素材十分广泛，通过客观、公正的正面报道，容易吸引公众注意，有利于树立企业形象，扩大产品销售</td><td>负面事件的传播速度快，不易掌控</td></tr>
<tr><td rowspan="5">举办专题活动</td><td>举办赞助活动</td><td>这是非常有效的促销手段。树立旅游企业关心社会公益事业的良好形象，可以培养企业和公众的良好关系</td><td>费用较大，效果不易评估</td></tr>
<tr><td>参加、举办专题展览会</td><td>通过实物、文字、图表和音像等媒介来展示旅游企业成果，较好宣传旅游产品。主要是旅游政府部门或旅游中间商会在每年的销售旺季举行。这是旅游企业最重要的公关活动之一</td><td>费用大，受时间限制</td></tr>
<tr><td>开放、参观旅游企业</td><td>提高旅游企业经营管理的透明度，培养公众对旅游企业的情感</td><td>正常工作易受干扰</td></tr>
<tr><td>联谊活动</td><td>增进内部公众之间的感情，加强公众对旅游企业的深层了解，有利于建立长期的良好关系</td><td>易受时间限制</td></tr>
<tr><td>周年及特殊节日庆典活动</td><td>有利于促进内外部公众沟通</td><td>受时间限制</td></tr>
<tr><td colspan="2">提供各种旅游服务</td><td>较好展示企业热情、周到、方便、优惠的服务，容易赢得公众的好感，形成良好口碑效应</td><td>人员素质要求较高，强度大，易显露商业痕迹</td></tr>
<tr><td colspan="2">征询公众意见，传递信息</td><td>通过采集公众信息、舆论调查、民意测验等方式，为旅游企业的营销管理提供客观依据，以不断完善旅游企业的公众形象，传递旅游企业的信息，加强公众对企业的了解</td><td>调查前期、中期、后期工作量均较大</td></tr>
</table>

8.4.2 公共关系过程

进行旅游公共关系决策，主要经过公关调查、公关策划、公关活动实施以及公关活动评估 4 个阶段，又称公关活动四步工作法。

(1) 旅游公关调查

旅游公关调查与其他社会调查不同，是就公众对旅游企业形象的评价进行调查、统计、分析，显示公众对旅游企业的整体意见，了解旅游企业公众形象的现状，使旅游企业根据具体情况组织有针对性的公关活动。公关调查的主要目的是甄别公众对象，了解舆论民意，评价企业形象，找出差距，确定存在的主要问题，为进行公关活动提供依据。

旅游公关调查的主要内容有：旅游企业形象的调查、旅游企业的公众舆论调查和旅游企业开展公关活动条件的调查。

(2) 旅游公关策划

旅游公关策划就是公关人员根据旅游企业的形象现状和目标任务，设计最佳公关活动的方案。旅游公关策划分公众对象分析、确定公关活动目标、选择沟通主题、确定公关活动方式、制定公关计划5个步骤。

公众对象分析 旅游企业所面临的公众很多，在进行公关活动时，要有一定的针对性。因此，首先应该对公众对象进行有效的分析，才能选定需要哪些公关人员来实施方案，以什么样的公关活动与公众进行沟通，确定如何使用有限的资源达到公关活动的目标。

确定旅游公关活动的目标 旅游企业的公关活动任务主要是为了建立企业的形象和声誉，而开展公关活动的目的实际上就是旅游企业通过公关策划和实施所希望达到的形象状态和标准。公关目标一般有两大类：一是利用公关活动来解决旅游企业和公众之间存在的信息交流问题（如联络双方感情、传播有关信息等）；二是利用公关活动来避免或克服不利于旅游企业整体形象的不良后果发生（如改变公众态度）。公关的目标应该具体明确，具有可行性。

选择沟通主题 主要是根据公关活动的目的，确定向公众传播哪些信息，以便于公众和旅游企业的沟通。通常选择一个比较明确的主题作为对整个活动的高度概括。

确定旅游公关活动方式 这是公关活动中很重要的步骤。公关活动的方式很多，而公众的接受能力也有很大的差别。旅游企业应该根据活动的目标和主题，在分析公众行为特点的基础上，适当地选择。例如，要宣传旅游企业对社会的贡献，树立富有社会责任感的形象，就可以选择赞助公益活动的方式。

制定旅游公关计划 公关计划是整个旅游公关策划的说明书，也是公关活动实施的具体方案。一般为书面形式，包括整个公关活动的目的、宗旨、具体行动方案、经费预算、活动进度表、公关人员的责任、活动场地以及与策划相关的资料等。

（3）旅游公关活动实施

旅游公关活动的实施就是根据公关策划方案，进行具体实施的过程。由于在实施过程中，各种内外部条件都在不断变化，公众的需求和行为也会发生不同程度的变化。因此，旅游公关活动的实施是旅游公关决策中最为复杂最为多变的一个关键环节。一般来说，影响具体实施过程的因素主要来自于3个方面：① 公关活动的前期调查不准确导致活动目标实施困难；② 实施过程的沟通障碍（例如，语言障碍、观念障碍、心理障碍、组织障碍等）；③ 实施过程中的突发事件往往对公关活动的实施造成重大的影响，一般有2类：一类是人为的纠纷事件（这种纠纷是可以避免的，例如，公众的投诉、媒介的不利宣传和误解等，解决这种纠纷的关键是及时做好与公众和媒介的正确沟通，选择发布的时机，统一宣传口径）；另一类是不可控制和不可预见的自然原因（例如，火灾、恐怖事件等，解决这类突发事件的方法是保持冷静，把损失降到最低）。

（4）旅游公关活动评估

旅游公关活动的评估就是根据特定的标准，对公关计划、实施过程和效果进行检查、评价。旅游公关活动实施的动态性和复杂性，可能会造成公关活动的变化。公关活动的评估不仅在于对公关活动的结果进行评估，也需要对整个公关计划和公关活动的过程进行相应的评估，以便随时调整公关策略，保证旅游公关活动的实效性。公关计划的评估侧重于制定公关计划所需的资料、信息是否准确，所制订的计划是否能解决实际问题；公关活动实施过程的评估主要侧重于公众对公关活动的关注程度、反应以及公众对所传递信息的接受程度等；公关活动结果的评估主要侧重于公关活动所带来的销售量的变化、公众对旅游企业形象所持的观点和态度的变化以及公关活动的目的是否达到等。由于评估的侧重点不同，旅游企业在进行公关活动评估时应该采取合适的方法和指标。

8.5 营业推广

8.5.1 旅游营业推广的含义与作用

（1）旅游营业推广的含义

旅游营业推广是指旅游企业在某一特定的时间和空间范围内，为了使旅游者尽快并且大量购买旅游产品和服务而进行的一系列短期的、鼓励性的、非连续性的、灵活的促销措施和手段。由此我们可以看出，旅游营业推广主要是为了解决一定时间和空间范围内旅游需求不足的问题而进行的扩大旅游产品的销售活动。旅游营业推广的对象既可以是旅游者，也可以是旅游中间商，还可以是销售人员。

（2）旅游营业推广的作用

旅游营业推广因其强烈的、非常规性的刺激效果，已经越来越受到旅游企业的重视。与其他促销手段相比，旅游营业推广有其特殊的优势和不可替代的作用。

可以解决旅游需求的不足，促进旅游产品的销售　旅游企业经常会遇到需求不足的问题，当需求不足持续时间较长时，往往会影响旅游企业的营销策略；而恰恰由于旅游营业推广是一种非常规的促销方式，因此，可以短期内改变旅游者的购买习惯，刺激旅游者的消费欲望，达到增加需求、促进产品销售的目的。当广告、公关、人员促销这些常规的促销方式不能有效地刺激需求时，旅游营业推广在刺激需求、扩大销售方面的作用是有目共睹的。

可以有效地加速旅游新产品进入市场的过程　旅游产品在其萌芽期，由于进入旅游市场时间短，旅游者对新产品不了解，对旅游产品的兴趣较小，旅游企业虽然可以采取广告、人员、公关等方式扩大知名度，但是这些促销方式的效果有一定的滞后性，不能短期内迅速提高市场占有率。为了加快旅游新产品进入市场的步伐，旅游营业推广就成为有效的促销手段，例如，免费旅游、新产品特价等。

可以有效地抵御竞争者　竞争是所有旅游企业面临的最大问题，而竞争力大小可以通过市场占有率表现出来。旅游企业可以针对不同的对象，采取有效刺激手段，提高市场占有率。例如，针对旅游者采取赠送纪念品、特价旅游等方式；针对旅游中间商可以采取提高折扣、奖励旅游等方式；针对销售人员采取销售提成等方式，从而提高旅游者、旅游中间商和销售人员的积极性，达到扩大市场占有率，抵制竞争者的目的。

8.5.2 旅游营业推广的方式

旅游营业推广的方式很多（见表 8－3），可根据具体的目标、具体的对象选择合适的方式。

表8-3 旅游营业推广主要方式一览表

方式		特点
针对旅游者的营业推广	赠送礼品	方式灵活多样
	优惠券	当价格成为影响旅游者购买的主要因素时，优惠券是一种有效的方式。广告附送、邮寄或直接随机发放
	有奖销售	主要是通过特定方式，以特定奖品为诱惑，鼓励消费者积极参与、购买。应考虑中奖范围，保证及时兑奖
	直邮推广	旅游企业通过邮局直接向旅游者发送邮件，进行销售推广。邮件中可包括信件、回函单、宣传小册子、旅游产品照片、日历、旅游企业各种优惠活动的说明等。针对性较强
针对旅游中间商的营业推广	销售折扣	主要是对长期合作或销售业绩较好的旅游中间商给予一定的折扣。可以鼓励旅游中间商扩大销售，提高积极性
	资金奖励	采用资金奖励或补贴等形式，包括销售补贴、广告补贴、降价补贴等多种形式。有利于中间商更加了解企业和产品，促进销售，也可以加强双方的沟通
	产品订货会议	每年的旺季到来之前，邀请所有旅游中间商参加的产品订货会议。利于集中发布新产品信息，也有利于就销售中的问题与旅游中间商进行沟通，促使旅游中间商在短期内集中购买
针对销售人员的营业推广	销售红利	规定专业销售人员的销售指标，对在一定时间内超额完成指标的销售人员按一定比例提成，获得一定的红利，以鼓励销售人员积极推销产品
	推销竞赛	在所有销售人员中进行销售竞赛，对推销产品出色或者销售额领先的推销员给予奖励，用以鼓励销售人员的积极性，扩大产品的销售

8.5.3 旅游营业推广活动的策划

旅游企业在进行营业推广时，应对营业推广活动进行全面的策划，制定营业推广的方案。一般需要对推广规模、推广对象、推广途径、推广活动期限、推广时机、推广预算、推广活动的具体实施和评估进行策划。

（1）确定推广规模

由于营业推广是非常规的，在具体实施时应首先考虑推广的规模。规模太大、时间较长会使促销效率降低，而规模太小又起不到应有的刺激作用，因此，要根据推广的费用与效果的最优比例来确定最佳的推广规模。一般来说，推广规模最小应该足以使推广活动引起销售对象的注意，采取相应的购买行为；最大规模应是销售额还在上升，但是销售效率已经开始呈现递减时。通常旅游企业可以通过考察各种销售推广活动销售与成本增加的相对比例，来确定最佳推广规模。

（2）选择推广对象

营业推广的对象很多，每次在进行推广活动策划时，旅游企业需要经过全面的考察来确定是面对个人还是面对团体，是面向旅游者还是面向旅游中间商或者是推销人员。对推广对象范围的控制，可以使旅游企业选择正确的主攻目标，从而使营业推广的目标能够顺利实现。例如，直邮推广时，应选择可能回函或重复购买的消费者；有奖销售时，最好限定在旅游产品的消费者范围内，旅游企业的家属不允许参加。选择推广对象的范围应该合适，范围太大会使推广的效率下降，范围限定得过小则不利于旅游企业开发新市场。

(3) 分析推广途径

推广途径主要是指向推广对象传递信息的渠道。推广的途径主要有：广告、宣传单、邮寄、推销卡、新闻、人员推销、电话推销等。各种推广的途径不同，所需的费用不同，传达信息的范围也不同，旅游企业应在分析推广途径的费用、效率以及推广对象对信息的最佳接受方式的基础上，选择最有效的推广途径。

(4) 确定推广活动期限

推广活动期限的确定，受旅游产品的特点、消费者的购买习惯、促销目标、竞争者的策略等因素的影响。如果营业推广的时间过短，可能使一些潜在的消费者错过机会，无法获得推广所带来的利益，销售目标无法很好地达成，从而使旅游企业失去开拓市场的可能性；营业推广的时间过长，会使消费者丧失短期内购买的欲望，增加不必要的开支，失去营业推广活动的优势。因此，旅游企业要根据实际情况确定一个合理的推广活动期限。

(5) 选择推广时机

推广时机是指在推广期限内，确定具体的营业推广的日程安排。一般来说，推广时机的选择应根据消费者需求时间的特点和规律，结合整个市场营销策略来确定。在不同地区、不同范围内进行的营业推广活动要和当地营销人员配合，根据整个地区的营销战略来研究确定。例如，旅游企业想在5月旺季到来时，开拓东南亚市场，吸引更多的旅游者前来旅游，就应该选择在1月到4月对旅游中间商和东南亚地区的旅游者分别进行营业推广活动。

(6) 推广预算

营业推广活动的成功，需要较大的资金支持，必须进行科学合理的预算。推广预算一般通过2种方法来进行：一是由营销人员根据全年营业推广活动的内容、方式、选择的推广途径及相应的成本费用来确定预算；推广的费用包括管理费用（如印刷、邮寄费用）、奖励费用（如赠品或折扣的费用）。二是根据以往营业推广费用占促销费用的百分比来确定营业推广的预算总额。

(7) 推广活动的控制和评估

旅游企业为了保证推广活动的实施，应对推广活动进行有效的控制和评估，以保证营业推广达到预期的效果。可以采取以下3种方法进行。

消费者调查法 首先，通过对推广活动开展期间的旅游者消费行为进行观察、记录，对比推广活动前有关数据，分析推广活动对旅游者消费习惯的改变程度；其次，直接对消费者提出问题，了解、分析旅游者参与推广活动的动机、意见、建议、评价等，从而全面评估营业推广活动对旅游者的影响。

销售额对比法 这种方法比较直接，在其他条件不变的条件下，对比活动前后销售额的变化量，考虑推广成本的支出，可获得营业推广的净收益，以此评价推广活动的效果。由于销售额的变化受多种因素和其他促销手段的影响，因此，在进行评估时，应充分考虑其他促销手段和营业推广的综合效果。

实验法 旅游企业在进行全面的营业推广活动之前，可以选择一个有代表性的地区或消费者范围，进行小规模的实施，通过改变推广规模、水平、期限、时机等因素，考察具体效果，当效果良好时再大范围开展。

8.6 人员推销

8.6.1 旅游人员推销概述

旅游人员推销是指旅游企业的人员向消费者进行面对面的口头宣传，从而销售产品，满足消费者需求的促销方式。这是一种最传统、最不可缺少的促销方式。由于是直接和消费者面对面，因此，在销售旅游产品、获得消费者信息、提供服务和开拓市场等方面的作用非常大。

旅游人员推销概述主要有以下3个特点。

（1）推销活动的针对性

旅游人员推销通常采用一对一的方式，和客户直接进行沟通，使得推销活动可以针对每一个客户的特点，了解客户的需求和购买动机，从而采取不同的推销策略，解答客户的疑问，满足客户的特殊要求。

（2）达成交易的及时性

旅游人员推销从寻找消费者入手，到约见客户，与客户进行交流，处理推销过程中的各种疑义。在整个推销的过程中，始终保持和消费者近距离的接触，可以随时观察和了解客户的反应，寻找和抓住机会，及时促成交易的完成。

（3）消费者沟通的有效性

旅游人员推销不仅要通过和消费者直接面对面的沟通来达成交易，更为重要的是，交易成功之后，需要与客户保持长期的联系和沟通，通过定期或不定期的回访，及时了解客户购买和使用旅游产品的意见和建议，对客户进行有效的管理，使旅游企业和消费者的沟通长期而有效。

8.6.2 旅游人员推销的方式

旅游人员的推销方式多种多样，主要分为两大类：专业人员推销和全员推销。

（1）专业人员推销

专业人员推销即旅游企业选拔掌握专业销售技巧的销售人员，利用推销相关资料对消费者进行推销。专业销售人员接受过专业培训，掌握推销的相关知识和技巧，一旦交易成功，会给旅游企业带来长久稳定的客源。专业人员推销成为旅游企业最重要的推销方式。在实际推销过程中，由于旅游的最终消费者分布比较分散，大多属于少量购买，因此，专业人员推销的主要目标是旅游中间商和团体购买者。

一般来讲，专业人员经常采用上门推销、电话推销、推销展示会3种方式进行推销。

（2）全员推销

全员推销是指旅游企业内部旅游产品或服务的各个环节的员工，在接待旅游者、为旅游者提供服务的过程中，借助于旅游企业的各种内部设施、设备、资料进行推销。即服务的过程就是推销的过程，包括：① 在服务过程中回答消费者的各种咨询，消除消费者疑问，促进销售；② 帮助消费者在购买过程中选择需要的产品和服务（例如，消费者用餐时，帮助客人点菜）；③ 在客人消费结束后，征求意见（例如，发现问题，应及时给予客人相应的补偿，促使客人下次购买）。全员推销需要员工借助于旅游企业的设施、设备及相关资料，因此，要求所有的员工都能准确地说出本企业及产品的特点、价格、服务时间、服务方式以及能为客人提供的各种优惠，以便随时向客人进行有针对性的推销。

南京古南都饭店总机接线员的促销意识

这一年圣诞节前午夜时分，南京古南都饭店总机当班的小李，接到某外资公司一位客人的电话，询问圣诞活动预定事宜，并说曾打电话给另一家酒店，因该店总机接线员告之订票处已经下班，于是便打电话到古南都询问。

小李接到客人的电话，尽管此事并非是她直接的工作范围，但是脑海中立即意识到这事关饭店形象，做好咨询服务是自己应尽的责任和义务，处理得当还能促进饭店的圣诞销售。小李是一个有心人，平时已将饭店的圣诞活动安排了解的一清二楚，于是她马上热情、细致地把有关情况向客人一一作了介绍。客人听后非常满意，并表示他们公司将平安夜活动就定在古南都了，若中了奖就送给总机小姐。第二天，他们果然来饭店买了160张欢度“圣诞平安夜”的套票。

【分析】

全员营销就是要让每一名员工懂得，自己工作的好坏直接关系到企业的形象、声誉和生命，人人做好自己的本职工作就是在促销企业产品，并在此基础上有意识地针对消费者需求，推销酒店的产品和服务，通过消费者满意来实现最佳的销售效果。

本案例中，消费者在酒店消费前和消费过程中，往往不是很了解酒店的产品，这也就是常见的信息不对称现象。酒店员工及时地提前了解，主动向消费者推荐介绍有关的产品和服务，礼貌地将选择权交给消费者，从而使酒店与消费者的信息不对称趋于对称，这才是真正意义上的“全员营销”。由此可见，自觉的促销意识正是小李的可贵之处。她平时做有心人，关心酒店的促销活动，提前对这次圣诞活动的各项内容了解得清清楚楚，因而面对客人的询问，她胸有成竹，详细解答，抓住了这个意外的促销机会。

8.6.3 旅游人员推销的管理

8.6.3.1 旅游人员推销的目标

旅游人员推销和其他促销方式不同，在推销过程中，需要人员根据实际情况随时进行调整，并不断与客户沟通。因此，旅游人员推销的目标不能只以销售额作为主要目标，而应该综合考虑旅游企业的整体营销策略和促销目标来确定，充分发挥人员推销的优势。确定旅游人员推销的目标应从以下3个方面入手。

（1）销售产品

旅游人员推销最基本的目标是通过与客户的沟通，向消费者提供有关旅游企业和产品的各种信息，在一定的权限范围内处理一些技术问题。销售产品的目标可以通过销售额来体现。

（2）开拓市场

当现有的客户市场已经非常成熟时，根据旅游企业的整体营销策略，需要开发新的市场，可以把开拓市场、寻找新客户作为旅游人员推销的总目标，依靠旅游推销人员对市场和旅游产品的了解，发现新的需求动向。开拓市场的目标可通过新增的客户数来体现。

（3）收集市场信息

在旅游企业中，推销人员扮演着2种角色：对外代表旅游企业与客户沟通，对内作为客户的代言人。他们在与客户的沟通中，能够获得客户对旅游产品最详细的看法和意见，并将信息反馈到企业的有关部门，对于改进旅游产品、提供更好的服务，具有不可替代的作用。另外，推销人员在推销工作中，应该随时掌握市场竞争的第一手资料，这些都能成为指导旅游企业产品开发、促销的重要信息。收集市场信息的目标可以通过在一定时间内，推销人员反馈的信息量，或者是对旅游企业的市场营销策略提供的有价值的建议数量来体现。

8.6.3.2 旅游人员推销的组织和规模

旅游人员推销采取的组织结构、规模是否恰当，直接影响到旅游企业的经济利益。在实践中，旅游人员推销应该依据旅游产品的销售区域、产品特点、消费者类型来建立组织结构，并根据销售百分比、销售能力和工作量来确定推销人员的规模大小。

（1）区域性组织结构

区域性组织结构是指旅游企业将目标市场按地理因素划分为若干个不同的销售区域，每个销售人员负责一个区域的全部销售业务。区域性组织结构建立的关键是要确定合适的销售区域，一般可根据销售潜力相等或工作量相等的原则来确定，避免每个销售区域的销售潜力或工作量不同而引起销售人员的矛盾。

（2）产品式组织结构

产品式组织结构是指旅游企业根据旅游产品的特点分成若干类，或者按不同旅游线路的组合分成若干类，1个或多个销售人员为一组，负责对其中的1种或几种旅游产品进行推销的组织结构。例如，旅游饭店可以将产品分为客房、餐饮、娱乐等几大类进行销售。这种组织结构适用于产品类型较多的旅游企业。有利于推销人员专心于某一类型的旅游产品的销售，使得销售过程中重点突出。

（3）消费者式组织结构

消费者式组织结构是指旅游企业将目标市场按照消费者的属性进行分类，不同的销售人员针对不同类型的消费者进行销售的组织结构。例如，可以根据购买目的将消费者分为商务消费者、休闲观光消费者、会议消费者、度假消费者等；也可以根据消费者的购买途径分为通过旅行社、航空公司、旅游协会等购买旅游产品的消费者。这种组织结构的好处是旅游推销人员可以深入了解和掌握所接触的消费者的需求状况及需要解决的问题。

8.6.3.3 推销人员的管理与控制

旅游人员推销的管理归根到底是对推销人员的管理和控制。为了使旅游人员推销工作能够顺利开展，需要对推销人员制定合理的报酬制度，制定旅游企业推销人员的招聘标准，加强对推销人员的培训和激励，对推销人员进行相应的绩效评估。

建立合理的报酬制度，有助于激发旅游销售人员积极性和工作热情，促进其积极地开展业务。

旅游推销人员的素质是推销能否成功的重要因素，也是旅游企业形象的体现。因此，旅游企业在招聘推销人员时要制定严格的招聘标准。

旅游推销人员业绩的好坏，直接影响到整个企业的销售收入。为了提高推销人员的业绩，除了给予相应的报酬以外，还应该制定推销定额，加强对推销人员的激励管理。同时，加强对推销人员的控制，进行业绩评估。这是旅游推销人员管理的重要环节，也是核算推销成本的重要因素。对推销人员的评估应该体现公开、公正、公平的原则。

【案例分析】

人员推销——“标志”客栈

一个正在出现的，但不为人所知的旅馆连锁店——“标志”客栈怎样才能与假日旅馆和马里奥特这样的巨人企业相抗衡，是通过一种服务于商务旅行者的创新手段，一个广泛的内部销售/服务规划，和在当地社区所进行的一种积极的人员推销来实现的。

第一个“标志”客栈在1981年3月开业于印第安纳州波利斯市。截止到1995年，公司在美国中西部的6个州中（伊利诺伊州、印第安纳州、衣阿华州、肯塔基州、俄亥俄州和田纳西州）已经拥有了24处资产。“标志”客栈在20世纪90年代中期卖掉了密歇根州的一处资产。“标志”客栈在这个行业中保持着高水准的经营，因为它对所有的旅馆都可以直接进行控制。它没有独立经营的特许经营单位，几乎所有的旅馆都由附属的合作者拥有。而并不是公司所有。这样就能使公司的投资风险最小化。“标志”客栈的主要业务来自于5个市场细分部分：① 公司人员；② SMERF（社会团体、军队/政府、教育团体、宗教团体和各种协会）；③ 汽车观光团体；④ 受特别事件吸引的人；⑤ 休闲度假的人。

提供给商务旅行者的特定的设计包括每个客房中的1个照明优良的工作台、1个坐卧两用椅、1份高级的免费欧陆式早餐、免费的晨报（周一到周五）、免费的当地电话和免费的带电影频道的有线电视。客房中还有可以使用的打字机、计算器和私人的“电话工作中心”（可以进行一对一的会谈）。每一个“标志”客栈都可以提供5个会议房间。可以为预订15间或15间以上客房的团体提供一个免费的会议室。旅馆没有饭店或酒吧设施，只有一个小的餐厅提供早餐。每一个旅馆都安排相关的当地饭店，在看到“标志”客栈的客人所出示的房间钥匙时，饭店给其提供折价。因为“标志”客栈的房间价格适中，并且吸引着对价格较敏感的旅行者，所以它只进行了有限的折价，包括对老年人、持有3“A”信用卡的人和长期停留的客户提供折价。年龄17岁或小于17岁的与父母共享一个房间的小客人可以免费住宿。另外，公司的销售部和市场营销部代表每一个旅馆同（财富）杂志上所列示的5家受人喜爱的公司和旅行社协会协商了一份特别的价格表。“标志”客栈的价格总是处于中游，它经常经营一些价格较适中的服务种类。

据估算，吸引一个新客户的成本要比保留一个老客户的成本多出6倍。这样，“标志”客栈就设立了它的“传奇式的服务”规划（在服务中，给客户带来一份惊喜），这就需要总经理和客户服务人员每天都与目前的客户进行接触（例如，感谢他们入住本客栈，称呼他们的名字，并让其介绍其他的潜在客户，等等）。公司认为有效的内部销售和每天执行的服务规划是积极的外部销售的先决条件。

人员推销主要集中在每个旅馆的当地和周围的社区。每个“标志”客栈都有一个总经理助理，他要完成至少15个外部销售请求，每周还要邮走大量的促销邮件。“标志”客栈不断地与当地各种规模的企业和其他组织进行联系。不同种类的信息来源（包括商会、当地的报纸和行业目录等）可以被用来推测预期客户。例如，可以依据报纸上的订婚和即将到来的婚礼通报，向准新娘（郎）邮去祝贺信，并鼓励他们让参加婚宴的城外的客人住在“标志”客栈。

总经理助理每月还有一个责任就是对在上个月住宿客房数最高的10家组织进行服务销售（打电话或面对面进行）。在1993年，公司在它的每一个旅馆中都安装了一个资产管理系统。客户的特征和客户的历史资料在这个系统中被累积和保存起来。这个系统帮助旅馆确认能够产生最高客房住宿的客户，除此之外它还有别的功能。通过仔细分析这些资料，“标志”客栈能够写出更精确的市场营销和销售计划，以吸引有类似客户特征并居住在公司主要的地理区域，但却未成为“标志”客栈客户的那些人。近来，一个自动的销售和探测系统——“电子魔术”系统被应用，可以更精确地管理“标志”客栈的销售程序。

每周，总经理助理都要进行一系列的调查，拜访所有当地的竞争对手，并查找一下哪些组织要召开会议或执行其他功能。客栈的总经理和总经理助理经常瞄准特定种类的组织（例如，当地的教堂、不动产公司，等等），而且总经理助理要通过面对面的谈话或电话来完成对这些组织的销售。“商务伙伴信件”被邮寄给周围社区的较小的组织，并附带上小册子和其他促销资料。“标志”客栈要求每个被拜访的预期客户都说出一些他们知道的可能对使用“标志”客栈服务感兴趣的其他人的名字。然后市场调查信息就会进入“电子魔术”系统，以备后续的跟踪调查，甚至店内的客户评论卡也被用作类似的介绍信息。

“标志”客栈使用了多种不同的手段和工具来展示和证实它的服务。这些带彩色照片（描述了客栈的各个方面）的服务指南，以及小册子、楼层计划、价格卡和其他有关“标志”客栈的印刷信息。公司认为它最独特的卖点就是它对客房独特的设计和为商务旅行者提供的其他特别服务。证实这些特色的最好方法是什么呢？“标志”客栈想出了一条最有效的方法，就是邀请预期客户在总经理、总经理助理或客户服务经理的引导下亲自参观一下本客栈。

总经理助理在销售请求中使用一个“五步的展示程序”，它非常类似于本章所描述的销售过程：① 准备；② 面对面地交谈；③ 市场调查；④ 展示；⑤ 完成销售。当销售代表处理异议和问题以及帮助完成销售时，会使用一些容易记忆的短语。“标志”客栈认为对客户进行售后跟踪是十分必要的。客户服务经理会在会议结束后对会议室的使用者进行跟踪调查，看看会议进行得是否顺利，以及是否要对下一次会议进行预订等。“标志”客栈周期性地召开聚会，以巩固与老客户的关系，并吸引新的客户。

对于公司客户，还要做一些额外的销售工作，将销售精力主要集中在连锁性的公司和主要的贸易展销会上。单独经营的资产也要做一些区域以外的促销，主要是对旅行代理人和汽车观光公司展开的。

高水准的专业性管理是所有的“标志”客栈所共有的特征，也是它迅速成长的原因。但它最令人称道的还是其与众不同的销售队伍所进行的人员推销。

【案例思考题】

1. “标志”客栈怎样发展了一个独特的内部和外部推销手段？这一手段怎样帮助“标志”客栈在当地与较大的宾馆相竞争？

2. 其他的旅游与酒店业组织可以从“标志”客栈的人员推销手段中学到什么？

【思考题】

1. 何谓促销、广告宣传、营业推广、公共关系、人员推销、整合营销？

2. 旅游产品促销作用是什么？

3. 四大营销策略是如何运作的？

4. 以你所在城市的某家旅游企业为调查对象，考察其旅游产品的营销是如何进行的，并做出评判。

【本章推荐阅读书目】

1. 旅游市场营销. 张俐俐. 清华大学出版社，2005.

2. 旅游市场营销. 4版. 科特勒，等. 谢彦君，主译. 东北财经大学出版社，2006.

第 9 章

现代旅游营销的发展与创新

【本章概要】

通过本章学习，了解现代旅游营销与传统旅游营销的区别以及当今旅游营销的最新发展趋势，掌握现代旅游营销的特征和相应的运用策略。

【学习目标】

- 掌握旅游体验营销的内涵及其运用；
- 掌握旅游情感营销的内涵及其运用；
- 掌握旅游关系营销的内涵及其运用；
- 掌握旅游网络营销的内涵及其运用。

【关键性术语】

旅游体验营销、旅游情感营销、旅游关系营销、旅游网络营销、博客营销。

【案例导读】

“体验式旅游” 悄然升温

“到农民家里体验田园生活”，“像职业探险家一样穿越西部无人区”，“去国外入住当地人家”，诸如此类的旅游方式已经引起越来越多旅游者的响应。“体验式旅游” 正悄然升温，成为现代旅游中最具开发潜力的一个亮点。

所谓“体验式旅游”，业界人士理解为旅行社安排更多参与性的活动，使游客感悟旅游真义。时尚的年轻人则认为，旅游不在乎山水，更多的是一种生活方式的体验，一种闲适心情的分享。

就目前的旅游产品而言，体验式旅游尚存在很大的市场空白。“体验式旅游” 始于1997 年广东中旅推出的穿越罗布泊探险游。随后，一些旅行社又开发了高校旅游。旅行社把清华、北大、复旦等名校作为一个景点列入旅游路线，激励孩子们考名校的决心，让他们提前感受高校生活。当然，也有部分旅行社经常拉出“当一回军人”“做一天牧民”的大旗，但热闹一阵后，便偃旗息鼓。纵观旅游市场，与“休验”拉得上关系的旅游产品还真不多，而真正意义上的“体验式旅游”更是微乎其微。但在国外非常流行的“体验式游学”，则开了个好头。

“体验式游学”就是学生由出国留学机构办理出国，在国外完全进入当地的生活状态，参加由当地语言学校安排的课程及其他文体活动。虽然第一次独处异乡的孩子还不免表现出一定的拘谨，但与外国孩子同吃同住数十天的生活，却让全部学生都有一个共同的感受：再也不怕说外语了！

其实旅游中的“众口难调”是一个普遍性的问题，但在“体验式旅游”中表现得尤其突出。比如说“想做一天农民”的，并不在少数，但事实上，目前并没有旅行社在做这个项目。自己开车去吧，不仅投石问路花费工夫，还有一个问题就是即使到了农民家，谁信你呀，一番口舌之后，老乡们也难理解。年轻一族只能无奈："想做'农民'原来这么难！"

一向精明的旅行社为什么开发"体验式旅游"的力度不大呢？原因就在于旅行社对有这部分需要的人群数量没有太大的信心，如果形不成规模，就无效益可言。所以旅行社对开发此类线路较为谨慎，因此，目前旅行社对"体验式旅游"的开发还停留在"作秀"阶段。

从最初的观光游览到追求休闲化旅游，上升到找寻另类感觉的个性化旅游，这是旅游的3个不同层次。目前大部分旅游者，还停留在"到此一游"的层面上。比如，去北京旅游，大不了安排晚上听听京戏、看看杂技，到胡同里坐坐黄包车，体验的实质还停留在表层。再有就是"急行军式"的旅游，一天走马观花几个景点，游客哪有什么文化体验？

9.1 旅游体验营销

9.1.1 旅游体验营销的概念

体验经济时代的到来使得体验营销应运而生。伯恩德·施密特博士在《体验式营销》一书中指出：体验营销是站在消费者的感官、情感、思维、行动、关联等5个方面，重新定义、设计了营销的思考方式。体验营销以向顾客提供有价值的体验为宗旨，在提供产品和服务的同时，将消费过程看作是一种整体体验，以体验为导向设计、制作和销售产品，注重顾客的参与和氛围的营造，力图通过满足顾客的体验需要而达到吸引和保留顾客、获取利润的目的。

旅游是体验经济时代最典型的体验性活动，它提供一种过程、经历和感受。由于体验性需求正逐步成为旅游需求的主流，因此，旅游企业应把握这种体验性旅游发展的新潮流，通过开展体验式营销来很好地满足游客的需求。旅游体验营销是指旅游企业根据游客情感需求的特点，结合旅游产品、服务的属性（卖点），策划有特定氛围的营销活动，让游客参与并获得美好而深刻的体验，满足其情感需求，从而扩大旅游产品和服务销售的一种新型的营销活动方式。

9.1.2 旅游体验营销与传统营销的区别

作为一种新的营销方式，体验营销与传统营销的区别可参见表9-1和表9-2。

表9-1 传统营销与体验营销的比较

比较点	传统营销	体验营销
利益特点	专注于产品特色与功能	焦点在顾客体验
心理学表现	把顾客当作理智的购买决策者，把顾客的决策看成是一个解决问题的过程，是非常理性的分析评价，最后决策购买	认为顾客是理性的也是感性的，顾客因理智和追求乐趣刺激等，一时冲动而购买的概率是相同的
评价焦点	关注产品的分类和在竞争中的营销地位	在广泛的社会文化背景中检验消费情景

表 9－2 体验营销的发展

时　　间	20 世纪 50 年代	20 世纪 80 年代	20 世纪 90 年代	21 世纪
营销模式	推动型	拉动型	供应型	伙伴型
营销方式	规模营销	差异化营销	整合营销	体验营销
营销目标	满足现实的，具有相同或相近的顾客需求，并获得目标利润最大化	满足现实和潜在个性化需求，培养忠诚度	适应需求变化，并创造需求，追求各方互惠关系最大化	满足顾客追求个人体验和价值最大化需求
营销工具	4P	4C	4R	4V
顾客沟通	“一对多”单向沟通	“一对一”双向沟通	“一对一”双向或多向沟通或合作	“一对一”外部合作

旅游体验营销的目的是为游客创造全面的体验，即通过塑造感官及思维，情感体验，吸引游客的注意力，并引起游客的情感共鸣或思维认同，来诱导消费，为旅游产品和服务找到新的价值和生存空间。

与强调产品的功能和特色及价格的传统的旅游营销相比，旅游体验营销主要有以下 4 个特征。

(1) 突出体验性

传统的旅游营销的营销提供物是旅游产品和服务，而旅游体验营销的营销提供物是旅游体验。前者注重旅游产品和服务的利益点，而后者则注重游客的感受与体验。如 2001 年 5 月，美国亿万富翁蒂托以 2000 万美元买的机票乘俄罗斯“联盟号”太空飞船在太空遨游了 8 天，成为世界上第一位乘太空飞船遨游太空的旅行者。

(2) 突出人性化

旅游体验营销从游客的心理需求出发，不仅重视旅游产品及服务的功能，而且更加重视旅游产品及服务本身的审美和象征意义，并在其设计、包装上体现个性，引入情感因素，从而得到游客的心理认同，给游客以感官、情感以及更加广泛的社会意义上的体验。

(3) 突出互动性

体验是旅游体验营销的核心，理所当然，旅游企业为游客创造的体验能否被游客所接受和认同是旅游体验营销能否最终取得胜利的关键。由于体验看不见，摸不着，所以与有形产品相比，加强与游客的互动在体验营销下显得更为重要。

(4) 突出灵活性

旅游体验营销使用的手段具有灵活多变的特征。旅游体验营销人员从不固守某种方法，而是可以因不同的环境、产品的不同特点、所面对的不同游客群体而异，即旅游企业的营销手段没有固定统一的模式。

9.1.3 旅游业发展体验营销的必要性

(1) 体验是旅游的本质

从旅游的本质来看，体验是旅游的核心属性之一。旅游，指的就是人们离开常住地到异国他乡的非定居性旅行和暂时停留所进行的参与性活动。这种活动是为了实现高层次的需要（如审美、文化和娱乐等）的满足，更多地体现为心理上的和精神上的满足。这说明旅游在要求主体主动参与，从所参与的活动中满足人们高层次需求的体验是一致的。谢彦军教授在他的《旅游基础学》中讨论了旅游的本质，他认为旅游就是为了获得一种愉悦性体验。

从体验的内容来看，旅游是体验的大舞台。体验是一种主动参与性经历，体验不只是心理的、内心的感受，而是整个身心的综合感受，是人在“实践”中，在“身体力行”中产生的心理、生理等方面的综合感受。这种感受只能产生于以物质实践活动为基本的社会的人的活动之中，来自于活动中主体与客体的有目的、意图、条件、方式的相互作用。体验与旅游的本质是一致甚至是融于一体的，旅游过程中的任何一项活动，都为旅游者提供了一种可以全身心参与，并拥有自己独特记忆的经历。

(2) 体验营销是提高旅游竞争力的必然选择

从旅游消费者需求变化来看，在体验经济时代下，展示个性和交流沟通逐渐成为消费趋向。旅游者已不再满足于走马观花式的观光旅游，他们更强调的是一种参与，一种体验。例如，在乡村旅游活动中，旅游者乐于亲身参与乡村劳动，感受其中浓郁的乡土味和人情味，借参与产生互动，加深与乡村文化的交流与沟通。体验已成为旅游者购买旅游产品的核心，为开展旅游体验营销提供了广阔的空间。

从旅游产品的发展来看，我国旅游在发展之初，表现出对自然资源极大依托性，产品容易模仿，造成了整个行业产品趋同化严重。这就要求旅游经营者必须深入研究顾客的体验需求，将体验营销的思想运用在产品设计和开发中，以达到吸引旅游者并增强其忠诚度的目的，从而全方位地提升旅游企业的竞争力。

从旅游发展壮大的需要来看，目前旅游存在市场集中度差、营销力度不够、营销方式雷同等问题，品牌优势很难形成，旅游要发展，应针对体验经济时代消费需求的变化趋势，意识到营销规则的变化，否则必然要被市场淘汰。这就要求旅游经营者要将体验营销的思想贯穿整个经营管理过程。

9.1.4 旅游体验营销策略

作为旅游经营者，他向游客出售的是一种完整的“经历”，提供的是旅游者从旅游计划开始时、旅游计划实施过程中和旅游计划实施完毕后的全面顾客体验。整个过程涉及旅游产品和服务的设计、包装、销售到售后服务等4个系统，势必要求旅游经营者重视每一个消费环节，剔除不利于与旅游者交流沟通的流程，建立便于与旅游者直接面对面的平台，实现旅游消费流程的重组和优化。

(1) 设计主题

体验首先要设立一个精练鲜明的“主题”。个性鲜明、定位明确的主题是给游客带来独特体验的基础，也是体验营销策略的首要因素。体验营销要从一个主题出发，然后设计若干“主题道具”(如一些主题博物馆、主题公园、游乐区，或以主题为设计导向的一场活动等)。主题的确定应根植于本地的地脉与人脉，在了解消费者心理需求和欲望的前提下，突显个性、特色与新奇。总之，能触及旅游者内心的渴望，吸引他们进入旅游状态的主题就是好的主题。

(2) 注重沟通

在体验化的旅游产品中，旅游者从结果消费转向过程消费，因此，通过吸纳旅游者参与旅游产品的设计、生产，加强旅游者与旅游企业、旅游者与旅游者之间的沟通力度，形成相互促进的良性互动，不仅可以增加旅游企业的生产能力，还能在一定程度上抵消体验产品个性化生产而导致的规模经济的损失，同时旅游者之间的沟通更能让“美好的感觉”口碑相传；侧面的积极宣传也将带动旅游企业的整体效益。例如，现在已有少数旅游企业借助三维全景技术将景区数字化，观众可以通过网络观看景区风光，同时结合景区导航地图、导游解说，让观众身临其境。更重要的是，通过潜在旅游者与旅游产品的初步接触，可以收集他们对旅游产品设计、开发方面的意见和建议。

(3) 搭好舞台

“七秒钟色彩”理论告诉我们，消费者对一件商品的认识，可以在7s之内以色彩的形态留在人们的印象里。在个性化需求营销主导市场的时代，感官营销可令消费者识别产品，引发购买动机与增加产品的附加价值。旅游企业要吸引游客参与，首先就要充分发挥“导演”角色，搭好舞台。舞台上一幕幕悦人之“色”、动人之“声”、诱人之“味”、感人之“情”，吸引游客主动参与，使其留下难忘的体验印象。

(4) 从一线做起

美国服务营销专家格鲁夫和菲恩克认为：面对面服务体验经历同演戏相似，都需要演员、布景和演出效果。在旅游企业的体验剧场模型中，演员就是一线服务人员，是旅游体验的主要生产者。布景就是旅游资源，是生产旅游体验不可或缺的工地。因此，体验营销首先要从一线人员做起。企业应让员工充分认识到，每一次与旅游消费者的接触都是一个“关键时刻”，它将直接影响到旅游者对旅游服务质量的评价。因此，工作人员除了要有较高的业务水平，还应注重自身服饰、举止、风度等各个可能给旅游者留下美好印象的细节。

(5) 提供附加产品

基于体验营销的服务营销是以顾客的服务体验为诉求，注重如何使服务个性化，如何使顾客在接受服务的过程中产生与众不同的感受，如何将服务利益转换成能给旅游者带来高水平体验的迹象。服务质量是服务营销的关键，服务质量往往取决于员工的服务态度、技能和服务水平。旅游企业提供的附加产品可起到支持核心产品发挥最大效用，且在一定程度上区别于竞争对手产品的作用。附加产品往往是旅游者体验延伸与深化的重要动力。旅游者在旅游结束后，心中仍荡漾着阵阵“体验涟漪”，在这种情况下，旅游企业可通过建立论坛或俱乐部等措施为旅游者提供一个分享体验，享受快乐的空间，同时增大了游客的回游欲望。

9.2 旅游情感营销

9.2.1 旅游情感营销的概念

旅游情感营销是以消费者内在的情感为诉求，通过激发和满足顾客的情感体验来实现营销目标的策略方法。情感营销的核心是站在客户的立场上考虑问题，密切关注客户的需求，向客户提供他们真正满意的产品和服务。顾客对于符合心意、满足其实际需求的产品和服务会产生积极的情绪和情感，它能提升顾客对企业的满意度和忠诚度。旅游产品的生产和销售过程，就是旅游企业员工和顾客面对面交流的过程。在这个过程中，情感营销的成败直接会影响到整个营销的成败。正面的情感能促进旅游产品的销售、提升顾客满意度，从而带来良好的口碑效应，有利于培养顾客的忠诚度和树立企业形象；而负面的情感，即使是在某一个细小环节所形成的负面情感，都有可能使顾客对企业、对产品的满意度大打折扣，破坏企业形象，从而造成现有顾客和潜在顾客的流失。

9.2.2　旅游情感营销的特征

（1）以体验为基础，从打动心中最柔软的地方开始

与商品营销强调“交易”不同，情感营销强调的是“心灵和思想的接触”，用《服务管理》的作者诺曼的话来说，就是“真实的瞬间”。因为在向顾客提供服务的过程中，面临着许多与顾客进行接触的点，对这些接触点的管理水平将最终决定着顾客获得服务质量的高低，而只有通过顾客体验才能让顾客真正达到“心灵和思想的接触”。

菲利普·科特勒把顾客的消费行为分为3个阶段：量的满足、质的满足和感性的满足。随着经济的发展、社会的进步和顾客需求层次的提高，顾客的消费行为逐渐上升到情感的满足阶段。在这个阶段，顾客消费行为一个最显著的特点是，顾客最看重的不是产品的数量和质量，而是产品与自己的关系紧密程度，他们购买产品是为了一种满足感情上的某种渴望，或是追求商品理想和自我概念的吻合——这便是体验消费。首先，情感营销是要与消费者产生共鸣，打动消费者心中最柔软的地方，让消费者产生诸如感动之类的情感体验。

（2）以互动来实现

在消费者购买产品后，厂商应继续保持与他们的互动，一方面经常征求顾客意见，收集市场或产品的信息；另一方面，做好售后服务，坚定顾客对产品和公司的信心以获得好的口碑，获得消费者的品牌忠诚，争取消费者重复购买。当然，也有许多消费者在做购买决策时，并未按照上面的理性过程做有意识的努力，而更多地关注购买或使用时的感受、情绪和环境。而这几个方面受到雇员与顾客互动最直接的影响，因此，当此类型的购买行为发生时，更要充分运用互动工作。

9.2.3　旅游情感营销的运用策略

（1）做好情感设计

要做好情感营销，必须要为顾客提供有关旅游地整体形象、品牌等方面的良好认知，它是顾客喜欢情感产生的源泉。以能体现积极体验主题和美好体验意象的正面线索来指导旅游地环境建设，淘汰负面因素，减除负面线索对削弱、违反和转移体验主题的消极影响。整合多种感官刺激，给顾客视觉、听觉、嗅觉、味觉和触觉的全方位冲击，使他们在不同文化和环境的体验中留下难忘的印象。在旅游地体验产品的设计中，体验所涉及的感官越多，就越足以构成美妙的回味。许多旅游地在产品设计以及整体布局中加入情感因素，增进顾客对品牌的认同度和忠诚度，进而提高顾客对产品的喜好度。

（2）做好情感服务

旅游企业在营销互动中所创造的情感化举措往往具有一种“润物细无声”的意境，悄无声息地打动顾客。所以，旅游企业在日常经营和管理中要想顾客所想、急顾客所急，实施人性化的服务制度，才能让顾客感动。在营销过程中倾注情感，对待客户真心、诚心、细心，通过一个个具体的行动，去传递对顾客的爱心，让每个顾客都切实感受到企业的真情。

（3）注重自身员工情感满意度

顾客满意并非“空中楼阁”。事实上，顾客满意来自于以较低的成本获得更优质的产品或服务，而优质的产品或服务则来自于企业的员工。企业要赢得顾客，首先就要让顾客满意。同理，企业要让员工忠诚地努力工作，从而生产出更优质的产品或提供更优质的服务，就得先让员工满意。因为，如果员工不满意，由此导致企业所提供的产品或服务质量下降、工作效率降低等，最终会影响顾客的情感满意度。提高员工情感满意度意义在于：① 员工情感满意度的提高有助于弘扬企业文化。很明显，员工的情感满意度提高是员工认可和弘扬企业文化的重要体现。② 员工的情感满意度提高使其产生一种荣誉感，并为自己成为企业的一员而骄傲，从而全方位提升员工的个人价值。③ 提高员工情感满意度间接地加强了员工对工作的责任感和使命感，使员工的忠诚度得到加强、敬业度得到提升。④ 提高员工情感满意度使员工比以往更认真、更努力地工作，由此产生更高的工作效率，从而大大降低企业的经营成本。⑤ 员工的认真和努力将为顾客提供更优质的产品和服务。例如，丽嘉酒店就非常关注自己员工对公司的情感满意度，用员工满意最终完成顾客满意。上海波特曼丽嘉酒店总经理狄高志说：“丽嘉酒店企业文化的核心是关爱员工，并以丽嘉为荣。”

“海底情深”

青岛海底世界自2003年7月开业以来，以其独特的海洋生态旅游、科普教育特色、优质温馨的服务吸引了众多的海内外游客。开业一年就接待游客过百万人次，成为人气指数最高的景点之一。在全国同期海底世界项目中，青岛海底世界独树一帜，创造了国内海洋旅游业的奇迹。

青岛海底世界从一次次与游客的交往中，从一个个游客满意的笑容里，从公司对员工无微不至的关怀中，从海底世界人相互之间亲密无间的协作里，提炼出企业文化的核心服务理念——“以心换心，创造感动”。最终，海底世界把“情”作为服务理念的核心，作为企业文化的内涵，并把服务品牌命名为“海底情深”。

服务品牌的建立是海底世界企业文化和品牌建设的里程碑，它不仅引发了游客内心的共鸣，而且把海底世界的服务理念提升到一个新高度。“海底情深”服务品牌是青岛旅游业第一个服务品牌，也是中国第一个海洋旅游产业服务品牌。这是海底世界企业文化和服务理念不断整合和发展的结晶，标志着青岛海底世界从此走上了全面品牌化经营的道路。

同时，海底世界在充分整合各种资源的基础上，建立了系统的服务品牌发展规划，确立了“立足青岛，面向山东”的服务品牌第一步推广策略，并以“海底情深”为主线，以“情”为核心，相继推出了一系列营销活动和社会公益活动。

例如，针对“希望小学”学生开展海洋科普教育活动；教师节邀请优秀教师“畅游海底世界，感受海底情深”；“六一”儿童节邀请白血病儿童、贫困家庭儿童免费游览海底世界。母亲节，他们举行了“海底情深”祝福伟大母亲活动，邀请100多位伟大母亲免费游览青岛海底世界……

2004年12月3日“国际残疾人日”这天，海底世界举行了“让我们与残疾人共享‘海底情深’活动”，邀请全市200多名聋哑人和智障儿童免费参观海底世界。为克服交流上的障碍，做好讲解服务，讲解员王佳产生了一个好的想法：用笔和纸来完成与这些特殊客人的交流。每到一个展区，她就将讲解内容写在纸上，拿给他们看，没过一会儿，跟着她的聋哑人越来越多，大家都知道了海底世界有一个用“笔”讲解的讲解员。参观过后，聋哑人激动地留言：海底世界让无声的世界不再寂寞……

海底世界人通过这些活动，诠释了“海底情深”这一服务品牌的内涵、核心价值和社会价值，得到了社会各界对“海底情深”服务品牌的认同。

2004年，在政府、媒体与广大游客的关心与支持下，青岛海底世界陆续获得了青岛市旅游局和青岛主流媒体颁发的“青岛市诚信旅游景点”“十佳诚信休闲场所”“‘魅力青岛’2004年最受欢迎的青岛旅游景点”“青岛市服务百佳景点”“山东省最受市民欢迎的十大旅游景区（点）”“山东省最具潜力的旅游景区（点）第一名”等荣誉。

9.3 旅游关系营销

泰国东方饭店

在世界十大饭店之一的泰国东方饭店，你也许从未看过他们的服务员一眼，但他们却知道你是个有价值的老客户。他们会把你提升为头等客户，优先给你提供服务；楼层服务员会在为你服务的时候叫出你的名字，餐厅服务员会问你是否会坐一年前你来的时候坐过的老位子，并且会问你是否需要一年前你点过的那份老菜单。当到了你的生日，你还可能收到一封他们寄给你的贺卡，并且告诉你，他们全饭店都十分想念你。泰国东方饭店几乎天天客满，不提前1个月预订很难有入住机会。用他们的话说，只要每年有1/10的老顾客光顾饭店就会永远客满。他们非常重视培养忠实的客户，并且建立了一套完善的客户关系管理体系。这就是东方饭店成功的秘诀。

9.3.1 旅游关系营销的概念

(1) 关系营销及其本质特征

所谓关系营销，是与关键成员——旅游者、供应商、分销商等建立长期满意关系的实践活动，目的是保持与他们之间的长期业绩和业务往来。

关系营销的本质特征可以概括为以下5个方面。

双向沟通 在关系营销中，沟通应该是双向而非单向的。只有广泛的信息交流和信息共享，才可能使企业赢得各个利益相关者的支持与合作。

合作 关系就其性质讲有2种状态：一种是对立；一种是合作。对立性状态是指企业与相关利益之间为了各自目标相互排斥和反对（如竞争、冲突、强制等）；合作性状态是指企业与相关利益之间为了各自目标相互支持和配合（如团结、互助、沟通等）。关系营销推崇的是“合作”，谋求双方（竞争者、供应商、经销商、社区、政府机构和消费者等）相互之间长期、稳定和持久的合作关系。

双赢 关系营销旨在通过合作增加关系各方的利益，而不是通过损害其中一方或多方的利益来增加其他各方的利益。尤其在今天商品相对大量过剩的今日，企业的稳定发展只有配合协作、互助互利才能共同发展和进步。

亲密 关系能否得到稳定和发展，情感因素也起着重要作用。因此，关系营销不只是要实现物质利益的互惠，还必须让参与各方能从关系中获得情感需求的满足。

控制 关系营销要求建立专门的部门，用以跟踪顾客、分销商、供应商及营销系统中其他参与者的态度，由此了解关系的动态变化，及时采取措施消除关系中的不稳定因素和不利于关系各方利益共同增长因素。此外，通过有效的信息反馈，也有利于企业及时改进产品和服务，更好地满足市场的需求。

(2) 旅游关系营销与传统营销的区别

关系营销与传统的交易营销相比，它们在对待顾客上的不同之处主要在于：① 交易营销关注的是一次性交易，关系营销关注的是如何保持顾客；② 交易营销较少强调顾客服务，而关系营销则高度重视顾客服务，并借顾客服务提高顾客满意度，培育顾客忠诚；③ 交易营销往往只有少量的承诺，关系营销则有充分的顾客承诺；④ 交易营销认为产品质量应是生产部门所关心的，关系营销则认为所有部门都应关心质量问题；⑤ 交易营销不注重与顾客的长期联系，关系营销的核心就在于发展与顾客的长期、稳定关系（见表 9－3）。关系营销不仅将注意力集中于发展和维持与顾客的关系上，而且扩大了营销的视野，它涉及的关系包含了企业与其所有利益相关者之间所发生的所有关系。

表 9－3 旅游关系营销与传统交易营销的对比

营销方式/项目	交易营销	关系营销
核心观念	交换	与顾客建立长期关系
企业的着眼点	近期利益	长远利益
企业与顾客之间的关系	不牢靠	比较牢靠
对价格的看法	主要竞争手段	不是主要竞争手段
企业强调	市场占有率“一锤子买卖”也干	回头客比率，顾客忠诚度
营销管理的追求	单赢	双赢
市场风险	大	小

9.3.2 旅游关系营销的市场模型

关系营销的市场模型概括了关系营销的市场活动范围。一个企业必须处理好与下面 6 个子市场的关系：顾客市场、供应商市场、内部市场、竞争者市场、分销商市场、相关利益者市场。

(1) 顾客市场

顾客是企业存在和发展的基础，市场竞争的实质是对顾客的争夺。最新的研究表明，企业在争取新顾客的同时，还必须重视留住老顾客，培育和发展忠诚顾客。通常争取一位新顾客所需花的费用往往是留住一位老顾客所花费用的 6 倍。企业可以通过数据库营销、发展会员关系等多种形式，更好地满足顾客需求，增加顾客信任，密切双方关系。

(2) 供应商市场

任何一个企业都不可能独自解决自己生产所需的所有资源。在现实的资源交换过程中资源的构成是多方面的，至少包含了人、财、物、技术、信息等方面。与供应商的关系决定了企业所能获得的资源数量、质量及获得的速度。企业与供应商必须结成紧密的合作网络，进行必要的资源交换。另外，公司在市场上的声誉也是部分地来自与供应商所形成的关系。

(3) 内部市场

内部营销起源于这样一个观念，即把员工看作是企业的内部市场。任何一家企业，要想让外部顾客满意，它首先得让内部员工满意。只有工作满意的员工，才可能以更高的效率和效益为外部顾客提供更加优质的服务，并最终让外部顾客感到满意。内部市场不只是企业营销部门的营销人员和直接为外部顾客提供服务的其他服务人员，它包括所有的企业员工。在为顾客创造价值的生产过程中，任何一个环节的低效率或低质量都会影响最终的顾客价值。

(4) 竞争者市场

在竞争者市场上，企业营销活动的主要目的是争取与那些拥有与自己具有互补性资源竞争者的协作，实现知识的转移、资源的共享和更有效的利用。企业与竞争者结成各种形式的战略联盟，通过与竞争者进行研发、原料采购、生产、销售渠道等方面的合作，可以相互分担、降低费用和风险，增强经营能力。种种迹象表明，现代竞争已发展为“协作竞争”，在竞争中实现“双赢”的结果才是最理想的战略选择。

(5) 分销商市场

在分销商市场上，零售商和批发商的支持对于产品的成功至关重要。销售渠道对现代企业来说无异于生命线，随着营销竞争的加剧，掌握了销售的通路就等于占领了市场。优秀的分销商是企业竞争优势的重要组成部分。通过与分销商的合作，利用他们的人力、物力、财力，企业可以用最小的成本实现市场的获取，完成产品的流通，并抑制竞争者产品的进入。

(6) 相关利益者市场

金融机构、新闻媒体、政府、社区，以及诸如消费者权益保护组织、环保组织等各种各样的社会压力团体，它们与企业都存在千丝万缕的联系，对于企业的生存和发展都会产生重要的影响。因此，企业有必要把它们作为一个市场来对待，并制定以公共关系为主要手段的营销策略。

9.3.3 旅游关系营销的运用策略

(1) 财务层次：制定老顾客特惠计划

采取顾客分级的方式。对忠诚度越高的顾客，做越多的投资，让他们享受特殊的优惠和更多的好处。这一点许多公司已经在使用。比如，许多商家发行自己的VIP卡用于奖励自己的常购顾客，顾客在持卡购物的时候就可以获得一般消费群体所不具备的优惠。

对于具体的产品而言，则通常会使用下一次消费的折扣券或者累积购买的特殊奖励来达到奖励客户的目的。比如，娃哈哈做的集齐相应的饮料标志就可以换娃哈哈童装就是这样的一个例子。

优惠、积分等方式很容易被竞争者模仿。如果多数竞争者加以仿效，就会成为所有实施者的负担。同时，顾客容易转移。由于只是单纯价格折扣的吸引，顾客易于受到竞争者类似促销方式的影响而转移购买。所以，单纯以经济杠杆是无法打造顾客忠诚度的。必须通过其他方式，创造无法模仿的EVP（独特价值主张）。

(2) 社交层次：与客户建立持续对话的通道，保持与顾客的良好沟通

沟通的方式也是多样的。主动与顾客保持联系，了解顾客的需求和愿望，想方设法满足顾客的需求，企业可以及时发现服务中的差错，了解竞争对手的动向，防止顾客跳槽的同时，还可以不断充实顾客信息资料，得以更全面了解顾客，可以更好地规划个性化沟通。企业接触计划包括2个方面的内容：一是要善于倾听顾客意见，从中捕捉企业发现的机会；二是要善于处理顾客投诉，不满意的顾客的危害也在前文有所论述。这是一种负责任式的关系营销。例如，许多公司已开通了顾客免费服务电话；厂家进行购买后回访活动等。

(3) 附加价值层次：销售的不仅是产品，还是一种生活方式

通过创造产品附加值来创造与竞争对手的差异化。比较常用的做法有以下2种。

顾客组织化 建立各种俱乐部形式（如贵宾卡），其成员主要是企业的现有顾客和潜在顾客，为会员提供各种特制服务，如优先入住、优惠价格享受等。顾客俱乐部的形成可以加强企业与顾客之间的相互了解，培养顾客对企业的忠诚；通过顾客的情况反馈系统，了解顾客需求；通过其会员宣传企业的产品和服务。这是一种主动式的关系营销。

顾客化营销 又称定制营销。企业根据每位顾客的不同要求进行服务，来满足顾客的特殊需求。顾客化营销有利于企业与顾客建立并发展长期关系，因为产品或服务的提供是一对一的，这是一种最高层次的伙伴式的关系营销。员工可以通过了解单个顾客的需求，使服务个性化和人性化，来增加企业和顾客的社会性联系。比如，逢年过节送一些卡片之类的小礼物以及共享一些私人信息等，都会有增加回头客的可能性。

展望未来，企业用以计算价值的单位已不再是商品，而是客户关系。从美、日等发达国家的经营现状来看，企业在日益严峻的经营环境中，顾客满意显得越加重要。加强与顾客的关系，了解不同客户需要，分别提供满足的方案，做到让顾客满意，让顾客对你产生依赖感，创造双赢的局面，也是21世纪企业得以生存和发展的关键。

传奇汉堡：McRib 退市告别秀

聪明的麦当劳营销人员，利用了顾客“得不到的总是最好”的心理，将产品的告别秀导演成了一场完美的顾客关系营销活动。

像麦当劳这样的巨无霸公司从来都不缺少传奇。在菜单中存在了13年的烤汁猪排堡（McRib）就要从麦当劳的菜单上消失了。为此从2005年10月31日开始，麦当劳专门为McRib汉堡的退市举行了盛大的告别秀。而这场盛大的退市告别之旅将在美国加利弗尼亚州、堪萨斯州、密苏里州、北卡罗莱娜州等的一些城市同步登场。届时，消费者可以在32个地区、2000多个麦当劳餐厅拥有最后品尝这款汉堡的机会。

我的菜单，我做主

这款诞生于1982年的名为烤汁猪排堡的汉堡，是一种用泡菜、大蒜和BBQ香料腌制的去骨猪肋骨肉。在美国，McRib已经不仅只是一款汉堡，它已成为美国文化中的一个特殊的符号，这个符号所代表的意义就是奇特。不管是McRib的名称，还是它的存在方式都充满着奇特的元素。就拿它的名称来说——烤汁猪排堡——但是，事实上汉堡中夹的只是猪肋骨肉，根本就没有猪肋骨。

那么，究竟是用什么样的营销手段造就了McRib这个奇特的文化符号呢？

麦当劳的发言人珍尼弗·史密斯说：“我们的哲学是让我们的顾客来决定什么应该留在菜单上。与顾客直接的互动和直接交流是非常有趣的事情。”

在开始这次退市告别秀的同时，麦当劳也开通了专门的McRib网站，喜欢McRib的顾客可以通过网站进行签名，支持继续在菜单中保留McRib。麦当劳过去曾好几次决定从菜单中撤除McRib汉堡，但是，最后都是在众多顾客的要求下McRib才得以在菜单中保留到现在。虽说这一次麦当劳McRib汉堡的退市告别仪式正在火热进行，而且麦当劳公司也表示在这个仪式结束之后，McRib将不会继续在菜单中存在，但是事实上，最后真正能决定McRib去留的还是消费者。截至2005年11月3日中午，已经有2.6万名消费者通过网站进行签名，支持保留McRib。

事实上，这场盛大的告别秀，不啻是一次完美的顾客营销活动。在整个过程中，顾客感受到了麦当劳完全的“顾客至上”的作风，同时也得到了“我的菜单，我做主”的超级体验。毫无疑问这会加强麦当劳和顾客之间的良好关系。

得不到的总是最好

埃里克是哥伦比亚摇滚乐团的首席乐手，自称是一位McRib的超级粉丝。埃里克常常会去麦当劳用餐，他说如果McRib永远都在菜单上的话，也许他每次去麦当劳都不会吃它。但是现在他知道也许有一天McRib会消失，以后吃不到它了。所以，每次去麦当劳他都会点McRib。“也许McRib的魅力部分是因为它的奇特和时限吧。”埃里克说：“我喜欢它就是因为它只会在有限的时间里存在。这使它变得非常特别。”

正应了那句老话，“得不到的总是最好”。聪明的营销人员正是利用了消费者渴求的心理，故意制造出高的需求和低的供给。这样McRib汉堡就变得非常与众不同，而品尝McRib的机会也变得格外的珍贵。

在美国的当代文化中，McRib已经占据了一个独特的位置，成为一种汉堡传奇。每一次McRib被撤离菜单后，都能很快地成功重返菜单。这时麦当劳餐厅都会像欢迎老朋友一样打出“McRib又回来了”“我们需要McRib!”等各式各样的标语，欢迎传奇汉堡McRib的归来，同时，也告诉消费者：您又可以在麦当劳餐厅享用美味的McRib汉堡了。

9.4 旅游网络营销

9.4.1 旅游网络营销的概念

旅游网络营销，是指旅游企业以电子信息技术为基础，以计算机网络为媒介和手段，而进行的各种营销活动；是目标营销、直接营销、分散营销、顾客导向营销、双向互动营销、远程或全球营销、虚拟营销、无纸化交易、顾客式营销的综合。一方面，网络营销要针对新兴的网上虚拟市场，及时了解和把握网上虚拟市场的旅游消费者特征和旅游消费者行为模式的变化，为企业在网上虚拟市场开展营销活动提供可靠的数据分析和营销依据；另一方面，网络营销在网上虚拟市场开展营销活动，可以实现旅游企业目标。

旅游网络营销主要是针对旅游企业而言的，与其他行业的企业一样，网络为旅游企业树立市场形象、实现双向交流、面向特殊的虚拟市场、开展在线交易提供了广阔的发展空间。因此，旅游网络营销既拥有网络营销的基本特点，又继承了传统旅游营销的基本特点，同时又有延伸。

9.4.2 旅游网络营销的特点

（1）跨时空

互联网具有超越时空进行信息交换的特性，借助计算机网络，旅游企业能用更多时间和更大的空间进行营销，可每周7天、每天24h随时随地提供全球性营销服务。

(2) 交互式

旅游企业可以在网络上适时发布产品或服务信息，消费者则可根据旅游产品目录及链接资料库等信息在任何地方进行咨询或购买，从而完成交互式交易活动。另外，网络营销使供给双方的直接沟通得以实现，从而使营销活动更加有效。

(3) 拟人化

互联网上的促销是一对一的、理性的、消费者主导的、非强迫性的、循序渐进式的，而且是一种低成本与人性化的促销，避免推销员强势推销的干扰，并通过信息提供与交互式交谈，旅游企业能与消费者建立一种长期、良好的关系。

(4) 高效性

计算机可以储存大量的信息，代消费者查询，可传送的信息数量与精确度，远超过其他媒体，并能适应市场需求，及时更新产品或调整价格，因此，能及时有效地了解并满足顾客的需求。

(5) 成长性

互联网使用者数量快速增长并遍及全球，使用者多属年轻、中产阶级、高教育水准，由于这部分群体购买力强而且具有很强市场影响力，因此，是一条极具开发潜力的市场渠道。

(6) 整合性

互联网上的营销可从商品信息至收款、售后服务一气呵成，因此，也是一种全程的营销渠道；另外，企业可以借助互联网将不同的传播营销活动进行统一设计规划和协调实施，以统一的传播资讯向消费者传达信息，避免不同传播中不一致性产生的消极影响。

(7) 经济性

经济性主要表现在：① 没有店面租金成本；② 节省库存费用；③ 网上营销实际上是一种直销方式，可以减少商品流通的中间环节，降低营销成本。（例如，批发、零售等，降低营销成本）；④ 结算成本低。

(8) 定制化

定制化有助于实现以消费者为中心的新的营销理念。企业提供的各种有关销售信息可以在服务器中集中存储，但它们仍然能独立运行、存入或输出。在网上推出的各类虚拟商品可以让消费者比较挑选，从而迅速、经济、实惠地达到采购目标。

(9) 个性化

网络营销个性化是指销售商使网络站点、电子信件以及其他经营活动适合于个体客户的需要，适应不同年龄、地点和不同爱好的个体消费者。网络营销要以消费者个体为中心，这是网络经济的营销思想，是现代市场的营销思想。这一经营思想要求企业必须实行以消费者个体需求为出发点，以满足消费者个体需求为归宿点来进行的企业营销。

9.4.3　旅游网络营销的运用策略

(1) 完善旅游网站建设，设计出色的网页、产品

我国旅游电子商务网站多数是由网络经营者创办，真正由旅游企业建立的极少，这就形成了旅游公司不了解网络，网络不熟悉旅游业务的现象，从而导致旅游网站的内容空洞，缺乏吸引力。因此，旅游业网络销售的关键之一是强化旅游信息的开发，提供全面、详细、准确、及时的旅游信息。网络主页是企业网络形象的第一扇窗户，网上营销是推广企业产品的一种方式，旅游企业应通过网络特有的传播方式，实现旅游产品艺术性、宣传性、娱乐性的完美组合，使消费者接受它、喜欢它，并产生购买欲望。网页制作要有特色，内容丰富，形式不拘一格，并时常进行更新；同时网页的文字说明最好附加多国语言，以便顺利进入国际市场并得到国际消费者的认可。旅游企业应加强对信息反映的灵敏度，对市场需求立即做出反应，通过网上交流设计旅游线路，安排旅游活动，开发旅游资源，建设旅游设施，提供旅游服务等。另外，产品设计也不完全受市场约束，可通过网络设计出旅游精品，产品的营销要打破人们消费习惯、生活方式和生产方式，引导人们消费需求，从而创造新的市场需求，企业就可以走出削价竞争的怪圈。

九寨沟网络国际旅游有限公司

四川省人民政府办公厅曾在《加快建设大九寨国际旅游区工作方案》指出：要集全省之力，集中力量把以四川九寨、黄龙为主的“大九寨”景区打造成国际旅游精品，使其成为四川与世界接轨的窗口和通道。基于各级政府、各地景区和相关企业支持，按照“政府主导、企业主体、市场化运作”的要求，九寨沟管理局以九寨沟旅游股份公司为基础，以网络国际旅游公司为平台，以“大九寨”相关景区和四川世界遗产景区为支撑，成立九寨沟网络国际旅游有限公司。网络公司作为九寨沟门票、观光车票（包车）的网上唯一销售代理商，承担着游客数量控制、保护生态环境这一重要职责；同时，网络国际旅游公司作为四川世界遗产九寨沟、黄龙、峨眉山、都江堰、青城山等景区管理部门统一授权的“四川世界遗产景区最佳旅游精品线”的经销商，与九寨沟旅游股份有限公司一起，成为发展“大九寨”旅游圈（涵盖九寨沟、黄龙、四姑娘山、卧龙大熊猫自然保护区、红原大草原等具有明显藏羌风情特色景点）和四川旅游的新生力量。

通过稳定的、功能全面的网络技术平台以及标准化管理，各地服务商和旅行社直接开展适时的、招徕与地接互动的合作，使开发成本和交易成本最小化，规模和利益最大化，并实现网络成员的资源共享。

（2）完善旅游网络营销网站操作模式

旅游网络营销提供的产品主要是服务产品，既然是服务产品，现代旅游企业必须能提供优质服务。这里的优质服务指企业通过网络和电子方式去知道客户在什么时候、在什么地点、需要什么样的服务。只有预订网站能实现实时商务信息的展示，而且客户递交订单后能得到实时、快速的处理，那么，客户和旅游企业就会欢迎和使用这样的网络营销系统。

（3）实施旅游网站品牌策略

全国旅游网站上千家，要想经营有特色，就必须在服务内容、范围和品质上有所突破和发展。旅游企业是服务行业，旅游网站同样也是服务行业。因此，旅游网站的生存取决于它在服务内容、范围、品质上的含金量。目前许多企业旅游网站和许多旅游企业一样，除存在经营定位模糊的弱点外，还存在单兵作战、内容范围过窄等问题，使得互联优势无法体现，难以产生规模效应和边际效应，因此，必须进行企业规模化运作和互联网跨地区经营，优势互补，互相促进。

(4) 加快网络支付体制的安全性与便利性发展

旅游业网络销售作为一种新生事物，需要给予政策法规的保护和扶持，在旅游信息网络建设、旅游信息开发、旅游信息网络上的电子商务等各个方面提供法律和政策的保证。特别是要确保商业事务的安全性、旅游网络营销记录和事务的长期完整性，防止欺诈行为，只有这样才能提供广泛的旅游网络营销所必需的可信度。

(5) 细分市场提供专门的产品和服务

随着信息产业的发展，旅游企业已有能力对越来越小的（如广之旅国际旅行社股份有限公司所开辟的）中国旅行热线，专门针对商务客人的特殊需求，成立商务客人服务中心，根据国内外商务旅游者的活动规律和需求特点，提供多档次的商务、会议、度假及有关的各种中介服务。信息中介者可以借助信息技术的发展为旅游企业提供关于消费者个人或家庭的深入而详细的信息，使得企业能够在一个分散化的、竞争白热化的、消费者偏好越来越细分的市场中找到机遇。

9.4.4 旅游网络营销的最新应用——博客营销

(1) 博客营销的概念

博客是 blog 的中文译名，英文 blog 起源于 weblog，意思是网络日志。blog 一词早在 1997 年就提出，但给其冠以中文名字“博客”，还是 2002 年才完成的事情。博客通常是公开的，人们可以发表自己的网络日志，也可以阅读别人公开的博客，因此，博客成为个人思想、知识在互联网上实现共享和交流的一种形式，而众多的博客使用者也因为相同的兴趣而在互联网上聚集起来，这也为企业使用博客进行营销提供了目标市场载体。博客营销，就是利用博客这种网络应用形式开展的网络营销。

(2) 博客营销的优势

相比传统营销，博客营销作为一种新兴营销方式，具有不可比拟的优势。

目标市场定位准确 同传统的营销方式相比，博客营销的目标客户更为准确。一方面，博客读者往往具有相同的兴趣，企业利用这一目标客户集中的特性开展营销，可以大幅提高广告的效率、降低广告的成本。另一方面，企业可以通过不断更新博客内容，以持续更新的信息吸引读者的关注，能够很好地保持和提高客户的忠诚度。

营销成本低 包括建立博客平台成本低和营销推广费用低。

建立博客平台成本低 目前博客平台的建立一般有 2 种方式：① 在已有的企业网站上增设博客频道；② 选择第三方博客托管网站开设博客账号。无论是哪种方式，企业均只需投入很少的资金，而且风险也较小。

营销推广费用低 无论是在博客中进行用户在线调查，抑或在博客中投放广告，或者进行其他形式的促销推广，所带来的费用成本都是比较低的。

互动性强 当企业的博客比较受欢迎时，博客也成为企业与读者交流的场所，读者可以在企业博客文章后面提出问题、发表评论，从而使企业了解读者对文章所传递的信息的看法；文章作者也可以及时回答读者的问题、回复读者的评论。

自主灵活 在传统营销模式下，企业往往需要通过媒体来发布广告和新闻，但企业无法掌握这些资源，导致企业的营销受到很大限制。而企业博客均由企业自主掌控，企业可以自己决定文章、图片、视频的发布与编辑。这就使得企业摆脱了媒体的限制，真正掌握了传播的话语权，自主灵活地进行营销活动。

（3）博客快速发展的原因

博客快速发展与博客自身的特点是密不可分的。① 开放性是博客的一大特征。用户只要在相关网站进行注册后，就能随心所欲地书写自己想写的内容。② 分享是博客赖以存在的基础，共享是博客精神的核心。博客们分享自己在各方面的点点滴滴，当每个博客以自己的网页组成博客们的共同主题时，无数的分享便构成了一个共享。而这种共享不仅是一种信息的共享，更是一种思想的共享。③ 互动性更是博客精神的精髓。用户在自己的博客拥有属于自己的读者，并能与读者实现充分的互动。博客里每一次的留言都会使写博者获得充分的满足感。

（4）博客营销的应用

宣传企业文化、推广产品 由于博客具有跨时空性、读者广泛的特点，因此，它也成为企业宣传企业文化、推广产品的重要渠道。以谷歌公司为例，2006年2月14日西方情人节这天，谷歌中国开通了其博客网站——google黑板报（www.googlechinablog.com）。谷歌黑板报上面的文章，均是由谷歌公司的员工所撰写，内容主要是关于谷歌的企业文化、谷歌的产品与使用技巧、谷歌的技术与发展，等等。正如谷歌中国对其黑板报的定位："Google（谷歌）中国的博客网志，走进我们的产品、技术和文化"，通过开设黑板报（博客），让谷歌产品的用户更好地了解了其产品、技术和文化。

与消费者沟通 博客是一种信息发布和传递的工具，它具有很好的互动性，能实现企业与消费者的沟通。全球最大的网上零售商亚马逊在其网站上为书籍作者开通博客，一方面为作者提供了一个推广自己书籍产品的渠道和机会；另一方面也使得作者与消费者之间建立了平等对话的平台，双方形成了长期、有效的沟通，最终结果都是对亚马逊有利的：企业的专业形象得以强化、消费者忠诚度提高、在线销售效果更佳。

开展公关 博客是一种沟通工具，在进行公关活动的时候也能体现其价值，企业若能利用博客的口碑效应，则可以快速引起消费者的注意并影响到公众。2005年1月，美国通用汽车公司副董事长鲍勃·鲁茨开通了自己在通用汽车网站上的博客——FastLane Blog；博客文章的主题主要集中在汽车设计、新产品、企业战略等方面。由于鲍勃在文章中能够诚实深入地直接面对社会公众对通用汽车的正、负面评论，使得这一博客很快就成为最受欢迎的企业博客之一，为通用汽车在博客公众中增添了影响，从而建立起了口碑和信誉俱佳的客户关系网络。

【案例分析】

携程公司的发展战略解读

1. 引言

携程公司是国内著名的商务旅行服务企业，通过互联网和全国800免费电话提供快捷、优惠的订房、订票等旅行综合服务，所属携程旅行网（www.ctrip.com）是国内最大的专业旅游电子商务网站。2000年10月，携程公司全程收购了现代运通商务旅游服务有限公司，并购后的携程公司一举成为国内最大的商务旅行服务公司。

2003年12月9日，携程网在美国纳斯达克股票交易所正式挂牌交易，一时间世人的目光突然关注到中国的在线旅游服务市场。携程网在美国的发行价为每股18美元，第一天交易就上涨了89%，收盘时达到了33.94美元。

2. 公司简介

携程公司1999年5月按照美国硅谷模式，吸纳美国的风险投资，开始创建携程旅行网，并于当年10月正式开通。携程计算机技术（上海）有限公司是一家吸纳海内外创业投资成立的高科技旅行服务公司，在北京、上海、广州、深圳和香港设有分公司。2000年7月，为更好地为会员提供服务并拓展经营范围，网站创办人又投资设立了上海携程商务有限公司，共同参与携程旅行网的开发建设。在不到1年的时间内，携程旅行网迅速成长并实现了旅行产品的网上一站式服务，业务范围涵盖酒店、机票、旅行线路的预订及商旅实用信息的查询检索。2000年10月，携程并购了国内规模较大的订房中心——北京现代运通商务旅游服务有限公司，成为一个大型的商旅服务企业和宾馆分销商。携程的目标是：利用高效的互联网技术和先进的电子资讯手段，为会员提供快捷灵活、优质优惠、体贴周到又充满个性化的旅行服务，从而成为优秀的商务及自助旅行服务机构。

由于在管理、信息技术、旅游业和投资等方面拥有丰富的经验，随着公司的日益发展，更多的旅行服务业的高级人才加盟到携程。管理团队在资源、管理、经验上的完美组合和紧密的合作，保证了公司在各方面迅速稳健地发展。

携程的投资者包括多家海内外知名的创业基金，其中有著名的软银公司（Softbank）、国际数据集团（IDG）、亚洲兰花基金（Orchid）、Carlyle Group等。它们不仅为携程公司提供了充足的启动资本，而且给携程带来了丰富的管理经验和众多的商业合作伙伴。

携程的经营理念是：以客户为中心，以团队间紧密无缝的合作机制，以一丝不苟的敬业精神、真实诚信的合作理念，来创造一套“多赢”的伙伴式的合作体系，从而共同创造最大的价值。

3. 携程的发展战略解读

在传统旅游业，利润率已经相当稀薄，综合毛利率大多不足10%，进入门槛低，地域分割严重，各个省、市、县都有自己的旅行社，广告推广费用大，门店的管理维持运营成本高昂。现在，来看看携程的表现：2005财年年报显示，总营收为5.212亿元人民币（6460万美元），相较2004财年增长了56%。2005财年净利润为2.242亿元人民币（2780万美元），相较2004财年增长了68.4%。携程2005财年的净利率为43%，2004财年的净利率为40%。纳斯达克给予携程的市盈率高达50倍；而无论利润还是利润率都为中国互联网第一的网易也才30倍市盈率。2006年4月，携程的市值达到15亿美元，是同在纳斯达克上市的e龙的5倍，同样高过了规模远大于己的新浪、搜狐和盛大。

3.1 收购战略（1+1=10）

携程的发展实际上经历了不断选择的过程。携程的发展曾经历了以下的阶段：在1999年携程成立的初期，携程想把自己创建成一个有关旅游的网上百科全书。在网站上，网民可以查询到各个国家和地区，以及国内各个旅游景点的详细情况。食、住、行、游、购、娱等旅游的种种要求都可以通过携程旅行网来满足。但在网站的运作过程中携程感到必须要找到赚钱的途径，而不能像许多网站一样，只是炒作一个概念，运行完全依靠风险投资支撑，这显然不是长久之计。

携程衡量了国内旅游服务的各个行业，如酒店预订、机票预订、旅行线路等，发觉在当时的情况下，做酒店预订具有无配送需要、无仓储、便于客人支付等一系列的优势。而且这个行业的利润率在旅游行业中也是较为优厚的。所以，携程制定了2000年的目标，也就是要做到中国最大的旅游网站的同时，成为国内最大的酒店预订中心。作为快速占领市场的一个捷径，携程选择了当时国内该行业规模最大的现代运通。当时这家公司是国内第一家利用800免费电话来实行酒店预订的订房公司，最高的间夜量在每月2万间夜左右(间夜量是旅游业的一个术语，意味着1个月有2万人次通过这家订房公司来预订全国的不同星级的饭店宾馆)。如果平均每个房间的价格在400元人民币左右，那么这家的月营业额就在800万元。

携程在2000年9月率先并购了现代运通，进入一个传统行业，这在当时的互联网行业也是一石激起千层浪。在很多网站纷纷苦觅"赚钱"的出路时，携程成为互联网和传统产业相结合的一个代表。在今天看来，这个结合可以说是一个十分成功的案例。

提到携程的转型，实际上不能说是完全转型，而是携程手段上的变化：从纯粹地利用互联网到现在互联网加传统的手段同时运用，携程还是在做传统业务，但是用传统手段的同时用互联网和其他高科技做一个提升，这就成为携程的一个优势。

3.2 文化反扑战略

携程收购传统行业的现代运通后，在公司的融合过程中，其实和某种历史现象也是异曲同工的。携程对传统东西的操作经验一直都在学。例如，收购运通后，在服务手段、营销手段上吸收了原来运通公司优秀的元素，但跟运通原来做的还是不一样，比如，运通原来都是手工做的，现在则完全是标准化，通过自有的预订系统，变成计算机化的运作。通过网上做，效率要高。还有，运通原来的营销可能是传统的，现在这种传统营销的运作也很好，但是通过现代技术的提升，携程的销售分析、市场分析，包括电子商务都有很大的提升。

携程的整合基本都是完全融合的状态，不会说单独有一个公司怎么样。运通公司进来以后，携程马上将其完全融合在一起，用的是统一的市场营销体系、统一的品牌、统一的管理架构，现在所有人已经看不出现代运通的任何痕迹，整个是一个完整的公司。

这实际上是一种手段，也是一种方式；这是最大化的吸收，能够最高效率的方式。有些企业可能不一样，它可能会要求保留它原来的一套东西。而运通和携程2个公司完全是做同样的市场，有同样的定位，所以完全可以融合在一起。

至于文化以及人员方面，不管是满族还是汉族，做网站应该学习传统的东西，学习操作的东西，但是又不能放弃高科技的优势；而原来做传统业务的要非常快地进入现代的营销手段，用高科技的输入手段来做，这样结合起来会非常紧密，从而做起来效率会很高。

3.3 产业化的战略

原来中国旅游产业没有产业化，都是作坊式的，他们提供的完全是个人的服务方式。携程所做的是逐步把每个产品变成标准化，形成网络规模，然后通过效率的提高和服务的提升来赢得携程的剩余价值，最终达到盈利的目的。

实际上，网络旅游服务在美国早已经成为了一种非常成熟的电子商务模式。其中，Expedia、Travlocity等也已经做得非常不错。所以，携程在商业模式设计时，应该说是充分借鉴了Priceline、Travlocity等旅游相关网站的商业模式。同时，又根据中国本地情况和具体国情推出了包括自助化旅游服务在内的许多实用性服务。

目前全国旅行社的总市场占有率还不到5%，其余95%都是散客。这种情况恰恰为携程以电子商务模式运作相应的旅游服务提供了有利条件，在操作过程中，携程在很多方面避开了机制的限制。比如，旅行社跨地域经营是具有局限性的，但携程是网上经营的，所以没有太多的限制。至少在宾馆订房方面绝对没有，机票代理在送票的时候会受到地域的局限，但是携程一般是不用自己送票的。产业化以后携程可能比较有希望成为这个行业的领导者。

3.4 职能战略（携程管理三要诀）

一般来说，中国的制造企业可以用巨大的成本优势来掩盖其在管理和技术方面的劣势。比如，中国知名的一些制造企业，在管理上和信息技术的运用上要远远落后于外资企业，但由于其成本远远低于外资企业，因此，仍有很大的优势。但在服务性企业却不然，因为中国的企业在成本上的优势不十分明显，管理上的差距就突显出来。麦当劳就是个例子。麦当劳的人员和原料成本和其他餐饮企业差不多，中国的快餐业不堪一击，问题就在于管理。麦当劳经过几十年的经验积累总结的一套连锁快餐的经验，以及它的技术、设备，都是中国快餐在短时间内望尘莫及的。所以，中国服务企业只有迅速地学习管理才有可能在激烈的市场竞争中占有一席之地。而携程的成功之处，就是利用网络信息技术迅速地完成了优质服务的原始经验积累。以下是携程管理三要诀。

3.4.1 标准、理念和工具

标准是指要有一套先进的优质服务的规范，包括标准流程和考评系统；理念就是指一套优质服务的企业文化；而工具是指运用网络信息技术等高科技手段来武装优质服务。创立一个好的服务企业，这三者缺一不可。

3.4.2 服务质量控制，向制造业看齐

携程高层领导有一个非常重要的观念，就是尝试着把一家服务性的公司当作一家制造业企业来进行经营和管理。携程有句话“像制造企业一样来对待服务质量”。为什么这样说呢？主要是强调服务质量的标准化。携程对待服务的质量要求，就是要像制造业的企业一样。一般来看，在制造业，次品率往往低于千分之一或者万分之一才是合格；而服务性行业，能够达到90%以上的客户满意度就非常不错了。其实说起来90%的客户满意度还是说明有10%的次品率；即使是99%的满意度还有1%的不合格产品。这是不可以的。携程提倡零缺陷，虽然整个与客户接触的服务流程环节非常多，携程仍然要求全过程的次品率要在1%以下。要做到这一点是非常不容易的，因为服务并不是容易做到标准化的东西，需要对每个过程、每一道工序，能够完全进行控制和测量。服务的过程中服务人员每次与客户接触，说的每一句话；客户提出每个不同的要求……总之，服务人员会遇到不同的情况，达到这些要求，是很困难的一件事情。

在携程，对每一个服务的环节都要做到标准化、流程化，然后用计算机进行量化指标的考核。制定了严格的全方位的服务规范以后，同时携程还建立了一套即时的、客观的和精确的测量和考评体系。来保证优质服务的规范和标准能够贯彻执行。

事实上，每一个客户的接触就是一个产品，都必须由一整套指标来进行衡量、控制，只要有一项不合格就认为这个服务出了次品。一般服务企业用客户满意度来衡量，携程不是简单地只考核一项满意率，而是用多项指标来检验“合格率”。在携程，对一线服务人员有34项定性定量项目要在每周管理例会上评估。每个接进来的电话都有分类的标准处理流程供参考，订单回复速度都有专人监控，订单完成时间由专人统计并改进，所有员工的电话录音都归档并抽查。

3.4.3 文化——服务企业的灵魂

携程认为标准是优质服务的法律，公司服务文化建设就是要建立优质服务道德。两者相辅相成，缺一不可。如果公司的每一个员工不是发自内心地在为客户创造价值的话，即使有再好的制度和工具也是枉然的。

携程在这方面是十分注重的，从一开始携程就提出了CTRIP的核心理念，并概括为C（Customer 客户）、T（Teamwork 团队）、R（Respect 敬业）、I（Integrity 诚信）、P（Partner 伙伴）。

携程的文化宣传标语随处可见：公司的核心理念和经营目标被制作成了员工的屏幕保护，在每台空闲的计算机上显现；核心口号被制作成了图文并茂、生动有趣的宣传画，贴满了相关部门的各个角落，让每个员工随时随地都能接触到。同时，在培训方面携程也下了相当大的工夫。

【案例思考题】

1. 携程的成功因素是什么？未来的挑战在哪里？
2. 试评论携程的发展战略？

【简要评析】

对于携程来说，做IT业务，已经有了雅虎和网易等，做网络游戏有了盛大，做旅游有中青旅和国旅等公司，如何在这里脱颖而出？他们寻找了战略交集。就是旅游业和IT业的交集。大量的客户需要更好的旅游和旅行服务，包括更低价格、更方便更可靠的订票、酒店和旅游服务，对于传统的旅游“供应商”来说，其分散的供应无法满足客户的需求。只有通过携程网的供应链整合才可以达到供求有效均衡，才可以达到规模经济和合作共赢。

【思考题】

1. 如何理解旅游体验营销的含义？
2. 简述旅游体验营销的主要特征。
3. 简述旅游情感营销的概念及主要特征。
4. 旅游情感营销的运用策略有哪些？
5. 旅游关系营销与传统营销有何区别？
6. 旅游关系营销的运用策略有哪些？
7. 简述旅游网络营销的概念及主要特征。
8. 旅游网络营销的运用策略有哪些？
9. 为什么说博客营销是一种新兴的营销方式？

【本章推荐阅读书目】

1. 体验营销（触摸人性的需要）. 马连福. 首都经济贸易大学出版社，2005.
2. 关系营销. 张艳芳. 西南财经大学出版社，2007.
3. 网络营销基础与实践. 冯英健. 清华大学出版社，2007
4. 博客营销. 莱特. 洪慧芳，译. 中国财经出版社，2007.

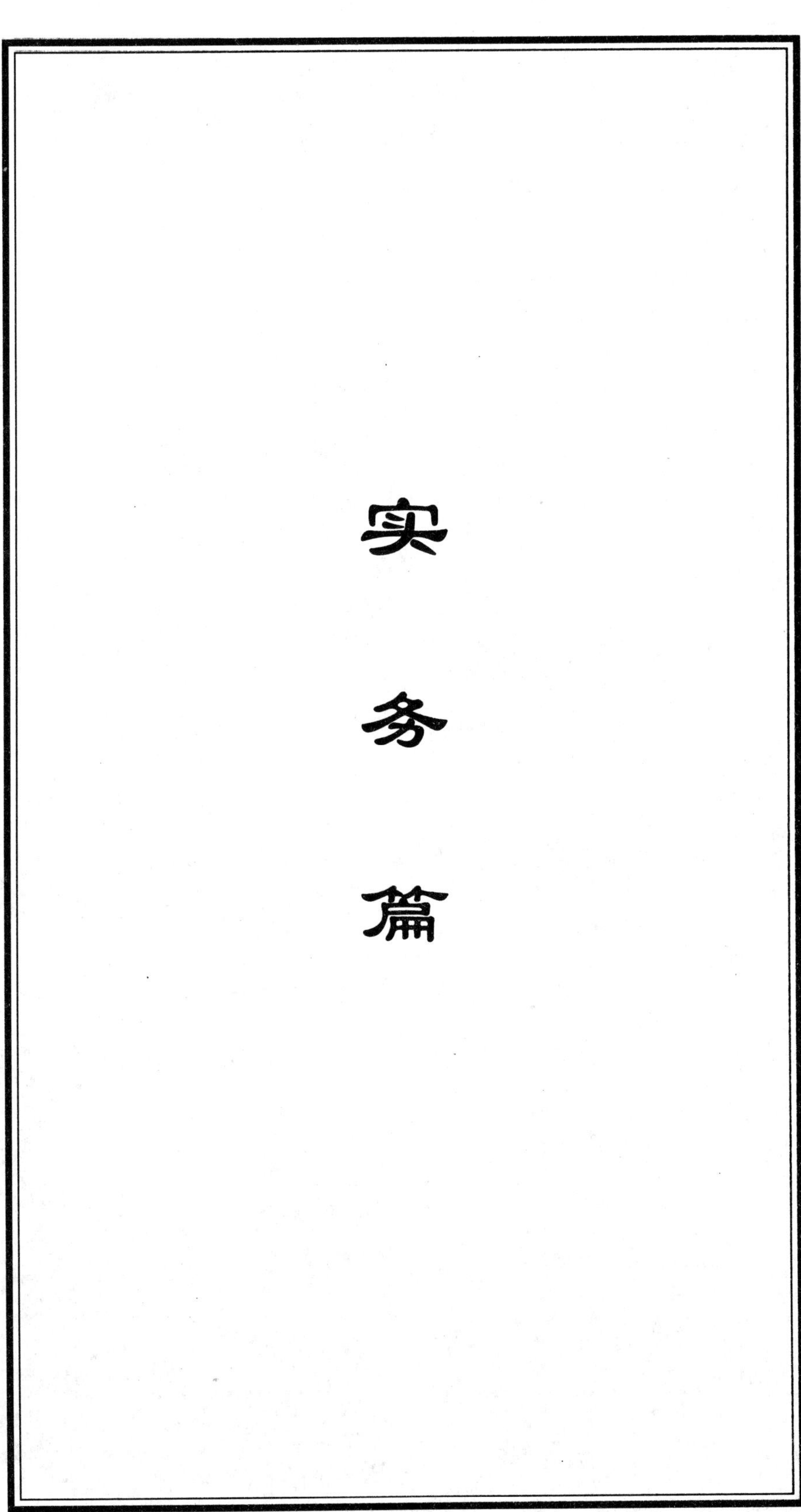

实务篇

第 10 章

旅游饭店营销

【本章概要】

饭店市场营销是决定饭店经营成败的关键，它始于饭店企业的最初计划，以满足宾客的需求为出发点，并贯穿于饭店整个经营管理活动的始终。本章主要根据饭店业特点，对该行业的市场营销进行分析。本章包括 4 个部分内容：饭店营销组织、饭店业市场营销战略、饭店业营销策划与实施、饭店业营销评估等。其中营销战略与营销实施更具专业针对性，也是本章的难点与重点。

【学习目标】

- 掌握饭店营销含义、特点、内容以及饭店营销战略概念与内容；
- 熟悉饭店业营销战略；
- 理解并熟悉如何实施饭店营销。

【关键性术语】

饭店市场营销、饭店市场营销战略、饭店产品—市场发展战略、饭店营销策划。

【案例导读】

金棕榈："一盘棋"化营销酒店

进入"新千年"后，海南旅游促销的模式有了更新的创意，整体促销与自身特色相结合的促销成为海南促销活动的主流模式。在三亚更是出现了各种行业互补性促销的新局面。例如，景区与旅行社联合促销，景区与酒店联合促销，酒店与旅行社联合促销，政府与酒店及旅行社甚至房地产开发商联合促销。这些促销不仅内容新颖、形式多样，无论从宣传力度上、资金安排上、展位布置上都有独到之处，更为重要的是，这些联合促销充分发挥了旅游资源的多样性及增值性，在经济上拉动了三亚旅游经济的全面增长，成为三亚国民经济中一股不可忽视的力量。

金棕榈度假酒店根据实际情况，制定了市场营销总的思路：追求利润最大化；追求市场格局特色化；追求运作"一盘棋"化；追求人才优质化；营销模式的创新；服务概念的创新；产品的创新；缩小国内客源比例、缩小旅游团比例、扩大境外客源的比例、扩大散客的比例。酒店对于政府及旅游局组织的联合促销活动都给予了积极的支持和配合，不仅树立了酒店的良好形象，更重要的是增加了酒店的知名度，提高了社会影响力，是一项成本低、见效快、综合收益较大的社会活动。在旅游交易会上以展位宣传为主，海报、光碟、宣传小册子等各类资料为补充，同时派发独有特色的酒店纪念品，以此加深对酒店的印象。另外，对内地城市的宣传促销还采取了"请进来，走出去"举办联谊会活动的促销方式，与客户进行直接的面对面交流、沟通，让客户对酒店及海南三亚旅游资源有一个更为全面的了解和认识，让客户充分地感受"椰风海韵醉游人"的旅游最高境界，体味全身心放松的休闲度假氛围。因此，酒店还特别推出了一种户型叫"超豪华海景房"，旨在让客人只需"坐在马桶上、躺在浴缸里"均可欣赏 180°的超级无敌海景房。

同时，金棕榈根据多次的促销经验，通过消化、吸收、发展，更是在旅游概念上下足工夫，推出了“躲避酷暑何处去？请来三亚金棕榈”的全新旅游概念套票，受到了社会各界的好评，相关媒体也做了相应的报道。类似的还有“国庆同名者聚会”“大海在呼唤”“夏令营套票”等一系列创新促销活动，受到了广大客户的热烈欢迎。通过一系列促销活动，酒店房间入住率一直保持在较高的水平上，餐饮、会议、娱乐等综合消费显著提高。酒店的品牌、口碑，酒店的经营目标、利润率都比促销前有了较大幅度的提升。

10.1 饭店营销组织

饭店市场营销是指通过研究饭店市场供求的变化，以满足消费者的需求为中心，提供能够使消费者满意的产品，从而使饭店实现最大社会效益、经济效益的经营管理活动。

旅游饭店市场营销是决定饭店经营成败的关键，它始于饭店企业的最初计划，以满足宾客的需求为出发点，并贯穿于饭店整个经营管理活动的始终。在饭店业市场激烈的竞争环境下，确立以市场营销为导向的经营管理观念，并将现代营销的思想、方法及策略运用于饭店经营管理中，已经成为当今饭店管理必须面对的重大问题。

10.1.1 饭店营销组织原则

饭店营销部门应当成为饭店产品创新和服务商业策略的原动力。所有的营销策略都需要从市场出发，由比营销部门更了解市场的人员发起，把他们的营销调研提交给营销部门。原则上，饭店营销组织原则应强调：有效性原则、部门化原则、集权与分权管理相结合原则、管理幅度原则、权力层次原则、弹性原则、协调原则、权责相符原则、统一指挥原则、有序原则、纪律原则和公正原则。

10.1.2 饭店营销组织与管理体系

10.1.2.1 饭店营销组织结构

现代饭店的营销部门有若干不同的组织形式，但不论采取哪种形式，都要体现以顾客为中心的营销指导思想。常见的组织结构有以下 3 种。

（1）职能型组织结构

最常见的营销组织是在饭店营销副总裁（或总监）领导下，由各种营销职能专家构成。例如，营销行政经理、广告和促销经理、营销调研经理和新产品经理。营销副总裁负责协调各营销职能专家（经理）之间的关系。营销职能专家还可能包括顾客服务经理、营销计划经理和产品储运经理等。

职能型组织（图 10－1）的主要优点是行政管理简单。然而，随着产品的增多和市场的扩大，这种组织形式便会失去有效性。首先，由于没有一个人对一项产品或一个市场负全部责任，因而没有按每项产品或每个市场制定的一个完整计划，有些产品或市场就很容易被忽略；其次，各个职能部门为了获取更多的预算和较其他部门更高的地位而进行竞争，使营销副总裁经常面临调解纠纷的难题。

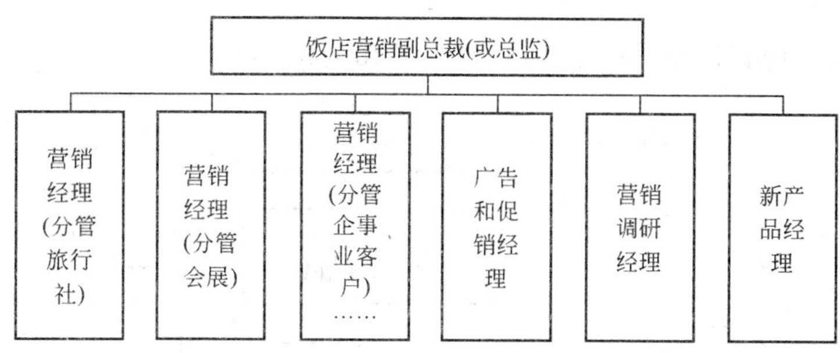

图 10－1 饭店营销职能型组织结构示意图

（2）产品管理型组织结构

生产多种产品或多种不同品牌产品的企业，往往按产品或品牌建立管理型的组织，即在一名总产品经理领导下，按每类产品分设一名经理，再按每种具体品种设一名经理，分层管理。饭店的产品主要是客房，此外还有餐饮、会议、娱乐等，因此，产品管理型组织结构可以设置成图 10－2 的形式。

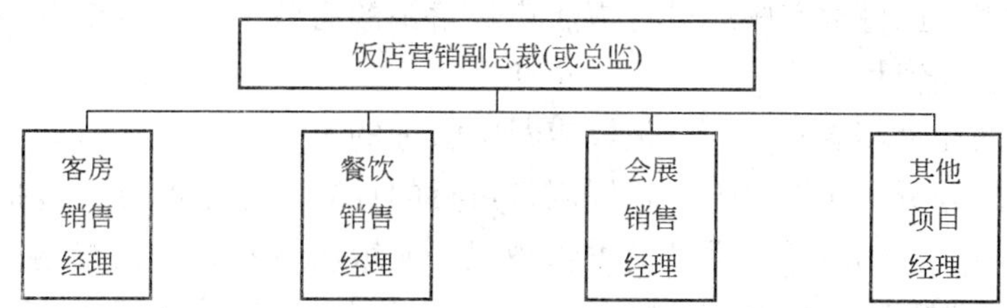

图 10－2 饭店营销产品管理型组织结构示意图

（3）市场管理型组织结构

当客户可以按其特有的购买习惯和产品偏好细分和区别对待时，就需要建立市场管理型组织。它同产品管理型组织相类似，由一个总市场经理管辖若干细分市场经理。各市场经理负责自己所辖市场的年度销售利润计划和长期销售利润计划。这种组织结构的主要优点是，企业可围绕着特定客户的需要开展一体化的营销活动，而不是把重点放在彼此割裂开的产品或地区上。大型跨国饭店集团可能采用该组织结构（见图 10－3）。

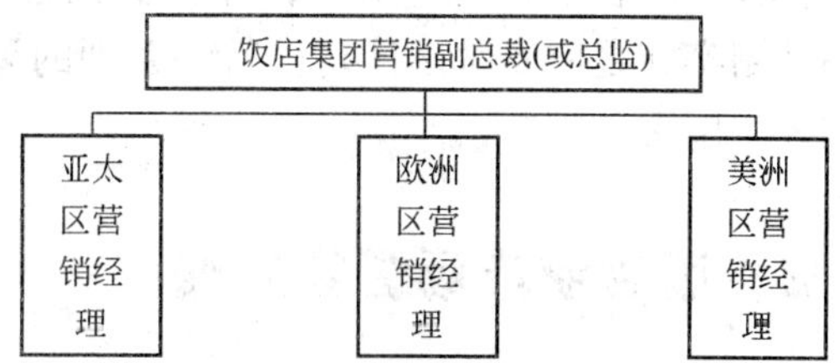

图 10－3 饭店营销市场管理型组织结构示意图

除以上几种形式外，饭店也可能采用产品—市场管理型组织结构。但面向不同市场、生产多种不同产品的饭店企业，在确定营销组织结构时面临着两难抉择：是采用产品管理型，还是采用市场管理型？为了解决这个难题，企业可建立一种既有产品经理，又有市场经理的矩阵组织。然而，这样的组织结构管理费用太高，而且极易产生内部冲突。

总之，饭店营销部门的设置应当体现以顾客为中心的营销指导思想，因地制宜地进行机构设计。

10.1.2.2 饭店营销管理体系

饭店市场营销活动所包含的内容可用图10－4表示。

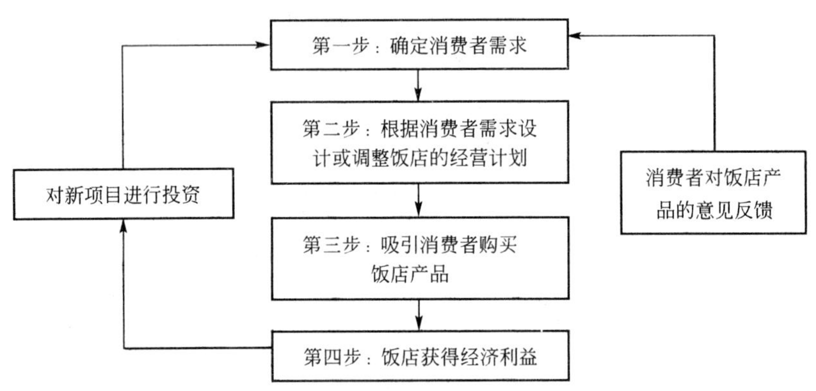

图10－4 饭店营销活动的内容

为达到饭店营销目标，企业应当对营销体系进行有效管理。营销管理体系是帮助饭店营销人员科学有序地进行饭店市场营销的有效手段。营销管理主要包括分析、计划、实施和评估4个方面的内容。

对企业的经营环境进行分析是饭店营销管理的第一步。只有对企业经营环境进行了正确的分析，才能为未来发展制订可行的计划。这里的分析包括饭店经营的客观大环境、目标市场、竞争对手营销优势、饭店自身的营销机遇、国家有关政策法规和顾客需求变化等方面的分析。这一步骤可以运用常用的SWOT分析工具进行分析。通过SWOT分析，经营者便能清楚地了解自己在竞争中所处的位置和可以选择的突破点。经过对营销环境的分析和市场调研，营销者开始为未来的营销制订计划，这种计划可以是长期的，也可以是短期的；可以是战略性的，也可以是战术性的。制订计划之后，营销人员开始按照计划对企业的资源进行组织分配，按计划制定的步骤实施，并在实施过程中对预算、人员和费用进行控制。营销计划实施之后要对该计划进行一系列的评估，包括季度评估、年度评估和总评估3个层次。

10.2 饭店业市场营销战略

制定旅游饭店市场营销战略，是将抽象的市场营销观念转变为饭店营销实践的关键步骤，它规定了饭店营销活动的方向、中心和重点。正确选择市场营销战略是饭店求得生存和发展的先决条件。饭店市场营销战略是一个多层次的逻辑体系，它可分为决策层战略和操作层战略。决策层战略是站在饭店总体发展的高度来选择企业处于不同环境条件下或发展、或维持、或防御等不同战略；操作层战略则是在饭店总体经营战略所规定的框架内，选择企业在各个职能方面应采取的相应的子战略（如人力资源战略、组织战略、市场营销战略、财务战略等）。因此，市场营销战略是饭店经营战略的一部分，并受企业总体经营战略的制约。

饭店制定市场营销战略，必须掌握市场环境的发展变化，识别市场可利用的机会，充分利用自身的资源，满足目标市场的需求，从而实现企业既定的营销目标。饭店市场营销战略的制定过程，实质上就是饭店的外部环境、内部条件以及营销目标三者的动态协调过程。

10.2.1　饭店市场营销战略的基本内容

饭店市场营销战略是关系到饭店的发展方向和重大经营方针的问题，其主要内容应包括以下 3 个方面。

第一，规划饭店的发展方向。它具体包括 2 个方面的内容：一是分析饭店营销所面临的动态环境，发现机会，分析风险系数的大小；二是规划饭店的任务和目标。

第二，饭店目标市场的寻找、选择和定位。

第三，制定饭店营销目标的竞争战略。其中包括开拓目标市场竞争战略、巩固目标市场竞争战略以及转移目标市场竞争战略等，其目的在于以变应变，扬长避短，发挥优势。

饭店市场营销战略的基本内容以中国香港港丽酒店为例。

港丽酒店市场营销战略

（一）港丽酒店背景介绍

港丽酒店 1990 年开业，2006 年装修，属商务型酒店。

港丽酒店坐落于商业及购物中心——中国香港中环金钟道 88 号太古广场，与黄金购物区铜锣湾只有咫尺之距，乘地铁只需数分钟便可到达。毗邻港岛香格里拉及万豪酒店，与香格里拉级数相同但风格各异。它亦属香港顶级商务酒店之一。

港丽酒店产品特性：共有 513 个房间。酒店本身位于一幢有 61 层建筑物的最上面的 21 层。

1. 客房。所有客房都配有彩色遥控电视机、收音机及浴室内扬声机、房内保险箱、床边闹钟和控灯设备、个别调节的冷暖空调、国际直拨电话和留言设备。床边、桌上、浴室都安装有附有留言提示灯的分机电话。

此外，每个房间都装有图文传真或个人计算机用的参考资料，设有小酒吧和泡煮咖啡的器具，并提供 1 瓶免费的瓶装水。豪华的大浴室以落地意大利大理石装潢，内有 2 个洗脸台，1 个超大浴缸。独立的冲凉房和洗手间、吹风机、放大镜及“请勿打扰”“请整理房间”的电子按键。酒店第 8 层为非吸烟层，并提供装有辅助伤残人士专用设施的房间。

2. 行政主管楼。港丽酒店的行政主管层共计有 96 个房间，其中包括 2 间海景套房、1 间总裁套房、1 间帝皇套房以及 1 间总统套房。这些套房都坐拥太平山和维多利亚港的宜人景色。

此外，另有 4 层的主管客房和套房，皆备有豪华设施，提供舒适的住宿环境。位于第 59 楼的行政主管交谊厅是一个宽敞的交谊场所。

3. 商务中心。24h 开放的商务中心提供秘书、翻译、影印和快递的各种服务，除了电报、传真、文字处理机之外，其他设备还包括打字机、口授留言机，以及供房客在房间内使用的传真机和计算机。此外，还有手提电话可供客人租用。

4. 娱乐设施。包括室外游泳池、按摩池以及设备齐全的健身室。这座新颖的健身室设有蒸汽室、日光浴室和男女宾分用的置物箱。此外，酒店还提供按摩服务、健美操和个人健身教练。

5. 餐饮设施。独特的餐饮设施令港丽酒店别具一格。设有咖啡园、金叶庭中餐厅、碧榕扒房、意宁谷意大利餐厅、乐聚廊交谊厅、宝斯吧酒吧等。

（二）港丽酒店市场营销策划

对酒店业而言，仅有正确的定位是不够的，还应具备及时处理外在环境的变化和利用环境因素定天下的能力。

对一家饭店而言，恐怕没有一件事比决定其市场定位更为重要。作为后起之秀的香港港丽酒店，以独特的市场定位统揽营销全局，突破负面环境因素相同业者的激烈竞争，迅速在中国香港酒店业扎下了根，直逼全港酒店业第一把交椅。

港丽酒店立足之前，中国香港最好的几家酒店都已在客户心目中建立了不可动摇的地位。例如，中国香港半岛酒店，早已被认定为亚洲最杰出的酒店，它所提供的产品特色、服务品质、定价、气氛、声誉、创新能力等，都是客户们评断其定位的依据。

面对这一情景，港丽酒店清醒地认识到，要想立足中国香港，必须选准自己的目标市场，而在确认其目标市场之前，又必须决定其能够提供给予市场哪些具有竞争性的优点。例如，出众的产品、良好的客户服务、价位、名气和声誉、创新特色、方便程度、气氛等都是酒店可以赢得优势的各种渠道。然而，这一切优势又是因客户观感而定的。由此，港丽酒店找到了自己入市的切入点：在客户心目中的定位才是决定最终业绩与收益的决定性因素。

1. 港丽酒店建立初期市场分析——20世纪80年代香港饭店业

中国香港是由2个完全不同的地区组合而成。一个是众多大企业，包括许多跨国公司在亚太地区的总部，它们集中林立于港岛；另一个是聚集了贸易公司，结合购物商场和五光十色夜生活的九龙半岛。维多利亚港不仅在地理上将它们一分为二，也将港客一分为二——假使一位旅客的活动是集中在港岛，他一定会选择入住港岛的酒店；反之，则入住于九龙。

正如港丽酒店坐落于港岛，其首选目标自然是吸引那些主要在港岛从事各种公私事宜的人。而当时港岛的主要酒店有：五星级的文华东方酒店、君悦酒店；四星级的希尔顿酒店、万豪酒店、新世界海景酒店、富丽华酒店、怡东酒店、柏宁酒店、利园酒店等。此外，中国香港香格里拉集团正在港丽酒店的邻近地段筹设港岛香格里拉酒店，连同万豪酒店，这3家酒店同处于太古广场内，市场竞争之激烈可想而知。

长久以来的经营，港岛的酒店业者都建立了自己十分完善的运作系统，并选定了各自的目标市场：3家五星级的酒店主要吸引企业高级主管和富有的观光游客；7家四星级酒店则招揽中级主管或是对较便宜旅游行程有兴趣的人。港丽酒店何去何从？

2. 确立市场定位

要在港岛取得一块自己的立足之地，港丽酒店遇到的第一个问题就是自己在亚洲尚未建立起任何知名度。尽管港丽是美国希尔顿酒店集团旗下一员。但在美国以外地区，它并不被允许采用“希尔顿”3个字，因此，港丽酒店必须从零开始在一个全新市场拓展它的名声。

显而易见的是港丽酒店正面临艰巨的挑战。首先，在众多五星级和四星级酒店林立的竞争市场，港丽酒店应如何为自己定位？如何制定价格？建立一个全新的声誉需时多久？应该提供哪些附加服务？需要多少业务人员？最后，港丽酒店应该锁定哪一群目标客？这一切成为港丽酒店进军市场前必须回答的问题。

3. 初期营销策略——瞄准五星级

基于持续扩展的酒店市场、港丽酒店所提供的服务与产品、港丽酒店邻近香港商业中心的事实，以及美国希尔顿酒店集团的支持等原因，港丽酒店决定将自己定位于足以和另外3家五星级酒店抗衡的地位。

这一定位的竞争情形是可以想象的：文华东方因其服务品质与建立的声望，被誉为全球5家顶尖的酒店之一；新的君悦酒店本身就是卓越的产品，再加之邻近香港会议中心的地利之便，根基难以动摇；港岛香格里拉酒店身为亚洲知名连锁店的一员，配合其积极主动向外扩展的风格，预料也将会是一家优秀的酒店。

4. 港丽酒店市场营销策划

面对市场上7家互相竞争的四星级酒店，港丽酒店采取了不和它们做正面竞争的策略，但并不放弃吸引那些住在四星级酒店的高级主管，使他们更上一层楼——选择港丽酒店的努力。因为港丽酒店自信，无论是所提供的产品或服务本身、环境气氛、餐饮设施、舒适程度或广告等都反映了港丽酒店的地点方便、环境舒适、能够符合商务人士特殊的需求；更让港丽酒店自信的是自己不拘泥形式的商务酒店的诉求。

简而言之，将港丽酒店定位成五星级并不表示它将只以日益扩展的市场为满足，它更要把特定一群入住四星级酒店的主要顾客吸引到自己五星级酒店来。

5. 初期受阻——再定位

正如许多人都有过的经验，发展往往不如计划来得顺利。虽然港丽酒店原来的定位策略并无缺憾，不料却在开业初期受到外来环境因素骤变带来的不利冲击。港丽酒店无法预料海湾战争的发生。因这场战事，欧美旅客大减，加之美国经济也在同时陷入衰退，许多企业必须削减出差计划以降低支出成本。

面对这一危机，港丽酒店必须采取重新定位的策略。因为商务旅客现在看紧钱包，到亚洲旅行的次数骤减，一家不具名气的酒店要能吸引五星级酒店客户和提升四星级酒店客人至较高一级，不可以再被视为理所当然之事。

基于外在因素，港丽酒店所面临的问题是如何影响一个更大范围的商务旅行市场，而不再只是特别锁定市场里的某一群消费者。经过环境评估之后发现，港丽酒店的产品与服务是极为市场接受的。各项服务的设立正逐步走上轨道，当务之急是如何在亚洲地区尽快树立起港丽酒店的名气。

经过深思熟虑，将港丽酒店确定为4.5颗星的定位应运而生。结合这一新定位，港丽酒店出台了一系列吸引各大企业愿意尝试港丽酒店各项产品与服务的奖励促销计划：

① 选择某个特定时期内推出40%的奖励促销折让。

② 大规模地在世界各大杂志的亚洲版上刊登广告，如《时代杂志》《商业周刊》等，宣布特别促销折让的实施。

③ 不断地进行国际性的广告宣传，试图传达中国香港港丽酒店就是顶尖商务或休闲旅游设施的代名词，同时更是高度效率的同义字。在港丽，东方文化的待客之道得以发扬光大。

④ 公关部则致力于把尊贵崇高的形象和来港商务旅客入住港丽酒店的事实互相连贯。

⑤ 为把“港丽”告之港岛1800家大公司，港丽成立了18个业务开发小组，分别到所分配的地区拜访各个公司。这项业务开发计划持续了一个星期，所有小组都被训练做一个简短的业务简报。此外，酒店提供了充足完整的业务开发资料。

⑥ 每订出一个房间都可以享有50港币的奖金，并将开发业绩呈现在大告示版上，对业绩突出的小组予以奖励。

6. 初见成效

高效的奖励促销折让，配以全力支持的地区性广告宣传，再加上18个业务开发小组的努力，整个计划组合取得了骄人的业绩。不论商务旅客或观光客，只要他们对“港丽”二字曾有耳闻，都乐意尝试这家新酒店。为了节省开销，许多来自欧美的企业主管，也都注意到港丽酒店奖励促销折让的实施。

港丽酒店以吸引客户尝试港丽产品与服务为由头，以自己独特的设施、优雅的环境、完善的服务为手段，使客户由“尝试”到“回头”，并将其真实的感受与公司里其他要到亚洲旅行的商务者分享，港丽的名声在他们的口碑中日渐形成。

7. 长期的策略

当港丽酒店开始赢得顾客的同时，海湾战争结束了。美国经济不景气的情形也不再那般严重。此时回顾一切，港丽酒店终可认定自己的稳固定位是在五星与四星级酒店之间。

事实上，由于港丽酒店较其他五星级酒店便宜，他所提供的服务又比四星级酒店高，它正在填补这2种酒店之间的差距。当时锁定2种等级酒店的定位策略不仅助其渡过了难关，还为港丽酒店拓展新空间埋下了伏笔。因为较之五星级的特定客层，港丽的策略使之涵盖了更多更广的目标客户，从而树立起了商务酒店的形象；而又不像其他四星级酒店，因为必须招揽旅客，而迟迟未能建立起商务酒店的形象。

随着20世纪90年代亚洲经济的跃进，中国市场经济的发展，欧美越来越多的企业高级经理人来港从事商务视察，港丽酒店的定位又可重新回归到五星级的位置，由此而来的市场都在持续的扩展中。

随着各项产品服务的改善，港丽酒店已能够按照自己的产品品质调节价格，同时不断地加强其身为首屈一指商务酒店的声誉。今天，随着其他港丽酒店在世界各地筹设，“港丽”这个名字也日益在市场上亮丽起来。

10.2.2 饭店市场营销战略的种类

饭店市场营销战略的种类多种多样，以下主要介绍2种分类方法。

10.2.2.1 饭店产品—市场发展战略

(1) 扩张战略与收缩战略

当市场存在潜在需求时，就为企业提供了市场机会，企业抓住时机开发市场需求的产品或服务，将潜在需求变为现实需求，或积极扩大市场占有率，这就是扩张战略。当市场上某种产品和服务供过于求，或者某种产品已进入衰退期时，就要采取缩小生产规模、退出或收缩原有市场的战略，即收缩战略。

(2) 成长战略、维持战略、收获战略和撤退战略

成长战略 当新的市场机会产生的时候，企业为了扩大市场占有率，提高竞争地位，获得长期效益，就要采取增加投资、挖掘企业经营潜力的战略，以适应外部环境的变化，在变化中寻求企业成长机会。

维持战略 在市场需求基本保持稳定的情况下，企业为了维持原有的市场占有率和竞争地位，采取保持价格、销售力量和成本的对策，使企业维持良好的经营水平。

收获战略 企业在发现某种市场机会时，以短期收益为目标，迅速采取有效的市场行为，投入必要的经营资源，以获得充分的经济效益。

撤退战略 企业在遇到某种市场威胁时，为了避免造成经营损失，就要采取把某一产品从原有市场减少或退出的战略。

(3) 产品—市场发展战略

产品—市场发展战略包括市场渗透战略、市场开拓战略、产品发展战略、多角化战略。

市场渗透战略 是指采取积极的营销措施，在现有市场中增加现有产品的销售。

市场开拓战略 是指企业在原有市场的基础上去寻找和开拓新的市场，以进一步扩大产品/服务销售，从而促进企业的继续成长和发展。

产品发展战略 是指企业依靠自己现有的力量，努力改进老产品，开发新产品，提高产品质量，从而使现有企业不断成长和发展。这种战略一般适用于经营管理素质较好、产品开发能力较强的企业。

市场渗透战略、市场开拓战略和产品发展战略也可统称为密集型发展战略。

多角化战略 是指企业在为现有市场提供产品或服务的同时，又以新的产品或服务开辟新的市场。但二者必须差异较大，而不能与产品差异化相混淆。企业在实行多角化时，对新的事业必须投入新的经营资源，包括人、物、资金等有形资源和信息、经验、诀窍等无形资源。国内外饭店业实行多角化战略的企业屡见不鲜。国外饭店集团除经营饭店业外，一般也涉及娱乐业、博彩业、餐饮业等，例如，雅高集团经营餐饮娱乐业、会议业以及出入境旅游活动和旅行社。

10.2.2.2 饭店竞争战略

竞争是商品经济的客观现象，企业要在激烈的竞争中生存和发展，为了争夺市场并获得最大利润，就必须研究竞争战略。市场竞争战略就是一种直接与竞争者的挑战抗衡，并试图获得竞争优势的战略。Michael Porter 提出了 3 个基本的市场战略：低成本战略（无差异市场营销）、差异化战略（差异市场营销）和重点战略（集中市场营销）。

（1）低成本战略

低成本战略即努力使企业成本低于竞争对手的成本，追求全行业低成本地位的策略。实现该战略的基本条件有如下 3 个方面：① 最大可能地吸引更多的消费者，获得规模经济，从而降低单位产品成本；② 应具有较高的销售增长率和市场占有率；③ 具有较高的管理水平和控制成本的能力（例如，严格控制原材料成本、降低推销及广告等方面的费用等）。

（2）差异化战略

当企业之间的产品或服务成本越来越接近的情况下，市场竞争的重点就在于差异化。所谓差异化，就是企业要提供与同行企业不同的产品和服务。具体地说，企业应在品种、质量、价格、预订的方便程度等方面创造独特的、与竞争者不同的特点与优势。它不仅能满足消费者的需要，而且在一定时期内，同行竞争者亦难以取代这种优势。对饭店企业来说，其营造和扩大差异化包括：① 饭店产品的差异化；② 通过饭店服务质量的差异化，实施服务战略；③ 通过饭店形象的差异化，实施企业形象战略，创造名牌。

（3）重点战略

重点战略是指企业把经营的重点放在某一特定购买者集团，或某种特殊用途的产品，或某一特定地区上，从而更好地为某一特定目标服务。这种战略成功的关键在于提供比竞争对手更为有效的服务，它要求企业或者通过更好地满足目标的要求以取得产品差异，或者通过为这一特定目标的服务获得低成本，或者 2 种要求都实现；即使在整个市场上该企业没能取得产品差异和低成本优势，也要在具体市场上取得这种优势。

低成本战略、差异化战略和重点战略不是绝对互相排斥的，也可以将它们结合起来使用。例如，国外的一些旅游企业合并使用了差异化战略和低成本战略，或合并使用低成本战略与重点战略等。

10.3 饭店业营销策划与实施

饭店业营销包括计划、调研、环境及优劣势分析、促销策略与实施、营销预测等。下面以上海××酒店为例来说明如何进行饭店的营销策划与实施。

上海××酒店 2005 年度营销策划书

营销策划目录

（一）市场分析和预测
（二）饭店环境及状况分析
（三）竞争对手情况分析
（四）饭店销售策略及收益预测
（五）广告策划
（六）公关促销策划
（七）市场调研计划

（八）营销预算

（一）市场分析和预测

1. 政治形势

当前国际形势趋向缓和，冷战局面不复存在。但地区紧张和动荡的因素有增无减。如2003年美国强行发动伊拉克战争，目前霸权秩序在一定程度上占据主导地位，但要求建立公正合理的世界新秩序、实现国际关系民主化的力量也在不断发展。

国内政治稳定，改革开放的实践取得了巨大成功，因而得到全社会的高度认同，成为不可逆转的大趋势。这是中国经济持续发展极为重要的保证。旅游活动的形成需要旅游的动机、经济条件，还需要有充足的时间。例如，1995年开始实施的5天工作制和后来实施的“五一”和“十一”黄金周，大大刺激了旅游业的发展，同时也给饭店营销工作提供了发展空间。据上海统计局调查显示，上海市民周末自费出游的比例占被调查者的80%。

2. 经济形势

经济全球化是21世纪世界发展的客观进程，是现代高科技条件下经济社会化和国际化的历史新阶段。据国际货币基金组织（IMF）预计，2006年世界经济有望继续保持4.3%的增长速度，世界贸易量增长将达7.4%。世界经济总体形势良好，特别是亚洲新兴市场国家和前苏联地区国家的增长。经济全球化为世界经济增长带来了新的活力和机遇。

（1）周边地区和香港经济

2004年，日本经济开始走出谷底，困扰日本经济的银行不良债权问题基本得到解决。企业收益大幅度提高，就业状况也得到改善，以民间需求为中心的景气有了持续恢复的后劲。2004年日本经济的实质增长率达到2.7%，名义增长率为1.5%。作为世界第二经济大国，30年间的高速发展，国民收入有切实提高，旅游已成为生活必需。

韩国、印度尼西亚、泰国、马来西亚等国经济形势持续好转，预计2005年的GDP增长在3%~4%。

中国香港经济经过2004年的复苏，正以稳健的步伐，慢慢走出亚洲金融风暴的阴影，2005年预计GDP增长4%~5%。

（2）中国大陆经济

改革开放以来，中国经济保持了快速增长，近几年平均增长约8%。进入21世纪，中国经济仍然具有快速增长的基础和现实。首先，国内市场有巨大潜力，从基础设施到制造业、服务业都有极大的发展空间，即使在国际市场环境不利时，仍可立足于扩大国内需求，凭借发挥国内市场潜力，拉动经济较快增长。其次，中国保持着较高的社会储蓄率，国内投资资金的80%来源于国内储蓄，不用因过分依赖国外资本的波动陷入经济衰退。最后，结构转换的潜力和空间是中国经济保持快速增长的重要条件。城乡结构转化，加快城市化进程会形成巨大市场需求，拉动经济增长；所有制结构调整，使企业（包括非国有企业）成为最重要的投资主体，换来新的经济增长空间；产业结构调整，通过结构优化升级培植新的经济增长点；区域结构调整，实行产业在地区间的梯次转移，使各地区在不同产业层次上，发挥动态比较优势，支持中国经济持续发展，中国加入世贸组织后，提供了经济发展的世界舞台。由此可见，国内经济在21世纪初仍将保持一定速度的增长。

3. 旅游市场形势

世界旅游方面：2004年世界入境旅游人数创历史最高纪录，达7.6亿人次，比前一年增长10%。亚太地区旅游业发展迅速，据世界旅游组织统计：该地区的入境游客总量截至2004年11月底已比2003年同期增长了40%，创造了历史之最。美国等北美国家旅游业在受“9·11”恐怖袭击事件影响连续3年下滑后，开始恢复，并获得积极成果。

我国旅游形势：2003年，由于突如其来的SARS的冲击，使得中国旅游业出现了前所未有的下滑。但2003年的下半年，中国国内旅游便出现了恢复的态势。

2004年，我国入境旅游全面恢复振兴并有新的突破性大发展。全年入境旅游人数达1.09亿人次，比2003年增长18.96%，比2002年增长11.37%；其中外国人1693.25万人次，比2003年增长48.49%，比2002年增长25.99%。16个主要客源国的入境人数与2002年相比，除菲律宾增幅低于一成外，其余15个国家均实现2位数增长。与2002年相比的具体情况是：印度增长44.85%，俄罗斯增长40.94%，韩国增长33.92%，德国增长29.63%，澳大利亚增长29.18%，新加坡增长28.10%，印度尼西亚增长27.34%，法国增长26.55%，马来西亚增长25.23%，蒙古增长22.21%，英国增长21.92%，泰国增长20.15%，加拿大增长19.47%，美国增长16.72%，日本增长13.97%，菲律宾增长8.03%。

国内旅游方面，就全国的整体而言，2004年继2003年下半年的良好恢复态势，并迎来了前所未有的大发展。如从旅游人数和旅游收入（即旅游者的旅游总花费）2项主要指标来看，均创历史新高；其增幅之大（分别为26.67%和36.85%）是自1995年至2005年的10年中唯一的一次。如果将2004年的旅游人数、旅游收入与最佳年景的2002年相比，其增幅也高达25.51%和21.46%（即使将此增幅视作2003年和2004年增幅的叠升，那么2003与2004两年的平均增幅也是近几年来不多见的，经计算，每年的平均递增增幅为12.03%和10.21%）。2004年国内旅游的出游率也是近5年来最高的一年。不过，人均消费却不是最高的，仅仅大致与2000年持平，仍然低于2002年和2001年。

尽管世界油价在近年来一直持续飙升，酒店业的能耗费用也在水涨船高地逐年递增，中国的酒店业则可搭乘中国“入世”的便车，有望在2005年享受到与外资酒店同等的所得税纳税标准（即从目前的33%下调到15%~20%）；此外，还有望借助中国“入世”后进口关税不断下调的东风，进一步降低酒店进口用品与用具的单位成本，从而有望彻底改善中国酒店业长期亏损的局面。方兴未艾的会展经济（例如，北京的奥运会、上海的世博会、广州的亚运会等）、异军突起的总部经济（例如，世界500强将亚太总部移师中国大陆）、指日可待的假日经济（注：指有薪年假拉动的假日经济，而非“3个黄金周”带来的节日经济）和因东南亚出境游受挫而有可能出现的国内旅游热和入境旅游升温等因素都将会有效地确保中国的旅游业发展，尤其是酒店业，继续以双位数字增长。

上海2004年旅游业增加值447.74亿元人民币，占全市GDP的6.02%。全市接待入境旅游者491.92万人次，较上年增长57.51%；国内旅游平稳发展，接待国内旅游者8505.13万人次。全年旅游总收入1472.11亿元人民币，较上年增长17.75%。

（二）饭店环境及状况分析

1. 周边环境

××酒店是一家四星级饭店，毗邻徐家汇商圈，周围高楼林立，各路商家云集，现代化大商场星罗棋布，娱乐业、房地产业高度发达。

酒店地理位置优越，交通便利。地铁一号线就在附近，至徐家汇、衡山路站，仅需5min；内环线高架连接杨浦和南浦大桥，使浦东、浦西交通十分方便；酒店距虹桥机场8km、上海火车站7km。

酒店四周是高档住宅区，闹中取静，环境幽雅，从客房极目远眺，红墙绿瓦，绿树掩映；酒店楼高33层，拥有客房264间，大堂酒吧、中西餐厅、多功能厅一应俱全；俱乐部拥有健身、美容、桑拿、推拿、桌球、壁球、棋牌等一流设施。

但该酒店周围宾馆众多，星级相仿，硬件设施均很齐全，客人选择的余地较大，竞争日趋激烈。以下是周围主要酒店的情况：

饭店	星级
富豪环球东亚大酒店	五星
华亭宾馆	五星
建国宾馆	四星
上海天平宾馆	四星
上海安亭别墅花园酒店	四星
上海南鹰饭店	四星
建工锦江大酒店	四星
华亭二号楼	四星
纽宾凯青之旅国际酒店	四星
衡山宾馆	四星
上海长航宾馆	三星
好望角大酒店	三星
东湖宾馆	三星
上海大地假日宾馆	三星

青松城大酒店　　　　　　三星
长城饭店　　　　　　　　三星

2. 服务质量与接待能力

酒店营业5年多来，始终以“让客人完全满意”为宗旨，加强对员工的培训，不断提高服务质量，先后成功接待了八运会代表团、国际电影节中外记者、全国建设行业厅局长会议、世界摄影艺术家年会、日本中学生交流团等客人，受到好评。

但有时存在着服务质量的不稳定，各营业点的质量参差不齐，特别是在接待欧美商务散客的能力上，还有待于进一步提高。

3. 员工素质与服务能力

服务质量的不稳定性有管理上的问题，但主要是服务员的素质和能力所至。虽然经过3年多不间断的培训和实践，员工的素质和能力在不断提高，但由于饭店行业对从业者的吸引力越来越差，员工在文化背景、生活理念、语言沟通等方面与目标顾客，尤其是欧美客人之间存在较大差异。这些都影响到服务质量的提高，最终会影响酒店的经营。

（三）竞争对手情况分析

饭店周围的酒店很多，正如在市场分析时所指出的，由于价格竞争的无序，在市场不景气的时候，这些酒店都可能是竞争对手，它们中的多数酒店是新建的，开业平均不到3年，设施设备都是新的，而顾客又对价格比较敏感，所以，稍有价格变化，就会影响到一部分目标顾客的选择。

我们选择离酒店最近、目标顾客最相似的4家酒店作为竞争对手。这4家酒店分别是A酒店、B酒店、C酒店和D酒店。

1. 竞争对手各类房价比照

表1　房价对比表

饭　店	门市价（元）	商务价（元）	旅行社散客（元）	团队价（元）	长住价（元）
A饭店	单人房：700 标准房：785 套　房：988	7折	370；398	面议	9000/月左右
B饭店	标房A：750 标房B：818 套房：1000 豪华房：1118	460；490	不接	288（含早餐）	9000/月左右
C饭店	标准房：780 套房：888 豪华房：1088	518	370；398 （含双早餐）	290（含早餐）	12000/月左右
D饭店	标准房：720 套房：830 行政房：1088	490	不接	260（含早餐）	9500/(月左右)
XX大酒店	单人房：810 标准房：898 套房：1088	500	400～450	298（含早餐）	12000/(月左右)

由表1可以发现，××大酒店的卖价是所有竞争饭店中最高的，紧随其后的是C饭店。

2. 竞争饭店客房出租率和平均房价调查

表2 客房出租率和平均房价调查表（3～10月）

饭店		3月	4月	5月	6月	7月	8月	9月	10月
A饭店	门市价（元）	785	785	868	868	868	785	868	868
	平均房价（元）	460	450.2	510.8	470.6	450.3	418.1	451	528.7
	出租率（%）	56.7	58.8	67.4	60.1	59.8	56	61.3	69.7
B饭店	门市价（元）	818	818	818	818	818	818	818	818
	平均房价（元）	496.2	463.5	480.4	505.7	460.1	450.3	464.2	506.4
	出租率（%）	57.8	60.1	62.5	50.1	53.2	55.4	60.3	66.2
C饭店	门市价（元）	810	810	810	810	810	810	810	810
	平均房价（元）	490.6	482	538	507	471.3	471	488.6	508
	出租率（%）	65.8	61.3	71.2	55	58.1	50.4	64.2	68.6
D饭店	门市价（元）	720	720	720	720	720	720	720	720
	平均房价（元）	460.2	475	450	448.7	461.1	449.6	453	495
	出租率（%）	54.2	78.4	60.3	56.9	61.1	56.6	57.5	64.2
XX大酒店	门市价（元）	888	888	888	888	888	888	888	888
	平均房价（元）	483.3	476.3	537.1	509	505.7	492	509	526.8
	出租率（%）	66.4	63.2	73.2	60.3	55.2	56.7	60.1	65.2

在2004年8个月里，饭店有4个月的平均房价高于其他饭店，C饭店有2个月名列第一。出租率方面，本饭店也略占优势，可见，这8个月的经营情况总体来看是可以的，但与竞争对手相比，这种优势并不明显。

3. 竞争饭店有关设施及顾客对产品服务满意度比较

表3 饭店设施及顾客对产品服务满意度比较表

项目＼饭店	A饭店	B饭店	C饭店	D饭店	XX大酒店
康乐设施	室内游泳池 健身房 按摩 桑拿 美容 棋牌	网球场 健身房 桑拿 保龄球	健身房 桑拿 保龄球 美容 棋牌 按摩	健身房 桑拿 保龄球 卡拉OK	3楼平台游泳池 保龄球 按摩 棋牌 美容 卡拉OK
会议设施	大宴会厅可容纳1000人；3个多功能厅，可容纳20～100人不等	会议厅可容纳380人；展览厅600m²，多功能厅可容纳460人或分隔成3个小厅	大宴会厅可容纳300人；会议厅有5个，可容纳25～80人不等	大宴会厅可容纳350人左右；会议厅3个，可容纳30～130人不等	多功能厅可容纳480人；会议厅可容纳300人左右；20人左右的小会议室6个
对客房产品服务的满意度	满意81%； 一般12%； 不满意7%	满意80%； 一般10%； 不满意10%	满意83%； 一般11%； 不满意6%	满意70%； 一般15%； 不满意15%	满意90%； 一般7%； 不满意3%

4. 竞争对手商务中心设施和价格比较

表4 饭店商务中心设施和价格比较表 单位：元

	A饭店	B饭店	C饭店	D饭店	XX大酒店
复印	A4：3/页 A3：4/页	3/页 3/页	3/页 4/页	3/页 4/页	3/页 3/页
秘书服务	酒店内70/h； 酒店外： 另加15%		酒店内70/h		酒店内65/h
会议室	130/h	125/h	135/h	130/h	135/h
传真（收）	2/页	免费2页， 额外3/页	3/页	2/页	3/页
租计算机	70/h	65/h	75/h	65/h	70/h
租投影仪		30/天	150/天		180/天
上网	5/min	15/min	2/min	5/min	6/min

（四）饭店销售策略及收益预测

1. 总体策略

根据上述分析和竞争比较，在过去一年里，饭店的营销策略是有效的；在新的一年里，应稳定商务市场，尤其是国外商务客，加强对会议市场的促销力度，开拓国内高级商务客和公务客市场。

目标市场：

境内外商务客人；

外企职员；

会议客人；

公务客人；

境外团队；

金融、保险、银行高级职员。

限止市场：低价团队。

主要营销工作：建立一批能给饭店带来稳定客源和收益的忠诚客户群。

2. 商务市场

主要客源：欧美、日本、新加坡、中国香港、中国台湾、中国大陆。

目标：

房夜	平均房价	客房收益	客房营收份额
21 320间夜	620元	13 218 400元	53%

主要策略：

产品： 免费早餐；

及时沟通信息，加快结账速度；

利用客史档案预先登记；

提供24h商务中心服务。

价格： 执行原有商务价。

渠道： 参加国际订房网络和国内订房网络；

建立公司订房俱乐部；

与旅行社、旅游批发商合作。

促销：选择国内外有影响的商务杂志做广告。

保证A类客户（月订房量在100间夜以上）旺季订房；

继续实行前10位A类客户住店VIP政策；

给予累计入住酒店50个房夜的客人免费升级；

继续执行对公司订房人员的奖励制度。

3. 会议市场

主要客源：外资公司、国内重要企业、金融公司等的董事会、商务会、展览会、研讨会及政府组织的各类会议。

目标：

房夜	平均房价	客房收益	客房营收份额
9500间夜	540元	5 130 000元	20%

主要策略：

产品：购置新的投影设备；

提供会议组合菜肴；

提供会议班车接送；

提供额外服务；

保证餐饮、客房产品质量。

价格：制定具有竞争性的价格；

会议用客房打7折；

出租会议设施设备打5折。

渠道：会议策划公司；

展览场馆；

政府部门；

科研机构。

促销：搜集展商名录；

制作会议宣传单页邮寄；

销售访问。

4. 旅行社团队

主要客源：日本、欧美、东南亚、中国香港、中国台湾。

目标：

房夜	平均房价	客房收益	客房营收份额
7752间夜	388元	3 007 776元	11%

主要策略：

产品：设立团队接待厅；

提供团队菜、风味菜。

促销：参加海外旅游交易会；

旅行社做广告；

国内外有影响的旅游报刊做广告。

5. 旅行社散客

主要客源：日本、欧美、东南亚、中国香港、中国台湾。

目标：

房夜	平均房价	客房收益	客房营收份额
13 481间夜	565元	761 620元	3%

主要策略：

参加海外旅游交易会；

旅行社做广告；

国内外有影响的旅游、商务报刊做广告。

6. 长住客市场

主要客源：日本、欧美、中国香港、中国台湾。

目标：

房夜	平均房价	客房收益	目标市场份额
3000间夜	5400元	1 500 000元	6%

主要策略：

产品： 客房管家式服务；
每周免费水果；
定期组织活动；
按照客人要求调整产品结构。

价格： 视租房时间长短及付费方式灵活商定。

促销： 通过各种渠道及时了解新的投资项目；
向外商公司、代理商分发推销信。

7. 全年客房营收预测

表5　××酒店客房营收预测表

天数：365天　　可供出租房：69 958间　　平均出租率：65%

市　　场	房夜（间夜）	平均房价（元）	客房营收（元）	客房营收份额（%）
商务市场	21 320	620	13 218 400	52
会议市场	9500	540	5 130 000	20
旅行社散客	1348	565	761 620	3
旅行社团队	7752	388	3 007 776	12
长住客	3000	500	1 500 000	6
上门客	2553	700	1 787 100	7
总　　计	45 473	558	25 404 896	100

8. 餐饮营收预测

宴会

主要客源：社会名流、中外商人、政府公务人员等。

销售目标：3 990 000元。

主要策略：招聘宴会设计师提高宴会产品质量；
选派饭店最优秀的服务员服务；
总厨亲自制定菜单并把关菜肴质量；
加强酒水促销。

婚宴

销售目标：3 650 000元。

主要策略：设计独特的婚宴产品；
筵席价格为1500元/桌。

会议用餐

销售目标：3 740 000元。

中菜零点

销售目标：4 000 000元。

主要策略：个性化服务；
举办食品节；
不断推出新菜单；
商业化氛围设计；
利用节日促销。

西餐

销售目标：3 010 000 元。

主要策略：个性化服务；

举办食品节；

不断推出新菜单；

商业化氛围设计；

利用节日促销。

餐饮全年总营收为：18 390 000 元。

（五）广告策划

1. 目标受众

酒店经过5年多的运作，已初步建立起高级商务酒店的市场形象，近2年的经营情况也证明了这一点。根据市场分析、预测和对酒店产品的认识，营销的重点是继续稳定商务客人，在客源结构上提高国外商务客人的比例，在会议市场方面，争取更多的客人。

所以，广告的目标受众是：提醒已有的商务客人，吸引那些品牌转换者和新的顾客、会议客人。此外，继续提醒国外旅游客人。

2. 广告内容

(1) 酒店形象宣传（针对商务客人）

繁华的上海徐家汇商业区；

酒店外形；

酒店客房、餐厅、会议设施。

(2) 对已有商务顾客的暗示（针对商务客人）

强调酒店产品的优势；

确认顾客选择 XX 大酒店是英明的选择。

(3) 会议产品展示（针对会议客人）

豪华的会议厅、宴会厅；

一流的会议设施设备；

训练有素的服务员承诺：我们将为您提供最好的服务。

(4) 温馨的家（针对商务、旅游客人）

客房展示；

娱乐设施展示；

一种悠闲、温馨的气氛；

酒店外是繁华的夜市。

3. 媒体选择和传播计划

(1) 上海电视台英语节目

节目时间是22：00，主要观众是在上海工作或商务活动的外国人、外资企业的中方高级职员等。据调研，收视率达到24%。

每次广告时间为30s，3月、6月2个月播放酒店形象（每周3次）；4月份播放会议产品展示（每周3次）。

(2) *Successful Meeting*，*Asia Travel Trade*

这2份杂志主要面向全球商务、会议客人，在这些读者中享有较高声誉，是商务、会议市场理想的广告媒体。

连续半年刊出酒店形象和会议产品广告。

(3) *Travel China*，*Shanghai Daily*

这2份报刊的主要读者是国内的外商。他们是酒店的主要目标顾客或者可以为酒店推荐顾客，但广告费用要较上面2份杂志便宜许多。

5月、8月2个月刊登广告。

(4)《东航杂志》《日航杂志》

这是2家有影响的航空公司办的杂志，是供航班客人阅读的。这些客人中较大部分是商务客人，他们有可能是酒店的潜在顾客。

(5) 国旅等旅行社单片广告

这些国内大型旅行社的经营网点遍及世界各国，每天有大量的旅游者光顾，是理想的广告媒体。

（六）公关促销策划

全年安排2次较大规模的公关活动。

1. 西部展示

主要内容：西部风光资源图片介绍；邀请有关地区的政府官员做讲演；民族艺术表现。

目的：配合开发西部做公益宣传；吸引商人去西部投资的兴趣；树立酒店的公益形象。

邀请对象：本市各大新闻机构记者、在上海的外商等。

时间：6月中旬。

2. 各大公司订房人员联谊活动

活动内容：奖励前10位订房人员、抽奖、参观酒店设施设备、冷餐会。

目的：加强与订房员的关系，激发订房人员对酒店的热情，建立忠诚客户。

（七）市场调研计划

市场环境在不断地变化，消费者的需求也在不断地变化，所以酒店各种策略也要及时做出调整。

市场调研是经常性的工作，但2005年主要安排以下3次大的市场调研活动。

1. 如何达到最佳的会务服务水平

调研目的：提高酒店会议产品质量。

调研主要方法：向会议策划公司了解客人的需求，走访老客户，了解对硬件、软件的意见和需求，了解有较高会议产品知名度的饭店的产品。

调研时间：3月。

2. 顾客满意度调研（具体计划另定）

调研目的：及时调整营销策略，提高竞争能力。

调研主要方法：向住店客人发放调查表，以顾客身份入住竞争饭店，体验竞争饭店的产品，走访“回头客”，了解他们对酒店产品的建议。

调研时间：5月、6月。

3. 市场机会调研

调研目的：发现市场机会，寻找新的经济增长点。

调研主要方法：统计酒店周边商住楼销售情况；统计酒店周边商住楼客房情况；统计新机场启用后的客源流量；调研政府新的投资项目。

调研时间：4月。

（八）营销预算

表6 ××酒店营销预算表

项　目	费用（元）	备　注
广告		
电视	90 000	房金抵充50 000元
Successful Meeting	70 000	
Asia Travel Trade	90 000	
Travel China	40 000	房金抵充
Shanghai Daily	35 000	
《东航杂志》	20 000	
《日航杂志》	25 000	房金抵充
国旅等旅行社单片广告	63 000	房金抵充
其他	30 000	
公关促销		
西部展示	50 000	
订房人员联谊活动	33 000	企业赞助30 000元
其他公关	25 000	

（续）

项　　目	费用（元）	备　　注
市场调研		
会务服务水平	15 000	
顾客满意度调研	25 000	
市场机会调研	30 000	
销售访问		
差旅费	25 000	
招待费	100 000	
通信费	8000	
总　　计	774 000	

××酒店2005年度营销策划点评

每个酒店都可以根据自己的特点来策划年度营销活动。但成功的策划一定是分析的依据充分、分析的方法恰当，从而使预测的目标更准确；考虑的环节周到、设计的策略具有可操作性，从而方便策划书的执行和控制。

本策划书的总体构思较全面，在以下几个方面是做饭店年度策划书时可资借鉴的：

1. 市场分析选择的信息比较充分，推理过程较合理

从国际、国内的政治形势分析着手，因为它不仅是影响旅游活动的直接的因素，而且通过对经济的影响间接地对旅游市场起作用。分析的结论是，政治形势较稳定，没有大的动荡。经济形势随着经济全球化趋势，在今后几年将缓缓回升，周边地区的经济也在复苏，但程度不同。

国内旅游市场客源有所回升。

根据这些情况，策划书使用了2004年本市接待人数统计数据，在此基础上大致可以预测2005年的客源数。

接着，策划书分析了饭店的环境状况和内部优势与劣势。在分析时重点分析了员工的素质和服务能力，这很到位，因为服务质量是饭店最重要的质量因素。

竞争分析选用了各饭店的房价、平均房价和出租率、饭店设施、商务中心设施和价格、顾客满意度等几个方面做比较。房价在一定意义上是饭店质量的暗示，但如果平均房价和出租率不好，则门市价也并不能够说明什么。该饭店通过这2个方面的比较，发现卖价是竞争饭店中最高的，而平均房价和出租率也略有优势，这说明价格定位和饭店产品相符，顾客认为是值的。这也在顾客满意度调查中得到了证实。在有关设施和商务中心价格方面，与竞争饭店基本相似。

顾客满意度调查对饭店很重要，但难度也较大。需要设计好的调查表，并设法让顾客乐意填写。而对竞争饭店顾客的满意度调查就更困难了，投入的人力、物力相当大，但对营销的价值也很大。

2. 营销策略针对具体市场确定，收益预测比较去年经营情况进行判断

本策划书先是总体上确定了年度的营销策略：主要努力的市场和限制的市场，然后对主要的几个市场，制定针对性的营销目标和策略。这些策略的制定和收益的预测，基于去年的情况和今年的市场分析，如会议市场是今年要努力扩大的一块市场，扩大的依据是：这一市场有潜力，饭店会议产品与竞争者相似，如果购置新的投影设备、提供会议班车、提供会议组合菜肴、保证餐饮和客房产品质量等，就可能实现目标。

全年客房营收的几个预测指标比去年略有提高：平均房价是558元，2004年是520元（依据2004年8个月的统计）；平均出租率是65%，2004年是63%（依据2004年8个月的统计），这与市场分析的结论是一致的。

3. 广告策划目标明确，讲究广告效益

广告的种类一般有3类：① 认知性广告，即对于不知道饭店产品的客人，帮助他们了解饭店产品；② 劝说性广告，即诱导顾客来购买饭店产品；③ 提醒性广告，即对于那些熟悉饭店、满意饭店产品或饭店的忠诚顾客做一个提醒，以在可能的情况下再次光顾饭店。

饭店在不同阶段广告的效用是不同的。××酒店已营业5年，初步建立起高级商务饭店的市场形象，所以不需要做大量的认知性广告。按照今年总的营销目标，广告以提醒性为主，只有对会议市场做认知性广告，因为这块市场是今年要努力扩大的。

广告的内容针对不同的市场进行专门设计，媒体的选择也较实际。

4. 重视市场调研，随时修正营销策略

我们知道，年度营销策划作为综合性策划，体现了饭店一年的总体营销战略和战术。作为战略不会经常变动，但战术会随着市场的变化而做出修正，况且因时间跨度较长，市场的变化又是变量，所以应在策划时考虑到这个问题。

修正的依据是市场，所以对年内主要的调研活动做出计划、准备费用预算是较明智的。这也是这份策划书成功的一个方面。

但这份策划书的某些方面还可以做得更好些：① 竞争分析中还可以比较各市场的实际市场占有份额。比较的方法是：统计竞争饭店总的可供房数，然后计算出本饭店理论上的市场占有率；统计竞争饭店实际出租客房数，计算出饭店实际市场占有率；统计竞争饭店商务客人出租房夜数，计算出饭店在商务市场的实际占有率，等等。这样能更清晰地找出自己的竞争优势和劣势，以便确定饭店的竞争地位，采用相应的竞争对策。② 策划书应当有具体的行动计划，如何时执行何种策略，产品改进在何时进行、何时完成、由谁来负责等，这样才有利于营销策划的实施和控制。

10.4 饭店业营销评估

营销策划实施之后，要对该计划进行一系列的评估与控制。评估包括季度评估、年度评估和总评估3个层次。饭店营销控制与评估贯穿于整个市场营销的各个环节，各项活动，着重于积极主动地采取行动，而不是消极地接受现实，因而体现了“事前预防”的思想。饭店营销控制与评估主要有战略评估与控制、年度计划评估与控制、效率评估与控制、获利性评估与控制等。评估与控制步骤参见图10－5，类型参见表10－1。

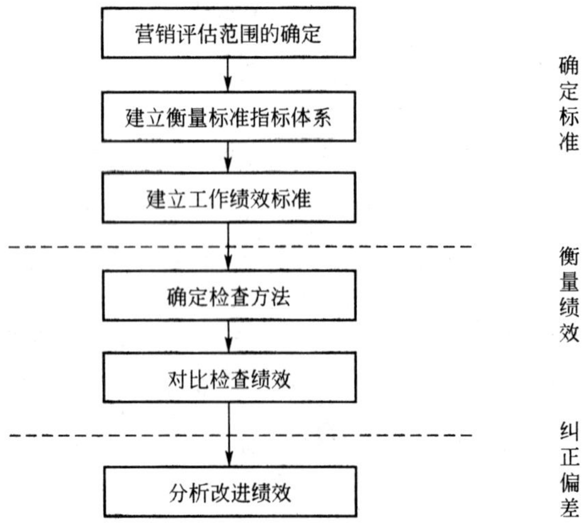

图10－5 饭店营销评估与控制步骤示意图

表 10－1　饭店营销评估与控制类型

控制类型	主要负责人	评估目的	方法
战略评估与控制	高级管理当局 营销审计人员	检查饭店是否在市场产品等方面正在寻找最佳机会	营销有效性评价 营销审计
年度计划评估与控制	营销总监或主管 营销审计人员	检查计划目标是否实施	销售分析、营销费用率分析、市场占有率分析、消费者满意度追踪
效率评估与控制	职能管理当局 营销审计人员	评价和提高开式效率以及营销开支的效果	对销售人员、促销、广告追踪分析
获利评估与控制	营销审计人员	检查饭店盈亏	对产品、销售区、目标市场、销售渠道及预订等进行分析

【案例分析】

苏州胥城大厦的市场营销策略

【案例背景】

苏州胥城大厦是一家四星级的旅游商务酒店，它以独特经典、气势恢宏的形象居于新老城区交相辉映的三香路上。酒店有各式客房共400间（套）；拥有风格各异、大小不一的餐厅40余个，可同时提供1400多人品尝苏帮、淮帮、川粤菜西餐等佳肴，尽展“姑苏美食在胥城”的风采；提供各式休闲健身及娱乐设施。有大小会议多功能厅共计19间，建筑面积达3000m^2，拥有完善的会议设施。

一、营销目的

1. 整合、提炼胥城大厦企业文化理念，编制胥城大厦企业文化建设规划，为今后的企业文化建设打下理念基础和框架。

2. 采用文化营销的思路和手法，结合、利用第28届世界遗产大会在苏州召开的契机，策划和体现“情满胥城迎‘世遗’”的主题，密切胥城大厦和第28届世界遗产大会的关系，在“情满胥城迎‘世遗’”的主线（或红线）上，系统性地策划系列活动，以进一步有效提升胥城大厦的社会影响力、良好形象和知名度，促进胥城大厦的营销业绩的提升。

二、主题含义

1. 隐含性、对应性、延伸性地体现苏州“小桥、流水、人家”的独特风土人情：

“小桥”——连接、沟通的功能，这里用“迎接”的“迎”来对应体现；

“流水”——流动的水，对应“多”情流露，即这里的“情满”；

“人家”——是地方的含义，在这里对应“胥城”和“世遗”。

2. “情”将体现：

（1）风土人情——“苏帮菜”“湘菜”等美食节，给客人赠送法式点心——天使的味道；给重点、重要客户赠送“世遗展”的参观券；

（2）亲情和柔情——庆祝“五一”的优秀员工“群英会”；欢庆“六一”赠职工儿童“好伦哥”；

（3）友情和亲情——缅怀英雄蒋勇，祭扫英雄墓；慰问与胥城大厦相关的母亲；

（4）激情——纪念参加金钥匙联盟一周年活动，体现“客人的满意和惊喜一定是来源于我们对自己工作和胥城顾客的热情和激情”。

3. “满”将体现：

带有多“情”的主题活动，表明胥城人满腔热情、以情感人的服务理念。

4. “情满”一词体现情感的气氛充满于胥城。

5. “胥城”表明地方，一语双关，既是胥城大厦，又是苏州的代名词。

6. “世遗”——第28届世界遗产大会，成为和申报世界遗产所在地的地方。

7. 用“情”为红线系上“金钥匙”，把胥城大厦的“多情”和“满意+惊喜”理念贯穿于系列活动中，似“流水”流过4~7月，似“流水”流进胥城大厦顾客的心里，流进参加“世遗”盛会的代表心里，并通过他们流到“世遗”的地方和申报“世遗”的地方。

三、系列活动

1. 4月4~28日：

举办美食节，策划和体现“食全食美在胥城”的主题，对美食节期间来消费的客户送一个“浪漫和惊喜”的赠品或礼品，“天使的味道”点心和参观第28届世界遗产大会的参观券。具体执行部门为市场营销部、餐饮部，配合部门为总办。

2. 4月14日：

庆祝胥城大厦加入金钥匙联盟一周年活动，举办“让‘金钥匙’在胥城每个角落闪闪发光”的文化论坛活动，请“金钥匙”联盟中国部的领导来培训，组织“金钥匙”员工和各部门员工在论坛上交流“如何在自己的岗位上实现和体现金钥匙的理念”。具体执行部门为总办和人事培训部，配合部门为各部门。

3. 5月1日~5月4日：

欢庆劳动节、青年节，策划带有“红色”概念的主题活动和事件，体现劳动光荣、岗位立功、奉献精神等。“胥城群英会，欢庆五一节”的活动，以创元集团和胥城大厦对获得苏州十佳蓝领的员工嘉奖为主题，召开优秀员工的聚会。具体执行部门为总办、人事培训部、工会，配合部门为各部门。

4. 5月9日：

庆祝母亲节的活动，向英雄蒋勇的母亲赠送节日礼品的活动，胥城大厦的领导到蒋勇家慰问；向每位住店的母亲客户赠送小礼品；向每位做母亲的胥城职工赠送礼品。具体执行部门为总办、人事培训部。

5. 6月1日：

策划和组织胥城大厦为胥城大厦职工儿童送礼品——“好伦哥”的活动——“胥城儿童乐呵呵，个个喜获好伦哥”，体现胥城大厦的人文特点，同时提升“好伦哥”的知名度。具体执行部门为总办、人事培训部、工会。

6. 6月1日~7月7日：

对下榻胥城的长期客户和提过意见的客户送一份惊喜的礼品，由胥城大厦提供参观世界遗产展览的参观券，具体执行部门为房务部、市场营销部。

7. 4月4日~7月14日

与交通台联合举办“胥城人迎世遗，好伦哥谢的哥”有奖竞答活动，把苏州的流动出租车变成流动的宣传车。出租车司机和乘客都能接受胥城大厦有关的信息。以胥城大厦的美食节和“世遗盛会”为背景，设立与胥城大厦基本情况、美食节、胥称大厦企业文化及其主题活动、世界文化遗产、苏州世界文化遗产等有关的题目。出租车司机竞答，答对的获得一份由胥城大厦好伦哥提供的食用奖品。

8. 健康城市是苏州媒体近期关注、报道的重点，胥城大厦是苏州建设“健康城市”的“健康宾馆”试点单位之一。在“情满胥城迎世遗”主题活动时间里，与健康有关的节日有：

5月8日的世界红十字日；

5月12日的国际护士节；

5 月 19 日的全国助残日；

5 月 31 日的世界无烟日；

6 月 5 日的世界环境日。

这些节日都有可能成为我们宣传健康城市、健康宾馆和体现我们目前开展的“情满胥城迎世遗”的时机。为此，策划和建议：

1. 在5月8日的世界红十字日这天，可以举办转交捐款活动，把总台上的捐款箱中的钱转交给苏州红十字协会；邀请苏州媒体单位拍照，进行图片、文章报道：体现健康宾馆、情满胥城、胥城大厦的客人对社会的关爱之情。

2. 5 月 12 日国际护士节，可以在护士节前两天在宣传栏里张贴宣传护理、急救等基本卫生知识，或在护士节当天邀请某医院参加过“非典”工作的护士来交流，和对我们的服务人员进行简单护理培训、急救知识培训，并借此进行文章报道，体现胥城大厦从各角度建设健康宾馆。

3. 5 月 19 日的全国助残日，对下榻胥城大厦的残疾人，送一份“天使的味道”，撰写文章报道，综合体现胥城大厦的健康宾馆建设和情满胥城。

4. 5 月 31 日的世界无烟日，可在内部员工中开展今天不吸烟的活动，报道的文章从“宾馆的无烟从我们自己少吸烟开始、胥城有烟的空间越来越少”等角度撰写；开展“我就是环境”的征文和论坛活动。

四、新闻宣传

策划的每个活动、事件都连贯性体现“情满胥城迎‘世遗’”的主题或含义，又都有一定的独立性，各有新意。依据每个有新意的事件、活动，从各自不同的角度撰写文章，及时有选择性地联系《中国旅游报》《中国贸易报》《苏州日报》《城市商报》《姑苏晚报》、江苏网、苏州网、管理网等媒体发表，最大限度地造势，以进一步地提高胥城大厦的知名度和良好形象。

每个主题的活动分解落实到相关部门具体制订、执行和实施计划，每个活动的新闻报道文章由专人撰写，市场营销部联系媒体，按计划发表。

【案例思考题】

1. 胥城大厦是如何运用市场营销策略进行市场拓展的？
2. 请对该企业营销进行评判。

【思考题】

1. 什么是饭店营销？
2. 饭店营销特点与内容是什么？
3. 什么是饭店营销战略？
4. 以你所在城市的饭店作为调查对象，考察其饭店营销的内容与优劣。

【本章推荐阅读书目】

1. 饭店与旅游服务业市场营销. 3 版. Ronald A. Nykiel. 李天元，主译. 中国旅游出版社，2002.

2. 旅游市场营销. 梁骥. 大连理工大学出版社，2006.

第 11 章

中国旅行社的营销

【本章概要】

旅行社营销管理是指为实现组织目标而对旨在创造、建立和保持与目标购买者之间有益的交换关系的设计方案所做的分析、计划、实施与控制。旅行社营销是企业经营管理的重要组成部分。旅行社营销主要包括旅行社的机构设置、战略，旅行社营销计划、实施和评估5个部分。

【学习目标】

- 熟悉旅行社营销战略；
- 掌握旅行社营销的“4P”战术；
- 理解并熟悉旅行社品牌管理和内部营销。

【关键性术语】

旅行社市场营销、旅行社营销战略、旅行社营销战术、旅行社品牌管理、旅行社内部营销、旅行社营销评估。

【案例导读】

新型旅游代理商的典范——携程旅行网

携程旅游网（以下简称“携程网”）创立于1999年，是一家利用互联网等先进技术平台来为商旅客人及旅游爱好者提供旅行服务的公司。该网站结合网上服务平台和网上的各种软、硬件设施，满足顾客的旅行需求。不断创新和前瞻性的思考保证了携程网能快迅速成长，推陈出新的产品、服务和设施使其在日新月异的互联网时代能够满足日益多样化的客户需求。

携程网的管理团队在管理、信息技术、旅游业和投资等方面拥有丰富的经验，随着公司的日益发展，更多的旅行服务业的高级人才加盟到携程，管理团队在资源、管理、经验上的完美组合和紧密无缝的合作，保证了公司在各方面迅速稳健的发展。携程网的优势主要表现在价格和服务优势2个方面。作为国内的大型宾馆分销商，携程以遥遥领先的订房量与1000多家宾馆达成了长期的合作关系；携程拥有强大的专业服务队伍与遍及各地的服务伙伴，结合先进的技术和设施，可以为客户提高高质量的规范化服务，满足各类客户的各种商旅需求。

携程网通过与国内大多数航空公司、宾馆、景点、旅行社等旅游机构和企业的合作，已初步具有提供优惠价格的潜力。携程网已初步形成以网上预订为基础的网站，通过旅游信息内容吸引旅游者上网消费，通过社区留住旅游者，通过优惠的价格与便捷的预订方法促进旅游者上网消费。携程网是一个有前途、有潜力的旅游电子商务网站，也是新型旅游代理商的典范。

11.1 旅行社机构设置

高度专业化的社会分工是现代国家和现代企业建立的基础。旅行社正是建立在这种社会分工基础之上的，但如何把不同行业、不同专业、不同分工的各种人员合理地结合起来，协调他们相互间的关系，协调他们与政府间的关系，协调他们与各种资源的关系，从而调动各种积极因素创造经济效益和社会效益，这都是需要依靠有效的管理。可以说，旅行社管理的重要性如今已深入人心，人们越来越认识到加强管理的必要性和迫切性。

而在旅行社管理的过程中，其机构设置对管理效率有着至关重要的影响。我国旅行社一般分为国内旅行社和国际旅行社。由于国内旅行社和国际旅行社职能范围的不同，其在机构设置上也有一定的差异性。

从中国国际旅行社总社有限公司机构设置和中小型旅行社结构设置（图 11－1 和图 11－2）中我们可以看到其机构设置根据各自的规模和市场有着较大的区别，在旅行社营销的功能部门一般是由市场营销部负责，其他各部门协调。

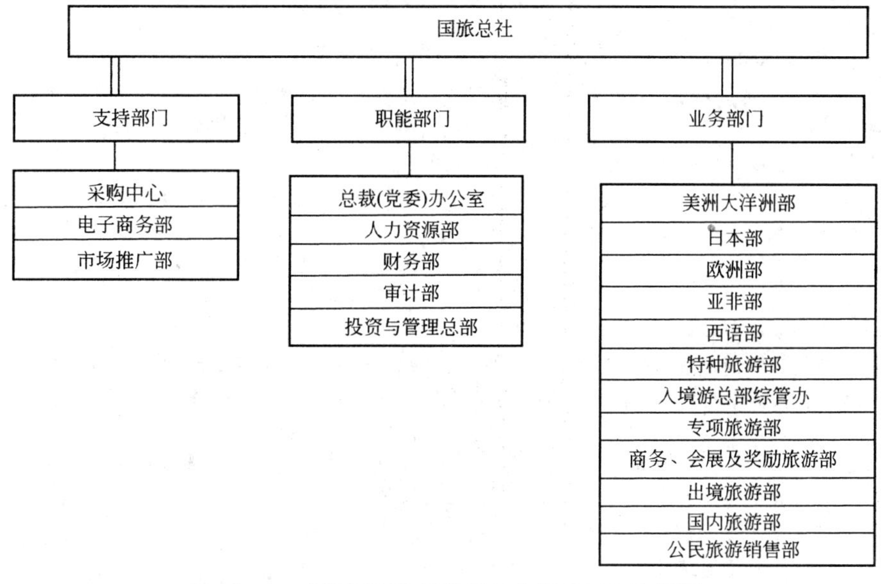

图 11－1　中国国际旅行社总社有限公司机构设置

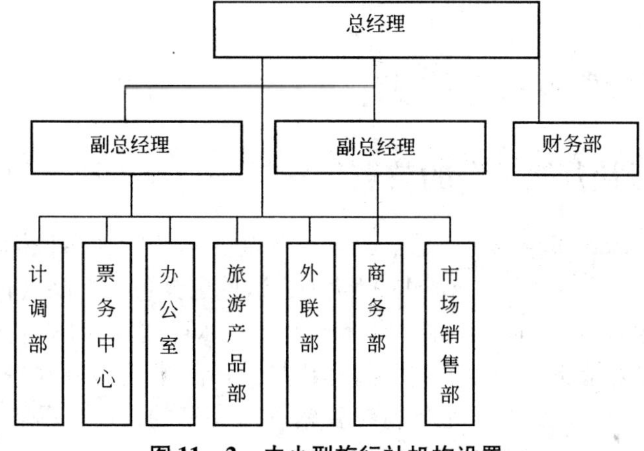

图 11－2　中小型旅行社机构设置

知己知彼　制胜春游市场

“春游”是一个较难开拓的市场，一方面，短线产品的利润较低；另一方面，以往以学生出游为主体的春游大军在许多地方受到了教育部门相关政策的限制；其他的一些（例如，广告投放费用等）问题也给春游市场营销增加了重重困难。

3月份是传统的旅游淡季，春游市场往往会被一些旅行社所忽视，事实上这个市场有众多的潜在消费需求。这个时候企业应该利用自身的特有条件和优势，针对竞争对手获利甚微甚至忽视的市场提供服务，全力满足该市场的实际需求，以达到在一段时间内领先该市场的目的，为企业的后续营销打下基础。策划一个方案，离不开对相关的信息进行搜集、提炼，《孙子兵法》地形篇中讲到：“知彼知己，胜乃不殆；知天知地，胜乃可全”。可见，知晓“信息”已成了策划的首要因素。

1. 知彼——公众信息的获取

这里的“彼”，在旅游策划中我们可以看作是公众。这个时候需要企业了解的信息包括竞争对手的信息、大众传媒的信息、市场中个体或一些组织的信息等。以西安市场为例：三大主流报——《华商报》《西安晚报》《三秦都市报》在当年2月底就刊登同春游有关的各类信息；电视方面，地方台记者深入一些目的地进行采访报道；调频广播的节目中也经常出现听众咨询哪里适合出游；而西安的三大超市——家世界、好又多、爱家各自在其DM（直接邮寄广告）单上打出了与春游相关系列产品的专卖，所有的这一切都在告诉消费者：春天来了，你该出去走走了。

2. 知己——主体信息的认知

面对众多的信息，作为策划的主体——西安国旅随即对信息进行了客观分析，结合自身的优势看哪些信息对于策划春游产品有利，哪些不利。这对接下来的踩线活动至关重要，同时把目的地信息进行筛选：从翠华山、蓝田溶洞、户县农家乐到杨凌农科城，等等。最后综合评定杨凌农科城适宜进行开展团队人数较多的活动，因为这个地方有人工湖、田野、无土栽培的蔬菜以及一所景色宜人的农业大学。这些地方都适合大多数人的观光需要，根据以往的出游信息，学生群体之外的春游队伍以家庭、街坊邻居居多，在行程安排上不宜进行爬山、涉水的活动，而我们设计的产品结合自然景色、蔬菜采摘、科普知识为一体，从多角度满足顾客的需求。

在确定目的地后进行踩线的安排。踩线工作由2个部门从不同的方面负责行程的编排。例如，景点参观时间、参观顺序、门票价格、优惠政策以及餐饮等。

市场营销部的企划部人员负责对目的地的各点进行组合，进行“踏青”春游产品卖点的提炼，编写导游词以供导游员讲解。导游词的编写要生动而且要有趣味性，中间加入科普知识，力求让顾客在旅途中有所得。最后就是广告创作。广告投放选定千人阅读频率最高的《华商报》，以硬广告和软文相结合，“春天的脚步悄悄地来了，树枝透出碧绿的嫩芽，田野开满了遍地的油菜花，金黄和翠绿交织在微风中，奏响了春的乐章，仿佛在向热爱自然的人们召唤着。

11.2 旅行社营销战略研究

11.2.1 旅行社营销组合的特点

营销组合（marketing max）是企业为了营销目标的实现在目标市场中使用的一系列营销工具。麦卡锡（McCarthy）认为：这些工具包括产品（product）、价格（price）、销售渠道（place）和促销（promotion）。即我们前面章节提到的“4P”。旅行社的营销组合指旅行社为了达到目标市场上所追求的销售水平而采用的可控性营销变量的组合。营销组合是旅行社营销管理决策的核心，是各种市场营销手段的综合运用，它具有以下4个特点。

（1）旅行社营销是一种服务营销

旅行社营销组合除了包括传统的“4P”外，作为服务营销的一种，其营销组合还应加上3个P：员工（people）、实体证明（physical evidence）和过程（process）。这是因为旅行社产品是一种服务，员工的工作态度、主动性直接影响到产品质量和旅游者的满意度；由于服务的无形性，旅行社需要借助宣传手册等实体形式来直观地证明和展示产品的质量，以获得旅游者的信任和认可；旅行社还需要选择在不同的过程中为旅游者提供服务。

（2）旅行社市场营销组合是旅行社可以控制的经营手段的组合

旅行社市场营销组合因素属企业内部可以控制的因素。例如，旅行社可以根据调研分析决定产品的结构、质量及价格、自由选择广告宣传、销售渠道和方式，制定促销预算，等等。但这种可控制性并非绝对的，因为旅行社置身于外部营销环境之中，本身还会受到不可控制的外部因素的影响，对可控制因素产生直接或间接的制约因素。所以，在实际运用时，旅行社必须预测外部环境的变化，并善于适应外部不可控制因素的变化，及时调整内部可控制因素。

（3）旅行社市场营销组合是一个函数

旅行社市场营销组合的整体效果是一个函数，自变量是“4P”中每一个项目的内容。只要其中任何一个因素发生变动，就会出现若干个新的组合，产生不同的效果。

（4）旅行社市场营销组合发挥的是整体作用

旅游市场营销组合的作用不是其中每一个构成因素所发生的作用简单相加的结果。各个因素相互配合作用，会使协同作战所产生的整体效能超过每个因素各自单独产生的效果的总和。这就是系统的整体作用。

11.2.2 旅行社营销战略

我国旅行社经过十几年的发展已形成了一定的接待、发展规模，但是，仍然存在散、小、弱、差的缺点。从类别结构看，国内旅行社占优势；从规模结构看，小旅行社占绝大多数；从行业利润来看，正在逐年下降。在这种情况下，我国旅行社必须摆脱以前那种打价格战、打线路战、拉客户、从购物回扣中谋取利益的成本导向营销方式，重新进行营销战略定位，采取新型的营销方式，突破瓶颈，提高整个行业的利润水平。

（1）选择正确的品牌营销之路

每个人都不会否认品牌营销的重要性，越来越多的企业已经意识到只有打造出名品牌才能长远发展下去，但并不是说企业重视就能将其做好。以前很多企业做品牌营销就简单等同于一两句激动人心的广告语，忽略了对产品本身的质量和价值追求。这样的品牌营销注定是不成功的。

（2）价值营销

旅行社必须从以前成本导向转化为价值导向，在设计旅游产品、制定产品价格时要首先考虑产品的价值。因为大家已经对盲目压价、服务质量差、疯狂购物的旅游产品深恶痛绝了，人们更加愿意多花钱享受高质量的旅游。正如一项市场调查显示，以“北京游”3000元为例：有81.6%的人更看重质量而非价格，这就充分说明了旅游产品的开发已到了一个价值回归的时代。

(3) 标识营销

旅行社主要采用“点到点”的门市经营方式，在人群聚集的地方设立营业部收取客源；这样大的旅行社集团必须要有一个简洁明了、含义深刻、深入人心的标识。大型旅行社集团可以在全国的营业部中设计一个统一的标志，摆在门面上最显著的位置，店面装修保持一致，操作流程标准化、人性化。这样从认知感中拉近与客户的心理距离，无形中增强了企业品牌的效应。

(4) 公关销售

旅行社在导入CIS（企业形象识别系统）来进行营销时，除了上面提到的标识问题，还应重视企业的社会形象。一个好的品牌要给公众传递一种亲和力、一种美誉度、一种良好的社会形象。所以，在打造品牌之路上往往选择参与公益事业、参加公益活动来达到目的，旅行社也不例外。

(5) 设计差异化产品，抢先制定游戏规则

企业要想在旅游市场上争得一席之地，光靠以前单一的以游为主的产品设计是不够的，旅游企业要同时生产许多产品以形成自己丰富的产品体系，以便满足不同阶层的人的不同需求。因而，优化产品组合、设计特色产品成为现代旅游营销者要予以重视的决策。旅游产品可以有很多创新的模式，例如，“旅游+培训”，“旅游+修学”，“旅游+爱情”，“旅游+研讨”，“旅游+探险”等。

当然，在产品设计上也不能胡乱组合，要考虑旅游消费者的需求、旅游企业的生产能力、旅游企业的目标市场、竞争企业的状况等因素；同时要注意产品组合的广度、深度和关联度，并在产品市场投向市场时进行追踪反馈，根据产品销售率、市场占有率、企业利润率等3个指标做参考，不断地对产品进行修正和改进。

(6) 客户关系营销

光靠特色旅游产品来争取市场是远远不够的，随时会被模仿甚至超越。有些旅游线路到最后已经是完全雷同了，这在营销学上称之为“无差异化状态”，这个时候能占有市场的唯一利器就是服务，即客户关系管理系统（CRM）。

旅行社导入一对一营销，需要营销观念的转变，需要运作流程的重组，需要借助客户关系管理系统，建立游客档案数据库，通过数据库分析找出个性化服务的依据，发现新的销售机会；通过电子邮件、直邮信函、游客论坛等方式建立与游客的互动沟通，努力争取终身客户。同时推行会员制，当累计消费额达到一定程度后成为银卡会员或金卡会员，并成立会员俱乐部，对其实行各种优惠和更加个性化的服务。这样，旅行社将拥有一批忠诚的客户群，拥有更高的市场占有率。

11.3 旅行社营销计划

11.3.1 旅行社的市场调查

旅行社业务需要设计行、住、食、游、购、娱等多方面的要素，并且旅行社又具有敏感性的特征，因此，旅行社市场调查的范围较广泛，凡影响市场变化的各种要素都应该调研。一般旅行社市场调查主要有以下内容。

(1) 宏观经济和政治环境

旅行社是社会经济的一个细胞，在全球化日益明显的今天，国内外政治、经济环境的变化会对旅行社的经营管理活动产生深刻影响。从国内来看，主要是我国旅游及相关政策的变化和趋势，以及宏观经济运行状况（如国民收入、人均可支配收入等）。这些因素可能会影响旅行社的发展战略的制定和国内旅行社产品的研发；从国际方面来看，主要是目的地国家的政治局势和经济发展水平如失业率、人均可支配收入等。

(2) 科技发展动态

信息时代的到来使旅行社不可避免地卷入了技术的大潮中，旅行社应该对本企业有关的科技现状和发展趋势有所了解。其具体内容有世界科技发展现状和趋势，业内同行使用和研发科技的状况和趋势，关系旅行社核心竞争力的科技状况和趋势。调查科技动态的主要目的在于确定本旅行社的科技战略和新产品的研发方向。

(3) 旅游者需求

旅游者的需求是旅行社得以存在的缘由。对旅游者需求的调研就是要了解旅游者需求的特点和变化规律，以最大限度地满足其需求。调研内容包括本旅行社的目标市场、影响旅游者需要的因素和现实旅游需求和潜在旅游需求。

(4) 旅行社产品的销售

旅行社只有把产品顺利地销售出去，与旅游者完成交易，旅行社产品的价值才能得以实现，旅行社才有足够的盈利进行再生产。对旅行社产品销售状况的调研实际上就是了解产品的价值能否实现的问题。

(5) 竞争对手

在旅行社产品竞争的背后是旅行社之间的竞争，只有最大限度地了解竞争对手的相关信息，才能做到“知己知彼，百战不殆”。对竞争对手的调研相对来说比较困难。

11.3.2 旅行社的市场预测

旅行社进行市场调查的目的主要是确定它的市场机会，在市场调查结束后，管理者必须进行市场预测，认真评价每一个市场机会，衡量和预测每个机会潜在的规模、成长性和利润。简而言之，市场预测就是对未来市场供求的发展趋势做出预计。

市场预测的内容包括旅游需求预测、旅行社产品供给预测、旅行社产品生命周期的发展阶段和趋势预测、旅行社市场竞争预测和其他相关预警机制。

11.4 旅行社营销实施

11.4.1 旅行社产品营销

(1) 旅行社产品的概念

旅行社产品是指旅行社为满足旅游者在空间位移过程中的需要、在购买旅游供应商产品并进行开发后提供给旅游者的各种有偿服务。旅游产品是由多种因素组合起来的特殊产品，由交通、住宿、饮食、游览、购物、娱乐六大要素构成，并贯穿于整个旅游活动中。旅游产品是旅行社竞争的核心；旅游产品开发设计对于旅行社来说至关重要。

（2）旅行社产品的特性

旅行社产品从本质上来说是提供给旅游者一种服务，它具有一些不同于其他产品的特性。一是旅行社产品是一种服务产品，员工的行为构成了旅行社产品的主要载体，甚至可以说员工行为是旅行社产品的组合部分。这种特性在传统的旅行社中表现得尤为突出。二是旅行社产品服务边界模糊，旅行社产品的服务过程位于企业边界之外。旅行社产品的生产需要员工在户外的充分参与，管理者在事前对这一过程较难控制，因此，造成了旅行社产品质量控制的困难。

（3）旅行社产品开发存在的问题及其原因

目前，虽然旅行社在产品开发上做出了很大的成就，然而也出现了一些问题，主要体现在：旅游产品设计过于单一且雷同；旅游产品设计层次低；市场调研环节薄弱；模仿和抄袭盛行；产品缺乏特色；品牌意识淡漠等。而产生这些问题的主要原因就是：对旅游产品设计重视程度不够；旅游产品的文化内涵挖掘不够；经营理念落后；资金投入严重不足；高素质的产品设计人才缺乏等。

（4）旅游产品开发实施对策

充分认识旅游产品开发的重要性 旅游行政管理部门和旅行社要充分认识旅游产品开发的重要性。旅游产品设计开发的意义具体表现在以下3个方面。一是旅游资源的开发最终体现在旅游产品上，旅游资源优势能否转化为经济优势，与旅游产品开发合理与否密切相关。二是稳中有增的客源是旅游企业发展壮大的前提和基础；开发具有强大吸引力的旅游产品是吸引游客的主要载体，尤其中国加入世贸组织后，随着外资旅行社进入门槛的降低，旅游市场的竞争日趋激烈，抢占市场核心部分的关键在于旅游产品能否迎合游客的需要，能否打动游客的心。三是随着人们对旅游产品需求出现多样化、专业化、个性化的趋势，旅游产品设计开发要迎合这种趋势的变化而变化，重视旅游产品的设计开发，开发出多样化、个性化的旅游产品。

注重市场调研 与西方旅行社相比，我国旅行社在产品设计与生产过程中最缺乏的一点就是不进行或不注重市场调研。我国的旅行社推出的旅游产品往往是根据经营者的主观判断，只是一味追求短期的经济效益，其原因在于对旅游产品市场调查重视程度不够。作为旅行社，只有做好充分的市场调研，把握市场需求的动态，才能有针对性地开发出适销对路的产品。

进行市场调研工作有助于分析旅游市场动态，细分市场，进而有的放矢地进行旅游产品设计开发。只有进行大量的市场调研，设计出的旅游产品才能为广大旅游者所接受。

靠特色与内涵树立品牌 旅行社必须从长远出发，做好自己的市场定位，从深层次挖掘旅游产品的潜力，充分挖掘内涵，突出特色，提高科技含量，使得其他竞争者难以仿冒。与此同时，旅行社还应重视品牌的创立，形成自己的品牌优势。1999年兴起的北京胡同文化旅游，以展示北京胡同的文化历史和京城百姓的民俗为主题，受到海外游客的青睐。北京胡同旅游的成功在于这一旅游产品紧紧抓住了文化与民俗的主题，展示了老北京乃至中国的深厚文化底蕴。

加快配套设施建设 旅游产品是由诸多要素组合而成的，其中主要包括“食、住、行、游、购、娱”六大要素。配套设施建设的滞后直接影响旅游产品的质量，要加强旅游产品配套设施的建设，就要从这6个方面着手，来完善旅游产品的整体性，从总体上提高旅游产品的质量。只有把旅游产品的配套设施完善，才能提高旅游产品的整体吸引力，以至提高整个旅游行业的全面发展。

开发新品种以改善旅游产品结构 随着旅游者需求的多样化，旅游活动的经营者提供的旅游产品必须要能迎合游客的需求。针对不同的目标市场提供游客所需要的旅游产品；也可以向不同的目标市场提供同一类型的旅游产品，以满足游客在某一方面的共同需求。对于目前的旅游市场所提供的旅游产品，类型单一、结构重复，在市场中主要以价格为手段。

因此，针对目前的市场状况，要开发新的旅游产品，设计出其他类型的旅游产品，改变目前以观光游为主的市场状态；开发其他类型的旅游产品，以迎合旅游者的多种需求，才能在市场中赢得游客、赢得市场，进而提高旅游活动的整体享受性。只有不断地开发新产品，才能随时满足游客的需求；只有改善旅游产品的结构，才可以满足游客多样化的要求，才可以在市场中赢得自己的市场份额，不被市场所淘汰。

旅游线路的创新 旅行社产品的核心——旅游路线，乃旅行社的生存之本。只有精心设计出合理巧妙、有新意、有活力，并注以历史与文化内涵的路线，才能具有感染力与购买力。那么，如何使旅游线路求新出奇，花样翻新，引人入胜，则是旅行社营销人员应当认真研究和解决的重要课题。坦率地说，这方面在我国旅行社几乎还是个“空白”，与国际先进的旅游同行相比，差距甚大，有必要下工夫，研究一下其中的奥妙及技巧。

旅游价格大战

2002年冬季，上海旅游市场突然刮起了强劲的“海南双飞”降价风，自12月中旬以后其价格连破1600元、1500元、1400元大关，甚至跌破1300元的行业公认最底线。引发这一价格大战的原因是淡季客源急剧下降，航空公司为了保住市场份额，加大市场促销力度。上海一些有实力的旅行社利用“包机”的特殊政策，以最低的“包机价”拿下机票，同时与海南的饭店、车队、景点、旅行社达成一致协议，各方让利，从而导致了这一轮空前的“低价”战和海南旅游热潮。进入2006年以来，削价竞争的现象仍时有发生。5月初，武汉某国际旅行社一口气推出4条双飞低价游线路，引得人们趋之若鹜，一时间使得其他旅行社门庭冷落。为抢回失去的市场，国内几大航空公司迅速和武汉其他出境社结成“同盟”。在几大航空公司的支持下，6月初，该旅行社再次打出降价牌——桂林、张家界、华东5市等双飞游线路降幅达到400多元，沈阳、大连双飞游更是降价千元。作为回应，湖北省其他出境社，再次将几条出游线路的报价，降至比之还低十几元至上百元的程度。

旅行社在削价竞争的漩涡中利润率越来越低。据有关资料统计，2000年全国旅行社的平均利润率不到3%，到2002年竟出现了全行业亏损的现象，直到现在旅行社业仍然是“微利”行业。

11.4.2 旅行社产品价格营销的实施

近年来，旅行社的数量不断增加，旅游市场竞争日益激烈，为了争夺市场份额，都把降价作为争夺客源的主要手段甚至是唯一手段。一些旅行社以低价格吸引旅游者和打击竞争对手，其竞争对手则以更低的价格为手段进行报复，致使旅游市场上的旅行社产品价格越来越低，各家旅行社竞相削价，走进了削价竞争的误区，造成旅行社行业处于无序竞争的恶性循环。无论国内旅游还是国际旅游，削价竞争的现象非常普遍，甚至出现了“零团费”“负团费”。

(1) 旅行社业销价竞争的因素分析

在宏观行业环境因素方面，主要体现在供需失衡和市场机制扭曲2个方面。供需失衡的根源在于行业门槛过低，资金要求、政策限制都不够，退出也很容易，市场缺乏优胜劣汰机制。旅游产品是公共性产品，无高技术含量，亦无专利，行业壁垒小。在“大旅游”的召唤下，各行各业纷纷涉足旅游业，旅行社业呈几何量增长，导致供需失衡加重。

市场机制扭曲主要是由于目前旅游市场发育不成熟，管理空白较多。处于转型中的旅游市场，缺乏完善的市场机制。现存管理体制存在很大局限性，缺乏长远规划。市场条件的差异性使得竞争不均等，造成有些旅行社在价格战中有更大承受力，热衷于通过降价拉客源。

从旅游产品特性这个因素上看，旅游产品的不可储存性使旅游企业为最大限度减少损失将竭力销售自己的产品，降价便成为急不可待的促销手段；旅游产品同质化形成的单一性使得产品本身缺乏区分度，采用低价竞争便顺理成章；非合作博弈下的合理选择性使各企业有可能选择不降价为占有市场而“默契合谋”。目前旅游市场尚不具备“长期交易”和“信息充分”2个条件，降价则成为合理选择。

对我国旅行社业市场结构因素分析可以看出，我国的旅行社从改革开放初期的3家发展到现在的近2万家。然而数量上的增长并未带来质变，绝大多数旅行社依然是作坊式经营。有专家认为，旅行社业是改革开放以来，我国服务业中唯一没有实现产业升级的行业。

(2) 非价格竞争突破销价竞争瓶颈

所谓非价格竞争，是指企业运用价格以外的营销手段，使本企业产品与竞争产品相区别，并使之具备差别优势，以推动产品销售的竞争方式。

在现代市场经济条件下，非价格竞争已逐渐成为市场营销主流。另外，从市场环境来看，经济的快速发展，使消费层次和购买力不断提高。购买者的注意力并不再仅停留在商品价格上，不再是价格越低的商品越畅销，而是越能满足某种特定市场需要的产品越好卖。科学技术的发展，使得企业与消费者能够更有效地从产品自身构造（如质量、功能、商标、包装、服务等）上区别竞争商品。

严格进入市场的资格约束，规范市场行为 对旅游市场的低价竞争行为，应尽快出台相应政策法规予以约束，内容包括基本原则、行为方式以及运作规则等。针对供需失衡状况，旅行社管理部门应切实做好业务年检和审计工作，及时取缔不够开办条件或违法经营的旅行社，让进入市场的企业有一个良好的竞争环境。

建立行业自我保护机制，发挥行业协会的监督、协调、引导作用 政府对行业的监督成本高，不可能面面俱到。最了解情况的始终是同行，可考虑成立行业价格协会，政府赋予其相应价格管理职权，帮助其建立同行业价格协议制度。协会及时收集行业价格信息，确定相应的价格浮动标准，供同行参照执行。同时，可实行降价申报制度，对一次性降价幅度较大的定价行为经协会批准后方可实施。协会定期的价格信息发布可促进企业间的沟通与合作，使企业实现合作博弈，达到收益最优化。

运用多种竞争策略，提升企业竞争层次 企业经营者应跳出低价竞争的桎梏，综合研究多种因素，不仅考虑“如何分到大蛋糕”，还应着眼于“如何把蛋糕做大”。应研究市场需求，找准目标市场，准确市场定位，同时进一步更新改造现有产品，积极设计开发新产品，开拓新的经营领域，以质量竞争、产品服务的差异竞争、附加值竞争等全方位的竞争取代单一的价格竞争。

发挥市场调控作用，切实加大治理力度 在当前诚信道德培育难、旅游立法出台难的情况下，要让市场这只“看不见的手”发挥作用，引导、监管、治理。要让诚信与不诚信的旅行社在市场大舞台上露出真容，让消费者真正心明眼亮，知道“谁怎样”“该选谁”。随着消费者维权意识的日益提高，低价竞争困局终将被消费者识破并抛弃。

网上交易逐渐显露端倪

2005年9月，国家旅游局公布的统计数据显示，国内网2004年旅游交易额可达到40亿~50亿元人民币，而携程旅行网2005年的营业收入就达5.2亿多元人民币。虽然酒店业自身的电子商务并不理想，但在线旅行服务商的大部分业务是宾馆预订（如2005年携程宾馆预订营业收入就占了总营业收入的65%），这从另一个层面弥补了酒店业自身发展B2C网络营销的不足。而旅行社及传统旅游产品在这场电子商务争夺战中却始终处于劣势，在网上旅游交易中所占的份额不足5%，其中大部分还属于在线旅行服务商推出的“自由行”度假产品。

11.4.3 旅行社渠道营销的实施

纵观近年来中国旅游电子商务的成长历程，不难发现，新兴在线旅行服务公司的业绩和影响力都远远强于传统旅游企业。造成这种现状的原因很多，这里对旅行社采取的电子商务策略和网络营销模式中存在的问题进行简单的探讨。

大多数开展电子商务的旅行社还处在网站建设阶段，而这些网站很难真正实现网络营销。这从某种角度正在伤害旅行社开展电子商务的信心，是非常令人担忧的现象。其实，旅行社电子商务不等于旅行社网站。目前，大多数旅行社网站只能起到简单的宣传作用。造成这种现象的一个重要原因就是这些旅行社把网站建设看成一个孤立的“项目”，没有纳入旅行社整体发展战略之中，没有周密的营销计划和发展目标，除个别维护人员外，缺乏相应的组织和资金保障，电子商务自然也就难以发展起来。

（1）打破传统的宣传促销方式，网上促销更广泛有效

旅行社传统的宣传手段主要是印发小册子和做电视、报纸广告。这种促销方式的范围较狭小。由于是单向的灌输式信息交流，当接收者不需要旅游时对广告不在意，当他需要旅游时又感到信息量不足。因此，促销效果不理想。随着互联网电子商务的迅速发展，旅行社在网上促销迫在眉睫。因为网上促销的宣传面广泛，网页设计图文并茂，表现手法灵活，内容容易更新，成本低廉，而且与上网者可进行双向信息交流，引人入胜，说服力强，因而促销效果好。另外，旅行社印发的宣传资料和小册子也要提醒旅游者识别该旅行社在网上的网址。2种促销方式应相辅相成，以便吸引更多的旅游客源，真正起到促销的作用。

（2）做好售后服务功能的延伸，以服务拉住顾客

美国《旅游代理人》杂志曾对一些常客不再光顾原旅行社的原因做过系统调查。调查结果显示：有68%的顾客是由于旅行社缺乏售后服务和不积极争取回头客造成的。一些常客之所以不再光顾原旅行社，首先是因为这些旅行社对他们今后旅游抱着“爱来不来”的冷淡态度所造成的。其实，旅游者为了减少购买旅游服务的风险，十分钟情于熟悉的旅行社。正因如此，西方国家的旅行社都极为重视售后服务，并采取了多种多样的售后服务形式以争取每一位顾客再次光顾。例如，在客人返回后的第二天就向客人打问候电话，或在网上对客人致以问候，给客人寄送意见征询单、明信片，举行游客招待会，等等。外国旅行社的做法十分值得国内旅行社的借鉴。这次旅行的结束意味着下次旅行的开始，做好熟客的服务工作就可以使他们下次旅行时再与本旅行社联系。因此，做好售后服务工作是保持顾客和市场并不断扩大的好措施，有方向、有基础、成本低、效果好。我国旅行社行业竞争日益激烈，保持和争取客源迫在眉睫，旅行社只有搞好售后服务，才能巩固与扩大客源。旅行社可利用计算机管理来建立客户档案，还可利用网络加强与客户的联系，进行售后跟踪服务，了解他们的新需求，以便于推出更符合潮流的旅游产品。

(3) 促进旅行社内部运作改革，提高经营运作效率

互联网的使用也有利于旅行社内部的业务运作和经营管理水平的提高。为了适应个性化旅游的开展，旅行社的工作量和复杂程度都会空前增加。旅行社利用电子邮件和电子订单进行网上采购和预订，不仅可以节省大量时间、人力和联络费用，而且由于网上联络频繁，修正容易，减少了由于计划采购量和实际采购量之间的差异而引起的纠纷。另外，旅行社也可利用互联网建立内部管理信息系统：① 建立统一的顾客档案库，以便旅行社所属各分社或营业点掌握即时的销售状况，做到信息资源共享；② 建立财务管理系统，更好控制所属各营业点的营业收入；③ 建立网上培训课程，供分散在各地工作的员工随时随地学习；④ 建立导游员和各类人员的资料库，以便为内部员工提供定制化服务，等等。内部网络可使旅行社内部管理信息畅通，管理透明度加大，这必然使经营管理水平提高。

综上所述，互联网的普及和运用将对旅行社的发展起积极的推动作用，旅行社要顺应潮流的发展，主动地转变功能，进行从内到外的改革。这种转变并不意味着旅行社被取代或消失，相反，这是将旅行社推向新的高峰的动力。旅行社作为人才密集型企业，在知识经济时代，人力资源更是旅行社发展的根本。旅行社管理应以人为本，重视高素质人才培养和员工激励，提高旅行社从业人员的素质，增强旅行社竞争力。

11.4.4 旅行社营销促销战术的实施

促销是旅行社市场营销组合策略的基本构成要素之一，它由媒体广告、销售推广、直接营销和公共关系等要素组合而成。有效的促销组合具备以下功能：① 向潜在旅游者或中间商提供产品信息；② 劝说人们形成对特定产品和品牌的偏爱，或在特定旅行社购买旅游产品等；③ 诱导旅游者的购买行为，即特指向营销者所提供的产品。

旅行社促销管理是协调不同促销组合要素的活动，具体包括：① 设立特定要素试图达到的目标；② 制定确保目标实现的预算；③ 设计实现目标的具体实施计划；④ 评价效果；⑤ 采取必要的改正措施。

（1）旅行社促销策略的制定

如图11－3所示，旅行社促销策略制定的基础是旅行社的总体发展战略和总体发展战略指导下的市场营销战略。促销策略只是旅行社市场营销战术组成的一个组成部分，它不可能孤立于旅行社的总体营销战术而存在。单就旅行社的促销战术而言，总体目标是基础，总体预算是保障，而所有促销要素目标都必须为总体目标服务，所有促销要素预算都受总体预算的限制。旅行社促销效果既是检验促销策略有效性的重要环节，也是旅行社不断提高促销管理水平的重要途径。

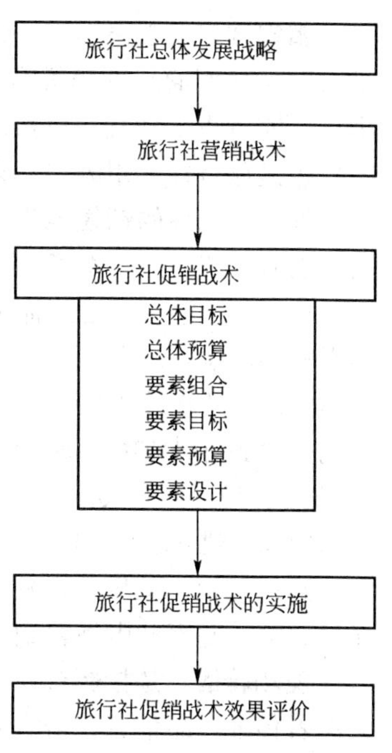

图11－3　旅行社产品促销战术的制定

（2）旅行社促销要素组合

旅行社促销要素组合是指旅行社在特定促销目标和特定促销预算指导下，对不同促销技巧的结合形式。旅行社促销要素组合既取决于旅行社的促销目标和促销预算，也取决于具体产品的特征和目标市场的特点，又取决于不同促销技巧的特点和适用性。例如，对于国际入境旅游市场，适合采用推式策略和与之相应的销售推广、公关和人员促销等促销技巧；而对于国内旅游市场和出境旅游市场，则适合采取拉式策略以及相应的媒体广告和直接促销等促销技巧。旅行社在进行促销要素组合决策时，应综合考虑以上因素。

媒体广告　这里所说的媒体指的是大众传播媒体。媒体广告主要包括电视广告、杂志广告、报纸广告和广播广告4类（表11－1）。每种媒体又存在为数众多的载体，例如，特定的电视节目、杂志等。媒体广告作为重要的旅游促销方式由来已久，但是要了解和掌握不同媒体的特点。

表11－1　广告媒体及其特点

媒体类别	优　点	缺　点
电视	传播性能多样	费用高
	传播范围广泛	印象逝去快
	及时、灵活	缺乏选择性
报纸	覆盖面广	内容繁杂
	时效性差	阅读仓促
	灵活性强	缺少形象表达手段
杂志	对象明确、选择性强	缺乏灵活性
	阅读和保存时间长	传播范围有限
	印刷效果良好	时效性差
广播	传播速度快	不能持久保存
	传播空间广泛	选择性差
	传播方式灵活	易产生听觉错觉

营销公关　公关的目的是与所有的企业公众建立良好的关系，而营销公关的一切活动都是以具体的产品品牌为中心进行的。例如，借助新闻媒介传播产品信息、以品牌形式赞助公益活动等。营销公关有主动性营销公关和防御性营销公关之别。

销售推广 销售推广是近年来发展极为迅速的一种促销方式。它包括面向行业（旅游中间商）的销售推广和面向消费者（旅游者）的销售推广2类。在旅游业中以前者更为普及。另外，以提高旅行社销售人员销售积极性为目的的销售推广，也是旅行社常用的促销方式。

面向中间商的销售推广活动包括熟悉业务旅行、旅游博览会、交易折扣、联合（合作）广告、销售竞赛与奖励和提供宣传品等众多不同的方式。

中间商考察旅行是目前国际上常用的推销手段，即组织中间商来旅游目的地进行考察，向他们介绍旅游路线和活动，特别是介绍旅行社的新产品，使他们通过实地考察，了解旅行社的产品和旅游目的地的情况，产生来本地旅游的愿望。邀请中间商考察旅行时成本较高。应特别注意：① 正确选择中间商；② 考察团规模适中；③ 准备合理可行的旅行计划。旅行社推销人员要善于创造融洽的气氛，利用各种机会与中间商建立起良好的私人关系，这将有利于双方合作关系的建立和发展。

直接营销 是近年来发展迅速的一种促销方式。它包括3种主要形式：人员推销、直接邮寄和电话营销。

现场转播 是指旅行社通过营业场所的布局、宣传品、陈列与内部装饰等向旅游者传播产品信息，增强旅游者购买的信心，促成旅游购买行为的发生。

11.4.5 中国旅行社的品牌管理

加入WTO对中国旅行社的影响十分深远，尤其在品牌管理方面，中国旅行社将面临外部世界的严峻挑战。在这种情况之下，中国旅行社应从品牌管理这一企业的核心竞争力方面提升整个行业的战略管理水平。

（1）尽快完成品牌的整合工作

品牌的实质是关系，是产品及其名称与消费者发生的各种关系的总和。旅行社品牌的价值是建立在消费者对品牌的综合体验及感受评价上的，品牌不仅仅是一个名称，它更是在满足市场需求过程中升华出来的一种资产。而我国的现状则是首先体现在品牌名称管理上的混乱现象。由于历史的原因，国旅、中旅、青旅曾经占据国内旅游业的大半壁江山，以国资为基础的旅行社几乎都与这三大旅行社有着千丝万缕的联系。于是“地名加国旅或中旅或青旅”成了我国旅行社最常见的品牌名称。这种情况若不加以改变，至少有2点危害：① 继续品牌大锅饭，实际陷入无品牌的境地；② 对旅行社而言，加大了品牌风险，因为只要有一家国旅或中旅出了问题，消费者就会对整个国旅系统或中旅系统不信任。

（2）集中有限资源，培育优势品牌

在20多年的旅游实践当中，我国旅行社也培养出了一批有影响的品牌企业，例如，国旅集团、春秋旅游联合体、中旅集团，等等。这些品牌企业的产品在国人心目当中已有了较好的品牌形象，要利用已有的品牌优势，将更多的资源投向其中的产品，以民族品牌的崭新形象与外资“大鳄”同台竞技，争取更多的市场份额。

（3）合理确定旅行社价值定位，运用灵活的品牌管理战略

我国有1万多家旅行社，但即使最大的旅行社总资产也不及美国运通旅游公司的1%，规模效应的差距显而易见。但规模并不是获胜的关键。

旅游产品品牌的成功往往取决于产品的差异化程度；差异化程度越高，制定相对高价的可能性也就越大。旅游线路是旅行社产品的主要表现形式，目前的产品是单一化、雷同化，缺乏特点。如果科学地确定品牌目标，拟定特定品牌的市场与消费群体，在特定的市场之中，规模较小的旅行社也可能取得好的市场反响。比如，或集中于某一地区，或专注于某些旅游种类，诸如游轮旅游、探险旅游、美食旅游等，做出专业品质的旅行社产品，并产生品牌效益。

（4）利用网络与信息技术培育旅行社品牌

旅游产品与网络有着天然的契合点，或者说对网络异常敏感，主要是因为网络非常适合进行信息的汇集和再分散，以及产品的纵向宣传。据美国著名的 CRG 研究公司的统计：2002 年全球旅游业电子商务销售额突破 630 亿美元，占全球电子商务总额的 20% 以上。我国目前具有一定旅游资讯能力的网站已有 5000 多家，包括传统旅行社建立的网站和专业电子商务网站 2 类。前者有中青旅网、国旅网等，康辉还开通了国内第一家出境旅游网站（介绍出境旅游报名参团、办理护照、签证、边防、海关等知识）。后者中比较成功的有携程旅游网、e 龙网、华夏旅行网。互联网为品牌的迅速发展与传播提供了崭新的平台，旅行社应充分利用其在时空上的跨越优势，将传统的旅行社业务与网络经营结合起来，开发具备差异特点的“人性化产品”，将旅游目的地营销机构（DMO）、全球分销系统（GDS）和计算机预订系统（CRS），以及面向公众的专业旅游网站加以系统运用，培育信息时代的旅行社网络产品，占领网络旅游市场。

品牌的培育与发展是一个历史过程。不具先天优势并不代表不具崛起的潜力。我国旅行社应尽快走出以削价竞争为主的广告大战，进入到以实力为基础的品牌运作时期。

旅行社市场之所以出现激烈的价格竞争，很多人归之为旅行社缺乏品牌。确实是这样，旅行社没有形成品牌认知差别，旅游者在选择购买时，不知道各旅行社产品质量究竟如何，唯一的依据就是价格，从而导致各旅行社在价格方面大做文章，形成恶性价格竞争。

旅行社市场这种价格竞争，一方面影响了旅行社的经营，这就是人们所说的旅行社进入“微利时代”；另一方面也导致旅行社高质量市场的缺失，旅游者需求得不到满足，旅行社也丧失了一块重要的利润来源。

“第一选择假日”的品牌管理

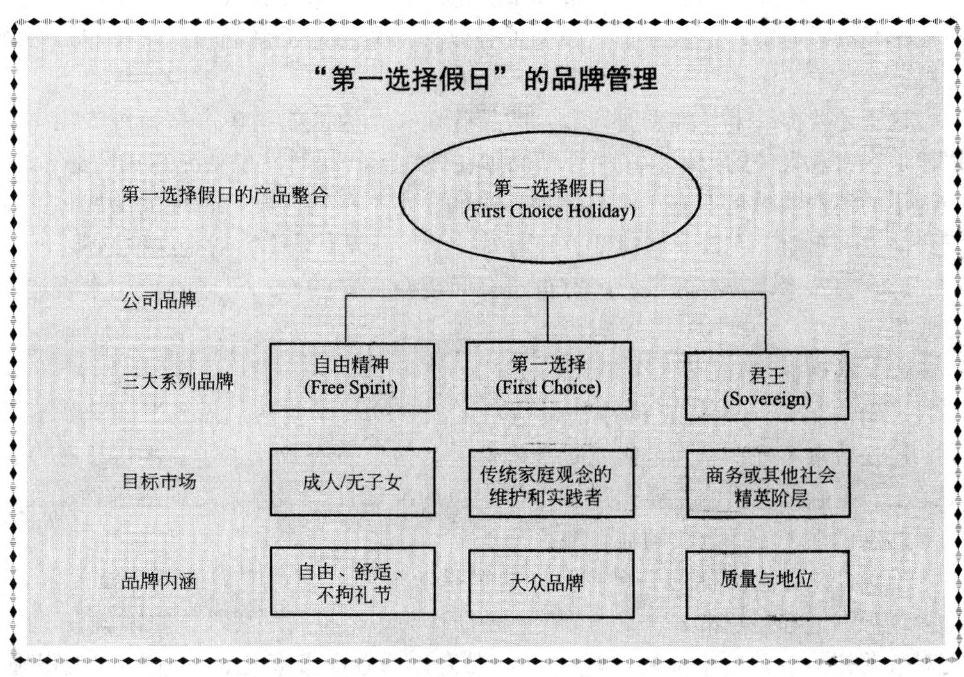

【背景】

为应对英国另两大竞争对手汤普森（Thomson）和空中旅游（Aritours）的市场竞争，海外业主（Owners Abroad）于20世纪90年代中期实施了品牌重组战略：把14个不相关的产品品牌整合为统一的“第一选择假日”。其目标是拥有一个设计合理的品牌谱系和产品结构，来主动应对竞争和即将到来的包价度假市场的变化。

11.5 旅行社营销评估

11.5.1 营销衡量指标的选择

对于市场营销方案的评估是一个复杂的过程，有些市场宣传活动的影响可能有滞后性，有些营销方案的结果如果不借助人工途径是很难收集的（例如，客户满意度调查等），不是所有的市场营销方案及其附属的一些活动都能收集到评估所需的信息。因此，旅游景区对于衡量指标的使用是有选择的。

（1）覆盖率

覆盖率（gross impression）是广告效果评估中常用的一个词汇，用在公关中也一样，特别是对传播、活动的效果评估，必须搞清楚覆盖到了多少人群。如果不清楚覆盖率，做出来的媒体计划以及活动都是盲目的。

当某次宣传结束后，我们可以用一个粗糙的公式来表达覆盖率：

覆盖率 = 传播受众/市场所属区域的受众

传播受众就是我们通过媒体影响到的受众，包括直接影响和间接影响。

（2）有效率

有效率（effective reach）是指基于覆盖面之上的有效比率。虽然覆盖到了，但有可能重复覆盖，或者覆盖是不一定有效的。

针对不同的旅游景区，每份报纸杂志都会有其不同的有效率，企业当然要选有效率高的。通常，很多的企业顾及了有效率，又忘记了覆盖率，需要的是两者兼顾。

这里还要提一下品牌发展指数，即品牌在一个地区的销售占总销售的比率除以该地区占总人口的比率，用以评估品牌在该地区的相对发展状况。我们都知道，山沟里的消费能力是不能和城市相提并论的，在某些地区发行量很大的媒体，由于经济发展落后，有效率就很低。只看发行量，不问有效率，就是这种错误。

综合覆盖率以及有效率，即可得出有效受众，它的作用可以直接用来表述宣传效果。

（3）准确性

准确性（correctness）的评估，是不可缺少的一个内容。做到覆盖率、有效率，还是效果不好，原因可能就是准确性差。信息被有效覆盖了，不等于被有效传递了。准确性包括的主要内容有传播定位的准确性、媒体策略的准确性、发布内容的准确性、传播方法的准确性等。

准确性是无法量化的一个东西，这个是考核公关公司实力的一个重要因素，很多竞标书上都会把策划方案的策略、定位作为一个很高的要求，原因就在于此。而对公关评估，自然不能缺少这一环，因为计划赶不上变化，一开始认为正确，也许后来就是错误的。

（4）传播力度

也有人称传播力度（power）为爆破力，或者说引爆。当然，这不能全部说明问题，爆破力只能说明在某段时间内的爆破，但传播力度还包括长时间的影响。针对爆破力而言，主要是指在某段时间内让企业的信息迅速充满媒体，并持续一段时间。这也是公关常用的一种方法，通常的一个事件营销就属于此类。通过对信息的占领，可以一下子吸引关注，并加强人们的记忆或者好感，从而达到公关的目标。关于爆破力的统计，可以选取一段时间，以媒体发布的数量、转载的数量、媒体跟进报道的数量进行分析统计，其中媒体跟进报道的数量能集中体现传播力度。

（5）传阅率

在统计覆盖率的时候，虽然传阅率（pass along rate）也会被统计进去，但这个仍然是很容易被忽略的问题，特别是在网络时代。

搜索引擎的兴起，使得网络上文章内容被2次、3次阅读的远大于当日发布时的阅读量。特别是一些选购、评测、体验类的文章，被搜索到然后再被阅读，从而起到影响消费者购买决定的作用。

（6）公关指数提升

看一篇报道是否为危机公关，也要看企业的公关指数有没有变化。如果一篇文章只有几十人看，影响面、影响力都十分窄，就不叫危机。很多危机本不是危机，只是小噪音，结果被公关公司一搞，反而真成了危机。这样的例子屡见不鲜。原因就在于，一开始的时候，危机的初期并没有导致企业的公关指数下降，而处理危机的过程中导致了这个指数的下降，也就是失败的公关。可见，在公关效果评估时也要考虑到公众关系是否有下降，这也是回归到公关的本质。

（7）千人成本

千人成本（CPM-per thousand）也是广告术语。媒体载具每接触1000人所需支付的金额，在计算上是以媒体单价除以接触人口，再乘以1000。

它的计算方式有2种：

千人成本＝总成本/总受众

千人成本＝总成本/有效受众

显然，第一个计算方式是被旅行社普遍采用的，因为它通过分母的基数降低了千人成本，但这个不能准确反映问题。真正能反映问题的是第二个公式，“钱要花在刀刃上”说的就是这个，只有考虑了有效率的千人成本才是有意义的。

再做得细一点，可以结合千人购买率、千人利润率，来计算以某个成本进行传播值得不值得。比如，通过宣传，每千人中预计会有10人购买产品（即1%购买率），每件产品的利润是10元，那么千人利润总额就是100元，宣传推广的成本当然不能大于这个数。

以千人成本，还能计算出企业推广需要的总费用；以企业的总目标受众除以千人成本，就是宣传总费用。企业在做年度宣传预算的时候，可以此为依据进行推算，费用要求达不到时选择重点市场进行建设。

（8）销售提升

有些旅行社完全将销售提升（improve of sale）寄希望于公关。这种方式是不可取的。公关在某些时候可以对销售有刺激性的帮助，比如，北京富亚涂料的老板喝完涂料后，消费者指名要买能喝的那种涂料；又如，我们在网络上发布某个特殊电话号码后，会明显感受到电话的增长；再如，Mapabc 在发布手机位置查询的代码后，一天内增长近万用户使用，等等。但是，指望所有的公关都能产生这样的效果是很难的，毕竟广告有公关永远取代不了的作用。

11.5.2 效果评估实现模式

为一个景区确定量化衡量指标是精细化营销的关键，同时可以作为企业对目标客户群的客户价值进行定位的基准要素，也可以作为客户金字塔的基准要素。营销方案的效果评估也是基于这些衡量指标的具体参数来进行评估。

对营销活动的效果评估和投资回报计算，则是根据闭环流程中的关键点上的衡量指标来进行的。衡量和评估有价值和人数2条主线。价值评估一般采用基于细分客户群的利润率、预估利润率、贡献率、媒体回报率等指标；人数评估采用响应率、媒体响应率、预测成交率、成交率、重复购买率等指标。由于会员俱乐部作为市场营销的手段之一，因而会员活动的效果评估也可以作为市场营销评估的一部分，会员的利润率和贡献率、成交率、重复购买率、推荐成交率等也是会员活动评估的主要指标。

在营销流程中，客户细分将体现房地产企业的细分客户群，每一个营销方案一般应该对应一个客户群或者多个客户群组合，因此，会有一个估算的影响人数；在预算中会有一个计划的营销总费用，分解执行时产生一个实际的费用；在营销活动中产生的线索和销售过程中的响应，会产生一个响应人数和媒体响应率；当响应联系人时产生销售机会；销售跟踪过程中，通过预测产生预测的价值，即预估价值和预测成交率；在最终认购购买的时候，产生实际的价值和成交率；通过分摊的活动费用成本可以计算利润；在交付后，忠诚客户的重复购买和推荐成交又产生贡献率、重复购买率、推荐成交率等；最终客户在会员俱乐部的等级变化也可以体现在营销活动的评估中。

11.5.3 营销代码的关键性

营销代码就是一个营销活动的“身份证”，是用来唯一识别营销活动的标签，也是用来持续跟踪营销活动的标签。企业在一定时期内不可能只有一个营销活动，因此，没有一个可以快速、简易识别的营销代码，对营销活动的效果评估就无从谈起。因为要跟踪、分析营销活动效果，就要识别和跟踪来自于哪一个营销活动。

营销活动的营销代码可以通过不同方式来设置，比如，不同的电话号码、促销代码、带有不同号码的促销券等，当这种营销代码承载物进入线索响应管理的时候，可以协助企业有效识别，从而有效跟踪活动效果。

【案例分析】

千岛湖“秃鹰现象”与“五指营销法”

千岛湖位于浙江省西部的淳安县，岛屿众多，水质优秀，湖岸线绵长，被誉为“休闲度假胜地，养生居住天堂”，是国家4A级旅游风景区。这里年接待游客120万人，直接旅游收入8.6亿元，其中门票收入7000万元。作为中国湖泊型景区发展的典型和缩影，其在管理体制、营销等方面的做法一直是周边同类景区关注的重点和仿效的对象。目前，这里正酝酿着一次阶段性变革。

新一轮的改革动力竟源于动物界“残酷”的秃鹰现象。不可否认，眼下，全国范围内，旅游业正处于转轨期，市场需求、游客层次都在提高，而针对观光旅游的价格战，往往以牺牲服务质量为代价，成了难以解决的“顽疾”。可以说，千岛湖是全国旅游的一个缩影。例如，杭州的千岛湖一日游的报价是138元，其中，旅行社只能拿到38元，“拉客者”的佣金高达100元之多。由此造成零团费或景点“高门票、高回扣”现象，是当前所有景点的“通病”。

21世纪初，许多人对千岛湖旅游颇有微词：外界方面认为千岛湖旅游营销招术用尽，旅行社对千岛湖这一老面孔也无多大兴致，尤其是旅游景点的老化；以游艇为主的旅游服务质量的原地踏步……企业内部也有很多人对千岛湖旅游所处的发展阶段、千岛湖旅游对其他产业的拉动力、千岛湖旅游与工业兴起的矛盾、观光旅游与休闲旅游的选择等问题产生了怀疑……用徘徊、彷徨这些词来形容绝不为过。对千岛湖旅游发展前景的担忧，对千岛湖旅游发展方向的疑惑，对千岛湖旅游观光游的满足，这些像冬日里的迷雾无法让人看清。这些问题可以概括为关于千岛湖旅游发人深省的“三论”，即旅游贡献有限论，旅游发展到顶论，旅游与工业对立论。要想有新的发展、新的飞跃、新的形象，千岛湖旅游人只有再一次“折腾”自己才行。

“三论”让千岛湖旅游人阵痛，但是“三论”更让千岛湖旅游人坚定了改革信心。千岛湖风景旅游管理局局长汪成设坚信，改革本身就是痛苦；痛苦中求嬗变更痛苦。他用动物现象为例告诫员工：有一种叫秃鹰的动物，当它处于中年期的时候，要想存活得更长，就必须用嘴拔掉身上原有的羽毛，这样才能长出新的羽毛。如果不拔掉这些旧的羽毛，就无法长出新的羽毛，而旧羽毛也并不是马上就会使其“毙命”，只是长不出新的羽毛，它就只能再活很短一段时间。对于千岛湖来说，如果不进一步改革，千岛湖目前的年均增长率也在10%以上，生存还是可以的，但正如秃鹰一样，为了活得更久、更好，千岛湖必须进行更深入的改革。

现代管理学理论认为，组织的生存和发展都离不开组织平衡。实现组织动态平衡，最关键的是处理好稳定和变革的矛盾。组织生存发展过程中，随着内外平衡实现程度的提高，有一种趋于程序化、类型化、模式化、稳定化的倾向，这一方面是组织内外平衡实现程度提高、管理水平提高的结果；另一方面，这种程序化、类型化、模式化、稳定化的倾向潜伏着丧失环境敏感性、丧失活力、不能随环境变化调整自身的危险。组织的生存和发展，就是不断打破原有平衡，建立新的平衡的过程。

千岛湖的案例正好印证了这一原理。持久不变的景区营销术被具有创新意义的“五指法”所取代。明知很痛苦，也要拔毛，这就是改革！改革的目的是求长久的生存、求发展。认识统一了，下一步就是行动。一套由全新理念打造的“五指营销法”呼之欲出。

当一个景点按规划建成后即成为产品。该产品出售需要依靠营销，而营销好坏决定产品命运。类似基本运作模式大家都懂，可许多景区偏偏惨败在“营销”二字上。这其中固然有战略上“藐视”，没有进行深入系统的研究；更有战术上的“轻视”，采用实用主义手段，一味追求营销队伍的扩展，广告宣传上资金的“盲目再投入”，实施低级水平的“一窝蜂”战略。对此，有好事者戏称：“营销千百种，全是乱当头。”

千岛湖也不例外。他们曾第一个深入县市、社区搞促销，是南方最早走出长江以北，乃至全国的景区之一；他们的“水下古城”的新闻炒作实为营销上的经典之作。可营销一直是他们最头痛、最困惑的“沼泽地带”，一直想寻找捷径跨越而不能。他们研究游客心理，看市民怎样消费、怎样出游；研究媒体信息传播，看怎样花同样的钱能出现更多奇迹；他们不断反复地研究旅行社，甚至研究景区自身。现在，千岛湖人喜形于眉梢，因为他们没有停留在一般性的研究上，最终摸索出了一套具有创新精神的五指营销法。

所谓“五指法”，具体含义为：大拇指代表游客，小拇指代表景区，中指为媒体，而无名指、食指则分别代表“地接社”和“组团社”。他们研究后得出结论：眼下旅游业已演变为买方市场，游客永远是老大，即为大拇指；景区永远是老小，即为小拇指。两者关系为前者主动，后者被动。双方之间的传递运作，依靠中指即媒体。换言之，即大拇指、中指加小拇指，也就是游客、媒体和景区，三指鼎立，自成天地，则可组成一般意义上的旅游操作。仅这三指出手势单力薄，未能雄霸一方，欲达目的须五指抱拳，方争天下。食指、无名指虽作用相近，只起辅助、加力作用，却不能失之，与其他三指一靠，其力无穷，光耀全局。显然，五指中媒体地位“凸”出，竟超越旅行社之上，是颇令人玩味的新观点，若按此理论操作，则原来促销旅行社的传统方式急需调整。

“五指法”初听新鲜，细品也有道理，但令人不解的是，“五指法”中为什么要将媒体居中，汪局长的回答化解了人们的疑问。他说，我们经过一系列的市场调研和分析发现，对于集中在江浙沪地区的短线游客来说，他们主要是通过当地的社会媒体（比如，各都市报）的介绍才产生游千岛湖的意向，以散客、自助、自驾车等方式前来；而对于其他地区的长线游客而言（如北京地区），游客一般是通过旅行社组织前来。要想吸引这些客源，主要有2种方式：一是通过全国性的影响力大的媒体加强对千岛湖的整体宣传、树立品牌形象；二是要让组团社在营销活动中通过广告宣传等方式多向当地市民推介千岛湖，以吸引其前来旅游。所以，无论是针对长线游客，还是短线游客，媒体在其中的作用都至关重要。千岛湖将根据不同地区、不同需求制定不同的营销法。

除了营销，千岛湖人积极树立科学发展观，全面实施改革措施，在管理体制、项目建设、综合治理等方面都在采取一系列行动，以谋求更大的发展。

【案例思考题】

1. 在本案例中“秃鹰现象”与“五指营销法”分别指的是我们学过的哪些理论？
2. 在旅行社营销过程中，你如何理解“秃鹰现象”与“五指营销法”？

【思考题】

随着携程旅游网、e龙网等旅游网站对传统旅行社的不断冲击，传统旅行社应该如何应对？

【本章推荐阅读书目】

1. 旅行社管理. 戴斌，杜江. 高等教育出版社，2005.
2. 旅行社管理比较研究. 杜江，戴斌. 旅游教育出版社，2006.

第 12 章

旅游景区营销

【本章概要】

旅游景区市场营销是决定景区经营成败的关键，它始于景区开发的最初规划，以满足旅游者的需求为出发点并贯穿于景区整个经营管理活动的始终。本章主要根据旅游景区的特点，对该行业的市场营销进行分析。本章包括5部分内容：旅游景区机构设置、景区营销的联合营销战略、景区营销的计划、景区营销的实施和旅游景区营销评估。其中营销战略与营销实施更具有专业针对性，也是本章的难点与重点。

【学习目标】

- 掌握景区营销的基本理论、过程和任务，重点解析景区的联合营销；
- 熟悉饭店业营销战术，包括新产品的营销、稳定价格、多渠道营销和网络促销；
- 理解并熟悉如何使景区营销品牌化。

【关键性术语】

景区市场营销、景区市场营销战略、景区市场营销战术、景区营销品牌化。

【案例导读】

大唐芙蓉园的多样化旅游营销

位于西安曲江新区中的大唐芙蓉园开业一年多来，始终稳坐全省最高接待量的头把交椅。这一现象获得各界广泛好评。经探访得知，大唐芙蓉园丰富的大唐文化内涵和多元化的营销方式是其成功的根本保证。

2005年7月，激情、狂欢、流行、时尚，为期1个月的2005大唐芙蓉园流行音乐节隆重登场。11月，第十二届杨凌农业高新科技成果博览会招待会在大唐芙蓉园御宴宫举行，国家副主席曾庆红、全国人大常委会副委员长许嘉璐、日本前首相村山富市、泰国副总理兼商务部部长颂奇，以及中国的科技部、农业部等相关部委的领导齐聚园中。10月，大唐芙蓉园又成功举行了国际古遗址理事会第15届大会闭幕式。2006年2月，大型诗乐舞剧《梦回大唐》在美丽的新加坡滨海艺术中心举行，其梦幻与诗意般的表演征服了新加坡观众的心。

2006年3月，演出大型梦幻诗乐舞剧——《梦回大唐》，放映全球最大水幕电影——《大唐追梦》。6月，大唐芙蓉园特别推出了入园年卡“芙蓉卡”，只需要150元就可以全年无限制入园。此卡一经推出便在社会上形成一阵不小的轰动，发售第一天，千余张卡被广大市民抢购一空。

从2005年的统计数字中可以看出，大唐芙蓉园平均日接待量约为7000人次，2006年的平均日接待量仍在攀升。

12.1 旅游景区机构设置

目前，我国的大部分景区、景点都有自己专门的管理机构，这样便于景区的管理和经营。但是，即使管理机构成立了，许多景区的管理效益、管理效果仍然无法产生，主要是因为部门利益和地区利益使得风景区的管理无法统一，景区的管理体制不顺畅。因此，理顺管理经营体系，建立一个高度统一、办事效率高的经营管理机构，是景区管理面临的一个刻不容缓的问题和改革难题。

目前，景区内部机构的设置形式主要有垂直型管理模式、职能型管理模式、参谋型管理模式、事业部型的管理模式。各种模式各有其优点和缺点。根据景区的实际情况和内部机构设计的原则，将其内部机构的设计实行景区经营权和管理权的分离，真正将景区作为一项产业来对待，将其作为独立的市场主体推向市场；景区的开发要采取市场机制，面向市场招商引资，改变单纯的依靠政府投资的局面，转变政府的职能，加强政府在旅游开发中的规划、管理、服务、协调和监督职能，真正为企业松绑，使得旅游景区管理与市场化接轨。景区机构设置如图12-1所示。

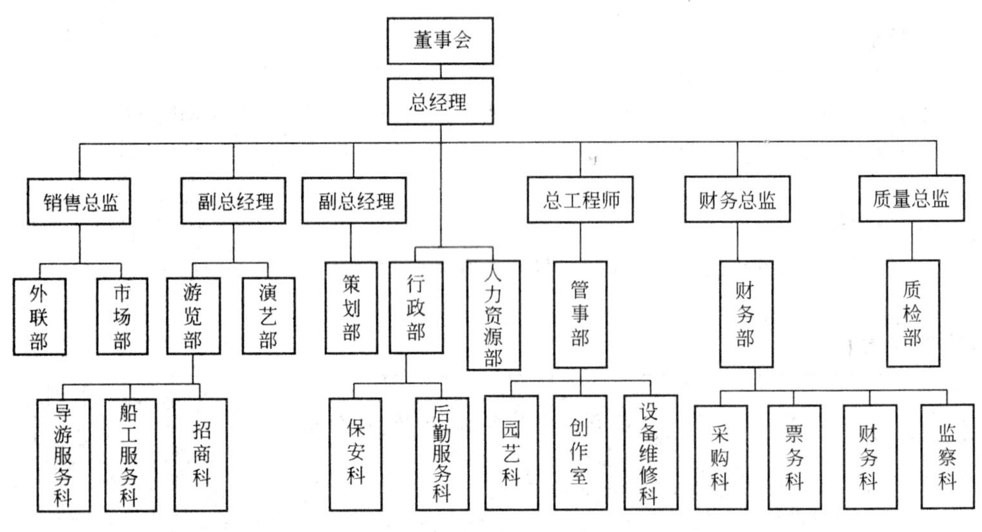

图12-1 旅游景区机构设置

12.2 景区营销的联合营销战略

联合营销，也称合作营销或协同营销，是指2个或2个以上的营销组织为了增强市场开拓和竞争能力，通过共同分担营销费用，协同进行营销传播、品牌建设、产品促销等方面的营销活动，以达到资源优势互补、营销效益最大化的目标。旅游景区的联合营销是市场的必然选择，是对目的地各个参与其中的旅游景区的旅游资源和产品的整合、策划、包装、推广等一系列活动，旨在提升所在区域旅游目的地的整体形象，塑造区域化旅游品牌，吸引更多的客源，而共同采取的营销活动。旅游景区联合营销的受益者是参与其中的所有旅游景区和其附带延伸的相关产业（如民航、交通、酒店、餐饮等企业），具有很强的公共产品特性。

在完善的市场经济环境下，单个企业很少会涉足公共产品的生产和供给。我国实行政府主导型的旅游业发展战略，各级政府旅游部门是旅游目的地营销的主体，营销经费主要来源于财政预算。在大旅游的产业发展格局下，仅靠政府的单一渠道营销投入，不能满足旅游业发展的需要，必须在“谁受益、谁投入”的原则指导下，探讨政府和旅游景区及相关企业共同参与的联合营销投入和运作机制。旅游景区的联合营销可以分为2种类型：同区域的联合营销和跨区域的联合营销。

12.2.1 景区文化的同源性

同一区域内的旅游景区，无论其旅游资源是以自然风光为主，还是以人文景观为特色，都会被打上深刻的区域历史文化的烙印，只是各自景区旅游资源载体所呈现的区域历史文化内涵的侧重方面有所不同。正是这种不同的特色组合在一起，才铸就了一个区域深厚而独到的旅游魅力。旅游者在选择出游目的地时，往往不会只根据对一两个景区的好恶做出自己出游线路的判断，而会筛选几个具有丰富旅游资源的地区作为候选目标，选择其中对自己最有吸引力的一个地区来作为自己的旅游目的地。由于财力、时间、交通和旅行社的线路安排等诸多因素的影响，中长线游客在到一地游览时，也都不止参观当地的一两个景点，而是会尽可能地多游览几个景点，全面了解体验当地的自然风光和民俗风情。

因此，各个景区在市场推广活动中，将景区景点的宣传推广与所在地域旅游业发展的大环境割裂开来是极不明智的，进行联合营销十分必要。在旅游产品的广告宣传推广上，既强调区域旅游整体品牌的打造，又突出各自景区独到的旅游资源魅力。参与联合营销的会员景区在涉及旅游地资源开发、产品和线路设计、产品组合包装、定价、客源市场分析、营销战略的制定实施、旅游相关信息资源共享、知名度和整体形象的塑造上，要坚持目标一致性、利益共享性，强调行动协调性、投入多元性，共同出谋划策，发挥各自所拥有的资金、技术、区位、人才、信息、知名度、营销等方面的独特优势，以“合力效应”来达到凭个体力量不能达到的营销效果。

12.2.2 缔造区域旅游统一品牌

（1）优势景区之间强强联合

在宣传中突出各自特色的同时，力求找到优势景区之间进行联合营销的经济合作点和文化结合点，变互相拆台为共同搭台。优势景区应当结合各自的品牌效应和优势项目，搭建项目更加齐备、价格更加优惠、市场更加规范的区域旅游平台，构建出统一的品牌联合体，实现资源共享、宣传互惠、客源互流，避免纷争和资源的浪费，进而推动区域内景区的管理建设，促进交通的改善，降低旅游成本，增加效益。

（2）主次景区优势互补

以黄山景区为例，其水光山色之美、怪石奇松之绝、温泉云海之妙自不必多言，但旅程归来之后，最令人回味和眷念的却不是黄山之美，而是与黄山毗邻的具有浓郁徽商文化特色的村镇及其淳朴闲逸的民风民情。欣赏小青瓦、白粉马头墙的徽派民居边淌过的溪水，竹林掩映下的石板村道，沧桑深邃的老街牌坊，坐在屋前古树下摆来荡去的藤椅上，品尝着当地特有的黄山毛峰茶，与村民亲切地聊聊家常……所听、所闻、所尝、所行，都让旅游者深切地体味到了黄山人家的生活情趣，极大地丰富了黄山之行的人性化和生活化的体验。其实，在地区旅游资源的整合和优势景区的营销规划中都应该注意到游客对旅游目的地风情的体验需求。徽派村镇作为辅助景点，就很好地弥补了中心景点黄山的人文风情方面的不足，使游客更加全面深刻地体验到了黄山的多姿多彩，使黄山景区游览角度更加多样，不再给人遥不可及的距离感，从而进一步提升了黄山景区的整体旅游品牌形象。

辅助景区（或称之为卫星景区）虽然在整体品牌优势上不及中心景区（或称为优势景区），但其亦有自己的旅游特色资源。这恰恰就是游客想多方位体验的重要组成部分，是打造地区旅游整体品牌不可或缺的要素。一个优势景区的品牌能量是单薄的，所能带给当地的经济和社会效益也是有限的。只有地区的整体旅游品牌地位优势得到广泛认可，地区旅游业才能够长期繁荣，才能拥有长效客源。一个地区要想发展旅游业，使其成为当地的支柱产业之一，不论是当地政府旅游主管部门的决策者还是优势景区的经营者，都需要有长远的眼光，清楚地认识到，仅仅依靠一个优势景区的力量，不足以使该景区长期繁荣，更不足以使该地区的旅游业得到长足的兴旺发展。只有将已有品牌的优势效应放大，辐射到整个地区的其他旅游产品上，带动其他景区的共同繁荣，以强带弱、以弱促强，发挥各自的优势，创造大品牌效应，才能吸引更多客源，变分抢有限的小市场为共同做大市场。正如一位品牌营销咨询专家所说的，旅游联合营销体中各成员单位与联合体关系有点像钵与盆的关系，开始可能是钵满盆满，今后则会出现盆满钵满。

12.2.3 权责明晰实现共赢

很多地方的旅游景区景点不是由当地统一的政府部门管理，而是分别被众多部门所管辖，很大程度上影响了旅游景区景点的独立法人资格，使其成为某些政府部门的下属单位，为其创造直接的经济收益。体制障碍直接导致了景区经营管理的混乱与低效，造成有些景区强调部门或地区个体的经济效益，忽视联合协作，自我封闭、各自为政。景区之间因信息、技术沟通不畅，致使区域景点条块分割，景点遍地开花，重复雷同建设，资源浪费严重。所以，要想建立旅游景区联合体，必须尽快建立全区协调机制，尽快理顺经营机制，打破部门间的利益纷争，明确各自职责，实现政企分开，真正把旅游景区作为一个具有独立法人资格，能够在市场经济中自主发展、自负盈亏的企业，以现代企业理念规范其经营，为旅游经济发展服务。

12.2.4 跨区域的联合营销

跨区域旅游景区的联合营销，是指分别处于不同区域的同类型景区之间，通过内部信息互通、资源共享，外部利用各自的品牌优势，为共同掀起该类型旅游项目在更广大范围内的旅游热潮，吸引更多客源关注和参与，创造巨大的宣传声势和良好的旅游氛围，打造统一鲜明的特色旅游品牌，而采取的一系列营销方式和活动。

12.2.5 信息互通、资源共享、优势互补

因为景区处于不同的区域，要做到联众家之长、合众家之力，使联合营销真正取得成功，信息交流的通畅和各类资源的共享就显得尤为关键了。对此，应做

好以下几点工作：① 更新信息观念，引入信息技术，加强信息平台建设，实现资源共享、互联互通；② 加强市场营销合作，共享客户资源，对在任一成员景区签约的旅行社提供无差别的优惠待遇；③ 完善网上链接，建立定期联络访问机制；④ 建立网上交流平台，及时上传各方工作简报、近期景区特色项目，互通黄金周收入等重要经济数据；⑤ 开展网上商务互助，提供预订票务、餐饮、住宿、商品、导游、演出等多样化的服务，推出联票、通票的优惠措施；⑥ 合作景区互派管理和工作人员到对方景区学习、交流经验。

12.2.6 创建景区联盟，打造特色品牌

国内已经出现了一些景区联盟，例如，以六大名楼为特色的“岳阳联盟”“五岳联盟”“四大佛教名山联盟”等；还有以地域自然风光、人文风情为特色的区域联盟和旅游圈，例如，川、藏、滇3省共同打造的“大香格里拉”，川、鄂两省推出的“大三峡游”，以及“东三省旅游圈”“长三角旅游圈”等，并都呈现出了良好的发展趋势。

12.3 景区营销的计划

旅游景区的市场营销是旅游景区组织为满足旅游者的需要并实现自身经营和发展目标，通过旅游市场实现交换的一系列有计划、有组织的社会和管理活动。旅游景区市场营销的最终目标是满足游客的需求。旅游景区市场营销的核心是交换。没有交换过程，就无法满足游客需求。交换是主动、积极地寻找机会。旅游景区是旅游者的旅游目的地，旅游活动的各个要素均可以在旅游景区部分或全部得以实现，因而旅游景区的营销过程是一个相对复杂和具有功能综合性的过程。旅游景区营销管理是通过旅游市场分析、准确确定目标市场，为旅游者提供满意的产品和服务，为旅游景区产品实现交换的全过程的管理，是一种游客需求的管理。在旅游景区市场营销规划中，营销人员必须对目标市场、市场定位、产品开发、定价、配销渠道、实体分配、沟通和促销等做出决策。

12.3.1 旅游景区营销的过程

旅游景区的营销是一个复杂的过程，它遵循一般市场营销的原则和程序，同时具有自己的内容和特点。旅游景区营销管理程序及具体内容见表12－1。

表12－1 旅游景区营销程序及具体内容

程序		具体内容
1	分析市场机会	营销信息调研、营销环境分析、旅游者动机分析
2	目标市场细分与定位	预测需求量、细分市场、目标市场选择
3	设计营销战略	旅游景区开发战略、形象定位、市场定位、景区生命周期战略
4	策划营销方案	旅游景区产品组合、服务项目、门票方案、分销渠道、促销方案等
5	营销活动的组织、执行与控制	旅游景区营销组织部门设置、营销规划、营销政策等

12.3.2 旅游景区营销管理的任务

旅游景区营销管理是一个过程，它包括分析、计划、执行和控制，所有的计划与执行活动都与需求相联系。旅游景区营销管理的本质是游客需求管理。旅游景区的营销管理任务就是针对不同游客的不同需求提出不同的营销方案，以达到景区的营销目标。

旅游景区的营销必须面向市场，以市场为导向，在市场调研的基础上进行旅游市场细分、目标市场的选择和定位，树立可持续发展的营销思想，并采取合适的市场营销策略，确保旅游景区的良性发展。

12.4 景区营销的实施

12.4.1 景区产品的营销

无锡影视基地

中央电视台无锡影视基地是中国首创的大规模影视拍摄和旅游基地，始建于1987年，是我国首家以影视文化与旅游相结合的主题园，也是国家首批4A级旅游景区。它以其独特的功能和魅力每年吸引着上百个摄制组在这里拍摄1000部（集）以上的电视剧和电影，同时每年吸引着超过300万人次到这里来探索影视制作奥秘和旅游的游客，而且随着景区的不断翻新变化和良好的服务，知名度的日益提高，来这里的摄制组和旅游人数逐年稳步增长。这在业内是首屈一指的，是国内公认的最早最成功的影视基地，被誉为“东方好莱坞”。

中央电视台无锡影视基地1997年成为上市公司，有两大主功能：即影视拍摄和观光旅游。它的主要组成部分唐城、三国城、水浒城，分别建成于1991年、1994年和1996年。它以其规模的宏大、既适合拍摄又适合于旅游特点、奥妙无穷的影视拍摄现场和精彩绝伦的旅游表演节目、得天独厚的太湖山水自然风光和设施齐全的影视拍摄功能吸引了众多海内外的剧组和游客。其主题文化为影视文化及其延伸文化、古代文化，特色鲜明，底蕴深厚。作为全国著名的拍摄基地，基地创立以来，已经接待了《三国演义》《水浒传》《唐明皇》《杨贵妃》《大明宫词》《笑傲江湖》《大宅门》（及续集）、《狄仁杰》《六指琴魔》《射雕英雄传》《风在江湖》《大唐情史》《天下粮仓》《神医》等几千部（集）海内外影视剧的拍摄工作。

（1）旅游景区产品的概念

旅游景区产品是一种服务业的产品。目前人们已普遍认识到服务业的产品实际上是有形的制品和无形的服务的组合，因此，服务产品被称作“制品服务组合”。“制品服务组合是以满足目标市场的需求为目的的有形产品与服务的组合”（Renaghan，1981）。

旅游景区产品是一种有形产品与无形服务的组合。例如，苏州乐园之类的主题公园就是由游乐项目这样的有形成分和乘坐游乐项目产生的刺激、害怕等感受所组成。博物馆产品则是通过对展品欣赏使游客形成回顾历史的感受。参观建筑物的乐趣不仅由于建筑物有形的建设样式、颜色、体量、装饰、雕塑等对旅游者产生影响的具体特点，还有气氛、精神感染对建筑历史的共鸣等无形成分的影响。自然景观同样也是有形成分与无形成分的组合，例如，海滨是有形的，与同伴特别是不同的同伴，漫步在海滩的浪漫是无形的；同样的海滩，不同的时间和不同的同伴，其感觉和经历不一样，其无形的成分不一样。

（2）旅游景区产品构成的3个层面

旅游产品的规划者需要从核心产品、有形产品、扩展产品上对自己的产品做出分析（见图12－2）。核心产品是游客购买的基本对象。它由对游客核心利益的满足而构成。即购买者认为能够通过所购产品来满足个人所追求的核心利益，很大程度上与主观意愿（如气氛、过程、松弛、便利等）有关。游客所寻求的是能够满足他们需求的产品。游客的陈述可能无法反映他们购买产品的真正原因，游客可能不想说出购买产品的真正意图，或者他们还没有意识到较深层的原因是什么。

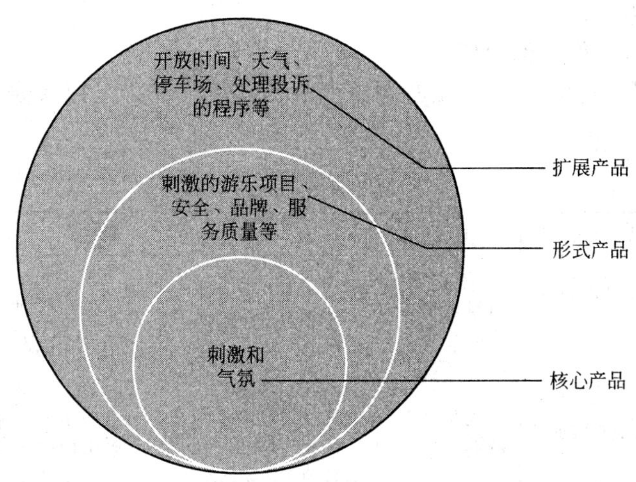

图12－2 旅游产品结构图

上海某主题公园产品结构分析

对于主题公园景区产品来说，上海某主题公园的推介重点是推出园区内的仿生态度假豪华套房及水上木屋度假区，以少数带动高额消费为重点的销售方式。同时，对于旅行社可采取代售套票的形式。

内容：在为此类游客提供充分休闲度假场所的同时，重点推出"海上田园式"的特色优质服务。具体方式如下。

（1）一台小型歌舞表演：对于居住在仿生态度假村的客人，专门准备一台小型歌舞，整场演出节目为1h左右。演员为大型歌舞中的优秀者，身着渔家特色服装。节目短小精致，例如，独舞、渔家小唱、乐器独奏等，配合海上田园的田园牧歌式休闲主题（此项为自选性项目，费用另计）。

（2）一盏渔火灯笼引路：夜晚，入住仿生态度假村或水上木屋区的客人，都由景区内服务人员在夜晚用仿渔家式灯笼在前引路。

（3）一场家庭自助式烧烤：由景区内服务人员指导，在指定的烧烤区域内。举办烧烤自助餐（费用另计）。

（4）一份小纪念品：由海上田园赠送给游客，体现海上田园的人文关怀。

（3）旅游景区产品的特点

旅游景区产品首先是一种产品，除了具有旅游产品的一般特征之外，作为旅游景区产品具有其自身的特点。

一是旅游景区提供的产品是游客参与产品的生产过程。旅游景区产品在某种程度上按照游客的具体要求来生产。例如，不同年龄段的游客有不同的历史经历，他们对历史的感情不一样，因而对旅游景区产品的感知不一样；游客对产品的看法因每人的经历、知识水平、爱好等方面的不同而各异。

二是旅游景区产品的实质是一种经历。这种经历包括访问旅游景区的打算、旅行的计划、访问的过程，还包括入住旅游景区和离开旅游景区的旅行，以及在旅游景区的活动。最终，形成旅游的整体印象。例如，在某一特定时间使用旅游景区的游客的构成、到旅游景区来的交通状况，以及天气情况等。上述因素之间的关系很复杂，致使每个人的经历都不一样。尽管旅游景区产品是经历型产品的绝好例子，但并不是唯一的经历型产品。许多服务项目也具有经历型产品的属性，例如，餐厅的饭菜。

(4) 旅游景区产品的类型

旅游景区产品的功能 从旅游景区产品的功能来看，可以按表12－2的内容划分。

表12－2 旅游景区产品类型的划分

层　次	特　征	项目内容	产品功能	举　例
基础层次	陈列式观光游览	自然资源、风景名胜与人文历史遗迹	属于最基本的旅游模式，是旅游规模和特色的基础	深圳锦绣中华、桂林愚自乐园、漓江景区等
提高层次	表演式展示	民俗风情与游乐	满足游客从“静”到“动”的多样化心理需求，通过旅游文化内涵的动态展示，吸引游客消费向纵向发展	深圳民俗文化村、桂林世外桃源等
发展层次	参与式娱乐与相关活动	亲身体验与游戏娱乐	满足游客的自我选择、投身其中的个性选择，是形成旅游品牌和提高游客持久重复消费的重要方面	欢乐谷、桂林乐满地、古东瀑布等

旅游景区产品的阶段模式 从旅游景区发展的阶段来看，旅游景区的发展可以分为3个阶段，如表12－3所示。

表12－3 旅游景区发展的三阶段模式

阶　段	产品类型	主要特征	举　例
第一	人文自然景观型旅游	以名胜古迹自然山水为载体，具有明显的地域特色和局限性 早期的旅游方式并延续至今 借助本地特色，开发成本较低	故宫、黄山、泰山、漓江景区
第二	人造景观型旅游	人工移植，突破时空概念 大投入产生效益，人工痕迹明显，生命力不长	杭州宋城、深圳华侨园
第三	体验参与型旅游	回归自然 注重游客的体验和参与性 具有较强的生命力	桂林漓江、古东瀑布景区

(5) 旅游景区产品的设计与策划

旅游景区产品的设计与策划应遵循依托资源、面向市场、突出主题、注入文化、形成系列、塑造品牌的原则。在旅游景区产品的创意策划时应使用下列方法。

文化差异与文化认同 从文化学的角度来看，旅游动机有2类：一是文化差异；二是文化认同。文化差异形成旅游吸引力，造成旅游动机。例如，异国情调与民族风情旅游项目、各种民俗节庆旅游活动等，吸引大量游客。深圳世界之窗主题公园，洋快餐的肯德基、麦当劳，除吸引青少年以外，也吸引了追求新鲜的食客。文化认同是旅游动机追求一种形式，例如，寻根拜祖游等。

典型集中 有特色的项目、分散的项目经过整合与包装，形成规模较大、水平较高的旅游项目。例如，深圳的主题公园锦绣中华民俗文化村、欢乐谷等。还有大型节庆活动，也往往是整合和集中了地方文化旅游资源进行的包装推出。

逆向思维 是一种与旅游者一般的思维习惯逆向而行的策划方法。例如，深圳野生动物园就是属于逆向思维法。人们所熟识的动物园一般为笼式动物园（动物在笼内），可称为封闭式动物园；深圳野生动物园的动物不在笼内，而在笼外，人却在“笼”（车）内，成为开放式的动物园，从而成为我国国内第一个城市野生动物园。这一项目新奇而且还向游客宣传保护动物的理念。

借鉴与引进法 旅游产品具有不可移动性。因此，可根据市场需求借鉴和引进一些旅游项目。例如，城市和城市近郊的生态旅游项目。

时空搜索法 时空搜索法是从空间轴和时间轴2个向量搜寻与本地区位、市场及资源条件的最佳交叉点的方法。在2个轴上的极端方向的旅游项目往往能吸引更多的旅游者。例如，现今旅游界在时间轴上的两大趋势：追求返璞归真的复古思想和追求高科技的发展思想在目前旅游界占据重要地位；民俗街区传统建筑的保护，农家乐旅游、农舍旅馆和现代高科技的游乐项目。这是回顾传统文明，享受现代文明的2种趋势。

在空间轴上寻找的是空间差异性。例如，城市人下乡、农民进城都是目前旅游发展的空间移动规律，要据此来策划一些旅游项目。比如，在城郊建立面向城市儿童和青少年的生态观光农园或体验农园，开展“当一天农民，当一天果农，当一天渔民”等活动；而农村儿童到城市游乐园旅游，农民进城购物游览。从这2个方向上就可以策划出很多旅游项目。

深圳世界之窗“幸福98”

庆典活动的规模一般仅次于旅游景区的旅游节庆祝活动，是旅游景区的一种主题活动，也可以将其规模升格为节庆活动。例如，深圳世界之窗2000年推出了8项庆典活动月：世纪宝宝爬行大赛、百年元婚大典、开元狂欢夜、喷泉激光演化“秀”、世纪婚礼婚俗表演、焰火晚会、流金岁月歌舞专场、影视每日一景。1998年北京世界公园精心策划推出“幸福98”的系列节庆活动（见表1）。

表1 “幸福98”系列节庆活动

日 期	活动时间	活动主题	活动内容	备 注
3月8日	1天	三八妇女节，轻松一日游	歌舞、艺术团、抽奖	5折优惠（24元/人）
5~10月	6个月	地久天长，金婚、银婚世界	歌舞、赠送纪念品	免费
8月1日	一天	向军旗敬礼	歌舞、彩弹枪免费娱乐	5折优惠（24元/人）
9月10日	1天	寸草心、献园丁	歌舞、艺术团、抽奖	5折优惠（24元/人）

（续）

日　期	活动时间	活动主题	活动内容	备　注
10月1~3日	3天	“与祖国同命运”生日游	游园活动、艺术团、抽奖	5折优惠（24元/人）
10月28日	1天	“人间重晚情”，九九重阳	代表参加“电视红娘”	5折优惠（24元/人）
5~10月	6个月	“三代合家欢”	歌舞、合家欢留影	持身份证（24元/人）
5~10月	6个月	“好事成双”双胞胎聚会	歌舞电脑画像留影	5折优惠（24元/人）
5~10月	6个月	“乘虎威游世界”	歌舞、抽奖、送虎卡通	5折优惠（24元/人）
5~10月	6个月	“特别关爱”给下岗职工	游园活动、歌舞、抽奖	持证（10元/人）
5~10月	6个月	天天惊喜	歌舞、抽奖	常设项目
5~10月	6个月	好运伴你游世界	艺术团抽奖	常设项目

以上活动参与部门：经营策划部、财务部、综合服务部

12.4.2 景区营销价格战略

12.4.2.1 景区门票价格无序涨价

景区门票的“一涨再涨”

奥运盛会落下帷幕，上海世博会也慢慢地拉开帷幕，新的旅游旺季正在到来。此时此刻，部分地区景区正在酝酿新一轮的门票涨价，有的涨幅超过了2007年2月国家发改委《关于进一步做好当前游览参观点门票价格管理工作的通知》规定的幅度。

2005年、2007年国务院相关部门2次就景区门票发出通知，一些省区政府也出台相关措施。总体上，中国景区门票偏高是一个不争的事实。2007年3月，在对全国大多数刚被批准为5A级景区的门票做过调查，其中门票200元以上的有5家，120~200元的有11家，80~120元的有23家，50~80元的有10家，50元以下的有14家，不收门票的仅有1家（杭州西湖国家重点风景名胜区）。80元以上的占2/3左右。试想，如果一个3口之家游一次景区，仅门票支出就相当于一个中等收入职工月工资的1/10左右。

2008年春节前后，国内部分景区酝酿门票涨价，引起业界内外的广泛关注。景区门票的非常态、非市场因素的暴涨，是一把三刃剑。

（1）伤害了游客的消费积极性

过高的景区门票价格与人均可支配收入相比，超出了多数民众的承受能力。据国家统计局公布资料，2007年城市居民人均年可支配收入13 786元，月均为1148.8元；农村居民人均纯收入4140元，月均为345元。景区门票以中间价100元计算，相当城市居民于月均可支配收入的9%；相当于农村居民月均纯收入345

元的 29%。而发达国家景区门票价格一般不到人均月收入的 1%。美国科罗拉多大峡谷和黄石公园等世界自然遗产公园的门票每张 10 美元，与美国人均月可支配收入 2286 美元（年人均可支配收入 2.74 万美元，2005 年）相比，不到 0.5%。美国 Yosemite National Park（中译名为约塞米蒂或优胜美地国家公园）不收门票，每辆进入公园旅游大巴只收 40 美元的环境保护费，平均一个人不到 1 美元。日本世界文化遗产的冲绳首里城的门票旅游旺季为 800 日元，与日本职工人均 600 万日元的年收入相比，不到 0.2%。东京迪斯尼乐园的门票是日本所 有旅游景点中最高的，每张成人通票需要 5500 日元，仅占人均月收入的 1.1%。

（2）损害了旅游业的正常运行和整体形象

景区是旅游目的地的核心环节，是拉动旅行社、住宿、餐饮、娱乐和购物等其他旅游要素的关键性因素。景区门票过高，势必会影响旅游目的地游客人数的总体增长，并抑制了游客的其他消费。景区与旅行社本来是互利互赢的伙伴，但是景区门票偏高、甚至不提前（相当时间）向旅行社预告提价，势必扰乱旅行社的正常运行，使旅行社陷入要么亏本接待游客，要么临时提价得罪游客，要么降低食宿标准损害游客的尴尬境地。旅行社只得把景区门票涨价的损失用各种方式转嫁给游客，最终吃亏的还是游客。

（3）最终会损害景区自身稳定、良性发展

从短期来讲，门票涨价的赢方是景区。但是游客和旅行社作为景区的消费方，景区的非理性涨价到头来只会吓跑游客与旅行社，丢失了自己的部分市场。例如，贵州省宣布景区门票 3 年不涨价；杭州西湖周边的一些景点不收门票，结果延长了游客在杭州的逗留时间，增加了游客的其他消费，带旺了全市的旅游休闲市场，杭州市还落得了一个好口碑。

12.4.2.2 景区门票价格战略的实施

由于资源性质、经营主体和经营性质等的各异，旅游景区可以分为不同的类别，比如，公共产品型、完全市场型和公共产品与市场经济结合型等。景区的门票价格应该分门别类、区别对待，实行不同的定价制度，不能一刀切，也不能回到指令式计划经济轨道上去。

（1）公共产品型

国家博物馆等完全由政府拨款建设、管理和运营，是纯公共产品。其门票价格制定与调整应在经过公示、听证会等征询民众意见的基础上由政府相关部门执行。免费和低价是世界趋势。目前，各级政府在增加对博物馆等公共文化设施投入的基础上，正在筹划实施免费（但不免票）或低价政策，深得民心。

（2）完全市场型

主题公园等完全由社会资本投入、按市场经济方式运行的休闲游乐场所的门票价格，在符合法定程序的基础上应由企业自主定价，并随市场环境变化自主浮动，政府一般不要、也不能干预。这类景区如与旅行社有经营合作关系，按照行业惯例或双方约定，应当提前一段时间通知旅行社。景区如果推出与休闲质量不符的高价门票，市场会淘汰它。多少游乐园、主题公园景区的兴衰存亡证明了这一点。

（3）公共产品与市场经济结合型

以国有自然风景和历史文化资源为基础，历史上长期由政府拨款建设、管理和运行，改革开放后各类社会资本不同程度地参与开发、经营，尽管其资源基础是公共性质的，但在很长历史时期中我国还没有条件完全由政府包揽下来，它的建设、经营和保护的投入不可避免地受市场因素的制约。旅游观光和休闲娱乐服务不同程度地进入了市场运作的轨道，成为准公共产品，其门票价格应在政府指导、监控的基础上，根据总体市场环境和社会可承受水平，按法定程序制定与调整。

各类景区景点情况千差万别，各地区、尤其是东西部地区的发展水平差别甚大，难以用一刀切的行政命令解决已成为“老大难”的门票定价问题。在深入调查研究的基础上，制定和规范我国景区门票价格管理制度，对不同类型景区门票功能的性质认定、定价依据、调价程序、门票收入分配与使用、门票收入使用的监管与审计、门票价格管理权界限等，摸索出一套合乎国情、顺乎民意、利于保护与发展的制度；改变目前景区门票价格管理一方面行政部门干预彩色过浓，另一方面经营单位随意性过强的双重状况。

南京金陵饭店的启示

全球酒店业的权威杂志 *HOTELS* 发布了全球酒店业300强的2007年度排行榜，南京金陵连锁酒店以10 318间客房、43家酒店名列第73位，跻身全球酒店业100强。

金陵饭店辉煌的背后，并没有号称中国酒店业第一渠道商——携程的身影。国内酒店管理集团只有金陵一家敢跟携程脱离关系，而金陵的底气，源于多渠道合作和管理和旗下各酒店客源结构的改变。

与国内一些酒店高达30%的客源来自携程或e龙等渠道商不同，金陵饭店通过IT平台整合了多种订房渠道，“冲淡”了一家独揽的渠道格局，任何一家渠道商的退出都不会对饭店的业务造成影响。

12.4.3 旅游景区渠道营销

（1）传统渠道

就目前我国景区的发展现状来看，大部分景区的旅游产品都是通过旅行社这个渠道销售出去的，相对单一的渠道策略给众多的景区带来了经营风险。旅行社是多数景区的首选渠道，景区应该与旅行社加强沟通和多方面的合作，以“双赢”为理念提升这一渠道的价值。景区的片区经理要对所辖每一个签约旅行社，一年必须至少拜访一次。对于那些联系密切的旅行社，要多次反复地上门拜访。

近年来，旅行社通过介入景区经营，提高抗风险能力；而景区借助旅行社的营销渠道优势，又可迅速回笼资金。国内旅游业将出现一个上下游联姻的新局面，并开创新的可持续发展模式。多数景区利用本地优势，依托旅行社，可以保证稳定的客流。

（2）旅游网络

全国各地景区的旅游统计，都提到旅游散客比重明显提高，大型团队较往年有下降趋势，而小型自助团队大幅上升，且多为自驾车、家庭、亲友团。可以看出，我国散客旅游发展迅速，散客已经成为旅游市场的主角，其自主意识和自主能力也在不断增强。

在此背景下，景区以旅行社为主要渠道、专注于团队市场的营销模式已经不能稳住旅游市场半壁江山的地位了。不过近来，已经有网站利用其平台，搭建起远距离沟通桥梁，比如，业内知名的同程网旅游分销系统。

大理旅游集团为了回馈广大游客的支持，同时为了进一步扩大散客市场，建立亲民形象，特举办“魅力大理”旅游线路网络设计大赛活动，线上线下，网民热情高涨，消费者主动参与，可以说通过这次活动大理名利双收。大理旅游将网络渠道进行到底，同时慢慢走出对旅行社依赖的轨道，逐步开发出散客市场。

（3）景区与景区

二者之间要建立新型的竞合关系，通过这一渠道达到游客的双向流动和互动。2个或2个以上的旅游企业共享营销资源，互相推荐客户，可以事半功倍地提高品牌和利润。

著名营销专家米基梅尔逊介绍了一个成功案例。有一家开在市区的餐馆感受到了周围激烈的竞争，而这家餐馆的老板娘问自己，在社区里和自己的餐馆拥有相同顾客的是哪些企业呢？她得出了答案：社区的理发店。于是，她专门为半径1.6km之内的社区理发店的理发师们设计了赠券和优惠卡，并分发给他们。每个理发师上门就餐时，她都提供给他们最优质的服务，和他们交朋友。没过多久，理发师们就把这家餐馆推荐给了他们的顾客，使得餐馆生意非常红火。

（4）景区与媒体

现在的电视、杂志、报纸、网络等媒体上经常有旅游景区的广告或信息，但是相比于其他有形产品的广告，旅游广告还是雏形阶段。景区营销的成功离不开媒体的支持。

过去，台湾旅游业者的业务，分别来自下游通路商与自有的直客部，在电视频道及互联网成为旅游商品销售新通路后，业者不仅借此开发出新客源，也切出新市场，创造新利润，更重要的是，电视频道24小时轮播，也间接带动了旅游业者的销售。

雄狮旅游董事长王文杰指出，雄狮旅游频道在全省已可掌握450万收视户，目前雄狮电视营销的进账已占总营收的9%；由于电视比网络营销回馈更快，雄狮已计划将电视营销部切出，成为利润中心独立运作，以深耕市场。

网络电视市场急速扩张，根据IDC国际数据信息去年的调查报告指出：亚太地区（不含日本）的IPTV市场将以110%的速度增加，到2009年用户数量将累计达到2000万户。回归旅游本质，台湾雄狮旅行社在2004年即拥有属于自己的摄影棚以及“雄狮旅游电视网”频道；新台旅行社于2005年也于自家网站架设“影音播放室”，全台2000多家旅行社，跟上这个趋势的旅游景区到目前为止屈指可数，但谁能在未来的旅游市场先占一席之地，在线影音绝对是决胜点之一。

（5）景区与咨询机构

景区寻找专业咨询机构做咨询，本身是一种有效率的营销，因为咨询机构不论是为景区做市场调研，还是成果评审，都会与一线市场有深层次沟通；并且，咨询专家会对该景区有一种特别的感情，会帮助景区宣传。

（6）景区与游客

基于口碑传播360°整合理论基础，将包括新闻、博客、论坛、IM、WIKI、电子杂志、图片电影、微视频等新媒体形式在内的十几种传播手段综合有效利用，合力形成独具成效、全面覆盖的创新传播模式，迅速提升旅游企业的口碑和美誉度，加速消费者的决策等。借助一流创意以形成病毒式传播，为客户创造令人耳目一新的品牌。

旅游品牌的良好口碑，除了正面口碑内容的发布，负面口碑的消隐同样重要。交广传媒旅游策划机构与各大网站、社区论坛、行业协会和组织、第三方咨询平台等建立了长期的紧密合作，可以通过撤稿、正面信息引导、海量信息覆盖等多种手段，第一时间对企业的负面信息进行有效的消隐，将事态控制在可控的范围内，并及时调整媒体策略。

12.4.4 景区促销战略的实施——景区直销

景区直销是指景区不通过中介机构，直接面向终端消费者销售自己的产品和服务。其执行主体，可以是景区的营销中心或市场营销部，也可以是景区控股或参股并具有独立法人资格的旅游公司。景区直销的方式，主要有上门推销、邮寄促销、电话销售、网上销售、会议推广以及设立驻外办事处等。

垃圾邮件的“开山鼻祖”

1994年4月12日，美国亚利桑那州一对夫妻从事了一项他们看来很有成就感的工作：他们把一封主要内容为“绿卡抽奖”的广告信发到他们在网上找到的每个人。

他们两个在1996年合作的一本名为《网络赚钱术》的书中吐露：通过互联网发布广告信息，只花费了20美元的上网通信费用就吸引来25 000个客户，他们赚了10万美元。这对律师夫妇堪称在互联网上因垃圾邮件而留名青史的“开山鼻祖”，他们宣告了以“不请自来”为特点的商业推销类垃圾邮件时代的开始。

通过邮件进行营销具有表现形式丰富、单位用户成本低、快捷、方便等优势，因此，邮件营销在中国一露面，便一发而不可收地发展起来，但未经用户许可的邮件营销，最终演变成了互联网触目惊心的垃圾邮件浊流。上述这对律师夫妇的同道们最终败坏了邮件营销的名声，使人们说到邮件营销，就想到了垃圾邮件。

许多景区经理人都把许可邮件营销（permission-based email marketing）和发送垃圾邮件当成了一回事，他显然没有看过菲利普·科特勒写的有关许可邮件营销的文章。菲利普·科特勒认为，在垃圾邮件日益泛滥的今天，征得消费者许可是进行邮件营销的基础。我们认为：许可邮件营销是在消费者许可的基础上，通过向特定的旅游消费者发放旅游信息的邮件，从而达到景区营销目的的新型营销工具。

在国内，许可邮件营销典型应用基本集中在会议培训、机票、鲜花、酒店、旅游线路等产品与服务的营销上。但许可邮件营销的应用不仅如此，利用许可邮件营销工具，可以实现市场调研、客户服务、传播品牌等营销目的，当然也可以作为景区的网络直销工具。

（1）建立许可邮件库

10元钱就可以购买到10万个邮件地址，但那些邮件地址可能几乎毫无价值。甚至，使用邮件地址搜集工具精心搜集到的邮件地址，也可能营销效果不佳。建立许可邮件库的有效方式，是在景区自己的网站建立入口，让潜在旅游消费者可以方便地填入自己的邮件地址，以订阅他们需要的信息。

（2）适当的信息和时机

在确定许可邮件营销的任务和目的时，要充分了解目标用户的消费行为特点和时机，向他们提供适合的旅游服务。比如，国庆节前夕发给白领的提供最新旅游景点线路和优惠套餐的邮件，循序渐进地向目标用户发送多次邮件，也会比试图“一步到位”的方式更让人接受。

在开始发送营销邮件之前，要为可能到来的一切做好准备。例如，发送失败的无效邮件地址有人负责剔除吗？用户的回复邮件指定了专人处理吗？可能把问到的问题已经准备好答案了吗？在旅游网站上准备了专门的页面供用户进一步了解吗？

（3）部署响应支持体系

许可邮件营销的最终目的是让旅游者消费，因此，需要像开展其他营销活动或使用其他营销工具之前一样，做好各方面的准备。尽管许可邮件营销不一定需要一个单独的响应体系，但同样要考虑，现有的体系如何应对游客咨询、购买、服务和投诉。

为了不让邮件遭到和垃圾邮件一样的下场，不仅需要精心准备带有强烈个性化色彩的邮件文案，还需要结合邮件营销工具的功能和特点，对邮件的表现形式进行精心的美化。如果选择的是支持“个性化用语”的邮件营销工具，还需要根据不同用户或用户群的特点，为邮件营销工具制定一个用语库，供它将信件中的通用语言或符号替换为个性用户和称呼。

这是一个个性化的时代。用户希望接收到的邮件标题是“老王，国庆节准备出去旅游吗?”而不是“最新旅游线路广告”。如果用户可以在邮件的文首部分看到自己的姓名，而且感到整个邮件的语言平实、贴近，就不会把这封邮件只看了标题就随手删除。

一次许可邮件营销告一段落后，不仅要进行效果评估，还要对营销过程和工具进行评估。评估的重点包括邮件地址库的有效性，文案和模板的合理性、完善性和有效性，邮件营销工具的易用性、完善性、稳定性、实用性等。

邮寄、电话、传真、网上销售等直销方式，优点是能扁平化地横向展开市场，迅速传播景区信息，通常也比较省钱。但由于这些方式所收集到的市场信息比较零碎，缺乏系统性、连续性和对市场的直观感受，因此，旅游营销人往往难以摸清客户的真实需求，造成后续跟进服务的困难。值得注意的是，在景区市场导入期，这种方式的效果不明显。

总之，如果旅游景区对于电子邮件的使用恰到好处的话，不仅能够建立起与游客的直接联系，而且可以获得超额利润，并且，其所花的费用仅仅是传统媒体所花费用的一小部分。

12.4.5 景区营销品牌化

我国景区现状主要表现在淡旺季落差过大，门票收入成为景区的主要来源，游客满意度低，景区和旅行社的利益分配问题、景区本身缺乏可持续经营理念造成景区黏度低。据报告称，2006 年中国入境游客的平均消费指数低于世界平均水平，这从宏观上反映了国内景区在经营能力上还存在欠缺。用战国策的定义来讲，就是景区黏度低、景区品质不高，不能很好地满足游客的各种需求，更无法刺激游客的消费增长。

（1）景区品牌化的三大误区

景区营销不等于提升知名度 广告、参加评选活动等手段成为景区营销的主要诉求方式。而这种频频见诸报端的宣传方式简化了营销的含义，“十佳旅游景区”“老百姓最喜爱的十大景区”“最具潜力的十大景区”等评选活动形形色色，但对景区的营销难以起到实质的推动作用。景区营销不仅要提升知名度，知名度的打造也不能昙花一现，要适时地将知名度转化为美誉度、游客的满意度，从而对景区的品牌建设实现长期支持。

营销与品牌的隔离 景区的品牌建设是一个长期的过程，任何一个景区的品牌元素是稳定的，它只能被丰富，不能被改写。杭州在老百姓的眼里就是人间天堂，这也是杭州这个品牌的最主要元素。但是，曾经提出的“爱情之都”的概念却与杭州这个品牌不着边际，这个新概念无法代表杭州特质，更对杭州品牌的传播产生了误导。营销的作用在于强化品牌的建设，品牌概念应该融入营销的每一个环节。

伪品牌论 过度的唯品牌论是景区品牌化的第三种误区，品牌成为唯一目的；而品牌的打造一旦形成，经营者认为景区的宣传已经达到要求，一再以品牌来安慰自己，景区只等游客上门。这种认识只能固步自封，将自身牢牢钉死在品牌上，而失去了对品牌鲜活意义的理解。

（2）旅游景区的品牌化

景区的品牌化理念：多数景区正走在一条伪品牌化的道路上，伪品牌化只能带来暂时的繁荣，并给景区的后续发展带来隐患，那么，景区的品牌化道路应该如何来走？景区品牌化应遵循以下四大原则。

品牌策划落地为准 忌讳空谈品牌，忌讳空泛品牌。品牌的核心价值元素，要能与景区自身的资源相匹配；否则，落地就成了空谈。品牌的落地需要切实可行的具体方案，通过一系列的新闻、广告、公关活动，将景区的品牌内涵物化到景区的产品上，从而形成旅游产品与景区品牌文化的有机结合，将景区的品牌概念深深地烙在游客的心中。

品牌核心价值保持稳定 一个好的品牌具有生命力，具有张力，它能够支撑起产品的长期营销。景区品牌的核心价值应能包容景区所有旅游产品的含义，并能预料到景区的发展是符合这个核心价值取向的。品牌核心价值一旦确立，就应保持相对的稳定性。企业的营销战略、广告传播、公益活动、软文炒作等都要能演绎品牌的核心价值。

品牌需要时常更新 前面提到了品牌的核心价值要保持稳定，但并不意味着长时间不对品牌进行维护。顾客的需求在变化，而市场中的顾客群体也在变化，所以，相应地在品质稳定的基础上，更需在产品发展过程中根据顾客需求变化不断创新，在时间上保持一种定时更新的姿态，不仅丰富了品牌的文化内涵，也从不同的角度诠释了品牌的核心价值。华侨城的品牌核心价值就是“想象+创造”，旗下产业从主题公园、地产到酒店无不在反复强化着这个核心价值。

品牌经营是战略经营 秦池、爱多、三株等品牌到现在仍有较高的知名度，但是现在市场上已经看不到他们的产品。在具有浓厚中国特色的央视平台下，一批“快餐”型品牌被迅速树立起来，但是，品牌的经营并不是只依靠这种大规模的广告活动，这只是一个战术方面的运用。科特勒曾说过，品牌就是要在目标消费者心目中建立起认知价值和品牌偏好的一场战略运动。品牌经营是战略经营，通过几个步骤、几个阶段在顾客心中逐步建立起产品的品牌概念。一旦建立起这种认知和偏好，景区的品牌则可以成功地转变为一种战略资源，所以，我们说，品牌的经营是一种战略经营。

12.5 旅游景区营销评估

12.5.1 营销衡量指标的选择

对于市场营销方案的评估是一个复杂的过程，有些市场宣传活动的影响可能有滞后性，有些营销方案的结果如果不借助人工途径是很难收集的（如客户满意度调查等），不是所有的市场营销方案及其附属的一些活动都能收集到评估所需要的信息。因此，旅游景区对于衡量指标的使用是有选择的。相比旅行社营销衡量指标的选择，这里主要包括覆盖率、有效率、准确性、传播力度、传阅率和公关指数提升等6项（其具体含义的解释详见第11章中“11.5.1 营销衡量指标的选择”）。

12.5.2 效果评估实现模式

为一个景区确定量化衡量指标是精细化营销的关键，同时可以作为企业对目标客户群的客户价值进行定位的基准要素，也可以作为客户金字塔的基准要素。营销方案的效果评估也是基于这些衡量指标的具体参数来进行评估。

对营销活动的效果评估和投资回报计算，则是根据闭环流程中的关键点上的衡量指标来进行的。衡量和评估有价值和人数2条主线。价值评估一般采用基于细分客户群的利润率、预估利润率、贡献率、媒体回报率等指标；人数评估采用响应率、媒体响应率、预测成交率、成交率、重复购买率等指标。由于会员俱乐部作为市场营销的手段之一，因而会员活动的效果评估也可以作为市场营销评估的一部分，会员的利润率和贡献率、成交率、重复购买率、推荐成交率等也是会员活动评估的主要指标。

在营销流程中，客户细分将体现房地产企业的细分客户群，每一个营销方案一般应该对应一个客户群或者多个客户群组合，因此，会有一个估算的影响人数；在预算中会有一个计划的营销总费用，分解执行时产生一个实际的费用；在营销活动中产生的线索和销售过程中的响应，会产生一个响应人数和媒体响应率；当响应联系人时产生销售机会；销售跟踪过程中，通过预测产生预测的价值，即预估价值和预测成交率；在最终购买的时候，产生实际的价值和成交率；通过分摊的活动费用成本可以计算利润；在交付后，忠诚客户的重复购买和推荐成交又产生贡献率、重复购买率、推荐成交率等；最终客户在会员俱乐部的等级变化也可以体现在营销活动的评估中。

12.5.3 营销代码的关键性

营销代码就是一个营销活动的“身份证”，是用来唯一识别营销活动的标签，也是用来持续跟踪营销活动的标签。企业在一定时期内不可能只有一个营销活动，因此，没有一个可以快速、简易识别的营销代码，对营销活动的效果评估就无从谈起。因为要跟踪、分析营销活动效果，就要识别和跟踪来自于哪一个营销活动。

营销活动的营销代码可以通过不同方式来设置。比如，不同的电话号码、促销代码、带有不同号码的促销券等，当这种营销代码承载物进入线索响应管理的时候，可以协助企业有效识别，从而有效跟踪活动效果。

【案例分析】

武夷山精品旅游景区营销

武夷山市位于福建省北部，1998年获得首批中国优秀旅游城市称号，1999年被联合国世界遗产委员会正式批准列入《世界自然与文化遗产名录》。全市总面积2798km^2，境内拥有国家重点风景名胜区、国家重点自然保护区、国家旅游度假区、全国重点文物保护单位和国家一类航空口岸，是福建省历史文化名城，在世界范围内享有很高的知名度和美誉度，一直以来都是福建旅游对外宣传促销的王牌标志。

2005年7月，武夷山又获得一个“国家金牌”：在北京召开的“首届中国消费者（用户）喜爱品牌民意调查新闻发布会暨第三届中国市场用户满意品牌高峰论坛年会”上，武夷山风景名胜区接受民众从服务、质量、信誉、环保、安全、满意程度等方面综合测评后，在“首届中国消费者（用户）喜爱品牌民意调查”中脱颖而出，获得“中国顾客十大满意风景名胜区”的荣誉称号。

在旅游接待方面，2004年全市共接待中外游客642.54万人次，比2003年增长18.5%，实现旅游总收入17.69亿元，比2003年增长20%，武夷山旅游不仅为武夷山市创造了巨大的经济效益，从而为武夷山旅游生态环境和人文环境的保护提供了强大的物质支持，还为社会提供就业机会，武夷山旅游从真正意义上实现了“三大效益”的有机统一。

武夷山旅游成绩如此斐然，与其市场营销战略的成功选择有着紧密的关系。

1. 清纯玉女，形象突出

旅游形象是旅游地区别于其他旅游地的标志。对一个旅游地而言，良好的旅游形象有助于旅游地彰显自身特色，建立顾客忠诚，从而成功实现旅游市场营销的最终目标。

武夷山从发展之初就特别注重旅游形象的建立与推广，在旅游形象的推广过程中又将统一性、针对性、效益性三大形象推广原则把握得游刃有余。一直以来就结合自身的资源优势，以“玉女峰”为形象标志对外进行宣传促销，始终给旅游者以一种清新纯净的形象感知，处处体现的是统一的、整体的旅游形象。除了“玉女”品牌外，武夷山还针对不同的细分市场推出不同的分体支撑形象，例如，针对青年旅游者，武夷山给出的是“浪漫牌”；对以学生、学者为主体的客源，武夷山则以“科考牌”取胜。

2. 品牌扩展，保持强势

随着世界经济一体化和信息技术的不断演进发展，同类旅游产品在质量、功能、价格等方面的差异越来越小，品牌作为一项无形资产便应运成为提升旅游地旅游竞争力的一个重要砝码。一个知名度与美誉度较高的品牌可以为旅游地带来无限经济效益。

武夷山旅游经过多年来的发展，已经培养、塑造了一个完整的旅游品牌，可以将武夷山的品牌定位于高知名度、高认知度、高美誉度，并且具有较高的品牌活力的强势品牌地位。对于这类品牌，旅游地的核心任务是维护品牌地位。武夷山正确地认识到了这一点，在近年来的发展中不断地进行品牌扩展，结合市场发展前沿趋势不断推出武夷山绿色生态旅游品牌、武夷山红色旅游品牌、武夷山茶文化品牌等高品位的旅游品牌，树立了鲜明、多元的旅游地品牌形象，得到广大旅游者的强力支持，形成了强大的竞争优势。

3. 不懈创新，强化质量

创新是产品的灵魂所在，武夷山旅游在其发展过程中不断进行创新，不断提高产品的质量。例如，从2005年6月开始，武夷山景区将实行新票制，将武夷山景区门票分为3类：即110元人民币的一日有效票，120元的二日有效票和130元的三日有效票。九曲溪竹筏漂流票价未发生变化，还是每人100元。与原先的111元景点通票或126元的所有景点票相比，新票制在价格上并未发生太大变化，只是把原先的景点游改为景区游，这样可更有效兼顾到景区、游客、旅行社等各方的利益，实现“多赢”。

实行新票制后，游客无论买任何一种门票都可游览景区所有景点，且多次进入景区不需重复购票，从3类门票的价格上看，旅游天数越长越划算，真正体现“游超所值”，同时也可避免游客受蒙蔽未游精华景点，减少游客投诉。按原来旅行社设计的游览线路，游客通常在武夷山平均逗留1.9天，而实行新票制之后，游客在武夷山逗留至少3天，无疑会给旅行社增加收入。不仅如此，武夷山还将采取资金补贴的形式，鼓励国内外旅行社组织游客包机和旅游专列到武夷山旅游观光。另外，实行新票制后，还将对武夷山人游武夷提供更为方便、灵活、人性化的优惠政策。

这一举措将原有的景点游改为为景区游，不仅实现了经营形式的创新，更重要的是以人为本，从旅游者的角度出发提升了产品质量。

武夷山旅游的不懈创新还体现于不断顺应市场需求，结合本土资源特色推出了风光旅游、民俗旅游、古文化旅游、茶文化旅游等一系列富有鲜明的武夷特色的主题旅游，并且举办"武夷山旅游节"等重大节庆活动，以节庆促旅游发展。

4. 多元营销，灵活组合

在营销组合上，武夷山最为讲求灵活多样。例如，武夷山市政府与中国康辉旅行社集团签署了"年度协议书"，双方商定，在2005年6月1日至2006年5月31日期间，中国康辉旅行社集团将向武夷山发送客源达6万人次，其中，预计福建省内游客达5000人次。武夷山给予中国康辉旅行社集团的系列旅游团以景区优惠门票。如此大规模的团购项目在福建省旅游界尚属首次，在国内也尚属罕见，团购销售模式有利当地旅游业做大做强。这种短渠道的销售方式既给旅游地以客源保证，也在一定程度上降低了产品成本，有益于实行强强联合共创品牌，经济利益上能达到双赢。

另外，武夷山还散发武夷山画册、折页、武夷风光VCD片和旅游报价等各类旅游宣传品在各种旅游交易会上进行直接宣传促销，以拓展客源市场。

【案例思考题】

1. 武夷山旅游景区是如何运用市场营销策略进行市场营销的？
2. 从此案例中，你从学到了什么？有没有更好的营销战略战术？

【思考题】

旅游景区在营销过程中，如何制定"观光型"与"休闲型"旅游的营销战略？

【本章推荐阅读书目】

1. 旅游景区营销. 刘锋，董四化. 中国旅游出版社，2006.
2. 旅游景区市场营销. 李红，郝振文. 旅游教育出版社，2006.
3. 中国旅游景区管理模式研究. 邹统钎. 南开大学出版社，2006.

第 13 章

旅游目的地营销实务

【本章概要】

本章介绍了旅游目的地营销的概念，旅游目的地营销组织的架构，组织形式，旅游目的地营销计划和评估等基础理论；分析了旅游目的地营销的促销战略、支持战略和战略联盟战略；阐述了旅游目的地营销的原则、内容、框架、策略等具体实施内容。本章的难点和重点是旅游目的地营销的实施。

【学习目标】

- 熟悉旅游目的地营销的组织、计划、评估等基本理论；
- 理解旅游目的地营销战略的主要内容；
- 掌握旅游目的地营销实施的主要内容。

【关键性术语】

旅游目的地、旅游目的地市场营销、旅游目的地营销战略、旅游目的地营销策划。

【案例导读】

湖南的旅游营销

湖南省委、省政府非常重视旅游目的地营销。贺同新副省长多次提到：建设旅游大省需要大手笔的旅游营销，旅游营销需要凝聚智慧与力量。省旅游局在营销湖南时，坚持突出最好的旅游资源，突出张家界和韶山的龙头品牌地位。同时，连续3年举办湖南旅游节，整体对外营销湖南的旅游资源，树立了湖南神秘浪漫的旅游品牌形象，近3年，国内外游客来湖南的非常多，连续3年，湖南省的旅游总收入保持了2位数的增长，增幅高于全国平均水平。

大手笔营销为湖南旅游产业发展插上了翅膀。叶文智在张家界策划组织了一系列活动，对于黄龙洞乃至张家界所产生的深远意义是不言而喻的。1997年，黄龙洞的旅游人数不到30万，而到了2001年，游客人数已飚升到77万，2002年达到85万人，收入5500万元。5年间黄龙洞给当地政府带来直接收入1.1亿元。举行飞越天门洞的活动后，张家界旅游总收入由当年的12.6亿元上升到2000年的19.7亿元，2002年突破33亿元。

通过一系列旅游营销，凤凰的旅游总收入一路劲升。从2001年到2004年，凤凰新增1.6万个就业岗位，旅游总收入增长了20倍，到2004年年底达到4亿多元。农民种植的生姜，原来每千克1元左右，现在达到了5.7元。在凤凰举行的“棋行大地”旅游营销活动，创造了世界唯一的也是最大的永久性围棋棋盘，每2年举行一次棋赛，对围棋爱好者众多的韩国、日本影响深远。2004年，来张家界和凤凰古城的韩国、日本游客有近50多万人次。同时，通过“棋行大地”旅游营销，将张家界山水和凤凰文化有机结合，与同质的黄山、九寨沟相比，大大增加了湘西旅游产品的竞争力。

南岳的一系列营销活动连续几年打造的“寿岳”品牌逐渐深入人心，成为南方几省的宗教文化旅游中心，每年游客络绎不绝。从 2002 年到 2004 年，南岳的旅游总收入分别为 8.8 亿元、9.3 亿元、10.8 亿元，尤其是 2003 年，旅游业遭受“非典”重创之后，绝大多数的旅游景区一片冷清时，南岳旅游却非常火爆，旅游总收入比上年增长 5%。

旅游目的地应具备一定的旅游基础设施和旅游服务设施，由统一的目的地管理机构进行管理和规划；国家及当地政府对旅游目的地的利益有维护、支持和发展的责任和服务的义务；国家和区域旅游组织、旅游企业是旅游目的地发展战略及营销战略制定和策划的主体。布哈利斯将旅游目的地划分为旅游风景名胜区、都市旅游、旅游度假区、主题公园 4 个主要类型。旅游者之所以会离开自己常住地到目的地旅游，是因为该特定目的地对消费者比其常住地和其他备选目的地更具有吸引力。从这个意义上也可以说旅游目的地是能够使旅游者产生动机，并追求动机实现的各类空间要素的总和。

旅游目的地营销有广义和狭义之分。狭义的旅游目的地营销是指对旅游目的地的形象营销和对旅游目的地产品与服务的促销。广义的旅游目的地营销应该包括：确定旅游目的地能够向目标市场提供的产品及总体形象；确定该旅游目的地的目标市场；提高旅游目的地的形象，促使潜在旅游者充分认识到该旅游目的地与众不同的优势；规划、开发旅游目的地的旅游产品；宣传促销旅游目的地的产品和服务，使目标顾客将本地区作为旅游目的地，即选择本旅游目的地旅游；提高来访旅游者在本旅游目的地的消费；对旅游目的地进行有效管理，促使旅游目的地可持续发展。

13.1 旅游目的地营销组织

同一般市场营销活动一样，“谁来营销”，即目的地营销组织是目的地营销需要解决的重要问题。高效的目的地营销组织为目的地营销的顺利实施提供了组织保障。然而，与一般产品不同的是，目的地旅游产品由公共部门（目的地政府）及私营部门（旅游企业）共同提供，在一定程度上具有“公共物品”的性质，由此决定了旅游管理部门对目的地营销负有的责任。目前，我国许多旅游目的地营销管理是由旅游局下设的市场管理机构负责，但是其承担的责任往往与相应的职权不匹配。因此，为了适应新时代旅游业发展的需要，旅游目的地营销管理组织需要进行改革。

13.1.1 旅游目的地营销组织应具备的条件

为了保证旅游目的地营销管理组织的工作效果，旅游目的地营销组织必须满足以下 3 个条件。

(1) 明确责权利

责权利的明确是组织有效运作、减少扯皮现象、提高效率的基础。因此，旅游目的地营销组织建立时，必须进一步界定、明确各部门、各机关相应的责任、权利和义务，使之成为制定真正有效的激励与考评机制的基础，保证工作有的放矢。

(2) 注意接口

一般旅游目的地各部门内部的工作较容易界定和理顺，而旅游目的地内各级部门之间，尤其是同级别的旅游目的地各机关之间的关系容易发生混淆和模糊。因此，旅游目的地营销管理者在流程设计时应特别注意各部门、各机关工作间的接口，使之明晰。

(3) 确保政令畅通

政令畅通是旅游目的地行政管理的重要条件，也是旅游目的地营销组织建立的必备前提。政令不畅通，旅游目的地营销也无从谈起。旅游目的地营销组织就好比是一个企业的营销部门，思路必须明确统一，各自为战的旅游目的地营销自然是管理不到位的表现。所以，旅游目的地营销组织的设计必须确保在组织运行中政令畅通。

13.1.2 旅游者导向型营销组织架构

以旅游者为导向的组织体系应该是旅游者—营销执行人员—营销管理人员—旅游目的地高层领导的倒三角形结构，同时要增加与管理人员、旅游目的地的多层接触（如图13－1所示）。这种结构的优势在于：

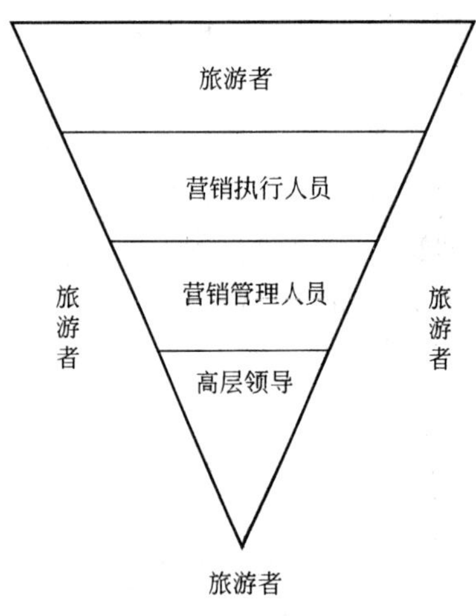

图13－1 倒三角形结构图

- 真正体现了旅游者至上的原则；
- 体现了全员营销的概念，即全员服务旅游者，保证服务质量；
- 减少了沟通环节，提高效率。

实现了这种旅游者服务模式，才能使旅游目的地营销的服务与管理质量提高到一个新的水平。基于这样的认识，旅游目的地营销管理组织可以形成一个面向旅游者、以旅游者为主的市场导向型扁平式组织架构。在该架构中，目的地政府直接领导旅游目的地各级机关部门实施旅游目的地营销的支持、保障、管理、协调和监控等职能，同时目的地政府又直接对各政府职能部门进行管理和协调，而各政府职能部门以组织成员的方式形成了一个矩阵式项目组织管理模式，既保证了组织的扁平化，又保证了管理的有序性及沟通的顺畅。

13.1.3 旅游目的地营销组织形式

营销部内各部门间的工作是紧密联系的，因此，必须精心设计，加强各部门间的横向联系。

(1) 目的地营销组织结构——建立委员会制度

旅游目的地的竞争日趋激烈，目的地内部各部门、各企业之间关系也更为复杂，目的地营销组织内各部门间的工作内容虽各有其特殊性，但联系也更为密切。其联系更倾向于交叉型，其中每个部门的输出，变为其他部门的输入；而其他部门的输出，又变为这个部门的输入。交叉型部门间的横向协调要经过彼此的调节，通过各个部门的互动反馈才能做到。所以，有的管理人员及专业人员彼此之间不得不经常提供反馈信息，并一起做出决策，彼此达成协议。这在企业传统垂直式的组织结构中没有保证，有时甚至无法实现。因此，设立专门的旅游目的地营销委员会作为协调机构，全面负责营销沟通工作，以保证横向联系的正常化与稳定化。

（2）委员会建设

委员会的工作目标 这是委员会建设的核心，即从委员会的整体利益出发，坚持整体利益高于一切；平等参与合作，创整体绩效。成员们有了共同的目标，并形成了牢固的团队精神，同时，决策的民主化与科学化既发挥了个人的潜在创新能力，又发挥了集体智慧。其结果，必然大大促进目的地营销的效果。

选定团队成员 营销委员会主任由目的地政府的旅游主管领导担任，副主任由与旅游相关的职能部门的主要负责人和主要旅游企业的负责人担任，其职责是发挥成员潜在的创新能力并协调各方面的意见，使成员们达成广泛的一致性，同时具有一定的决策权。成员由各相关单位抽调人员担任，选择成员时应考虑专业背景、业务能力、决策能力、沟通技巧等，选择各部门、各企业人员参加，由执行秘书负责取得情报和咨询。

确定委员会的工作形式 委员会成员的实际工作是收集信息、发现问题、设计方案、讨论方案、解决问题，再次收集信息、发现问题、设计方案、讨论方案、解决问题……依此无限循环，直至委员会使命结束。而会议讨论特别适合这种工作循环。通过会议实现成员间的信息沟通、协调、设计方案、优化方案、决策等。但委员们发现的问题不可能立即被解决，提出的建议也不可能立即被采纳，这就需要有一个“蓄水池”，用来暂存“信息”——问题、意见等。这样，委员会工作形式即为：收集信息，设计和召开会议，同信息池交换信息，执行会议决定；再收集信息，设计和召开会议，交换信息，执行会议决定……依此无限循环，直至委员会使命结束。其实，委员们的工作核心就是创新，从创新的角度发现组织的重大问题，或用创新的方法解决组织问题。这种理想的工作模式，在通讯技术迅猛发展的今天，既是可行的，也是行之有效的。

营销委员会的工作内容 营销委员会的工作是做营销决策和协调各部门间的关系。营销委员会不从事日常业务活动的具体执行工作（例如，委员会不负责旅游产品的具体价格），但它规定各类旅游产品销售价格的波动范围。委员会设有固定的人员、办公场所，有稳定的协调机制和比较健全的协调程序，主要负责收集资料、调查研究、市场预测、提出新市场开发方案、宣传促销工作等，同时定期公布市场统计数据，对相关旅游企业的营销工作进行引导和指导。他们一般被授予较大的协调权力，因而协调起来比较有力。

13.2 旅游目的地营销战略

从市场营销的角度来看，营销战略可定义为一个组织通过研究自身目前和未来在市场中的优势和劣势，决定自己想要取得什么位置，并确定为达到目标所要采取的整体营销思路。旅游目的地营销工作分 2 个层面：第一层面所关注的是整个目的地及其旅游产品，这是政府旅游组织的工作重点；第二个层面涵盖的是营销单个产品的商业企业的营销活动。在进行第一层面的营销时，政府旅游组织可以在 2 种战略中进行抉择：一种战略是通过实际促销组合以提升游客对目的地的认识，并对其态度施加影响，称为促销战略：另一种是基于政府旅游组织与企业界广泛合作的支持战略。

13.2.1 促销战略

促销战略是指通过实施促销方案来向目标细分市场中的潜在游客提供重要信息，以突出旅游目的地在游客心目中的形象，激发其旅游意愿，进而促使他们索取产品宣传册，或与当地的旅游代理商联系。著名旅游营销学专家伯卡特和麦德里克将这一战略概括为“造伞运动”，这个形象的比喻已被业界广泛引用。在这把“雨伞”之下，也就是第二层面，众多独立的旅游服务提供者可以销售整体旅游产品中由他们自己提供的个体要素，其营销范围包括以商业性营销为主的所有活动。在这个层面上，旅游业及相关企业（如航空公司和其他运输企业、饭店集团、旅游经营商）可以向那些已对目的地有所了解并愿意前往的潜在旅游者销售各自的服务。为加深对“造伞运动”的理解，下面以我国政府旅游组织开拓海外市场的促销活动为例予以说明。

通常，一位入境旅游者到中国来旅游的决策过程应包括以下几个步骤：① 旅游愿望从无到有的产生，需要某些旅游信息的刺激。② 旅游者决定旅游以后，就要选择旅游目的地。他之所以选择中国，也许是因为他对中国有了初步的了解，并对中国的1个或几个方面感兴趣，这需要接触一些关于中国的信息。③ 选择到中国旅游的具体城市或景点及供应商，这需要了解关于中国某个城市或景点的信息。在这3个步骤中，都需要旅游营销工作者提供相应的信息服务，其中，第一、第二步骤的工作需要由政府旅游组织来完成，属于旅游目的地营销的促销战略内容，第三个步骤则由旅游企业来完成。

世界上大多数政府旅游组织选择将营销预算作为提升目的地的知名度和形象的战略。采用促销战略时，政府旅游组织的大部分营销预算以及组织结构应该体现出“促销至上”的宗旨，但前提是政府旅游组织必须确信自己的营销预算足够开展有效的促销活动。为达到预期效果，这类活动必须具有足够的分量和影响，才能产生足够数量的对目的地有所了解并有意前往的潜在旅游者。

13.2.2 支持战略

由于促销战略的实施受营销预算的限制，因此，近年来越来越多的政府旅游组织开始实施“营销支持”的战略。它的实施，基于以下3个方面的考虑。

第一，每个目的地政府都有发展旅游业的具体政策目标。例如，经济、社会或环境等方面的目标。

第二，旅游目的地通常拥有许多旅游地、旅游产品和细分市场，其中一些在成长，而另一些可能在衰退。它们受目的地政府重视的程度不同，对于实现政府的政策目标的意义也不尽相同。

第三，几乎所有的政府旅游组织获得的营销预算都不足以负担应该开展的所有营销活动，因此，必须确定优先顺序。

支持战略一般包含以下一些活动：① 确定特定市场和细分市场的促销重点；② 协调旅游产品的各组成要素；③ 与旅游业界建立联系并对其施加影响；④ 对符合发展政策的新产品或增长产品给予支持；⑤ 开展合作营销活动，尤其是便于众多中小企业参与的活动；否则，这些企业将很难参与国际性或全国性的营销。

这些活动整合起来就构成了支持战略。这一战略在政府旅游组织和旅游企业之间、第一层面和第二层面的目的地营销之间架起了桥梁。支持战略的实现通常需要广泛的自愿合作，需要政府旅游组织与企业界联合起来协同运作，而这种运作完全有别于传统的花钱进行形象宣传的理念，它对营销组织和营销人员有着不同的定义。

在实践中，政府旅游组织应该根据本国或本地区旅游发展所处的不同阶段采用不同的战略。在目的地市场知名度低、游客流量小且旅游资源薄弱并分散的情况下，政府旅游组织必须发挥主导作用，努力将目的地纳入到整个国际或国家旅游版图中，并在促销目的地产品方面扮演主角。即使在这种情况下，营销预算也常常不足以对若干市场有效地开展形象促销。因此，来自航空公司、饭店集团和旅行社等经营者的营销支持就成为成功的关键。对于那些知名度较高、立足已稳的目的地，由于它们在旅游业界已经建立了自己的对外联系，所以，政府旅游组织便可以将较多的经费集中用于支持和辅助战略，而将较少的经费用于塑造整体形象的广告宣传上。

13.2.3 战略联盟战略

战略联盟虽然是刚出现不久的新事物，具有很多优点，而且具有很大的发展前景，但由于其尚处于发展的初级阶段，还不十分成熟，因此，并不是十全十美的。近年来我国许多旅游目的地为了获得最大的成功，也纷纷组建或加入旅游营销联盟。

参加联盟的不同旅游目的地首先要有一种愿望，是自愿参加该联盟，而且所有参加成员的愿望相同，即有一个共同的战略目标，而且追求该战略目标的时间也要一致。联盟的所有成员都能提供给联盟为实现共同战略目标而需要的某种不同的优势旅游产品。若是大部分成员向联盟提供的是雷同的旅游产品，则有可能导致恶性竞争，最终导致联盟的失败。

联盟的任何一个成员所付出的优势与弱势所得到的补充应大体是平衡的；否则，该成员就会有得不偿失的看法，长此下去该成员就会退出该联盟。而且联盟中各成员的实力对比大体上相当，相差不悬殊。若是联盟中某个成员的实力特别强，就会出现该成员以其实力操纵联盟的现象，从而引起内部冲突，长此下去联盟也会因此而破裂失败。

在战略联盟合作期限内，外部大环境特别是市场环境在不断变化，各成员内部条件也在不断变化，因而导致各成员最初的战略目标、资源条件和相互之间的实力对比都会发生变化。因此，旅游目的地营销联盟成员之间的关系是一种比较松散的关系，并没有严密的组织制度，进入与推出条件也比较宽松，甚至一些目的地为了开发某一特定目标市场，为了降低风险，临时组建营销联盟，共同推出旅游精品线路、开展促销等活动。

“西部·中国旅游营销联盟”首次联合促销取得圆满成功

由成都、桂林、昆明3城市组成的“西部·中国旅游营销联盟”于2007年5月在桂林成立，3城市将共同设计“西部·中国”标识，统一制作旅游宣传册、旅游宣传画、资料袋、多媒体光碟，并针对欧美旅游市场推出“西部·中国”12天行程，分别在成都、桂林、昆明各停留4天。“西部·中国旅游营销联盟”应美国旅游协会和内华达州旅游局的邀请派出代表团于9月5日至9月16日赴美国旧金山、华盛顿、纽约开展联合促销，并参加了美国拉斯维加斯“ASTA国际旅游展”。

代表团在美期间，与美国旅游协会、美国旅行商代理协会、内华达州旅游局、旧金山旅游局等美国旅游专业机构和旅游行政管理部门就“西部·中国”旅游产品推广和合作等事宜进行了交流和洽谈。代表团在美国旅游协会的安排下与美国运通旅行社等30多家从事出境旅游业务的美国知名旅行社就“西部·中国”旅游产品和线路的具体操作事宜进行了深入商讨，并计划于年内赴成都、桂林、昆明3城市实地考察“西部·中国”旅游线路，于明年在全美推出。代表团在美国拉斯维加斯“ASTA国际旅游展”上首次展示和推出了“西部·中国”旅游形象、旅游产品和线路。来自美国、欧洲、日本、韩国、东南亚等国家的旅行商纷纷与代表团接触咨询了解“西部·中国”旅游线路的行程安排及报价等相关情况，并表示将与成都、桂林、昆明3城市旅游局推介的地接旅行社进行具体合作。

【分析】

西部地区成都、桂林、昆明3个著名的旅游目的地共同组建“西部·中国旅游营销联盟”，共同设计“西部·中国”标识，统一制作旅游宣传册、旅游宣传画、资料袋、多媒体光碟，加强3城市在欧美市场的宣传力度，开展联合促销，取得了较好的营销效果。

13.3 旅游目的地营销计划

旅游目的地营销机构最重要的任务之一就是制订营销计划。每位营销管理人员都应懂得如何实地制定一项营销计划。

13.3.1 营销计划内容

营销计划有许多可能的模式，其详略程度都不同。多数营销计划都包含了以下内容或步骤。

（1）计划概要

计划概要类似内容提要，即对该目的地主要的营销目标和措施做概括的说明，便于决策者很快掌握整个计划的核心内容。

（2）分析当前营销状况

主要包括目标市场需求、旅游者、竞争对手和营销环境变化有关的各种背景材料，以及目的地的主要旅游资源、产品和营销能力。然后，可用表格列出过去几年该地各主要目标市场的接待人数、旅游收入和增减情况等经济指标，附上简单的分析说明（如表13－1所示）。对竞争者的分析则侧重他们的目标市场、主要旅游经济指标、营销策略等。

表13－1　××市近5年主要旅游经济指标

		2004年	2005年	2006年	2007年	2008年
国内市场	接待人数（万人次）	1200.5	1300.6	1500.1	1700.8	1500.5
	旅游收入（亿元）	60.2	66.4	76.8	87.2	75.9
国际市场	接待人数（万人次）	66.4	70.4	72.9	74.1	70.3
	旅游收入（万美元）	8125.5	8655.1	8844.8	9100.5	8557.4

(3) SWOT 分析

根据上述营销现状的资料，计划人员要找出该目的地或支撑旅游产品面临的主要机会与威胁，作为下一步采取措施的依据。除了上述机会与威胁的分析外，计划书还可进一步分析该目的地的优势与劣势。机会与威胁主要针对外界因素，优势与劣势则是内在因素。优势指目的地可以利用的要素，例如，具有垄断性或唯一性的旅游产品，营销能力极强的旅行社，各类特色的饭店、风味小吃和极富感染力的广告；劣势指目的地应加以改正的部分，例如，旅游产品价格偏高，广告宣传不足，配套旅游服务滞后等。

(4) 拟定营销目标

进行 SWOT 分析的结果是确定营销要解决的主要问题，即拟订营销目标。目标是营销计划的核心与制订下一步具体营销策略和行动方案的基础。旅游目的地营销目标主要包括旅游接待人数、旅游收入、在区域或全国的排名、目的地的形象宣传效果等。所有目标都应以定量的形式表达，并具有可行性、一致性，能够分层次地加以说明。

(5) 列出主要的营销策略

每一目标都可通过多种途径去实现，目的地营销管理者必须做出决策，然后在计划书中简明扼要地列出，内容包括传统目标市场、潜在目标市场定位、营销组合策略、市场调研计划等。

(6) 提出行动方案

营销策略还要转化为具体的行动，这部分要表明将具体做什么，什么时间、哪些部门参与做，预计花费多少，等。按时间顺序列成表，即是未来实际行动的计划（见表 13－2）。

表 13－2 ××市旅游营销计划表

活动项目	关键日期	负责部门（人）	费用
2008 年 4 季度			
1. 电视广告	20/12	旅游局	1000 万元
2. 宣传手册	25/12	旅游局	50 万元
……			
2009 年第 1 季度			
1. 旅游大篷车	25/2	旅游局、旅游企业	20 万元
……			
2009 年第 2 季度			
1. 参加国内旅游交易会	15/4	旅游局	30 万元
……			
2009 年第 3 季度			
1. 文化旅游节	1/8	组委会	100 万元
……			
2009 年第 4 季度			
……			

(7) 预算方案

根据行动方案还要编制相应的预算方案，旅游目的地营销主管领导审查批准或修正这个预算，但一旦批准，该预算便成为目的地营销活动的基础。

(8) 控制

计划中还应关注计划执行过程中可能遇到的风险，并选择相应的控制方法。最简单的是年度计划控制，即将目标和预算按月或按季分解，旅游目的地营销主管部门定期检查完成情况，若未达到，营销负责人负责做出解释并提出补救措施。

13.3.2 营销计划的贯彻实施

实施是将计划转化为具体行动并达到既定目标的过程。

实施计划要有一个行动方案。该方案也许形成了文字，也许只是在领导头脑中。它规定了由“谁”在“什么时间”“什么地点”“怎样”去执行哪一项具体的任务。例如，计划规定了要组织一次与大型的旅游目的地宣传促销活动，也分配了预算，这时就要安排人具体去组织完成这项任务。

为有效地执行计划，也需掌握以下一些相关的技能：

第一，根据计划规定的工作量和难度，在不同任务间合理分配时间、人员和资源的能力。

第二，控制技能，包括建立和管理一个对计划实施过程进行有效监督的控制系统，并具有在发生意外时迅速采取补救措施的能力。

第三，组织技能，主要是处理好旅游目的地营销组织内集权与分权、正规化与非正规组织关系，建立合理制度、协调各部门关系的能力，以使组织效率达到最高。

第四，影响他人的技能。旅游目的地营销组织的效率除取决于组织的结构、制度、传统、风格等组织因素外，还取决于领导者推动、影响他人努力将事情办好的能力。而且，领导者不仅要善于推动组织内的同事努力工作，还应善于影响组织之外的其他部门和个人更有效地工作或减少阻力，以达到营销计划目标。

13.4 旅游目的地营销实施

目前我国旅游业已具有高度的竞争性，可供消费者选择的潜在旅游目的地的数量已大大增加，众多的地区为吸引旅游者而展开了激烈的竞争，营销则成为目的地相互竞争中所选择的重要手段。旅游目的地营销是一种在地区层次上进行的旅游营销方式。在这种方式下，地区将代表区域内所有的旅游企业，以一个旅游目的地的形象作为营销主体加入旅游市场的激烈竞争中。地区营销的参与者不是某个旅游企业，而是地区内所有的机构和人员；营销对象不是某个旅游产品，而是地区内所有的产品和服务；获益者不是某个旅游企业，而是整个地区。因此，传统的营销理论不适合旅游目的地的实践。但是，迄今为止，无论在理论界还是在实践中，对于这种营销理念的变革和策略的改变还不够，依然存在套用传统产品的营销理论来营销旅游目的地。所以，目前在我国旅游目的地发展中存在的问题使得许多旅游目的地重新思考它们的营销战略。

13.4.1 旅游目的地营销原则

旅游目的地营销是将一个国家或地区的旅游机构有计划地联系在一起进行合

作和协调，而不仅仅是募集一批资金用来向其目标市场进行宣传推广。因此，负责进行目的地营销部门的首要任务就是制定一个着眼全局的营销战略，用来对目的地各方组织机构和资源进行协调和组织，从而圆满实现目的地营销。由此看来，当地的政府部门（如旅游局）在一定程度上成了负责进行目的地营销的主力军。旅游目的地的营销必须遵循一定的原则，根据林南枝等人的论述，旅游目的地营销应在以下4个原则的指导下进行。

（1）整体协调原则

旅游目的地营销涉及一系列的因素，是一项系统工程。旅游目的地组织和旅游企业所制定的营销战略及其实施和评价体系应该相互协调一致，共同组成一个完整的旅游目的地营销规划，以使其营销活动更加有效。

（2）适应环境原则

目的地营销应该重视旅游目的地的旅游组织和旅游企业与所处的外部环境的互动关系，并在和外部环境的互动中适应、利用甚至影响环境的变化。旅游目的地的旅游组织和旅游企业的管理者在制定和实施营销战略时，要清楚地了解哪些内外部因素影响企业及其影响的发生方式、性质和程度，以便制定新的营销战略或及时对旅游目的地现有的营销战略进行调整。

（3）全员参与原则

旅游目的地营销不仅要求旅游目的地的当地政府与旅游组织、旅游企业管理者的参与与支持，也需要当地居民及全体旅游工作者的参与和支持。

（4）不断改善原则

一个好的旅游目的地营销战略计划都具有具体化和可操作性的特点。然而营销战略实施不总是一帆风顺，而营销战略计划也不总是一成不变的。因此，只有不断地通过跟踪反馈，对计划进行不断地调整，才能保持营销战略的适应性。

13.4.2 旅游目的营销的内容

在旅游目的地营销活动的具体内容方面，学者们在各自的研究中分别进行了概括。国外学者观点鲜明，莱斯·拉姆斯顿（1997）用传统的企业营销理论来讨论目的地营销的内容，认为目的地市场营销的任务包括：开发符合各类市场要求的旅游产品；为促销目标提取特殊诉求；管理需求；监督旅游开发带来的社会的、经济的和环境的影响。库珀等人（1998）将目的地营销的核心内容总结为旅游目的地形象的塑造与宣传、目的地市场定位和目的地竞争战略，认为目的地市场营销的重点仅限于促销策略，以此来改善目的地的形象或者是使潜在及现实的旅游者产生更多的正面“精神理念”；目的地需要着重突出那些能够对不同旅游者产生吸引力的产品属性，并且确保促销活动能够传递有吸引力的信息。目的地还需创造差异性的特征或“品牌”，以建立目的地区域定位的基础，使目的地具有与竞争对手不同的个性和差异。国内学者的观点比较统一，都强调了目的地形象的重要性，并且强调了应该围绕目的地开展营销活动。

因此，除了莱斯·拉姆斯顿提出来开发旅游产品，其他的观点都集中在刺激需求、应对竞争、持续发展和信息传递等方面。其中，树立品牌、提高知名度和美誉度是目的地营销活动的任务；引起消费者的注意，并最终使消费者满意、提高重游率是目的地营销的根本目标；市场细分与选择、定位、竞争分析和信息传播等是目的地营销活动的具体内容。而旅游目的地形象是目的地营销的核心概念，目的地的营销活动应该围绕形象建设进行。

13.4.3 旅游目的地营销的框架

根据对营销活动内容的总结概括，旅游目的地营销的框架见图13－2，其中的逻辑关系为：① 旅游者的消费行为特征是目的地营销活动的基础，具体来讲，只有充分了解旅游者的消费决策制定过程和影响因素，目的地才能有效地开展营销活动，尤其需要了解目的地形象在旅游者心目中的形成过程；② 使旅游者满意是旅游目的地营销活动的目标，这样才能争取正面的口碑宣传，争取旅游者的回头率，保持竞争状态，保持市场份额；③ 旅游目的地形象是旅游目的地营销的核心内容，根据旅游者心目中对目的地形象的认知可以分析目的地的市场细分、定位以及竞争的优势和劣势，而旅游目的地的信息传播的主要任务是宣传旅游目的地形象。

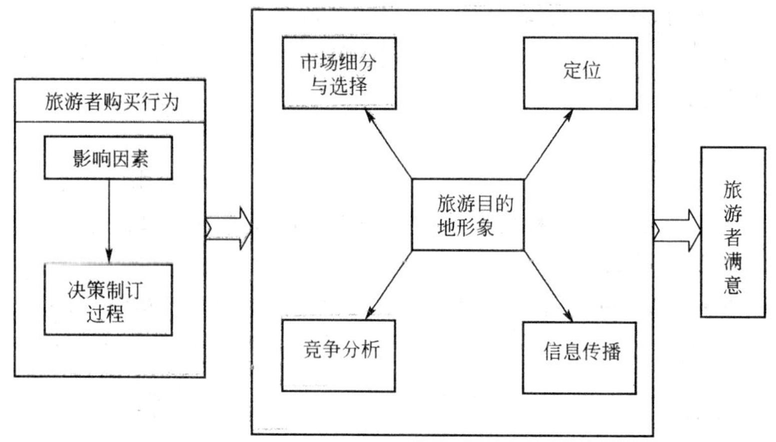

图13－2 旅游目的地的营销框架

13.4.4 旅游目的地营销策略

13.4.4.1 设计符合目标市场的目的地旅游产品

D. 布哈利斯在《目的地开发的市场问题》一文中指出，目的地产品是与目的地有关的市场形象的一切旅游产品和服务的总体，它包含六大方面的内容：吸引物、可进入性、设施、包价、活动、附属服务。目的地旅游产品往往是组合产品，它们是目的地所拥有的自然资源（如景观、海滩、湖泊、气候等）以及目的地所能提供的服务设施（如住宿、交通、餐饮、娱乐等）以不同的形式复合而成的。所有旅游产品的设计都要和目的地形象紧密结合，因为对于每一个未来的旅游者来说，目的地的旅游产品在他心中的地位，依赖于他对目的地的期望和目的地在他心中的形象。目的地的旅游产品的设计和发展还依赖于目的地各个旅游服务企业之间的融洽合作，以致力于创造本目的地旅游产品的独特性和差异性。

价格在决定目的地形象时起了非常关键的作用，因为大多数情况下，旅游者在做出到某一旅游目的地旅游的购买决策之前并没有参观过该目的地，价格自然就成了目的地品牌价值的标志。因此，管理者可以通过控制产品的价格来控制目的地产品的价格形象。在许多目的地中，旅行社在目的地定价方面起了重要的作用。目的地旅游产品的价格会受到一系列微观和宏观因素的影响。旅游目的地的某一项旅游产品往往是由多个企业共同拥有或生产的要素组合而成。该项旅游产品的价格会受到当地政府的政策以及各个相互独立企业的定价策略的影响。

13.4.4.2 目的地市场推广

旅游目的地市场推广（destination mark promotion），即旅游区通过综合营销手段和途径与旅游目标市场消费者（现在和潜在的）进行全方位沟通，从而建立自身作为旅游目的地的鲜明市场形象，并最终实现本旅游区旅游项目与产品的全面销售。邹统钎认为旅游目的地的市场推广具有以下特点：第一，手段综合性，即多种营销手段综合运用；第二，目标明确性，即市场推广的最终目标明确地导向市场指标，例如，市场占有率、旅游人数和综合销售额等。舒伯阳提出旅游目的地营销的内容涵盖三大层面，即地区形象推广、旅游活动推广、产品营业推广。

13.4.4.3 旅游目的地形象推广

旅游目的地营销的一个关键环节是整体旅游形象的策划、设计与推广（匡林，2001）。根据舒伯阳的定义，旅游地形象（Image）是指旅游者对旅游目的地总体、概括的认识和评价，它是旅游目的地历史印象、现实感和未来趋势在旅游者心目中的一种感性与理性的综合感知。旅游地形象在旅游者心目中的地位，决定了该旅游目的地客源市场的未来形成与发展，因而旅游地形象推广成为市场推广的首要主题。

有创意的营销口号是旅游形象定位的经典概括，是塑造目的地旅游形象的基础。例如，临沂市将其旅游形象定位为“沂蒙好风光”（源自于“人人都说沂蒙山好，沂蒙山上好风光，青山绿水多好看，风吹草低见牛羊”）；宁夏设计了“中国旅游最后的处女地”来强调其无污染、原始性的旅游特色；上海针对旅游者追求新、奇的心理需求，提出了“上海精彩每一天”。这些有创意的主题口号对游客的需求起到了很好的激发作用。

围绕旅游形象的渲染和升华，在有创意的旅游形象定位的基础上，目的地应从景观设计、建筑规划、项目策划以及旅游相关企业的形象展示来体现其已定位的旅游形象。例如，苏州以古典园林被列入世界文化遗产名录为契机，使苏州的城市定位——“园林城市”一下子清晰起来。苏州市根据“古城居中，东园西区”的城市格局，采取见缝插绿，破墙透绿，规划建绿等措施，形成特有的园林绿化格局，将苏州建成一个真正的“自然山水园中城，人工山水城中园”的古典园林城市。首先，旅游目的地的营销者可以选择参加与主要目标市场相关的媒体和旅游交易会来展示地方政府工作，树立旅游地正面的地区发展形象；其次，挖掘提炼地区文化底蕴、文化历史遗产，创立与宣传本地区主要节庆事件，组织艺术展览、综合研讨会等文化活动来突出展示旅游目的地文化形象，是一个旅游目的地保持长期生命力的基础；再次，目的地可以通过出版发行本地区主要风景点的明信片、音像制品，发放交通图、导游图和营地指南，来树立旅游目的地优良的服务形象。

柳州主题定位——山水桂林，风情柳州

由于桂林与柳州区位紧邻，因此，柳州旅游的主题定位就必须和桂林的山水主题定位有不同特色的区别和互补互动。

柳州与广西龙头旅游品牌的桂林毗邻，同属桂北旅游经济区，桂北旅游开发的主副2个中心，“即以桂林市为中心，以柳州市为副中心”。桂林旅游以山水甲天下取胜，柳州旅游则以风情而卓越；两者可突出各自旅游特色，形成各自区域旅游环线，又优势互补，相连成网，如此方能共同构筑起桂北旅游的大系统。

桂林和柳州旅游资源的核心竞争力差异明显。桂林旅游的独特资源是自然山水，桂林是中国美丽山水的代名词，漓江、阳朔引起的是感悟自然山水，闲适心情的心理诉求，给游客以视觉感观和心灵沉静的满足。而柳州则相反，它必须紧紧依托自身不同于桂林的资源要素特点来做文章。这就必然要强调风情这个关键的主题，立足风情这个基本点。

柳州旅游最独特的资源是风情，其中，全面生动的四民族原生态的生活方式及浓郁的民俗风情独树一帜：三江侗族建筑艺术（知名品牌程阳风雨桥、芭团风雨桥、马胖鼓楼）、大歌（多声部合唱艺术）、节庆民俗及侗寨美丽并且具有新鲜原生形态的独特魅力；金秀圣塘山万亩变色杜鹃美景（大瑶山）与世界知名的瑶族风情，融水元宝山美景（大苗山）与原生态苗寨风情，贝江水景及匀滩苗寨风情，刘三姐传歌成仙的动人传说与壮族对歌，都是别具魅力的民族风情，比周边地区有较强的竞争力，更是桂林的民族风情所不能比拟的。

柳州的城市更具人文内涵，先进的现代工业，悠远深厚的古人类文化，独特的壶形城市线条，鲜活的市民歌艺文化，典雅的赏石文化，奇特的棺材文化层层叠加，纷繁交错，形成龙城独特的城市风情。游客在柳州可尽享桂林所不能完全提供的人文互动的心智体验。这些都从根本上决定了柳州将以其更侧重于人文要素和现代要素整合来和桂林形成互补和竞争。其竞争力的形成是显而易见的。而这种互补性的竞争即有利于2个城市的同步发展，也是柳州市旅游发展的必然过程。

鉴于桂林旅游品牌的强势影响，柳州开拓旅游市场必须依托于桂林，与桂林共生营销，捆绑销售。只有借助桂林山水品牌，把不利的紧邻地域条件变为可依靠和利用的朋友关系，通过知名品牌带动，才可能尽快地增加柳州旅游的知名度，提升柳州风情旅游品牌形象。

据此，柳州则充分发挥自己的风情优势，以风情感受为体验之源，改善心身融入为基本诉求点，构建以风情为核心，以互动体验为主导的复合产品体系，促进柳州发展成为体验性与人文性的互动休闲旅游目的地。

【分析】

柳州通过深度挖掘独特卖点，同时有目的地打造这些独特卖点产品，实现与桂林旅游的差异定位，柳州才能与桂林优势互补，良性竞争，在桂北旅游大系统中相连成网，共生共荣。

13.4.4.4 旅游活动推广

旅游活动推广的重点是旅游节庆活动的策划与设计。节庆的内涵包括：以特别的仪式为标志的庆典；为纪念名人或著名事件，或庆祝丰收的年度仪式；为纪念作品、工艺类展览的文化事件；地区性具有相当规模影响的交易会；具有一定主题的大众娱乐和聚会。节庆事件本身就是一种旅游吸引物，可延长旅游季节，扩大客源地分布，是旅游区的主要形象塑造者，也是一些静态吸引物（如公共设施、市场与商店）的激活因素。因此，在旅游目的地营销中扮演着十分重要的角色。一般每个旅游区都有本地的节庆事件，例如，我国南方的端午节、妈祖庙会、橘子节、三月三歌会等；北方的影视节、冰灯节、风筝节、啤酒节等。此外，大型的体育活动、国际服装节等都是非常吸引人的项目。旅游目的地应该把这些节庆事件和旅游区静态的服务、设施有机地结合起来，尽可能地吸引游客，减少季节差异，并扩大旅游目的地形象影响。

13.4.4.5 旅游营业推广

旅游区营业推广强调针对旅游目的地这一目标空间，在特定时间内采用系列促销工具，并促使旅游者产生立即或大量的消费行为的直接效果，是旅游区相关企业在某一特定时间与空间范围内，通过刺激和鼓励交易双方，并促使旅游者尽快购买或大量购买旅游区的相关产品或服务而采取的一系列促销措施和手段。舒伯阳提出了旅游目的地营业推广的4种典型方式，如表13－3所示。

表13－3 旅游目的地营业推广的典型方式

营业推广方式	实施内容	目　的
促销：针对终端消费者	纪念品、土特产、风情画册、各种价格折扣、消费信用、特殊服务等	增加直接销售
竞赛：针对推销员	红利提成、推销竞赛、特别推销佣金、销售集会等	激励销售动力
拓展：针对中间商	批量折扣、现金折扣、业务会议、联营促销，提供POP招贴画、小册子、录像带、推广津贴等	拓展销售渠道
联营：针对生产商	租赁促销、类别旅游折扣、订货会、配套服务等	完善产品供给

13.4.4.6 政府主导下的联合营销

在目的地营销中，当地政府通常会参与到旅游目的地营销活动中，在各级政府、旅游部门的主导下，协同地区旅游行业协会，旅游内所有企业和相关行业及部门对经过整合、策划、包装的旅游形象加以推广，提高目的地的知名度。目的地在整合自身形象的基础上，也可与周边地区开展联合营销，塑造区域化旅游品牌，从而达到宣传目的地的效果。例如，2003年广州国际旅游展销会上，广州、深圳、珠海3地旅游局以“广深珠”旅游开展联合促销活动。

另外，在政府主导的前提下，应充分发挥旅游行业协会的作用，为促进整个目的地旅游业发展做出贡献。例如在德国，由德国国家旅游者委员会主要负责营销活动，为市场特定需求量身定做并出版单独的消费者杂志，市场营销活动效果颇佳，并为所有参与者带来了附加价值。

13.4.4.7 旅游目的地整合营销传播

单一的营销策略对于旅游目的地来说已很难奏效，必须借助整合营销传播对各类营销资源进行整合。具体的步骤如下。

（1）树立整合营销传播的观念

整合营销传播是整合基础上的全新思维方式和系统化的营销方法，在面对日益激烈的旅游市场竞争和快速变化的营销环境时，目的地营销组织应首先树立整合营销传播理念。整合营销传播的核心和出发点是消费者，旅游目的地组织的一切工作都要围绕着消费者进行。组织者必须借助信息社会的一切手段知晓什么样的旅游者到旅游目的地来，为什么来，有怎样的消费行为；建立完整的消费者资料库，从而建立和消费者之间的牢固关系。

（2）塑造旅游目的地的一致性形象

传统的目的地营销传播通常由各个利益相关者自行进行，传播的目的盲目，采取的手段也各自为政，因此，向旅游目标市场传递的信息也是杂乱无章的。这样，旅游者对旅游目的地形象的认识就会出现很大偏差，造成旅游者对旅游目的地出行决策的不利影响。所以，目的地营销组织就必须结合本身的资源及产品的特征和客源地消费者的需求特点，提炼出统一的、有鲜明个性的旅游目的地形象，即形象定位。目的地形象确定后，就要将以前分散化的各种营销活动有机地、合理地进行整合和统一，达到由于整合而产生的最大的协同效应，使旅游目的地达到“一个声音，一个形象”，也使目的地组织的传播活动获得更大的协同效应。

（3）建立目的地整合营销传播执行机构

旅游目的地营销传播是在地区层次上进行的营销方式，地区代表区域内所有的旅游企业，以旅游目的地的整体加入到旅游市场激烈的竞争中。由于整合营销传播涉及各个方面，每个方面的营销措施都会对目的地形象带来影响。为保证整合营销传播活动全面、持久地实施，必须建立保证整合系统进行良好运行的组织机构——旅游目的地组织，代表旅游目的地各方利益，既组织设计和开发旅游目的地产品，并直接向目标市场进行促销，还提供一系列的支持活动促使目的地旅游利益相关群体更好地营销。

（4）构建旅游目的地营销数据库

客户数据库是支撑整合营销传播实施的基础，也是整合营销传播成功的关键。旅游目的地营销组织可以通过对数据库的利用获取和存储关于顾客的各种购买决策信息、消费行为的预期等重要信息，以便确定目标市场及进行营销管理等。利用数据库可把有关的传播资源整合，如邮件、电话、直销、广告宣传、公关活动等，统一协调调度，选择更经济的方式，从顾客的角度来开展营销传播活动。

（5）建立可循环的目的地整合传播系统

通过以上步骤，旅游目的地可建立整合营销传播系统，再通过不断的优化各个环节和过程，完成战略目标：增加有效的旅游需求和旅游与目的地经济、社会、环境等协调发展。

13.4.4.8 传统营销手段的深化与创新

旅游目的地营销在传统的广告宣传、公共关系、运用推销员等营销手段的基础上，可采用节事旅游营销、旅游会展、网络营销等将目的地形象直接展示于目标公众面前。“旅游目的地营销系统（DMS）”在世界范围内已得到广泛应用，例如，英国、新加坡、西班牙、澳大利亚、奥地利、芬兰等发达国家和地区均竞相采用，明显地提高了旅游营销效益。时至今日，DMS已演变为一种新的旅游营销模式，相比传统的方式（如制作和散发印刷品、开办分支机构、参加国内外展会），DMS投入小，目标更明确。2002年10月，南海旅游目的地营销系统的建设成功，意味着我国旅游目的地营销方式已发生巨大变化，用信息化变革我国旅游目的地营销手段已经拉开序幕。目的地网络营销可由政府牵头，企业参与，充分整合各旅游企业的信息资源和资金优势，借助电子网络手段，树立旅游目的地整体形象。

广东南海建成旅游目的地营销系统

南海旅游目的地营销系统2007年10月30日通过了由国家旅游局信息中心主持、中国科学院何新贵院士为组长的专家小组的论证和鉴定。专家们认为：该系统是我国第一个按照“金旅工程”要求，结合国内外目的地推广的先进经验和南海市信息化建设情况，开发并实施的旅游目的地营销系统。南海DMS系统包括目的地形象设计和以旅游电子杂志为整体设计思路，主要针对休闲度假游客为主的南海旅游网，企业可在系统中建立自己的旅游营销系统，发布、编辑、更新企业的产品信息。

据了解，旅游目的地营销系统在世界范围内已得到广泛应用。在英国、新加坡、西班牙、澳大利亚等十多个发达国家和地区，它已演变为一种新的旅游营销模式。它通过将网络营销和传统营销业务有效结合，广泛地支持了当地的旅游企业，明显地提高了旅游营销效益。

【分析】

目的地营销系统可被认为在信息化时代中形成的新的旅游营销模式，在满足各旅游目的地提高营销水平需要的同时，建立起中国旅游行业的信息化标准，有效地利用信息化手段将中国作为一个整体推向世界旅游市场，营销中国旅游。

13.5 旅游目的地营销评估

检查旅游目的地的前期业绩和策略可以对旅游目的地在过去一年中所投入的营销努力做一个评估，并且在评估的过程中，能了解自己什么地方做得好，什么地方做得不好，什么策略能够奏效，什么策略无法产生预期的效果。评估的项目都是能控制的因素，因此，能将一些改正或改进的方法和策略加进新年度的计划里，同时能发现许多尚未解决的问题，作为新年度设定目标、拟订策略的参考资料。共有4种不同的评估方法（见表13-4）。

表13-4 旅游目的地营销评估法

控制类型	主要负责人	评估目的	方　法
1. 年度计划评估	目的地主要领导	检查计划目标是否实施	旅游接待人数、旅游收入、游客满意度追踪
2. 盈利率评估	财政审计人员	检查旅游业的主要贡献	旅游利润、旅游业对GDP和财政的贡献率、居民收入
3. 效果评估	旅游管理职能部门公务员	评价和提高经费开支效果和效率	旅游广告宣传、展销推广、论坛会议等的效率
4. 策略评估	目的地高层，相关职能	检查目的地是否在市场、产品和渠道等方面求最佳机会	目的地知名度、美誉度，居民满意度，道德与社会责任评价

13.5.1 年度计划评估

年度计划评估的目的在于检查旅游目的地实现它在年度计划中所制定的销售、利润以及其他目标的情况。年度计划评估的中心是目标评价，包括以下4个步骤：

第一，旅游目的地营销主管部门必须在年度计划中建立月份或者季度目标，作为水准基点；

第二，旅游目的地营销主管部门必须监视在市场上的执行绩效；

第三，旅游目的地营销主管部门必须对任何严重偏离行为的原因做出判断；

第四，旅游目的地营销主管部门必须采取改正行动，以便符合其目标和执行实绩之间的缺口。这可能要求改变行动方案，甚至改变目标本身。

这一评估模式适用于组织的每一个层次。旅游目的地营销主管部门建立一年的旅游目的地营销目标。这些目标被分解成每个职能部门（如旅游局、文化局）的具体目标。于是，每个职能部门就要达到某个销售水平和成本水平。每个部门负责人和每个工作人员也被责成完成若干目标。政府定期检查和分析结果，并且查明需要采取哪些改进措施。

13.5.2 盈利能力评估

旅游目的地必须衡量其不同旅游要素的盈利率。这方面的信息将帮助目的地营销主管部门决定哪些“产品”和“服务”应该扩大、收缩或者取消。

13.5.3 效率评估

假设利润分析揭示了旅游目的地营销在若干旅游目的地产品或者市场方面的盈利情况不妙，要解决的问题就是，是否存在更有效的方法来管理旅游广告宣传、展销推广、论坛会议、节庆活动等绩效不佳的营销活动。

由于旅游目的地营销在目前尚不成熟，因此，建议目的地政府应建立营销顾问职位或聘请专业的顾问，或公司帮助旅游目的地“营销人员”改进营销效率。营销顾问不仅应是营销专家，而且应该是旅游目的地营销方面的专家。他们对营销费用和结果进行高级复杂的财务分析，检查利润计划和保持记录，帮助制订旅游目的地营销的预算，衡量促销活动的效率，分析媒体使用成本，评价旅游者与项目盈利率，教育旅游目的地营销人员懂得决策中的财务意义。

13.5.4 策略评估

旅游目的地营销主管部门必须经常对其整体营销效益进行缜密的评价。在旅游目的地营销这个领域，各种目标、政策、策略和计划的迅速过时可能是经常发生的事。每个旅游目的地应该定期对其进入市场的总体方式进行重新评价。如今旅游目的地之间相互激烈竞争，策略的发展及实施如果不能建立在旅游目的地的长处上，就如同在沙地上筑屋，难以长期存在。所以，在评估策略时，千万要注意旅游目的地有没有足够的有利点，以迅速地完成策略计划。

【案例分析】

香港旅游营销成功经验

据世界旅游组织2004年对全球各国和地区游客的统计数字显示，香港以2180万人次的破纪录成绩，跻身全球第七位；旅游收入达918亿港元，不仅为香港赚取了大量的外汇资金，同时有力地带动了旅游关联产业发展，促进了地区经济发展和社会繁荣。香港在旅游资源并不具备比较竞争优势的情况下，凭借什么因素打造了现代旅游业的神话？究其原因，旅游目的地营销策略的成功实施是促进香港旅游业在短时期内迅速腾飞的重要因素之一。

（一）成员多样化的组织机构

香港旅游发展局作为旅游目的地营销的实施主体，不仅负责旅游目的地营销公共产品的建设，而且肩负着协调政府部门、城市规划部门、商务发展部门、旅游部门、基础设施管理部门（交通、教育、环境卫生）、房地产开发商、金融机构，接待企业和零售业、建筑业、旅游业界、当地居民等众多利益相关者，共同开展旅游目的地营销活动的职责。香港旅游发展局是政府资助的半官方机构；它的成员构成具有广泛的代表性，根据2001年《香港旅游协会条例》规定，香港旅游发展局成员为20人，其中规定8名须来自以下组别：

客运商、旅馆营运人、持牌旅行代理商、旅游经营商、零售商及食肆营运人；其余12名成员由香港旅游发展局邀请有不同经验的人才出任，其中包括委任来自市场推广、法律、银行财经界人士，以及消费者委员会代表、旅游业前线工作者代表。它的主要职责是在世界各地宣传和推广香港成为旅游胜地以及提高游客的旅游体验；就地区旅游设施的范畴及素质向特区政府和相关机构提供建议。它的主要活动内容包括：① 定期收集市场数据以促进开拓客源市场。② 广泛建立国际旅游网络。香港旅游发展局通过与世界旅游组织广泛建立联系的方式将其客源网络成功地延伸至全球的每一个角落。③ 通过五大渠道，即消费者推广、同业推广、媒体推广、会议展览及奖励旅游推广、名人推广，以达到宣传香港旅游形象，吸引潜在旅游者的目的。

（二）务实有效的营销策略

1. 宣传手段多样化

香港的旅游营销方式十分灵活多样，一方面花费巨额资金用于电视、广播、报纸、橱窗等传统宣传媒介，以“宣传轰炸”的态势来打造“眼球经济”。例如，香港在2005—2006年动用5亿港元资金用于一系列的旅游宣传及推广活动，以期达到吸引超过2700万游客的目的。具体营销方式有在海外散发各类印刷品（如《香港旅游指南》《香港购物指南》等）；通过当地电视节目播放香港风光纪录片；参加各地举办的国际旅游展览；在各地举办“香港节”“香港美食节”以及以香港为主题的橱窗设计比赛、摄影比赛等。另一方面，互联网等高科技营销手段以及主题营销活动等多样化的营销手段为香港旅游目的地形象宣传起到了重要的辅助作用。香港旅游网、香港行旅游网、香港旅游家、香港旅游发展局网站等一批旅游网站为宣传香港旅游，为游客提供旅游信息服务起到了重要作用。多样化的营销手段极大地提高了香港旅游目的地的知名度与美誉度。

2. 产品追求标新立异

标新立异是旅游目的地营销达到轰动效应的重要条件，其核心就是“新”，以新形象、新产品、新形式给旅游者“耳目一新”的感觉，以达到吸引旅游者、占领目标市场的目的。为了准确把握来港游客的旅游需求变化，香港旅游发展局每年都要定期开展旅游市场调查和咨询项目。调查的项目包括旅客的需要和来访动机、游客属性、消费偏好、对港印象及意见等。通过对这些一手市场资料的分析来了解游客旅游需求的变化，再进一步有针对性地创新目的地营销策略。

在旅游主题形象创新方面，从2001年开始直到2003年香港的旅游主题是“动感之都，就是香港”，展示出一个充满机会和活力、东西方文化汇聚的都市形象，既树立了自己的旅游形象，又张扬了城市个性；2003年“爱在此，乐在此”主题形象宣传很好地塑造了香港作为国际性都市的健康美丽新形象；随着家庭群体及商务客人逐渐成为香港旅游客源的主体，香港于2006年开展“2006精彩香港旅游年”主题活动，目的在于短期内令香港成为亚洲最热门的旅游目的地，在长期内进一步巩固香港在国际旅游市场的领导地位；目前香港政府部门的旅游策略小组正在研究如何借鉴国际大都市的经验，打造香港大都会旅游的新品牌。

在产品创新方面，香港不断举办精彩纷呈的大型旅游活动，如“香港节”、“香港美食节”、“香港购物节”、“香港缤纷冬日节”、国际电影节、香港艺术节、大型体育赛事等；不断新建旅游景点，如香港迪斯尼乐园、幻彩咏香江第二期、东涌吊车发展项目、香港湿地公园、中区警署建筑群文化旅游发展计划以及多项热门旅游景点改善及美化计划等。不断创新的旅游形象和旅游产品为不同旅游需求的游客提供了多元化、特色化的旅游选择，最大限度满足了不同细分市场的旅游需求。

3. 利用名人效应提高认可度

旅游目的地安排知名人士参加地区营销活动，利用名人的知名度和公众对名人的信赖度来增强旅游者对旅游目的地的关注度和认可度。香港利用名人策略开展目的地营销的活动包括：聘请成龙、郭富城、莫文蔚、李嘉欣、黎明等知名演艺明星担任香港旅游形象大使，利用明星效应分区域进行推广活动宣传；香港旅游发展局每年派出约100名“学生大使”，即对将前往外国留学的学生进行短期培训，并提供资料、图片，让他们向外国人民宣传香港；派出“香港小姐”作为“亲善大使”出访外国介绍香港；香港民间艺人以及有经验的厨师每年定期在海外做现场表演。

【案例思考题】

1. 香港旅游营销为什么会取得这么好的效果?
2. 香港旅游发展局的做法对内地旅游目的地有什么启示?

【思考题】

1. 如何确定旅游目的地营销组织形式?
2. 旅游目的地营销如何实施?
3. 请为一个熟悉的旅游目的地做一份完整的营销计划。

【本章推荐阅读书目】

1. 旅游市场营销. 莱斯·拉姆斯顿. 东北财经大学出版社, 2004.
2. 旅游目的地营销. 王晨光. 经济科学出版社, 2005.
3. 城市营销. 周文辉. 清华大学出版社, 2004.

参考文献

戴斌，杜江. 2007. 旅行社管理［M］. 北京：高等教育出版社.

苟自钧. 2005. 旅游市场营销学［M］. 郑州：郑州大学出版社.

克里斯·库珀，约翰·弗莱彻，大卫·吉尔伯特，等. 2004. 旅游学——原理与实践［M］. 张俐俐，蔡利平，主译. 北京：高等教育出版社.

莱斯·拉姆斯顿. 2004. 旅游市场营销［M］. 大连：东北财经大学出版社.

李宏. 2007. 论旅游目的地营销框架的构建［J］. 生产力研究，4：69－71.

梁骥. 2006. 旅游市场营销［M］. 大连：大连理工大学出版社.

吕一林. 2004. 现代市场营销学［M］. 北京：清华大学出版社.

马勇. 2002. 旅游市场营销管理［M］. 大连：东北财经大学出版社.

秦波. 2007. 国际市场营销学教程［M］. 北京：清华大学出版社，北京交通大学出版社.

肖江南. 2006. 国外旅游目的地营销研究现状及启示［J］. 地理与地理信息科学，9（5）：86－99.

徐东文. 2003. 旅行社管理［M］. 武汉：武汉大学出版社.

于由. 2005. 旅游市场营销学［M］. 杭州：浙江大学出版社.

张俐俐. 2005. 旅游市场营销［M］. 北京：清华大学出版社.

赵西萍，等. 2006. 旅游市场营销学——原理·方法·案例［M］. 北京：科学出版社.

赵西萍. 2005. 旅游市场营销［M］. 天津：南开大学出版社.

周文辉. 2004. 城市营销［M］. 北京：清华大学出版社.

PALMER A，BEJOU D. 1995. Tourism destination marketing alliances［J］. Annals of Tourism Research，22：616－629.

PALMERA. 1998. Evaluating the governance style of marketing groups［J］. Annals of Tourism Research，25：185－201.

Ronald A. Nykiel. 2002. 饭店与旅游服务业市场营销［M］. 3 版. 李天元，主译. 北京：中国旅游出版社.